Passion, Craft, and Method in Comparative Politics

Passion, Craft, and Method in Comparative Politics
by Gerardo L. Munck and Richard Snyder
Copyrights ⓒ 2007 The Johns Hopkins University Press
All Rights reserved.

Korean translation edition ⓒ 2012 by Humanitas Publishing Co.
Published by arrangement with The Johns Hopkins University Press, Baltimore, Maryland
Through Bestun Korea Agency, Seoul, Korea
All rights reserved.

그들은 어떻게 최고의 정치학자가 되었나 2
정치학자 15인의 꿈과 열정, 그리고 모험

1판 1쇄 펴냄 2012년 3월 5일
지은이 | 헤라르도 뭉크, 리처드 스나이더
옮긴이 | 정치학 강독 모임

펴낸이 | 박상훈
주간 | 정민용
편집장 | 안중철
책임편집 | 이진실
편집 | 윤상훈, 최미정
제작·영업 | 김재선, 박경춘
표지 디자인 | 박대성
일러스트 | 권재준 blog.naver.com/luviv

펴낸 곳 | 후마니타스(주)
등록 | 2002년 2월 19일 제300-2003-108호
주소 | 서울 마포구 합정동 413-7번지 1층(121-883)
편집 | 02-739-9929, 9930 제작·영업 | 02-722-9960 팩스 | 02-733-9910
홈페이지 | www.humanitasbook.co.kr

인쇄 | 천일문화사
제본 | 다인바엔텍

값 20,000원
ⓒ 정치학 강독 모임, 2012

ISBN 978-89-6437-151-0 04300
      978-89-6437-149-7 (전3권)

이 도서의 국립중앙도서관 출판시도서목록(CIP)은 e-CIP 홈페이지(http://www.nl.go.kr/ecip)에서
이용하실 수 있습니다.(CIP제어번호: CIP2012000822)

| 정치학자 15인의 꿈과 열정, 그리고 모험 |

그들은 어떻게 최고의 정치학자가 되었나

2

아렌트 레이프하르트 | 기예르모 오도넬
필립 슈미터 | 제임스 스콧 | 앨프리드 스테판

헤라르도 뭉크 | 리처드 스나이더 인터뷰
정치학 강독 모임 옮김

한울아카데미

일러두기

1. 한글 전용을 원칙으로 했다. 고유명사의 우리말 표기는 국립국어원의 외래어 표기법을 따랐다. 그러나 관행적으로 굳어진 표기는 그대로 사용했으며, 필요한 경우 한자나 원어를 병기했다.
2. 본문의 대괄호([　])는 옮긴이의 첨언이며, 각주의 옮긴이 첨언의 경우 '•'를 병기했다.

이 책을 위해 함께해 준 15인의 학자들에게

우리에게

처음 비교정치학이라는 학문에 매료되었던 이유를 다시 일깨워 주고,

영감과 가르침을 주었던 그 모든 시간들과

자신들의 삶과 사상에 대해 이야기하면서 함께 나눈

잊지 못할 시간들을 위해

Arend Lijphart

Guillermo O'Donnell

Passion, Craft, and Method in Comparative Politics

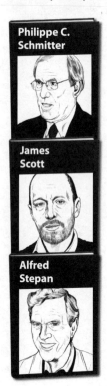

Philippe C. Schmitter

James Scott

Alfred Stepan

분열된 사회에서의 협의제 민주주의

아렌트 레이프하르트는 개인의 태도와 사회학적 요인을 강조하면서 제도적 요인을 경시했던 행태주의 혁명 이후, 비교정치학에 정치제도 연구를 재도입한 선도적 경험적 민주주의 이론가이다. 그는 협의제 민주주의consociational democracy 개념을 중심으로 한 연구 프로그램에 전념한 것으로 유명하며, 이를 통해 안정적 민주주의의 조건에 대한 새로운 이론을 발전시켰다. 그는 종교적·민족적·인종적·지역적 부문들로 분절화된 사회에서 민주주의가 가능하려면, 공통의 관심사에 대해서는 사회의 모든 중요 부문의 대표자들이 함께 결정하도록 하고, 여타의 문제에 대해서는 각 부문이 자율적으로 결정하도록 하는, 엘리트 주도의 제도화가 필요하다고 주장했다.

레이프하르트가 이 연구 프로그램을 발전시키기 시작한 것은 네덜란드 사례를 토대로 다원적인 사회에서는 민주주의가 어렵다는 기존의 관점에 도전한 『조정의 정치』The Politics of Accommodation(1968a)에서였다. 이후 그는 『다원 사회에서의 민주주의』Democracy in Plural Societies(1977), 『민주국가론』Democracies(1984), 『민주주의의 유형』Patterns of Democracy(1999a) 등과 같은 여러 저작을 통해 경험적 범위를 확장하며 협의제 민주주의의 특수성, 그리고 협의제 민주주의와 다수제 민주주의majoritarian democracy 사이의 차이를 정교화했다. 이 가운데 레이프하르트의 저작들 중에서 가장 정교한 저서로 평가받고 있는 『민주주의의 유형』은 『민주국가론』의 연장선상에서 열 가지 제도적 변수 — 실효 정당 수, 최소 승리 내각, 행정부의 우세, 선거제도의 불비례성 electoral disproportionality, 이익집단 다원주의, 연방주의-분권화, 양원제, 헌법의 경직성, 위헌 심사, 중앙은행의 독립성 — 가 어떻게 행정부-정당과 연방-단방이라는 두 가지 차원으로 묶일 수 있는지를 보여 주었다. 또한 정치적 평등과 여성의 대표성, 시민 참여와 같은 중요한 결과를 산출하는 데 있어 협의제 민주주의가 어떻게 다수제 민주주의보다 더 잘 작동하는지도 보여 주었다.

레이프하르트는 선거제도와 정당 체계의 여타 측면들 사이의 관계에 대한 연구에 중요한 기여를 했다. 『선거제도와 정당 체계』Electoral Systems and Party Systems(1994)에서, 그는 선거제도를 분류하고, 당선자 결정 방식과 선거구별 선출된 대표자의 수[선거구 크기], 진입 장벽, 선거 결과의 비례성[득표와 의석수 사이의 비율에 영향을 미치는 선거제도의 다른 중요 특징들, 다당화의 정도, 다수당의 창출에 대해 연구했다. 또한 그는 비교 방법론과 사례연구에 관한 대표적 논문인 "비교정치학과 비교 방법론"Comparative Politics and the Comparative Method(1971), 일탈 사례 분석의 모범으로 널리 알려진 『조적의 정치』를 통해 질적 방법에 관한 논쟁에두 영향을 미쳤다. 1936년 네덜란드 아펠도른에서 태어난 레이프하르트는 1958년 프린시피아 칼리지에서 학사 학위를 받았고, 1963년 예일 대학에서 정치학 박사 학위를 받았다. 엘마이라 칼리지(1961~63), 캘리포니아 대학 버클리 캠퍼스(1963~68), [네덜란드] 레이던 대학(1968~78), 캘리포니아 대학 샌디에이고 캠퍼스(1978~2000)에서 가르쳤으며, 2000년에는 UCSD의 명예교수가 되었다. 1995~96년 미국정치학회 회장을 역임했고, 1989년에는 미국예술과학아카데미 회원으로 선출되었다.

2003년 8월 5일,
캘리포니아 주 샌디에이고에서,
뭉크가 인터뷰했다.

어린 시절은 제2차 세계대전 당시의 네덜란드 작은 마을에서 보냈는데, 어떤 환경이었나?

　　　　내 첫 번째 기억은 전쟁에 대한 것이다. 독일의 침공에 맞서 네덜란드가 세운 계획들은 대체로 무기력한 것들이었는데, 그중에는 국토의 상당 부분을 물에 잠기게 하는 계획이 있었다. 우리 가족은 수몰 예정 지역에 살고 있었기 때문에 이사를 해야 했다. 우리는 멀리 갈 필요 없이, 그 마을의 다른 고지대로 옮겨 그곳에서 먼 친척들과 함께 지냈다. 전투는 5일 만에 끝났다. 그 뒤 상황은 전형적인 점령지의 상황과 같았다. 대부분은 점령자들을 적으로 간주했다. 난 그때 네 살도 채 되지 않았다. 우리 가족이나 내게는 한 번도 무서운 일이 일어나지 않았지만, 어른들한테서 공포 분위기를 느낄 수 있었다.

　　전쟁 기간 동안 내가 살던 지역에서 실제 전투가 벌어진 적은 없었다. 하지만 비행경로상 독일 루르 지방으로 가는 길목에 살고 있었기 때문에, 매일 두 차례 대형 폭격기 연대가 머리 위로 지나갔다. 낮에는 영국 공군이, 밤에는 미국 공군이, 어쩌면 그 반대였을 수도 있다. 비행기 소리만으로도 지레 겁이 났다. 독일 전투기들은 그 폭격기들을 가로막으려 했고, 결국 네덜란드 상공에서 수많은 공중전이 벌어졌다. 사실상 우리 집 바로 위 하늘에서 말이다. 우리는 안전을 위해 지하실로 내려가는 일이 잦았다. 지금 그곳에 다시 가게 된다 해도, 비행기들이 어디쯤 떨어졌는지 가리킬 수 있을 것 같다.

　　또한 두 가지 사건이 아주 생생히 기억난다. 하나는 전쟁이 거의 끝날 무렵의 일이다. 한 무리의 독일군들이 장교 한 명과 함께 우리 동네에 들어와서는 머물 곳을 찾고 있었다. 시골에 있던 우리 집은 제법 컸지만, 이미 사람들로 가득 차 있었다. 그중 일부는 1944년 가을에 큰 전투가 일어났을 때 아른험Arnhem[네덜란드 동부, 헬데를란트Gelderland 주의 주도]을 떠나 피난해 온 사람들이었다. 독일 장교는 사려 깊은 인물로 집 전체를 요구하지는 않았다. 대신 자신과 부관이 머물 방 하나만 있으면 된다고 했다. 그래서 우리는 한동안 독일 장교 일행과 한집에서 같이 지내게 되었다. 또 한 번은, 독일군 두 명이 우리 집으로 걸어 들어오더니 아버지에게 삽을 들고 함께 일하러 가야 한다고 말했다. 그들은 사람들을 끌어 모아 어디론가 데려갔다. 다시는 아버지를 볼 수 없을까 봐 두려웠다. 당시에는 체포되어 총살된 사람들에 대한 소문이 파다하던 때였다. 아버지는 2~3일 만에 돌아오셨다. 그냥 근처 강을 따라 도랑을 파는 일을 하고 오셨던 것이니 그렇게 끔찍한 일은 아니었다. 하지만 다음 번에는 무슨 일이 생길지 알 수 없었다. 그 불안하고 공포스러운 분위기가 가장 기억에 남는다. 한번은 우리 집에 도망자를 숨겨 준 적도 있었다. 부모님 친구의 아들이었는데, 독일의 한 공장으로 강제 징용을 당해 도망친 사람이었다. 이런 상황이 전체적인 공포 분위기를 더욱 고조시켰다. 독일군이 찾고 있는 누군가를 우리가 숨겨 주고 있는 것이었기 때문이다.

전쟁이 끝나 갈 무렵에는 식량도 문제가 되었다. 우리가 살던 곳은 네덜란드 농촌 지역이었고, 부모님은 농부들을 많이 알고 계셨기 때문에 식량은 필요한 만큼 구할 수 있었다. 하지만 풍족하지는 않아서 배가 고팠던 기억이 난다. 기근은 아니었지만, 먹을 게 충분하지는 않았다.

내 이야기는 강제수용소 생활 같은 극한 상황이나 어마어마한 궁핍에 대한 것은 아니다. 내게는 그런 일이 일어나지 않았다. 그래도 정말로 잊을 수 없는 어린 시절의 기억이다. 그때의 경험이 아직도 생생하다.

전쟁 후에는 상황이 어떻게 변했는가?

　　모든 게 곧바로 훨씬 나아졌다. 독일의 점령이 끝났고, 그 점령이 가져왔던 불안감도 모두 사라졌다. 식량 상황도 크게 개선되었다. 하지만 여전히 상당한 긴장과 갈등이 있었다. 한국전쟁이 1950년에 발발했고, 네덜란드는 네덜란드령 동인도 제도[현재 인도네시아]의 식민지 전쟁에 참여했는데, 여기에 대규모 인력이 투입되었다. 전쟁이 한창일 때는 인도네시아에 10만 명의 네덜란드 병력이 주둔했는데, 이는 전체 인구의 1퍼센트에 가까운 숫자였다. 전쟁과 전쟁에 대한 두려움이 오랫동안 계속되었던 것이다. 제2차 세계대전 같은 전쟁이 다시 일어난다면 살 수 없을 것 같다는 어머니 말씀을 아직도 잊을 수 없다. 그런 전쟁이 일어나면 자살하고 말겠다는 말씀이셨다. 그런 일을 다시 받아들이지 못할 것이기 때문이다. 아이 다섯을 돌봐야 했던 어머니로서는 5년 동안의 전쟁이 너무나 끔찍한 시간이었을 것이다. 내겐 여동생·남동생·누나·형이 하나씩 있었다. 전쟁이 끝날 무렵 누이동생이 죽었다. 만약 전시가 아니었다면, 그래서 필요한 약을 제때 쓸 수 있었다면 죽지 않았을 것이다. 누이동생의 죽음은 내게 큰 충격이었다. 나와 나이 차이가 가장 작았고, 가장 친했기 때문이다.

제2차 세계대전이 아직도 영향을 미치고 있는 면이 있다면?

　　돌이켜 보면, 제2차 세계대전 때의 경험들로 말미암아 폭력에 반대하게 되었고, 평화와 민주주의라는 문제에 관심을 갖게 된 것 같다.

아버지와 어머니에게서는 어떤 영향을 받았는가?

　　네덜란드인들은 여러 하위문화로 나뉘는데, 우리 가족은 개신교도 아니고 가톨릭도 아닌 세속적인 하위문화에 속했다. 아버지는 사업가였고 한 공장의 경영자이자 공동 소유주였다. 그래서 우리 집은 부유한 편이었다. 실제로, 전쟁이 일어나기 전에는 자동차가 두 대 있었는데, 당시로서는 드문 일이었다. 아버지는 또한 지역사회 활동도 매우 활발히 했고 시민 단체 활동에도 여러 군데 관여했다. 이런 점은 내게도 영향을 끼친 것 같다. 내가 직접 시민 단체 활동을 해본 적은 거의 없지만, 갖고 있는 지식이나 능력이 무엇이든 좋은 목적을 위해 써야 한다는 생각을 아버지로부터 물려받았다. 그래서 나는 연구를 할 때 규범적으로 확실한 내용이 있는 결과들, 즉 좋다거나 나쁘다고 말할 수 있는 것들에 집중해 왔다. 또 그에 따른 처방도 제시하고자 노력했다. 아마도 이런 욕구는 아버지한테서 물려받은 것 같다.

　어머니는 독립심이 꽤 강한 분이었고 여행을 좋아했다. 어머니가 한곳에 정착했을 때는 아버지와 결혼 생활을 했을 때뿐이다. 결혼 전에는 전 세계 곳곳을 꽤 많이 돌아다녔다. 남아메리카 수리남에서 태어났고, 결혼 전까지 스위스와 네덜란드령 동인도 제도에서 살았다. 아버지가 돌아가신 뒤로는 돌아다니는 생활을 다시 시작했다. 어머니는 정말 세계 시민이었다. 내가 국제관계와 다른 나라들에 관심을 갖게 된 것도 어머니 덕분이라고 생각한다.

10세였던 1955년 미국으로 건너가 일리노이 주 프린시피아 칼리지에서 공부하기 시작했다. 해외에서 공부하기로 한 이유는 무엇인가?

부모님은 두 분 다 대학을 나오지 않았다. 하지만 아이들은 반드시 대학에 보내야 한다는 생각만큼은 확고했다. 형은 네덜란드의 한 대학에 입학했다. 전후 복구 시대라 해외에 나갈 기회가 없었다. 하지만 1950년대가 되자 상황이 변했다. 미국에서 공부하려는 학생들에게 장학금 기회가 많이 생겼다. 난 무엇을 공부하고 싶은지 확신이 없었기 때문에, 해외에서 공부한다는 선택에 매력을 느꼈다. 네덜란드의 경우 대학에서 화학이든, 물리든, 사회학이든, 영문학이든 처음부터 전공을 결정해야 했다. 난 무엇을 전공해야 할지 몰랐다. 법학을 전공해 볼까도 생각해 보았는데, 이는 사회과학에 대한 관심 때문이었던 것 같다. 하지만 법학은 무엇을 공부할지 확신이 없었던 상당수 학생들이 잠정적인 대안으로 염두에 두던 전공이기도 했다. 나는 정말 내가 무슨 공부를 하고 싶어 하는지 불확실한 상태였기 때문에, 그 결정을 미뤄야겠다고 생각했다. 그래서 당시 곤란한 상황을 완벽하게 해결할 수 있는 방법은, 미국으로 건너가 1년 동안 국제적인 경험도 쌓고 영어도 좀 더 유창하게 배우는 것이라고 생각했다(영어는 이미 고등학교 때 꽤 많이 배워 둔 상태였다). 그 뒤에 네덜란드로 돌아와 2년간의 병역을 마칠 생각이었다. 즉, 3년의 시간을 벌어 내가 무얼 하고 싶은지 생각해 볼 심사였다.

프린시피아 칼리지는 작은 크리스천 사이언스 학교인데, 이 대학을 선택한 이유는 무엇인가?

　　　어머니는 한 번도 가본 적이 없었지만 미국에 대해 특별한 관심을 가지고 있었기 때문에, 내가 미국에서 이런 기회를 얻는 데 중요한 역할을 했다. 게다가 프린시피아 칼리지를 선택했던 데는 어머니가 헌신적인 크리스천 사이언스[1] 신자라는 사실이 크게 작용했다 — 어머니는 자식들을 모두 주일학교에 보내는 등 크리스천 사이언스 신자로 키우셨다. 지금 생각해 보면, 당시 나는 미국의 칼리지나 대학들에 대해 정말 너무 무지했다. 어느 학교에 입학할지, 그리고 그것이 앞으로 내 삶에 어떤 영향을 미칠지에 대해 좀 더 생각해 봤어야 했다. 하지만 당시 나는 고작 1년을 내다보는 수준이었다.

상황은 계획대로 되지 않았다. 1년 뒤 네덜란드로 돌아가지 않고 미국에 계속 머물게 되었으니.

　　　프린시피아 칼리지에 1년을 더 머물 기회를 얻었다. 그 뒤엔 또 1년을 더 체류하게 되었다. 학교를 졸업하고 학사 학위를 받을 수 있는 기회였다. 그래도 여전히 네덜란드로 돌아갈 생각은 하고 있었다. 그러니까 한 단계, 한 단계씩 이뤄진 일이었다. 매년 연말이 되어서야 그다음 해에 무얼 할지 결정했다.

---

1 • 크리스천 사이언스Christian Science
미국의 종교단체로 1866년 M. B. 에디 부인이 창시했다. 종교와 심리적 치료 방법을 결합했으며, 미국·영국·캐나다에 많은 신자를 두고 있다.

미국 생활은 어땠는가?

프린시피아 칼리지는 작은 대학이었다. 미시시피 강의 일리노이 주 쪽에 붙어 있는 세인트루이스 북쪽 엘사Elsah라는 마을에 있었는데, 학생 수가 5백 명 정도였다. 그렇게 재미있는 곳은 아니었다. 그래도 미국의 다른 지역을 가볼 수 있었다. 유럽에서 미국으로 가는 길에 뉴욕을 방문한 적이 있다. 처음 겨울방학 때는 친구 세 명과 함께 사동차를 타고 캘리포니아에 갔다. 로스앤젤레스 근처 퍼시픽 팔리사데스Pacific Palisades에 있는, 외가 쪽 먼 친척 집에서 일주일을 지냈고, 친가 쪽 친척이 사는 샌프란시스코에서 또 일주일을 보냈다. 눈이 휘둥그레지는 경험이었다. 그때까지 난 세상과 다소 격리된 삶을 살고 있었기 때문이다. 미국에 가기 전까지는 네덜란드를 벗어나 여행다운 여행을 해본 적이 없었다. 스위스에 갔다가 이탈리아까지 운전해 본 게 전부였다. 주변부에서 너무 많은 시간을 보냈기 때문에 어떤 식이든 중심부를 접해 본다는 건 짜릿한 경험이었다.[2]

미국에서 지내면서 내가 유럽에서 꽤 멀리 떨어져 있다는 것을 느꼈다. 그때는 통신이 요즘처럼 쉽지 않았다. 프린시피아 칼리지에 다니던 3년 동안 여름에만 네덜란드에 갔는데, 뉴욕에서 로테르담까지 9일 동안 배를 타야 했다. 비행기는 너무 비싸 탈 엄두도 내지 못했다. 전화 통화료도 너무 비싸서 부모님과는 편지로 소식을 전했다. 처음 유럽으로 전화를 했던 건 대학원 1학년이 되어서였는데, 그것도 아버지가 갑작스레 돌아가셔서 형과 어머니와 통화한 것이었다.

---

2 레이프하르트는 이런 중심부/주변부 주제를 Lijphart(1997)에서 더욱 발전시킨다.

4학년이 되자, 내가 정치학에 관심이 있다는 사실이 분명해졌다. 난 국제관계를 전공하고 있었는데, 기본적으로 국제관계와 비교정치학에 중점을 둔 정치학이었다. 그래서 대학원에 가서 정치학을 공부해 볼까 생각해 보기 시작했다.

그때쯤엔 네덜란드에서 정치학을 공부하는 것도 가능했다. 네덜란드 최초의 정치학자들은 사실상 정치학자는 아니었으며, 법학자와 사회학자들이 정치학자로 전향한 것이었다. 그들이 대학 세 곳에 정치학과를 만들었는데, 이들 각 대학은 네덜란드의 세 하위문화 분파에 속해 있었다. 정치학 강의가 처음 개설된 것은 1947년 세속주의 계열인 암스테르담 대학이었고, 거의 동시에 암스테르담의 개신교 계열 프레이에 대학Free University[Vrije Universiteit], 네이메헌Nijmegen의 가톨릭 대학에 개설되었다. 난 세속주의 하위문화에 속해 있어서 암스테르담 대학을 고려하고 있었다.

또 다른 선택지들에 대해서도 곰곰이 생각해 보았다. 네덜란드로 돌아간다면 군대에 가야 했다. 또한 정치학의 경우 네덜란드나 유럽의 다른 나라들보다 미국에서 더욱 발전하고 있다는 사실도 깨달았다. 그래서 네덜란드로 돌아갈 수도 있다고 생각은 하면서도, 미국 대학원에 진학할 수 있는 길을 찾아보고 있었다. 이때는 모험을 했다. 나는 장학금이 필요한 상황임에도 — 당시 미국은 유럽과 비교해 학비가 매우 비쌌다 — 유명 대학들에만 지원했다. 결국은 예일 대학에서 입학을 허가했고 장학금도 주기로 했다. 예일 대학의 결정이 내 삶을 크게 바꿔 놓은 것이다. 그렇지 않았다면 아마도 그때 네덜란드로 돌아갔을 것이다.

1958년 예일 대학에 입학했다. 예일에서의 경험은 어땠는가?

　　예일 대학에서의 내 경험은 흔치 않은 경우였다. 나는 네덜란드에서 병역 의무를 이행해야 할 시기가 임박한 상태라, 다른 대학원생보다 서둘러야 했다. 네덜란드 국방부는 내가 학업을 마치는 데 어느 정도 시간이 걸릴지 학교 당국에 답변을 요구했고, 학교에서는 박사 학위를 마치는 데 필요한 최소한의 기간을 계산해 답변해 주었다. 그냥 3년이라고 말이다! 덕분에 나는 꼼짝없이 그 기간 안에 학업을 마쳐야 했다. 기본적인 수업 과정 2년과 박사 학위논문 작성에 1년이라는, 정말 말도 안 되는 빠듯한 일정이었다. 그때는 필수과목을 꽉 채워 들으면 2년 만에 수업 과정을 끝낼 수는 있었다. 하지만 대부분의 학생이 2년이 지난 뒤에도 여름 학기를 더 들었고, 심지어는 종합 시험을 준비하기 위해 그다음 가을 학기까지 할애하는 경우도 있었다. 반면 나는 2년 안에 마쳐야 했다. 종합 시험은 말 그대로 매우 종합적인 시험이어서 세 가지 분야에서 시험을 통과해야 했다. 통과는 했지만, 정말 엄청난 압박이었다. 논문은 1년 만에 마칠 수 없었지만, 그래도 아마 내가 당시 학생들 중에서 가장 빨리 박사 학위를 땄던 것 같다.

　　예일에서의 내 경험이 남달랐던 점이 한 가지 더 있는데, 수업 과정과 종합 시험을 마치고 현지 조사를 위해 네덜란드에 간 뒤 예일로 다시 돌아가지 않았다. 네덜란드에서 1년간 박사 학위논문에 필요한 조사를 한 뒤, 나는 뉴욕 핑거 레이크스Finger Lakes 지역의 엘마이라 칼리지Elmira College에 일자리를 얻어 군 입대를 미룰 수 있었다. 엘마이라 칼리지에서 학생들을 가르치는 일을 하면서 학위논문을 썼다. 예일에는 학위논문 심사를 받기 위해 한 번 갔었고, 그 뒤로 두 번 정도 더 갔던 게 전부다.

예일이나 예일대 정치학과에 대한 전반적인 인상은 어떤가?

예일은 정말 계시와도 같았다. 난 그다지 알려지지 않은 작은 칼리지에서 당시 정치학 분야의 중심부로 간 것이어서 매우 들떠 있었다. 처음에는 약간 겁을 먹기도 했다. 하지만 그 이후로는 내가 다른 학생들에 비해 그리 준비가 덜 되어 있는 것은 아님을 깨달았다. 예일의 정치학과는 나와 매우 잘 맞았다. 내가 운이 좋은 거라고 생각했다.

예일은 흥미로운 강연자들을 많이 초대했다. 예를 들어, 조지 W. 부시 대통령의 할아버지인 프레스콧 부시Prescott Bush 상원의원의 강연이 기억난다. 뉴헤이븐New Haven은 작은 도시이긴 했지만 브로드웨이에 오르기 전 일종의 시험 무대가 되는 좋은 극장도 있었다. 그곳에서 공연도 많이 봤다. 보스턴 심포니도 1년에 두어 번 순회 연주를 위해 뉴헤이븐에 왔다. 자주 가보지는 못했지만, 뉴욕 시와도 가까웠다. 그러니까, 갑작스레 문화생활과 문화적 자극의 홍수를 접하게 된 셈이었다.

예일 대학 정치학과의 구성원 가운데 가장 인상적인 인물은 누구였나?

게이브리얼 알몬드 교수다. 그가 예일에 있었던 기간은 비교적 짧았지만 매우 흥미로운 연구를 하고 있었다. 난 그의 세미나 수업에 참여했는데 큰 영감을 받았다. 예일에는 칼 도이치 교수도 있었다. 그는 매우 독창적이고 새로운 생각이 많은 사람이었다. 어떤 주제에 대해서든 술술 이야기할 수 있었고, 게다가 자기만의 생각이 있었다. 그는 자기 머릿속에서 그 모든 생각들을 정리했다. 그의 세미나는 체계적이지는 못했지만 재미있었다. 그가 자신의 아이디어를 어떻게 체계화할 것인지 많이 고민하는 타입은 아니었던 것 같다. 하지만 그가 강의를 하거나 발표를 하고 논평할 때는 모든 게 환상적이었다. 도이치 교수를 알았다는 것, 그리고 그가 현직에서 활동 중인 모습을 그토록 여러 차례 보았다는 것은 정말 특별한 일이었다. 그와 알몬드 교수 둘 다 많은 영감을 주었다.

학위논문 지도 교수로는 결국 알몬드를 택했다.

나는 도이치 교수나 알몬드 교수 모두와 사이가 좋았기 때문에 누구의 지도든 받을 수 있는 상황이었다. 하지만 도이치 교수는 사람들을 거칠게 다룬다는 평판이 있었다. 예일대 교수였던 로버트 레인Robert Lane의 아내, 헬렌 허드슨Helen Hudson이 쓴 『아무에게도 시간을 알려 주지 마라』Tell the Time to None라는 소설이 있는데(Hudson 1966), 소설이지만 예일대 정치학과의 교수진임이 분명한 인물들이 등장한다. 누구는 로버트 달, 누구는 칼 도이치 하는 식으로 쉽게 알아차릴 수 있다. 도이치 교수는 학생들을 무시하고 배려하지 않는 인물로 나오는데, 그리 매력적으로 그려지지 않는다. 이 소설 때문에 정치학과 사람들이 크게 분개했는데, 도이치 교수가 예일을 떠나 하버드로 간 것은 이런 이유도 있다고 생각한다.[3] 나는 도이치 교수와 좋지 않은 일은 없었지만, 그가 학생들에게 자주 시간을 내줄 수 없을 만큼 매우 바쁜 사람이었던 것만은 확실했다. 그래서 그가 내 논문 심사 위원이긴 했지만 지도는 알몬드 교수에게 받는 것이 더 현명한 일이라고 생각했다.

[3] 도이치는 1957년부터 1967년까지 예일에 있었다. Merelman(2003, 43-45) 참조.

로버트 달의 수업에 참여할 기회는 있었는가?

　　없었다. 예일에서는 세 분야를 택해서 들어야 했는데, 나는 비교정
치학과 국제관계, 그리고 학부에서 수업을 들어 봤던 정치 이론을 선택했다.
당시 로버트 달 교수의 전공 분야는 미국 정치였다. 달은 나중에야 비교정치
학자가 되었고, 내가 그를 다시 만나 좀 더 잘 알게 된 것도 그런 맥락에서였
다. 하지만 예일의 학생으로서 난 그를 분명히 알고 있었고, 내가 정말 존경
했던 사람들 가운데 한 분이다.

예일의 대학원생들에게는 방법론상으로 어떤 훈련이 요구되었나?

　　내가 예일에서 새로 배운 것 가운데 하나가 통계였는데, 이는 아마
모든 대학원생에게 필수였던 것 같다. 이게 내게 큰 영향을 주었다. 새로 배
운 기술이라서가 아니라, 통계 공부를 함으로써 확률적 사고에 눈을 뜨게 되
었고 일반화를 제시한다는 것이 어떤 의미인지 깊이 생각해 볼 수 있었기 때
문이다. 또한 로버트 레인 교수가 가르치는 '연구 범위와 방법'에 관한 수업도
들었다. 레인은 매우 훌륭한 선생이었고, 그의 수업 역시 눈을 번쩍 뜨게 만
들었다. 이때가 1958~59년인데, 당시 정치학 분야에서 이런 식의 훈련을 제
공하는 대학원 과정은 그리 많지 않았을 것이다. 예일은 임시 변통적이거나
서술적인 연구에서 벗어나 정치학을 진정한 과학으로 만들려는 시도였던 행
태주의 혁명의 선두에 있었다.

함께 수업을 듣던 동료 대학원생 중에 친했던 사람이나 계속 연락하고 지내는 사람이 있는가?

　　아는 사람이 많지 않았다. 내가 예일에 있었던 기간이 꽤 짧았던 탓도 있다. 도이치 교수와 함께 가까이서 연구했던 대학원생으로는 브루스 러셋Bruce Russett과 리처드 메릿Richard Merritt이 있었다. 러셋과는 꽤 잘 알고 지냈다. 또 예일에서 석사 학위를 받고, 박사 학위를 위해 캘리포니아 대학 LA 캠퍼스UCLA로 갔던 에드워드 듀Edward Dew와도 친했다. 듀와는 한참 연락이 되지 않았다가, 네덜란드에서 우연히 재회했다. 그는 네덜란드 여성과 결혼했고 수리남Suriname 정치에 관심을 갖고 있었는데, 이 주제에 대해서는 내가 논문을 쓴 적이 있었다. 또한 인도네시아 전문가인 윌리엄 리들R. William Liddle도 있다. 그와는 여러 해 동안 연락을 해오고 있다.

학위논문 얘기를 해보자. 어떻게 논문 주제를 선정하게 되었나?

　　내 학위논문은 탈식민화에 대해 네덜란드 정치 체계가 어떻게 대응했는가에 관한 것이다. 내가 이 주제를 선택한 진짜 이유는, 프린시피아 칼리지에서 3년, 예일에서 2년을 막 보내고 네덜란드로 돌아갈 기회를 찾고 있었기 때문이다. 현지 조사를 한다면 네덜란드에서 하는 편이 나을 것이라고 판단했다. 당시는 네덜란드에서 서뉴기니[4]의 독립 문제가 큰 쟁점이 되고 있던 때였다. 난 도이치 교수의 세미나 수업에서 그 주제로 글을 썼는데, 거기서 '왜

---

4 • 서뉴기니|Western New Guinea
뉴기니 섬의 서부 지역, 즉 뉴기니 섬에서 파푸아 뉴기니의 영토를 제외한 나머지 지역으로, 네덜란드의 식민 지배를 받다가 1969년 인도네시아로 최종 귀속되었다.

네덜란드는 서뉴기니를 계속 붙들고 있는가?'라는 문제를 착안하게 되었다. 네덜란드 국내 정치에서 흥미로운 연구 주제를 발견했다는 생각이 들었다.

내가 이 주제를 선택한 공식적인 이유는 이렇다. 레닌이나 홉슨John A. Hobson 같이 대표적인 제국주의 이론가들은, 마르크스주의자든 비마르크스주의자든 결국 경제적 이해가 식민주의를 좌우한다고 주장했다. 하지만 서뉴기니의 경우, 네덜란드는 식민 지배를 유지할 강력한 경제적 동기가 없다는 게 분명해 보였다. 실제, 네덜란드의 경제적 이해는 그와는 거의 반대 방향으로, 서뉴기니를 안고 가지 않으려는, 즉 철수하려는 쪽에 있었다. 네덜란드로서는 인도네시아에서 얻는 경제적 이익이 서뉴기니에서 당시에 혹은 미래에 얻을지도 모르는 이익보다 훨씬 컸으며, 서뉴기니를 붙잡고 있음으로써 오히려 인도네시아로부터 얻어 오던 경제적 이익이 위태로워지는 상황이었다.[5] 그래서 나는 서뉴기니에 대한 네덜란드의 개입이 기존의 제국주의론들로는 설명할 수 없는 일탈 사례[6]로, 기존의 이론을 검증할 수 있는 결정적인 실험 사례

---

5 인도네시아는 1949년 네덜란드로부터 독립을 쟁취했지만, 뉴기니 섬 서쪽 절반에 대한 지배권은 여전히 네덜란드가 보유하고 있었다. 따라서 네덜란드는 서뉴기니를 계속 쥐고 있음으로써 신생 독립국 인도네시아의 지도자들과 적대 관계에 놓이게 되었고 인도네시아 거주 네덜란드인들의 보유 자산도 위태로워졌다. 1950년대에 네덜란드 정부는 서뉴기니의 완전한 독립을 준비시키기 시작했고 1959년에는 선거를 허용했다. 그 결과 1961년 파푸아 의회가 출범하고 '서파푸아'라는 국호와 국장國章, 국기, 국가가 정해졌으며, 1961년 12월 1일 서파푸아의 국기가 네덜란드 국기 바로 옆에 게양되었다. 그러나 1961년 12월 18일 인도네시아가 침공해 갓 태어난 이 나라를 합병해 버렸다. 1961년 12월과 이듬해 초의 무력 충돌 이후, 서뉴기니는 잠시 유엔의 통치를 받다가 1963년 인도네시아로 이양되었고 1969년 인도네시아의 한 주州가 되었다.

6 • 사례 분석의 유형
레이프하르트는 사례 분석을 다음의 여섯 가지 유형으로 분류한다. ① 단순atheoretical 사례 분석, ② 해석적interpretative 사례 분석, ③ 가설 창출용hypotheses-generating 사례 분석, ④ 이론 확증용theory-confirming 사례 분석, ⑤ 이론 논박용theory-infirming 사례 분석, ⑥ 일탈deviant 사례 분석이 그것이다. 이 가운데 레이프하르트는 특히 가설 창출용 사례 분석과 일탈 사례 분석을 중시하는데, 가설 창출용 사례 분석이란 다소 모호한 잠정적 가설에서 출발해, 좀 더 명백한 가설을 정립한 후, 이를 다수의 사례에 적용해 검증하는 형식으로, 그 목적은 기존 이론이 존재하지 않는 분야에 새로운 이론적 통칙을 구축하는 것이다. 반면, 일탈 사례 분석이란, 이미 정립된 통칙에서 벗어

라고 주장했다. 지금도 당시의 사례 선택을 이론적으로 정당화할 수 있다. 물론 지금으로서는 사후적인 해석이기는 하겠지만 말이다.

학위논문을 예일에 있을 때는 쓰지 못하고 엘마이라 칼리지에서 강의하는 동안 썼다고 했다.

네덜란드에 있다가 미국으로 돌아와, 엘마이라 칼리지에서 강의를 하기 시작했다. 그땐 상황이 무척 어려웠는데, 현지 조사를 마치고 돌아왔을 때 내게는 메모만 잔뜩 있을 뿐 글로 쓴 것은 하나도 없었다. 그리고 엘마이라는 작은 대학이어서 한 학기에 세 과목을 강의해야 했다. 그때까지 강의를 해본 경험이 없어, 상당히 많은 시간을 할애해야 했다. 여유가 생길 때마다 논문을 썼고 매일 저녁과 주말에 썼다. 논문을 마치기까지 1년 반이 걸렸다.

학위논문의 주제가 비교정치학 분야와 국제관계 분야 모두에 걸쳐 있는 것 같다.

그렇지는 않다. 나는 탈식민화를 국제관계의 문제가 아닌 국내 정치의 문제로 접근했다. 이론적 배경을 다룬 장을 제외하곤, 네덜란드와 인도네시아의 외교 관계나 인도네시아의 상황은 다루지 않았다. 주로 네덜란드 정치 체계의 작동 방식을 이해하는 데 관심이 있었으며, 외교정책 결정 과정

나는 것으로 밝혀진 사례에 관한 연구를 지칭하며, 왜 특정 사례가 일탈 현상을 나타내는지를 규명하기 위해 수행된다. 일탈 사례에 대한 분석은, 기존 연구에서 고려되지 않았던 추가적 유효 변인을 도출하거나 일부 혹은 모든 변인들에 대한 조작 정의를 개선하기 위해 수행된다.[아렌트 레이프하르트, "비교정치 연구와 비교 분석 방법," 『비교정치학 강의 1』(김웅진·박찬욱·신윤환 옮김, 한울, 1992, 39-42쪽 참조)].

의 한 사례, 즉 네덜란드가 식민지를 포기하려 하지 않는다는 사실에 초점을 맞추게 된 것이다. 실제로 학위논문의 제목은 "네덜란드 국내 정치 쟁점으로서의 서뉴기니 문제"West New Guinea as an Issue in Dutch Domestic Politics였다. 논문을 첫 책으로 출판할 때는 『탈식민화의 트라우마』The Trauma of Decolonization라는 좀 더 근사한 제목을 골랐다(Lijphart 1966). 그러나 원래 논문 제목은 비교정치학 논문다웠다.

네덜란드인들이 식민지를 포기하지 않으려 했던 이유는 무엇인가?

내 결론은 심리적이고 정서적인 이유로 설명할 수 있다는 것이었다. 제2차 세계대전은 온 나라를 뒤흔든 거대한 사건이었고, 전쟁이 끝나자 사람들은 모든 것이 정상으로 돌아가기를 바랐다. 네덜란드인들에게 정상의 상태란 네덜란드가 식민국으로서 수많은 식민지를 거느리는 것을 의미했다. 소국이지만 식민국이라는, 스스로 소국 이상이라는 이미지를 갖고 있었던 네덜란드로서는 탈식민화에 어느 정도 적응 기간이 필요했다. 뿐만 아니라, 식민지의 무장 독립 운동에 의해 식민지에서 쫓겨난다는 것은 꽤 충격적인 일이었다. 실제로, 1940년대 후반 인도네시아에서 일어난 반反식민주의 폭동은 정서적으로 커다란 충격을 주었다. 왜냐하면 네덜란드인들은 자신들이 자비로운 지배자이고, 인도네시아 민중은 자신들을 고맙게 여긴다고 생각했기 때문이다. 1950년대 네덜란드의 서뉴기니 정책은 합리적이지 않았다. 네덜란드 정치인들은 이치에 맞지 않는 목적을 추구하고 있었다. 다른 경우에는 대부분 좀 더 냉정한 태도를 보였는데 말이다. 서뉴기니를 계속 붙들고 있겠다는 결정은 네덜란드 정치에서 일탈 사례였다.

연구 프로그램의 착수

두 번째 저서인 『조정의 정치』에서도 네덜란드 정치에 계속 집중했다. 그러나 당시 거의 동시에 발표했던 몇몇 논문(Lijphart 1968b, 1969)과 함께 이 책을 통해 협의주의consociationalism 또는 합의제 민주주의consensus democracy에 대한 연구 프로그램을 시작했다. 이 아이디어를 어떻게 발전시켰는가?

　　　『조정의 정치』를 쓰던 당시, 나는 1956년 알몬드 교수의 훌륭한 논문에서 사용되었던, 국가들을 범주화하는 방법에 영향을 받았다. 그는 동질적이고 세속적인 정치 문화를 가진 영미 정치 체계와, 분절적인 정치 문화를 가진 유럽 대륙의 정치 체계를 구분했다. 그리고 프랑스나 독일, 이탈리아와 같은 분절적인 정치 문화에서는 안정된 민주주의가 자리 잡기 더 어렵다고 주장했다. 또한 네덜란드와 벨기에, 스칸디나비아 국가들을 동질적인 정치 문화와 분절적인 정치 문화 사이의 어디쯤으로 분류했다. 내가 주목한 것이 이 지점이었다. 네덜란드의 정치 문화는 프랑스나 독일, 이탈리아만큼 분절적이다. 그런데 네덜란드는 알몬드가 영미의 동질적인 정치 문화의 특징이라고 주장했던 안정적인 민주주의를 보유하고 있는 것 같았다. 즉, 여기에 바로 분석이 필요한 또 다른 훌륭한 일탈 사례가 있었던 것이다.

　　나는 대중문화와 엘리트 문화를 구분해야 한다고 제안했다. 그럴 때만이 엘리트 수준에서의 협력이 대중 수준에서의 균열을 얼마나 약화시킬 수 있는가를 고찰할 수 있었다. 그래서 나는 네덜란드 정치에 대한 책(1968a)에서 이런 양상을 '조정의 정치'라고 부르고 있다. 1968년(b)과 1969년 논문에서는 '협의'consociational라는 용어를 처음으로 사용했다. 마침 적절한 용어를 찾고 있었는데, 데이비드 앱터David Apter의 『우간다의 정치 왕국』*The Political Kingdom in Uganda*(1961, 24-25)이라는 책에서 이 용어를 찾아냈다. 사실, 이 말은 독일 정치사상가인 요하네스 알투시우스로까지 거슬러 올라간다. 그는 고도로 분권화된 국가인 네덜란드 연합주동맹[7]에 크게 영향을 받았던 인물로, 1603년에 협의consociatio에 대한 글을 쓴 바 있다.

내게 영감을 주었던 두 번째 원천은, 안정적인 민주주의가 이루어지려면 교차적 연계crosscutting affiliations가 필요하다는 립셋의 주장이었다(1960a, 88-89). 이런 측면에서도 네덜란드 정치는 일탈 사례였다. 네덜란드는 하위문화들 사이에 연계가 이루어지는 게 아니라, 각 하위문화 내부에서 상호 연계가 강화된 사례였음에도 불구하고 안정적인 민주주의가 이루어지고 있었기 때문이다.

당시 다른 학자들도 비슷한 연구를 하고 있었다고 당신도 인정한 바 있다. 그러나 아마도 당신이 네덜란드에 대한 자신의 연구를 일탈 사례 분석으로 규정했기 때문일 수도 있겠지

---

7 * 네덜란드 연합주동맹confederacy of dutch united provinces
16세기 후반에서 18세기 후반까지 베네룩스 3국 지방에 존재했던 공화국으로 '네덜란드 공화국'이라고도 불린다. 원래 공작령, 백작령, 독립 교구 등으로 이루어져 있던 이 지역은 신성 로마제국 합스부르크 왕가의 지배를 받고 있었다. 합스부르크 왕가가 스페인 왕가로 계승되고 스페인 왕 펠리페 2세가 종교개혁에 반대하는 정책을 펴자, 칼뱅주의였던 이 지역은 스페인의 지배에서 벗어나 네덜란드 연합주를 결성했다. 이후 18세기 후반 네덜란드 연합 왕국이 세워지기까지 공화제가 유지되었다.
알투시우스Johannes Althusius(1557~1638)는 네덜란드 칼뱅주의 세력이 스페인 가톨릭 세력과 전쟁을 벌이던 16세기 후반에 본격적인 학문을 시작했고, 1603년에는 칼뱅주의 입장에서 통치계약설을 전개한 『정치학』*Politica*을 출간한 인물이다.

만, 많은 독자가 생겼으며 새로운 연구 의제를 형성하는 데 큰 성공을 거뒀다. 예를 들어, 한스 달더르Hans Daalder는 『조정의 정치』를 '협의제 민주주의 학파의 초석'이라고 표현한 바 있다(1997b, 236).

협의주의 개념을 가장 적극적으로 옹호하는 학자로 내 이름이 자주 거론된다. 그러나 항상 느끼는 것이지만, 나는 권력 공유라는 주제를 연구하는 일군의 학자들 가운데 한 사람일 뿐이니, 협의주의라는 넓은 학파의 일부분에 지나지 않는다. 우리 모두는 서로에 대해 알고 있고, 의견을 교환하며, 영감을 주고받는다. 한스 달더르도 이 학자군에 속하며, 게르하르트 렘브루흐Gerhard Lehmbruch도 그렇다. 렘브루흐의 연구는 특히 중요했다. 그는 1967년 『비례 민주주의』*Proporzdemokratie*라는 책을 출판했는데, 이 책은 영어로 번역·출판되지는 않았다. 그는 내게 중요한 영감을 주었고, 그에게서 상당히 많은 것을 배웠다.

내가 협의제 민주주의 연구에서 다른 학자들과 다르게 기여한 바가 있다면 아마 이런 점들일 것이다. 첫째, 문제를 더 폭넓은 이론의 맥락에 놓고 보려고 좀 더 노력했다. 둘째, 권력 공유 개념을 좀 더 집요하게 밀어붙였다. 나는 그 개념을 붙들고 씨름하면서 개선시키려 했다. 셋째, 이런 개념이 어떻게 분열된 사회들의 문제점들을 해결하기 위한 처방이 될 수 있을지에 관심이 더 많았다. 넷째, 나는 일반화를 발견하기 위해 좀 더 노력했던 것 같다. 큰 상들은 보통 일반화 작업에 기여한 학자들에게 수여된다.

권력 공유 개념의 일반화

처음 두 책은 네덜란드를 대상으로 주로 일탈 사례 분석에 초점을 맞추어 연구했다. 하지만 그 다음 두 책인 『다원 사회에서의 민주주의』(1977)와 『민주국가론』(1984)에서는 훨씬 광범위한 비교 분석을 토대로 일반화를 추구했다. 이와 같은 변화 과정에 대해 말해 줄 수 있는가?

　　　　　이미 얘기했듯이 나는 엘마이라 칼리지에서 강의하면서 학위논문을 마쳤으며, 그리고 나서 1963년 버클리에 자리를 얻었다. 연구라는 측면에서, 버클리에서 해야 할 첫 번째 일은 학위논문을 책으로 만드는 일이었다. 논문을 수정하는 데 상당히 많은 시간이 걸렸고, 1966년에 『탈식민화의 트라우마』라는 책으로 출판되었다. 이 책은 매우 전문적인 주제를 다루고 있었으므로 많은 사람들의 호기심을 끌지는 못했다. 실제로, 1968년에 나온 『조정의 정치』를 첫 책으로 알고 있는 사람들이 많다. 두 책 모두 네덜란드 정치를 다루고 있다. 학위논문을 쓸 때도 강도 높은 현지 조사가 이루어졌지만, 『조정의 정치』를 집필할 때도 현지 조사와 인터뷰를 진행했다. 나 자신이 네덜란드 출신인지라 네덜란드를 연구하게 되었지만, 이 책들을 쓸 때 내가 네덜란드가 아니라 미국에 있었다는 사실은 네덜란드 정치와 일정한 거리를 두고 있음을 의미했다. 즉, 매일매일 발생하는 사건들에 휩쓸리지 않고, 이론적으로 사고하고, 좀 더 광범위한 양상을 찾기가 비교적 쉬웠다는 말이다.

　　　　　나는 또한 협의제 민주주의에 대한 아이디어를 좀 더 일반화하려는 작업을 시작했다. 1966~67년에는 1967년 브뤼셀에서 있었던 국제정치학회International Political Science Association, IPSA 총회에 제출할 논문을 썼다. 이것이 『비교정치학연구』Comparative Political Studies 첫 호의 권두 논문으로 실렸다(Lijphart 1968b). 이처럼 좀 더 일반화된 비교 분석으로 전환하는 데는, 캘리포니아 대학 버클리 캠퍼스 정치학과장이었던 애런 윌더브스키Aaron Wildavsky와의 대화가 자극이 되었다. 나는 그에게 첫 책이 나왔고 두 번째 책이 곧 출간될 예정이며 몇몇 논문들을 기고했다는 등 출판물에 관한 얘기를 했으며, 내가 종신 재직권을 얻기까지 얼마나 걸릴지 물어보았다. 그는 이렇게 말했다. "학과에서는 당신이 진짜 비교정치학 연구를 내놓길 원하오." 나는 이렇게 답했다. "좋은 생각이네요, 제가 이미 하고 있는 작업도 바로 그런 것입니다." 종신 재직권을 위해 치러야 할 대가로서는 과하다고 생각했지만 말이다. 어쨌든, 중요한 것은 버클리에서 조교수로 일하고 있던 시절에 이미 나는 비교정치학 쪽으로 이동하고 있었다는 것이다.

1968년 버클리에서 종신 재직권을 얻었지만, 그때쯤 나는 레이던 대학 University of Leiden에 자리를 얻어 네덜란드로 돌아가기로 결심했다. 레이던 대학에서는 국제관계학과 학과장을 맡게 되었다. 내가 원하는 연구를 자유롭게 할 수는 있었지만, 국제관계 강의를 책임져야 했다. 그 결과, 내 사고의 초점도 버클리에서 시작했던 비교 연구에서 국제관계 이론으로 옮겨 가게 되었다. 레이던 대학 취임 기념 공개 강연에서 나는 국제관계학에서 이론이 어떻게 발전하는지에 대해 논했는데, 이 강연을 논문으로 고쳐 계간지 『국제 연구』International Studies Quarterly에 기고했다(Lijphart 1974a). 그러나 내가 더 잘할 수 있는 분야는 국제관계가 아니라 비교정치학이라는 것을 깨달았다. 국제관계는 너무 유동적이었다. 비교정치학에서 하는 식으로는 파악할 수 없는 분야였다. 이때의 교훈 덕분에, 1978년 샌디에이고에 있는 캘리포니아 대학으로 자리를 옮길 때는 국제관계에는 손대지 않겠다고 결심했다.

국제관계라는 우회로를 거쳤음에도, 네덜란드 연구에서 처음 정식화했던 협의주의 개념은 계속 연구했다.

비교 연구에서 내가 고심했던 문제는, 네덜란드 사례에서 내가 발견했던 것과 같이, 정치적 권력 공유를 통해 사회적 갈등을 평화롭게 관리하는 방식을 다른 나라에서도 발견할 수 있는가에 대한 것이었다. 내가 권력 공유 개념을 일반화할 수 있겠다고 처음 생각했던 것은 벨기에·스위스·오스트리아와 같은 사례를 연구하면서였다. 그리고 나서 4개국 외의 다른 나라들을 살펴보았는데, 레바논과 말레이시아, 키프로스는 권력 공유를 발견할 수 있는 좋은 사례였다. 이 사례들은 1977년 발표했던 『다원 사회에서의 민주주의』에서 매우 중요하게 다루었다. 이 책에서는 다원적인 사회의 문제들에 초점을 맞추었으며, 다원적 사회가 권력 공유의 메커니즘을 창출했을 때 어떻게 안정적인 민주주의가 가능한지를 보여 주었다. 이런 상황을 포착하기 위해 나는 '협의제 민주주의'라는 용어를 사용했다.

이 연구를 계기로 일반화를 심화시키는 방법에 대해 생각하게 되었다. 즉, 그 자체로 흥미를 강하게 불러일으키는 몇몇 사례만 볼 것이 아니라, '모든' 민주주의국가를 범주화하는 것까지 말이다. 이런 고민의 결과물이 바로 1984년 출판된 『민주국가론』이다.

『민주국가론』은 처음에 어떻게 쓰게 되었는가?

아직 레이던에 있던 1976년, 『다원 사회에서의 민주주의』 저술을 끝마칠 때쯤 로버트 달의 편지를 받았다. 프렌티스홀Prentice-Hall 출판사의 "현대 정치학의 기초"Foundations of Modern Political Science 시리즈 가운데 한 권을 맡아 볼 생각이 있는지를 묻는 내용이었다. 달은 이 시리즈의 한 권인 『현대 정치 분석』Modern Political Analysis(Dahl 1963)을 썼고, 칼 도이치도 국제관계에 관한 책을 한 권 썼다(Deutsch 1968). 원래는 러스토Dankwart Rustow가 비교정치학 분야에 해당하는 책을 쓸 예정이었는데, 시간이 부족했든지 아니면 이 분야를 다루기에는 지면이 부족하다는 이유로 — 이 시리즈의 각 권은 150쪽 정도에 해당하는 짧은 책이었다 — 쓰지 않기로 결정했다. 그래서 달은 비교정치학을 두 권, 즉 민주주의 정치 편과, 권위주의 정치 등 비민주주의 정치 편으로 나누기로 하고, 내게 민주주의 정치 편을 쓸 생각이 있는지 물어 온 것이었다. 이 제안은 좀 더 광범위한 비교 연구에 관해 글을 쓰고 싶었던 내 생각과 맞아떨어졌다. 협의제 민주주의를 기본적인 사고틀로 삼아 글을 쓸 수 있겠다 생각했다. 그래서 해보겠다고 했다.

이 프로젝트에 곧바로 착수하지는 못했다. 당시 1978년에 샌디에이고로 이사를 했는데, 이 때문에 연구할 시간을 많이 뺏겼다. 또 샌디에이고에서 생활하던 초기는 개인적으로도 큰 변화의 시기였는데, 이혼의 영향이 컸다. 마침내, 책 저술에 전념하게 되었을 때는, 또 다른 이변이 있었다. 로버트 달의 편지에 따르면, 프렌티스홀에서 책 출간에 더 이상 관심이 없다는 것이었다! 출판사에서는 그 책이 시장성이 없다고 판단했다. 나로서는 뜻밖의 행운이었다. 내가 원하는 대로 자유롭게 쓸 수 있게 되었기 때문이다. 마침내 원고가 완성되자, 나는 예일 대학 출판사로 원고를 보냈고 거기서 출간했다. 나는 지금도 프렌티스홀의 판단이 틀렸다는 사실에 흡족해 하고 있다. 이런 종류의 책을 위한 시장이 존재한다는 사실이 드러났기 때문이다.

『민주국가론』은 21개국을 교차 비교해 수많은 제도를 분석하면서도 전체를 조직화하는 강력한 주장이 들어 있는 야심 찬 책이다. 집필 과정은 어떠했는가?

나의 다른 저서들과는 달리 『민주국가론』은 장 단위로 전개된다. 예컨대, 3장을 쓰고 있을 때 나는 4장이 어떤 내용이 될지 알지 못했다. 즉, 한 단계씩 생각하고 있었다. 그럼에도, 내가 연구하고 있는 제도들이 어떻게 함께 작동하는지에 대해서는 명확한 작업가설을 세워 놓고 있었다. 우선 나는 이전 책에서 발전시켰던 다수제 민주주의국가들과 협의제 민주주의국가들을 폭넓게 대조하는 작업을 시작했다. 그다음은 내가 느슨한 연역 과정이라고 표현하는 것으로, 정치제도라는 측면에서 각 유형의 민주주의가 의미하는 바를 자세히 설명했다. 즉, 내각, 행정부-입법부의 관계, 의회의 수에서부터, 정당 체계, 선거제도, 권력분립, 소수자 권리의 헌법적 보장까지 말이다. 나는 어떤 제도적인 특성들은 함께 움직인다는 가설을 세웠는데, 이는 영국과 뉴질랜드 같은 순수 다수제 민주주의와, 스위스·벨기에 같은 순수 협의제 민주주의에 대해 내가 알고 있는 지식에 따른 것이다. 따라서 국가들은 협의제 민주주의와 관련된 제도적 특징들을 갖고 있거나 다수제 민주주의와 관련된 반대의 특징을 갖고 있다고 기대할 수 있었다.

나는 장마다 서로 다른 제도를 다루면서, 이 가설이 상당히 잘 맞지만 애초에 예상했던 모든 사례에 맞는 것은 아니라는 점을 발견했다. 그런 다음, 마지막 장에서는 내가 연구한 아홉 가지의 제도적 특징이 어떻게 서로 연관되는지를 고찰했다.[9] 나는 요인 분석을 이용해서, 이 특징들이 단일 차원으로서가 아니라, 상호 연관되지 않는 두 개의 별개 차원으로서 함께 작동한다는 것을 발견했다. 이는 행정부-정당 차원과 연방-단방의 차원이다.[10] 이와 관련해서 발견한 점이 또 하나 있는데, 이 두 차원에 의해 형성된 성향 공간property space에서 국가들은 왼쪽 아래에서 오른쪽 위를 연결하는 축 위에 깔끔하게 배열되는 것이 아니라 성향 공간 전체에 위치해 있었다. 즉, 내 가설은 상당

---

8 레이프하르트는 『민주국가론』에서 다수제 민주주의국가를 웨스트민스터 모델로도 혼용하는데, 이는 최초의 다수제 모델이자 가장 잘 알려져 있는 사례인 영국 의회가 런던의 웨스트민스터 궁에서 열리기 때문이다.

9 이 아홉 가지 특징은 최소 승리 내각, 행정부의 우세, 실효 정당 수, 이슈 차원의 수, 선거제도의 불비례성, 단원제, 중앙집권화, 헌법의 유연성, 국민투표다.

10 요인 분석은 통계학의 기술로, 변수들 간의 관계에서 나타나는 단순한 유형을 발견하는 데 사용되며, 관찰된 변수들이 '요인factors'이라 불리는 훨씬 더 적은 수의 변수들을 통해 대체로 또는 완전히 설명될 수 있는지 알아보는 데 쓰인다. 행정부-정당 차원은 최소 승리 내각, 행정부의 우세, 실효 정당 수, 이슈 차원의 수 같은 특성에 의해 결정되며, 이보다는 덜하기는 하지만, 선거제도의 불비례성에 의해서도 결정된다. 연방-단방 차원은 단원제, 중앙집권화, 헌법의 유연성 같은 특성에 의해 결정된다.

히 잘 맞았지만, 내가 예상했던 것보다는 좀 더 복잡한 것으로 드러났다. 이런 결과는 무척 흥미로웠고, 협의제 민주주의에 관한 이전의 내 연구와 구별해야 할 만큼 충분히 새로운 분석이었다. 그래서 새로운 용어인 합의제 민주주의를 만들게 되었다.

당신은 『민주주의의 유형』(Lijphart 1999a)을 쓰면서 『민주국가론』에서 제기한 문제로 결국 돌아왔다. 이 책은 『민주국가론』을 새롭게 확장한 책으로 볼 수 있을 것 같다.

나는 『민주국가론』을 여전히 진행 중인 작업이라고 생각했고, 그 책에 대해서는 대부분의 독자들보다도 나 자신이 더욱 비판적이었다. 해결되지 않은 문제들이 정말 많았기 때문이다. 그 책을 완성하자마자 그 후속 작업을 하고 싶었다. 원래는 『민주국가론』이 1945년부터 1980년까지의 시기를 다루고 있으므로 1980년대가 추가된 책을 쓰려면 1990년까지 기다려야겠다고 생각했다. 또 『민주국가론』에서는 21개국을 다루므로 다른 국가들을 더 포함시키고 싶었다. 어쨌든, 이런 작업은 이루어졌고 『선거제도와 정당 체계』 (1994)라는 책을 냈다. 물론 다른 프로젝트들을 병행하느라 예상보다 더 많은 시간이 걸리긴 했지만 말이다. 결국 『민주주의의 유형』에서는 1945~96년의 기간을 대상으로 36개국을 다뤘다. 다루는 나라의 수도 많아졌지만, 『민주주의의 유형』은 분석 대상이 된 정치제도와 제기된 문제들의 범위 면에서도 『민주국가론』보다 야심 찬 책이다. 난 이익집단 정치에 대한 코포라티즘적 설명과 다원주의적 설명 사이에 어떤 차이가 있는지 알아보기 위해 이익집단에 주목했으며, 중앙은행도 살펴보았다. 그래서 전체적인 제도적 특징 열 가지를 설정한 것이다. 마지막으로, '그래서 어떻다는 거야?'와 같은 질문에 분명히 답하기 위해 민주주의의 유형이 정부의 효율성과 공공 정책에 어떤 영향을 미치는지를 평가했다.

『민주주의의 유형』의 특징으로 두 가지를 더 강조할 필요가 있다. 우선, 이 책은 수많은 문헌들을 통합하기 위해 노력했다. 『민주국가론』을 쓸 당시에는 몇몇 제도에 대한 기존 연구가 그리 많지 않았기 때문에, 그런 경우 내가 즉흥적으로 해결해야 했다. 이를테면, 양원제 대 단원제, 경성 헌법 대 연성 헌법과 같은 대강의 이분법보다는 좀 더 섬세한 척도를 고안했다. 그러나 1990년대 중반쯤 되니, 내가 다루는 다양한 제도들, 예를 들어, 행정부와 내각·입법부·정당·이익집단 등에 대한 문헌들이 상당 정도 축적돼 있었다. 따라서 내가 한 일은 이 분야의 연구를 요약하고 종합한 것이었다. 『민주주의의 유형』의 두 번째 특징은 개념의 조작화와 관련이 있다. 일부 개념들에 대해서는 네다섯 개 차원으로 이루어진 아주 기본적인 분류틀을 제시할 수 있었다. 이 가운데서 양원제냐 단원제냐의 문제와 헌법의 유연성 정도에 대해서는 이전에 제시했던 것보다 복잡하고 더 나은 척도를 사용했다. 또 연방제와 분권화의 정도에 대해서도 그렇게 했다. 물론, 완벽한 것은 아니었다. 여기에는 미래의 연구자들이 개선해야 할 부분이 많다! 하지만 다른 대부분의 변수들에 대해서는 매우 정교한 지표를 사용했다. 이런 변수들 중에는 데이터를 모으는 데 어마어마한 시간과 노력이 든 것들도 있다.

『민주주의의 유형』의 중요한 발견들로는 무엇이 있는가?

　　『민주주의의 유형』은 『민주국가론』의 연구 결과를 보강했다. 새로운 연구에서는 10개의 제도적 변수가 두 가지 차원으로 요약되었고, 이 두 차원으로 구성된 성향 공간에 조사 대상 국가들이 위치한다는 것을 발견했다. 더 나아가, 그런 두 차원이 존재하는 이유를 해명했다(Lijphart 1999a, Ch. 14).

　　'그래서 어떻다는 거야?'라는 문제와 관련해서 얘기하자면, 나는 다수제 민주주의가 합의제 민주주의보다 정책 결정 측면에서 최소한 조금이라도 더 효율적이라는 기존의 상식이 확인되리라 기대했다. 그런데 경제정책 결정을 양적 지표로 나타내 보니, 결과는 정반대였다. 합의제 민주주의가 조금 더 효율적이었던 것이다. 하지만 통계적으로 유의미할 만큼 큰 차이는 아니었다. 민주주의의 질에 관해서는, 합의제 민주주의가 좀 더 나을 것이라 예상했었다. 그런데 결과는 합의제 민주주의가 우월하다는 것이 매우 강력하게, 통계적으로도 유의미하게 나타났다. 합의제 민주주의는 선거 참여도가 더 높고 시민적 권리와 관련해서도 성과가 높았다. 정책의 수정이나 반응성 면에서도 상당히 유연했다. 권력 공유라는 생각이 경험적으로도 강력하게 뒷받침되고 있었던 것이다.

핵심 개념과 그에 대한 평가

당신의 학문적 이력은 매우 일관된 것 같다. 초기 연구에서는, 문화적으로 분절화된 사회에서 안정적인 민주주의를 이루기 위한 메커니즘으로 권력 공유 개념을 제안했는데, 그 뒤로 이를 정교화하면서 이후 저서들에서는 이 핵심 아이디어를 점차 일반화했다.

그동안 내가 발표했던 결과물 전체를 살펴보면 그 주제가 다양함을 알게 될 것이다. 하지만 당신 말이 맞다. 내가 주로 했던 작업은 민주주의의 안정성과 민주주의의 질, 평화와 민주주의를 동시에 성취하는 방법을 비교적으로 연구하는 것이다. 이것이 바로 내가 관심을 갖는 큰 질문들이다. 이런 문제에 관심을 갖게 된 것은 앞에서도 말했지만 어느 정도는 어린 시절의 경험 때문이다. 그러나 일반화를 통해 정치학 연구에 기여하고자 하는 바람 때문이기도 하다. 이렇게 해서, 첫 번째 책은 네덜란드에 초점을 맞추었다. 점차 분석의 범위를 확대해 처음에는 서유럽 전문가로 시작했지만, 그 후로 남아프리카공화국·레바논·인도·말레이시아·콜롬비아처럼 분절화된 사회이면서도 안정적인 민주주의가 발전한 사례들을 찾다 보니 다른 지역들까지 다루게 되었다. 시간이 지나면서 전 세계를 대상으로 하는 비교학자가 된 것이다.

당신의 연구는 비교정치학과 정치학 분야에 큰 충격을 주었다. 자신의 협의주의 개념이 인기를 끌고 있다는 것을 언제 알아차리기 시작했는가? 자신의 연구가 그런 영향을 미치리라 예상했는가?

내 연구에 사람들이 반응해 준다는 것은 매우 기쁜 일이었다. 내 연구는 서서히 인정받았던 것 같다. 바로 인기를 얻는 이론들은 그리 많지 않다. 1968년에 『조정의 정치』가 출간되었고, 같은 해와 다음해에 민주주의의 협의주의 모델에 관해 논문 두 편을 발표했지만(Lijphart 1968b, 1969), 사람들이 정말 관심을 갖기 시작한 것은 몇 년이 지나서였다. 실제로, 협의주의 모델에 대한 브라이언 배리Brian Barry[1936~2009, 영국의 정치철학재의 평론 두 편이 나온 것은 1975년이었다(Barry 1975a, 1975b). 『조정의 정치』 네덜란드어 판의 경우만 봐도 그렇다. 네덜란드 독자를 위해 내가 직접 번역하고 개정했던 네덜란드어 번역판은 초판이 1968년에 출간되었는데, 2판은 8년 뒤인 1976년에서야 나왔다. 하지만 그 뒤로는 1979년, 1982년, 1984년, 1986년, 1988년, 1990년, 1992년에 증쇄되었다. 처음에는 반응이 없었지만 나중에 사람들이 이 책에 관심을 갖기 시작한 것이다. 솔직히 말해, 1995년 미국정치학회 회장이 되기 전까지는 내가 정치학자로서 어느 정도 유명해졌다는 것을 알지 못했다. 이런 성공을 예상했느냐고? 그렇지 않다. 학자의 길에 들어섰을 때, 난 좋은 연구를 하고 싶었을 뿐, 선도적인 정치학자가 되겠다는 야망은 없었다.

자신의 저서 중 가장 맘에 드는 것은?

　　예전에는 『민주국가론』이 가장 좋았는데, 지금은 『민주주의의 유형』을 좋아한다. 『민주주의의 유형』은 『민주국가론』을 좀 더 개선하고, 좀 더 체계적이고 종합적으로 발전시킨 작품이다. 다루고 있는 쟁점 면에서나 아우르고 있는 사례들 면에서나, 내 모든 책 가운데 연구 범위가 가장 넓다. 또 가장 체계적인 책이기도 하다. 『선거제도와 정당 체계』도 매우 체계적이며 몇몇 중요한 결론을 이끌어 낸 책이다. 선거제도는 선거 결과의 비례성에 강력한 영향을 미친다. 실제로, 선거제도는 비례성의 정도에서 분산variance 값의 약 3분의 2 정도를 설명할 수 있음을 발견했다. 선거제도가 다당화multipartism의 정도와 정당 체계의 여타 측면들에 미치는 영향은 좀 더 약하지만 그래도 유의미하다. 하지만 『선거제도와 정당 체계』는 『민주주의의 유형』에 비해 훨씬 작은 주제에 초점을 맞추고 있으며 여러 면에서 꽤 전문적이다. 반면, 『민주주의의 유형』은 범위가 넓고 중요한 주제들을 다뤘으며, 하나의 완성된 작품이다.

민주주의 이론에 대한 자신의 기여를 달(Dahl 1956, 1971, 1989)과 사르토리(Sartori 1987a, 1987b)와 비교해서 얘기한다면?

　　달과 사르토리는 모두 정의定義의 문제와 민주주의 이론의 규범적인 면을 다루는 데 나보다 더 많은 시간을 전념했다. 실제로, 달의 가장 큰 공헌 가운데 하나가 민주주의를 어떻게 정의하느냐와 관련된 것이다. 내 연구는 사르토리보다는 달의 연구와 더 유사하다고 생각한다. 사르토리를 생각하면, 보통은 민주주의 이론에 대한 책을 떠올린다(Sartori 1987a, 1987b). 하지만 내 경우에는 그 책보다는, 정당과 다극화된 다원주의polarized pluralism의 문제를 다뤘던 책에서 더 영감을 얻었다(Sartori 1976). 비록 사르토리가 주장한 것처럼 다극화된 다원주의가 위험하다고 보지는 않지만, 그가 제시한 일반화에는 관심이 매우 많다.

달의 경우, 내 연구와 분명 유사점이 있다. 예를 들어, 달의 책『민주주의 이론 서설』(1956)은 매디슨식 민주주의와 인민민주주의[11]를 대조하는데, 이는 내가 합의제 민주주의와 다수제 민주주의를 구별한 것과 일면 닮아 있다. 내가 이런 구별을 생각해 냈을 때, 달을 포함한 다른 학자들이 이미 비슷한 구별을 했음을 알게 되었다. 협의제 민주주의의 개념을 다룰 때도, 달이 편집한 책『서구 민주주의국가들에서의 정치적 반대』(1966a)에서 많은 것을 배웠다. 네덜란드와 벨기에, 오스트리아를 다룬 중요한 장들이 있었고, 마지막 세 장에서 달은 하위문화의 분열을 논했다.[12] 나는 달의 글 일부가 내 연구에 직접적인 영향을 끼쳤다는 걸 기꺼이 인정한다. 그렇지만 체계적인 비교나 이론의 검증 면에서는 내가 좀 더 많은 작업을 했다고 생각한다.

처음 학자의 길에 들어서면서, 안정적인 민주주의의 조건에 대한 알몬드와 립셋의 영향력 있는 아이디어에 결점이 있음을 발견하고, 그것에 대한 수정안을 제시해 이름을 날렸다

---

11 • 매디슨식 민주주의와 인민민주주의
매디슨식 민주주의는 다수의 힘과 소수의 힘 사이의 타협, 전체 시민의 정치적 평등을 중시하는 입장과 그들의 주권을 제한하려는 입장 사이의 타협을 이루려는 노력을 가리키는 개념이다. 미국 민주주의 제도가 바로 이와 같은 매디슨식 민주주의에 기반을 두고 있는데, 예컨대 의회를 상원과 하원으로 분리하고, 행정부·입법부·사법부 사이의 상호 견제와 균형의 원리를 추구하는 등의 특징을 지닌다.
반면, 인민민주주의는 다수 지배의 원리에 기초한 민주주의로, 시민(유권자 또는 입법자)들 가운데 한 사람이라도 더 많이 선호하는 것을 정부 정책으로 채택하는 것이 인민주권과 정치적 평등을 달성하기 위한 필요충분조건이라고 보는 입장이다.

12 달은 하위문화와 관련된 갈등을 다루는 것이 매우 어렵다고 강조하는데, 이런 갈등들은 총체적인 '삶의 방식'에 관한 갈등을 수반하며, 따라서 각각 분리된 단일한 문제들로 국한될 수 없기 때문이다(Dahl 1966b, 357).

(Lijphart 1968a, Ch. 1). 당신은 대안으로, 자신이 협의주의적이라고 이름 붙인 제도적 장치를 선택한 분절적인 사회에서 민주주의가 생존할 가능성이 높다는 견해를 제시했다. 그런데 그런 견해 자체가 점차 통념이 되어 비판의 대상이 되었다. 그중 가장 종합적인 평론으로는, 『세계 정치』World Politics에 이언 러스틱Ian Lustick이 기고한 글(Lustick 1997)을 들 수 있다.[13] 여기에 대해 어떻게 생각하는가?

　　　　브라이언 배리(Barry 1975a, 1975b)를 시작으로 많은 논평가들이 협의주의 연구를 다양한 면에서 깎아내리려고 했다. 그래서 나는 『남아프리카공화국의 권력 공유』Power-Sharing in South Africa(1985) 4장에서, 1983년까지 발표된 모든 비판에 대해 답을 하고자 했다. 비판들 하나하나에 답하면서 내가 그 비판에 동의하지 않는 이유를 밝혔다. 그렇게 한 이유는, 내가 남아프리카공화국에 적용 가능한 하나의 해결책으로 권력 공유를 주장하고 있었기 때문에, 이 이론에 대한 모든 비판을 다루는 일이 중요하다고 생각했기 때문이다. 일부 건설적인 비판은 받아들이고자 했다. 이는 권력 공유라는 아이디어에 기본적으로 공감하는 협의주의 학파 내의 학자들이 제기한 비판이었다.

　　1997년 『세계 정치』에 실린 이언 러스틱의 평론은, 솔직히 말해 처음 읽는 순간 내 눈을 믿을 수가 없었다. 난 러스틱을 건설적인 비판가의 한 사람으로 생각했고, 그전에도 내 이론에 대한 그의 비판 중 일부를 수용하기도 했다. 그런데 1997년의 평론에는 동조할 수가 없었다. 러스틱은 내가 협의제 민주주의에 유리한 것으로 분류했던 수많은 조건들이 시간에 따라 변화한다면서 조롱했다. 그래서 뭐가 문제라는 말인가? 나는 경험적 사례들을 추가로 분석하면서 새로운 사실들을 깨닫게 되었고, 그에 따라 권력 공유 이론을 세

---

[13] 다른 평론으로는 Barry(1975a, 1975b), Van Schendelen(1984), Bogaards(2000)가 있다.

심하게 조정하려고 노력했다. 현재로서는 분절화된 사회에서 안정적인 민주주의가 가능한 조건으로 아홉 가지를 규정하고 있다. 이 문제에 대한 내 최종적인 대답이 『남아프리카공화국의 권력 공유』에 있으며(Lijphart 1985, 119-26), 지금까지 이를 계속 고수하고 있다.[14]

당신의 연구에 대한 근본적인 비판 가운데 하나는, 협의제 민주주의는 정치적 반대가 활발하지 않기 때문에 실제로는 민주주의가 아니라는 것이다.

그 비판은 헌팅턴(Huntington 1981a, 14)과 베르허(Berghe 1981, 82)가 제기한 것이다. 헌팅턴은 협의제 민주주의를 '협의제 과두 정치'consociation oligarchy라고 표현하고, 베르허는 협의제 민주주의를 '의사 민주주의'façade democracy라고 주장했다. 이론상으로 보면 이 주장들이 논리적인 것처럼 보이지만, 네덜란드·벨기에·스위스·오스트리아 같은 실제 사례들을 살펴본다면, 이들 국가에서 민주주의가 꽤 잘 작동한다는 것을 알 수 있다. 이 국가들이 민주주의적이지 않다고 말할 수 있는가? 사실 이 나라들은 오늘날 전 세계 민주주의국가들 가운데서도 가장 인도적이고 수준 높은 민주주의를 유지하고 있다. 정치적 반대가 활발해야만 활기찬 민주주의라는 견해에는 동의하지 않는다. 남아프리카를 다룬 내 책에도 썼듯이(Lijphart 1985, 108-12), 협의제 민주주의를 민주적이지 않다고 비판하는 이들은 민주주의를 다수제 민주주

---

14 이 아홉 가지 조건은 다음과 같다. ① 확고한 과반을 차지하는 하위문화 분파가 없을 것, ② 그런 분파들의 크기가 비슷할 것, ③ 그런 분파의 수가 적을 것, ④ 인구 규모가 작을 것, ⑤ 외부의 위협이 있을 것, ⑥ [민주주의에 대한] 전반적인 합의가 존재할 것, ⑦ 사회경제적으로 평등할 것, ⑧ 분파들이 지리적으로 집중되어 있을 것, ⑨ 조정의 전통이 있을 것.

의 동의어로 잘못 생각하는 것이다.

협의주의 연구에만 집중하겠다고 결정했는데, 이로 인해 다른 문제를 제기할 기회나, 잠재적으로 더 유익할 수 있는 다른 연구 주제를 놓치게 되지는 않았는가?

그렇게 생각하지 않는다. 내게는 정말 하고 싶었지만 시간이 없어서 하지 못했던 일은 없다. 하고 싶었던 것은 모두 했다. 예외가 하나 있다면, 국제관계이론이다. 국제관계이론을 개발하려고 연구를 시작했으나 더 발전시키지는 못했다. 이 주제로 쓴 논문 한 편이 『국제 연구』에 실리기도 했다(Lijphart 1974a). 거기서는 홉스주의적 접근 대 그로티우스적 접근, 아니 현대 학자들로 바꿔 말하면 한스 모겐소Hans Morgenthau · 헤들리 불Hedley Bull 진영과 칼 도이치 진영을 대조하면서 국제관계에 대한 이론적인 접근을 체계화하고자 했다. 대조를 통해 많은 것을 포착했다고 생각한다. 난 토머스 쿤의 과학혁명의 패러다임 논의를 가져와, 도이치가 낡은 홉스주의적 패러다임과 단절했기 때문에 이를 국제관계 분야의 혁명이라고 보았다. 언제든 이 주제에 관해 책을 쓰게 될 때를 대비해 관련된 참고문헌을 여러 해 모았다. 하지만 결국 그 책을 쓰지는 못했다. 그 이유는 우선, 『국제 연구』에 실렸던 논문(Lijphart 1974a)이나 그 뒤에 발표된 글들(Lijphart 1974b, 1981)에 대한 반응이 그다지 긍정적이지 않았기 때문이다. 기본적으로 이 논문들에 대한 반응은 침묵 그 자체였으므로 열의가 사라졌다. 그래도 1974년 『국제 연구』에 논문을 발표한 뒤로 약 20년간은, 언젠가는 이 프로젝트를 다시 하게 될 것이라고 생각했다. 하지만 1990년대 중반쯤, 그런 프로젝트를 할 시기는 이미 지났다고 결론 내리게 되었다. 국제관계 분야에는 새로운 발전이 많았고, 그 논문들을 읽느라 시간을 허비하고 싶지 않았다. 그래서 문헌 정리를 중단하고 정리한 파일들을 모두 내다 버렸다. 하지만 기회를 놓친 것이라고 생각하지는 않는다.

그 책을 썼다면 유용하기는 했겠지만 그렇게 중요한 책은 되지 못했을 것이다. 내가 했던 다른 일에 시간을 쓰는 것이 훨씬 나았다고 생각한다.

책으로 쓰지 못해서, 아니면 책으로 써서 후회되는 것은 없는가?

하나 있다. 게이브리얼 알몬드 기념 논문집(Verba and Pye 1978)에 기고해 달라는 요청을 받았는데, 준비 중이었던 것 가운데 기고할 만한 글이 정말 없어서 거절했다. 그를 기념하기 위해, 뭔가를 했어야 했는데 말이다. 알몬드와 버바의 『시민 문화의 재조명』*The Civic Culture Revisited*에 기고하는 것으로(Lijphart 1980) 그때 참여하지 못한 것을 어느 정도 만회했다. 알몬드는 자신의 두 제자인 버바와 내가 미국정치학회에서 1994~96년에 연달아 회장직을 맡은 것을 자랑으로 여긴다는 것 또한 잘 알고 있다.

연구 과정과
목적

과학과 규범적 관심

자신을 과학자라고 생각하는가?

　　나는 과학이란 일반화를 하는 일이라고 생각한다. 이 질문을 그런
의미로 받아들이자면 나는 내 자신을 과학자라고 생각한다. 나는 다양한 종
류의 연구 대상을 일반적인 명제로 정식화하려고 노력한다. 그리고 이것이
매우 즐거운 일임을 알게 되었다. 그래서 가장 최근에 집필한 『민주주의의
유형』(Lijphart 1999a)에서는 합의제 민주주의와 다수제 민주주의를 대조하는
것부터 시작했다. 하지만 처음 이 책을 쓰기 시작했을 때만 해도 이런 구분이
얼마나 강력한 것인지 알지 못했다. 그리고 합의제 민주주의와 다수제 민주
주의의 다양한 특성들이 어떻게 하나의 유형을 형성하는지, 또한 이렇게 다
른 유형의 민주주의가 정책 결정과 결과에 얼마나 영향을 끼치는지에 대해서
도 잘 알지 못했다. 이런 종류의 유형을 발견하게 되면, 굉장한 만족감을 느
끼게 된다.

당신의 연구에서 가치나 규범적인 관심은 어떤 역할을 하는가?

　　내 연구는 규범적으로 중요한 변수들과 함께 시작된다. 이를테면

평화나 폭력처럼 선 또는 악으로 표현될 수 있는 것들 말이다. 그다음엔 무엇 때문에 이런 다른 결과가 생기는지를 조사한다. 마지막으로, 처방을 제시하면서, 즉 기대하는 결과를 산출할 수 있는 방법을 제시하면서 결론을 내린다. 난 규범적인 관심과 과학을 연구하려는 열망이 양립할 수 없다고는 생각하지 않는다. 실제로, 규범적이고 처방적인 결론은 가장 경험적인 관계들로부터 도출될 수 있다고 생각한다. 많은 사회과학자들이 처방을 제시하는 것을 꺼린다는 사실이 놀랍다. 일부 학자들 사이에 자신은 학자일 뿐 정치에 관여하지 말아야 한다는 식의 분위기가 있는 것 같다. 그래서 정책적 권고를 삼가야 한다는 것인데, 이는 내 스타일이 아니다.

내가 했던 정책적 권고(특히 미국에서)가 그렇게 성공적이었던 것은 아니다. 하지만 오랫동안 네덜란드를 떠나 있었음에도 나는 미국보다는 네덜란드에서 훨씬 잘 알려져 있다. 수십 년 동안, 네덜란드의 모든 사회과학자와 많은 저널리스트가 『조정의 정치』(Lijphart 1968a)를 읽었다. 네덜란드에서는 분절화된 사회가 가진 문제들의 해결책으로 내가 제시했던, 권력 공유라는 아이디어에 대해 상당히 많은 토의가 이루어져 왔다.

다양한 나라의 정치인들에게 조언을 해왔다. 남아프리카공화국이 대표적이고, 이스라엘·뉴질랜드·레바논·칠레·앙골라·피지 정치인들에게도 그랬다. 정치인들은 학자인 당신의 조언에 귀를 기울이는 편인가?

조언의 형식은 다양할 수 있다. 공식적일 수도 있고 비공식적일 수도 있다. 학술회의에서 이루어질 수도 있는데, 이는 반드시 정부가 조언을 구하는 자리는 아니다. 정치인들은 조언에 귀를 기울이지만, 꼭 그에 따라 행동하지는 않는다. 어떤 경우, 정치인들은 그저 시간을 끌기 위한 수단으로 조언을 구하기도 한다. 그들은 어떻게 결정해야 할지 잘 모르거나 결정을 내리고 싶지 않을 때 그 문제를 연구할 위원회를 구성하게 한다. 그들의 의도는 실행할 만한 유용한 정책적 권고를 만들려는 것이 아니다. 나도 그런 사례를 종종 보아 왔다. 어떤 경우든, 그리 대단한 영향을 미치지는 못한다는 생각이다.

내가 실제로 영향을 미쳤다고 말할 수 있는 유일한 사례는 남아프리카공화국이다.[15] 나는 어떤 방식의 권력 공유가 남아프리카공화국에서 이루어질 수 있을지 확신이 있었기 때문에, 남아프리카공화국의 민주화를 주제로 한 논의에 참여하기 위해 노력했고, 내 의견을 제안할 수 있는 기회라면 어떤 것이든 받아들였다. 남아프리카공화국을 처음으로 방문한 것은 1971년으로 남아프리카공화국과 네덜란드 간 문화 교류 프로그램의 지원 덕분이었다. 6주 동안 여러 대학을 방문해 강연을 하고 정치인과 공무원들을 만났다. 나는 남아프리카공화국에 협의제 민주주의를 소개했고, 그 결과 사람들이 남아프리카공화국의 일부 문제를 해결하는 데 정치적 권력 공유가 어떻게 도움이 될지를 생각해 보기 시작했다. 그 뒤로는 남아프리카공화국을 여러 번 갔다. 1971~91년 사이에 열 번 정도 간 것 같다. 그렇게 나는 『남아프리카공화국의 권력 공유』(Lijphart 1985)을 비롯해 남아프리카공화국에 대한 글을 썼을 뿐 아니라, 실제로 그 나라 사람들을 만나 이야기하면서 바쁘게 지냈다. (1985년 당시 각료로 있었던 데 클레르크Frederik Willem de Klerk를 비롯해) 집권당의 정치인들과도 많은 대화를 나눴으며, 집권당을 지지하는 공무원들과도 얘기했다. 내가 권력 공유 애

---

15 남아프리카공화국의 아파르트헤이트 체제는 국민당이 정권을 잡은 1948년 이후부터 시작되었다. 이 체제하에서는 다른 제도들과 더불어 흑인의 투표권을 인정하지 않는 인종차별이 제도화되었다. 이 체제에 반대한 아프리카민족회의African National Congress, ANC는 게릴라 전략으로 돌아섰고, 정부는 아프리카민족회의와 그 외 저항 운동을 통제하기 위해 억압적인 수단들을 사용했다. [하지만] 프레데릭 데 클레르크가 1989년 국민당 대표가 되고 대통령에 당선되면서 변화가 일기 시작했다. 데클레르크는 아프리카민족회의에 대한 금지령을 철폐하고 감옥에 있던 만델라를 석방했으며, 아파르트헤이트 체제의 종결과 만델라의 1994년 대통령 선출을 위한 여정을 시작하는 교섭을 이끌었다.

기를 꺼내면, 그들은 관심을 보였으며 매우 정중하게 대했다. 그들을 만나러 온 외국인 교수에게 심지어 경의를 표하는 이들도 있었다. 그들은 이렇게 말하곤 했다. "무척 흥미로운 생각입니다만, 실행하는 데는 위험이 따를 것 같군요." 이런 반응에 대해 나는 보통 이렇게 대답했다. "위험한 것처럼 보이는 것은, 백인들만의 독점적인 권력을 유지하느냐, 아니면 비백인인 야당 지도자들과 권력을 공유하느냐 가운데 하나를 선택해야 하는 문제라고 생각하기 때문입니다. 하지만 조금 앞을 내다보세요. 당신들은 결국 권력을 공유할 것이냐 아니면 잃을 것이냐의 선택에 직면하게 될 것입니다. 그렇다면, 권력 공유야말로 더 매력적인 생각 아닌가요?" 그들은 그렇다고 인정하곤 했다. 그들이 즉시 행동에 옮기지는 않았을지 몰라도, 마침내 권력 공유를 향한 과정을 시작하기로 결정한 것은 선택에 대한 이 같은 관점을 데 클레르크 같은 사람들이 받아들였기 때문이라고 생각한다.

1980년대에는 콰줄루 입법의회KwaZulu Legislative Assembly[16]가 구성한 자문 위원회인 부텔레지 위원회Buthelezi Commission에 두 번 참여하기도 했다. 일종의 권력 공유를 지지하는 위원회의 공식 보고서가 콰줄루 자치주 입법부에 제출되었고, 남아프리카공화국 정부에도 제출되었다. 분명히 말하면, 나는 부텔레지 위원회에 참여해 달라는 요청을 받았다. 이는 이 위원회를 조직한 사람들이 권력 공유를 권고하기로 이미 결정을 내렸음을 의미했다. 그래서 그들은 내가 위원회에 참여하기를 바랐던 것이다. 남아프리카공화국 정부는 위원회의 보고서를 거부했다. 하지만 공식적인 제안은 효과가 있었다. 그 내용이 폭넓게 확대되고 논의되었기 때문이다. 그 결과, 권력 공유 개념이 훨씬 잘 알려지게 되었다.

---

16 콰줄루 지역은 흑인 원주민 자치구로 1977년 남아프리카공화국 정부에 의해 자치권을 부여받았다.

그래서 내가 어느 정도 영향을 미쳤다고 생각한다. 나는 내 역할을 수행하기 위해 상당한 시간과 에너지를 쏟았다. 남아프리카공화국에 가서 권력 공유 아이디어를 권고할 수 있는 기회라면 언제든지 응했다. 또한 그런 일은 내 자신에게도 큰 만족감을 느끼게 했다. 나는 정치에, 특히 남아프리카공화국에서 권력 공유 개념이 초기에 추동력을 갖게 만드는 데 중요한 기여를 했다고 생각한다. 그 성취감은 그동안 내가 쓴 어떤 글보다도 자랑스러운 것이다. 사실, 내 인생의 모든 경력 중에서 남아프리카공화국에 관여한 부분이 가장 자랑스럽다.

사례연구에서 통계분석으로

생각을 일반화하고 검증하는 데 사용한 방법에 대해 이야기해 보자. 두 번째 책인 『조정의 정치』(Lijphart 1968a)는 비교정치학 분야에서 가장 영향력 있는 사례연구의 하나로 널리 받아들여지고 있다.[17] 그런 영향력 있는 사례연구를 쓰게 된 비결은 무엇인가?

사례연구는 그보다 넓은 이론에 포함될 때 가장 큰 영향력을 갖는다. 『조정의 정치』에서는 당시 영향력 있던 이론인 알몬드와 립셋의 이론들과 관련해 네덜란드 사례를 일탈 사례로 규정했다.

---

[17] 그 예의 하나로, Rogowski(1995) 참조.

당신의 초기 연구는 네덜란드라는 단일 사례에 집중하고 있었지만, 관심은 일반화에 있었다.

사회과학자들은 두 부류로 나눌 수 있다. 일반화에 관심 있는 학자들이 있고, 개별 사례를 자세히 다루는 데 관심 있는 학자들이 있다. 양쪽 모두 모두 가치가 있지만, 나는 일반화가 좋다.

처음 두 책 이후, 일반화에 대한 관심으로 인해 네덜란드 사례를 넘어서 결국 통계분석에까지 이르게 된 것 같다.

대학원 때 상관 분석과 회귀 분석을 배웠다. 하지만 소규모 연구를 기반으로 하는 초기 저작들에서는 이런 방법을 쓰지 않았다. 그러다가 사례의 수가 점점 많아짐에 따라 변수들을 정량화하기 시작했다. 그래서 통계분석을 사용하게 되었다. 『민주국가론』(Lijphart 1984)에서는 여전히 교차 분류를 주로 사용했지만, 마지막 장에서는 아홉 가지 제도적 변수 간의 상관관계를 알아내기 위해 요인 분석을 사용했다. 『선거제도와 정당 체계』(Lijphart 1994)는 통계분석을 가장 일관되게 사용했다. 이 책에서는 비교 방법을 매우 분명하게 사용했는데, 예를 들어 선거법 개혁 전후로 선거제도가 어떻게 변화했는지를 고찰했다. 마지막으로, 『민주주의의 유형』(Lijphart 1999a)에서는 교차 분류와 요인 분석을 시도했다. 회귀선regression line이 포함된 산포도도 책에 실렸고, 민주주의 유형들의 효과를 평가하기 위해 회귀 분석도 사용했다. 즉, 사례가 많아짐에 따라 통계 도구를 사용하긴 했지만, 다른 도구들도 여전히 사용했다.

통계분석 쪽으로 이동함에 따라, 사례에 대한 감각을 잃었다고 생각한 적은 없는가?

36개국을 다룬 『민주주의의 유형』(Lijphart 1999a)을 작업하면서, 그 나라들에 대한 감각을 거의 잃을 뻔하기도 했다. 그렇다 해도 사례에 대해 잘 알고 있었다고 지금도 생각한다. 내가 36개국 전체의 전문가는 분명 아니지만, 매우 중요한 사실 정보를 제공하는 사례연구를 많이 읽었다. 또 대부분의 나라를 직접 방문하기도 했다. 실제로 32개국을 가보았다. 각 나라에 대해 이야기할 만큼 충분한 사례를 알고 있으며, 단순히 통계들을 모아 놓은 것보다는 훨씬 많이 안다고 생각한다.

전 세계를 대상으로 하는 비교 분석으로 돌아선 이후에도, 특정 나라에 대한 연구 논문들을 계속 썼다. 예를 들어, 북아일랜드·남아프리카공화국·인도·오스트레일리아·프랑스 등이다(Lijphart 1996a, 1996b, 1998, 1999b, 2003). 이런 연구에서 무엇을 얻고자 한 것인가?

나는 그런 논문들을 '우발적인 논문'이라 부른다. 왜냐하면 어떤 회의에 초대받았거나 특정 문제를 다뤄 달라는 부탁을 받아 쓴 것들이기 때문이다. 그래도 이 글들은 좀 더 넓은 범위의 이론적 관심사와 관계가 있는 것들이다. 예를 들어, 나는 북아일랜드의 제도 개혁을 담은 다양한 제안들, 즉 굿 프라이데이 협정[북아일랜드 평화협정]Good Friday agreement 같은 제안들이 어느 정도까지 협의주의적인 해결책이 될 수 있는지에 관해 쓴 적이 있다.[18] 남아

---

18 1998년에 조인된 굿 프라이데이 협정은 북아일랜드 내의, 북아일랜드와 아일랜드 사이의, 그리고 아일랜드, 잉글랜드, 스코틀랜드, 웨일스 사이의 관계 문제를 처리하고자 했다. 협정은 1998년 5월 국민투표에 부쳐졌고 압도적인 찬성으로 통과되었다.

프리카공화국에 대해서는 어떤 권력 공유 형태가 가장 적합할지를 연구한 논문들을 썼다. 인도는 협의제 민주주의 관점으로 보았을 때 일탈 사례로 보여 관심이 갔다. 그런데 인도를 좀 더 자세히 들여다보니, 일탈 사례가 아니라 내가 정의한 협의제 민주주의 개념에 거의 완벽하게 들어맞았다. 이와 비슷하게, 오스트레일리아에 대한 연구에서도 내가 그 이전에 오스트레일리아를 분류하면서 무시했던 쟁점을 다뤄 보았는데(그때 나는 상원을 무시했다), 새로 연구한 결과 오스트레일리아는 생각했던 것 이상으로 합의제 민주주의적 요소가 있음을 알 수 있었다. 마지막으로, 최근에 나는 다수제 민주주의로 분류되는 프랑스 민주주의가 다른 유럽 대륙 국가와 비교해서 제대로 작동하지 않음을 보여 주는 논문을 발표했다. 즉, 이런 것들은 모두 좀 더 광범위한 내 이론적·비교적 연구들과 상당히 밀접하게 연관돼 있다.

당신의 연구에서 보이는 중요한 특징 중 하나는 정치제도에 주목하고 있다는 것이다. 실제로 당신은 제도학파가 유행하기 훨씬 전부터 제도의 기원과 효과에 대해 분석했다. 제도 연구에 대한 자신의 접근법에 대해, 그리고 제도에 대한 다른 접근법과 자신의 접근법이 어떻게 다른지 설명해 줄 수 있나?

제도에 대한 나의 접근법은 합리적 선택이론가들이 선호하는 현재의 신제도주의와는 다르다. 내가 보기에, 내 연구에는 연역 논리적 요소가 있다. 가령, 합의제 민주주의와 다수제 민주주의 간의 차이를 연구할 때, 다수제 민주주의를 한다는 것이 어떤 의미인지를 먼저 생각하고, 그다음 다수제 민주주의의 원리로부터 여러 특징을 추론해 냈다. 그럼에도 나는 연역적인 사상가가 아니라, 주로 귀납적이고 경험적인 일반론자다. 이에 반해, 합리적 선택 제도주의자들은 연역적 사고에 좀 더 열심이다. 연역적 분석이 나쁘다는 건 아니지만, 현실 세계의 문제점이나 현상을 다루는 경험적인 연구가 더 중요하다고 생각한다.

현지 조사, 언어, 문헌 조사

초창기에는 상당한 양의 현지 조사를 수행했다. 어떤 종류의 연구를 했는지?

첫 번째 현지 조사 경험은 네덜란드였고 이것이 내 학위논문과 첫 번째 책『탈식민화의 트라우마』(Lijphart 1966)로 이어졌다. 의회 토론, 위원회 보고서, 정당 강령, 이익집단의 출판물 등 상당한 양의 문서를 샅샅이 살펴보았다. 또 정치인과 고위 공무원, 학자, 언론인 등 지도층과 인터뷰도 많이 했다. 1960~61년은 내내 고된 조사 활동으로 정신이 없어서 글을 쓸 시간이 없었다. 모든 시간을 조사 활동에 쏟아부어야 했다. 1964년 네덜란드로 돌아갔을 때는『조정의 정치』(Lijphart 1968a)와 관련된 작업을 하고 있었는데 거우 몇 달밖에 머물지 못했다.『다원 사회에서의 민주주의』(Lijphart 1977) 작업을 할 때에도, 특별히 벨기에와 스위스에 대해 비슷한 문헌 조사를 했다. 수리남과 네덜란드령 앤틸리스 제도에서 엘리트 몇 명과 인터뷰도 했는데, 이들 지역에서는 일주일 정도씩만 머물렀다. 이 작은 나라들은 일주일이면 중요 인물들을 모두 만나 볼 수 있기 때문에 정말 좋았다.

세 권의 책 이후로도 현지 조사를 계속했는가?

별로 그렇지 않다. 경력이 점점 쌓여 감에 따라, 현지 조사도 점점 줄어들었다. 1991년 베를린에서 넉 달을 보낸 것이 본격적인 현지 조사로서는 마지막이었다. 동유럽이 막 개방되어 몇몇 국가들을 여행할 기회가 있었다. 프라하와 부다페스트, 바르샤바에서 엘리트 몇 명과 인터뷰했다. 앞선 인터뷰와 마찬가지로 이번에도 특별한 형식 없이 자유롭게 대화를 했다. 인터뷰의 목적은 사실 정보를 얻는 것과, 특정 정치 상황에 대한 답변자들의 관점과 해석을 듣는 것이었다. 이 자료들은 체코슬로바키아와 헝가리, 폴란드의 헌법적 선택에 대한 논문에서 활용했다(Lijphart 1992).

좋은 비교 연구를 하는 데 있어서 언어 훈련은 얼마나 중요한가?

네덜란드에서 나는 영어·프랑스어·독일어·라틴어·그리스어 등을 배웠다. 나중에는 스웨덴어와 스페인어도 얼마간 배웠다. 이런 언어 능력 덕분에 여러모로 편리했다. 모국어가 네덜란드어라는 것은 네덜란드에서 현지 조사를 진행하는 데 가장 유용한 점이었다. 남아프리카공화국을 연구할 때도, 네덜란드어에 대한 지식 덕분에 아프리칸스어[19]를 이해하는 데 도움이 되었다. 다른 언어로 된 문헌들을 읽을 때도 분명 유용하다. 예를 들어, 렘브루흐의 『비례 민주주의』는 독일어판밖에 없다. 중요한 책인데, 내가 독일어를 몰랐다면 읽을 수 없었을 것이다.

영어만으로 해결할 수 있는 것들이 점점 더 많아지고 있다. 많은 사람들이 영어를 사용하고 있고, 여행지에서도 영어로 대화가 가능한 사람들을 많이 만날 수 있다. 그렇지만 상세하고 철저한 연구를 하려면 영어만으론 부족

---

19 • 아프리칸스어Afrikaans
영어와 더불어 남아프리카공화국의 공용어로, 17세기 중반 남아프리카공화국이 네덜란드의 식민지가 되면서 들어온 네덜란드어가 독자적으로 발전한 것이다. 남아프리카네덜란드어라고도 한다.

하다. 가령, 1991년 동유럽에 관해 연구할 때, 그 지역에서 심층 연구를 하기에는 내 언어 실력이 부족하다는 점을 깨달았다. 심층 사례연구를 하려면, 해당 언어에 대한 최소한의 지식이 필요하다.

과거에 비해 현 단계에서는 현지 조사를 통해 많은 정보를 모으고 있지 않은데, 지금 하고 있는 연구 방식의 특징은 무엇인가?

연구 대상이 되는 나라의 기존 문헌이나 통계에 주로 의존한다. 내 연구에서 정말 필요한 것은 바로 좋은 도서관이다. 여기 샌디에이고 캘리포니아 대학에는 좋은 도서관이 있다. 인터넷으로 이용할 수 있는 정보의 양과 질 또한 많이 좋아졌다. 하지만 『민주주의의 유형』을 작업했던 1990년대 중반에는 인터넷이 다소 실망스러웠다. 내게는 웹 서핑보다 연간 『세계 정치 편람』*Political Handbook of the World* 같은 책 한 권이 훨씬 더 유용했다.

이런 자료들 외에, 그 분야의 사람들에게서 얻는 개인적인 조언도 중요하다. 이 점에 있어서 나는 운이 좋다. 지난 수십 년 동안, 『민주주의의 유형』(Lijphart 1999a)에서 다뤄진 거의 모든 나라에 대한 전문가들을 알게 되었다. 질문이 생기면 그들과 이메일로 연락한다. 이 또한 중요한 자원이다.

정보를 수집하는 일에 연구 조교들의 도움을 받는가?

많은 경우 연구 조교를 쓸 돈이 있었으며, 도움이 되기도 했다. 하지만 나는 모든 일을 내 손으로 처리하고 직접 판단을 내리고 싶어 하는 유형의 사람이다. 그래서 연구 보조금을 요청할 때는 주로 강의 시간을 줄이기 위한 것이었다. 구겐하임 재단Guggenheim Foundation과 저먼 마셜 기금German Marshall

Fund에서 연구 보조금을 받아 몇 학기 정도는 강의 부담이 없었다. 한번은 1년 내내 강의를 하지 않은 적도 있다. 내게 필요했던 건 정말 그게 다였다.

문헌 조사를 중요하게 생각했음에도 여행을 많이 다녔다. 해외여행이 당신의 사고 과정을 풍부하게 했을 것 같다.

　　　그렇다. 그런 경험은 매우 중요하다. 한 나라를 짧게 방문하더라도 배우는 게 있을 수 있다. 어떤 곳을 피상적으로, 즉 관광객으로 가더라도 많은 것을 배울 수 있다. 한 나라에 대한 느낌 같은 것을 얻을 수 있는 것이다. 정치인이나 정치 엘리트를 만난다면 훨씬 더 많이 배우게 된다.

　여행이 내 사고를 어떤 식으로 자극하는지 예를 들어 보면, 1990년에 아내와 함께 코스타리카로 3개월 과정의 어학연수를 간 적이 있었다. 영어를 거의 하지 않는 가정에서 생활했기 때문에, 스페인어로 대화를 해야 했다. 또 지역 신문을 매일 읽었고 선거 재판소 관계자와 정치학자도 몇 명 만났다. 주변 관광도 했다. 물론 인류학자들에 비한다면 아무것도 아니지만, 이 정도라도 경험을 하는 것이 하지 않는 것보다 낫다. 그리고 나처럼 많은 수의 국가 사례들을 다룰 경우, 각 나라를 방문하는 데 많은 시간을 쓸 수는 없다.

　1984년 회의 참석차 레바논에 간 것은 아주 색다른 경험이었다. 당시 레바논에서는 납치 사건이 자주 발생해 안전한 곳이 아니었다. 베이루트에 갔더니 정말 혼란스럽고 무정부적인 상황이었다. 공권력도 없었고, 총을 가진 남자들이 무리를 지어 주위를 배회하고 있어, 누가 누구고 뭐가 뭔지 모르는 상황이었다. 샌디에이고로 돌아오는 비행기에서 레바논을 떠나는 것만으로도 기뻤다. 그럼에도 그 경험은 좋았다. 예를 들어 레바논 의회의 헌법 제정 위원회 사람들처럼 흥미로운 이들을 많이 만났다. 겨우 일주일인데도 많은 것을 배웠으며, 내 삶에서 가장 흥미로웠던 일주일에 속한다. 다양한 나라를 여행하는 것은, 특히 지역 주민과 접촉할 수 있다면 비교 연구자로서는 많은 것을 얻는 기회가 된다.

정치 이론

정치 이론의 고전들로 되돌아가는 것이 연구에 도움이 된다고 생각하는가?

꽤 흥미로운 일이라고는 생각하지만, 실제로 그런 적은 없다. 시간은 한정돼 있고 그보다 먼저 해야 할 다른 일들이 있다. 내 글에서 고전의 몇몇 구절을 인용한 적은 있다. 예를 들어, 존 스튜어트 밀의 『대의 정부에 대한 고찰』*Considerations on Representative Government*에 나온 구절을 인용한 적이 있다. 하지만 그것은 대학이나 대학원 다닐 때 읽었던 것을 기억해서 인용한 것으로, 책 전체를 꼼꼼하게 다시 읽은 게 아니라 특정 구절만을 인용했을 뿐이다. 하지만 로크나 홉스, 루소 등과 같은 이론가들에 대해 안다는 것은 좋은 일이다. 이런 고전 저작들을 알면 정치학자들끼리 대화할 수 있는 공통의 언어를 배울 수 있다.

방법론에 대해

네덜란드 사례연구에서 좀 더 명백한 비교 연구로 전환하기 시작했던 1970년대에, 비교 연구 방법론에 대한 유명한 논문을 두 편 썼다(Lijphart 1971, 1975). 지금도 널리 읽히는 이 논문들의 목적은 무엇이었나?

비교 연구를 정말로 시작했던 것은 버클리에 있을 때인 1960년대 중반이었다. 네덜란드 연구에서 발전시켰던 아이디어들을 좀 더 일반화하고 싶었다. 그래서 몇 가지 사례들을 토대로 어떻게 일반화가 가능할지 이리저리 재보고 있었다. 몇 가지 아이디어가 있었는데, 닐 스멜서Neil Smelser가 개최한 세미나와 그가 쓴 학술회의 논문을 보면서 이런 아이디어들이 좀 더 강화되었다.[20] 이런 아이디어들을 내 목적에 맞게, 글로 체계적으로 정리해 보는 것도 가치 있겠다 싶었다.

방법론에 관한 논문 두 편 가운데 『미국정치학회보』에 실렸던 첫 번째 논문이 좀 더 유용한 것 같다. 매우 기본적인 내용을 담고 있지만, 비교 방법론의 한계뿐 아니라 그것이 제시해야 하는 것이 정확히 무엇인지를 밝히고 있다는 평가를 많이 받았다. 또한 사례연구에 대해서도 짧게 논의하고 있는데, 일탈 사례 분석의 중요성에 대해 주의를 환기시키고 있다. 이 글은 반응이 좋았다.

---

[20] 이 논문은 이후 Smelser(1968)로 출간되었다.

두 편의 논문 이후로는 방법론에 관한 글은 발표하지 않았다.

그 뒤로 방법론에 관해서는 더 쓰고 싶다는 생각을 하지 못했다. 우선, 이미 말한 내용에 대해 아무것도 덧붙이고 싶지 않았다. 기껏해야, 비교적인 접근법은 방법이라기보다는 연구 전략이라는 것을 명확히 하고자 했을 것이다. 둘째, 방법론을 연구하는 사람들은 방법론 연구 자체가 목적인 것처럼 보인다. 난 그게 얼마나 생산적일지 의문스럽다.

"방법론적 완벽주의"나 "경험적 연구에 대한 비현실적으로 높은 기준"의 문제에 대해서도 글을 쓴 적이 있다(Lijphart 1985, 87-88). 방법론의 적절한 역할은 무엇이라고 생각하는가?

오늘날 정치학에서 사용되는 방법들은 매우 정교해졌다. 몇몇 논문들의 경우, 읽고 나서도 그 방법들을 이해하지 못했음을 고백해야겠다. 하지만 한 가지는 분명하다. 자료의 질은 여전히 미흡하다는 것이다. 따라서 정교한 방법론적 기술에 대해 고민하기보다는 우리가 분석하는 자료의 질을 개선하는 데 힘을 쏟는 게 중요하다. 그 기술들을 통해 얼마나 많은 것을 얻을 수 있을지는 잘 모르겠다. 또한 그 방법들은 정치학자들 사이의 의사소통을 어렵게 만든다. 나는 꽤 기본적인 상관 분석과 회귀 분석을 사용해 왔다. 즉, 내가 예일에서 들었던 첫 번째 통계학 수업에서 배운 방법을 써온 것이다. 나는 그보다 더 나아가지 않았다. 더 정교한 분석 도구를 사용할 필요를 느끼지 못했기 때문이다. 특정한 현실 문제들을 다루기 위해 좀 더 진보된 기술이 필요하다는 점을 부정하려는 것은 아니다. 하지만 실질적인 지식에 기여하고 정책 권고를 제시할 수 있도록 한다는 궁극적 목표보다, 우리가 사용하는 방법을 더 중요하게 생각하는 것은 아닌지 걱정스럽다.

버클리 시절

1961~63년 학위논문을 쓰는 동안 엘마이라 칼리지에서 잠시 강의를 하다가, 1963년 버클리 정치학과 교수가 되었다. 버클리에서의 경험은 어땠는가?

버클리에서의 생활은 흥미진진했다. 에른스트 하스Ernst Hass와의 교류가 많은 도움이 되었다. 그의 이론적 사고방식은 매우 훌륭해서, 어떤 면에서는 칼 도이치를 연상하게 했다. 그는 심지어 자신의 전문 분야가 아닌 주제에 관해서도 사고에 도움을 주는 사람이었다. 또한 데이비드 앱터에게서도 영향을 받았다. 그는 아프리카 전문가이기도 하면서 진정한 비교학자였다. 나는 그가 쓴 글들, 특히 해리 엑스타인과 함께 편집했던 비교정치학 독본(Eckstein and Apter 1963)에서 영감을 받았다. 그 책은 정말로 중요한 문헌들을 한데 모은 뛰어난 책이었다. 나는 곧바로 비교정치학 세미나에 그 책을 교재로 사용했다.

립셋과 닐 스멜서도 사회학과이긴 했지만 당시 버클리에 있었다. 정기적으로는 아니지만 립셋과는 직접 만나기도 했다. 『정치적 인간』(Lipset 1960a)과 같은 그의 저작은 내게 상당한 영감을 주었다. 스멜서 역시 중요한 영향을 미쳤다. 내 비교 방법론 저서에 분명한 영감의 원천이 되었다.

버클리는 전반적으로 사람들을 만나기 좋은 곳이었다. 방문객도 많았고, 스탠퍼드 행태과학고등연구소와 가깝다는 이점도 있었다. 1966년부터 67년까지 1년 동안 그 연구소에는 유럽의 소규모 민주주의국가들에 대한 연구 프로젝트의 주요 발기인들인 한스 달더, 로버트 달, 밸 로윈Val Lorwin, 스테인 로칸이 있었다. 그들과 교제한 것이 내게 큰 자극이 되었다.

한 가지 난점은 자유발언운동[21]과 관련된 학내 문제들이 이런 지적인 분위기에 그늘을 드리웠다는 것이다. 버클리에 자리 잡고 1년이 지나고부터 버클리 정치학과는 논쟁으로 들끓기 시작했고, 이런 상황은 내가 버클리에 있는 내내 계속되었다. 핵심적인 이슈는, 학생들의 급진주의를 어떻게 볼 것인지, 그리고 행태주의적 관심사와 체계적 이론화를 주구하는 분위기가 지배적이던 학과 내에서 정치 이론의 위상에 대한 것이었다. 자유발언운동의 전개 과정을 지켜보는 것은 흥미진진했다. 혁명이 이루어지는 과정을 지켜보는 셈이었다. 하지만 이는 학과 내에서 혼란과 갈등이 계속되었음을 의미하기도 했다. 이런 상황에서는 내가 하고 싶은 일들에 집중하기가 힘들었다. 또한 학문적으로도, 연구하는 데 부정적인 영향을 받고 있다는 생각이 들었다. 이는 1968년 전임 교수가 되었음에도 버클리를 떠나게 된 주요 이유 가운데 하나였다. 하지만 네덜란드에 다시 돌아가게 된 데는 다른 동기도 분명 있었다.

---

21 • 자유발언운동free speech movement
1964년 버클리에서 민권운동과 관련된 학생들의 정치 활동과 이를 막으려는 대학 당국의 갈등에서 촉발되어, 학생들에 대한 처우와 대학의 자유 등으로 쟁점이 확대되었으며, 연좌 농성, 학생 파업 등으로 이어져 미국의 대학 내 급진적 학생운동의 등장을 알리는 상징이자, 이후 1960년대 신좌파 운동의 출발점이 되었다.

다시 네덜란드로

그 동기가 무엇이었나?

1964년에 레이던 대학 교수였던 한스 달더르를 만났는데, 그는 나를 네덜란드로 불러들일 구상을 하고 있었다. 네덜란드 대학들은 정교수직을 세 군데에서 제의해 올 만큼 내게 관심이 많았다. 레이던 대학, 틸뷔르흐Tilburg 대학, 헤이그의 사회연구대학Institute of Social Studies, 이렇게 세 곳이었다. 이 중 레이던 대학이 가장 명문이었고(레이던은 네덜란드의 하버드다) 그곳에는 달더르가 있었다. 그것이 내게는 매력적이었다. 그렇게 버클리의 상황에 의해 어느 정도 떠밀리기도 했고 네덜란드에 끌리기도 했다.

네덜란드에서는 기대한 대로였는가?

그렇지 않았다. 네덜란드의 일상에 다시 적응하는 게 쉽지 않았다. 열아홉 살에 떠나온 이후로 내 삶의 기반은 거의 외국이었다. 20대를 미국에서 보내면서 나는 이미 미국인이 되어 있었다. 게다가 버클리를 떠나고 싶게 만들었던 똑같은 위기가 유럽의 대학에서도 일어났고, 1969년에는 네덜란드에서 학생 혁명이 일어났다. 학생들은 내 취임 기념 공개 강연이 열리기로 돼 있던 레이던 대학의 바로 그 강연장을 점거해 버렸다! 레이던의 상황 자체는 그렇게 나쁘지 않았지만, 나는 전 네덜란드 정치학과 연합 정책위원회의 회장으로서, 학생들의 급진주의로 촉발된 갈등에 대처해야 했다. 기본적으로 내가 할 일은 급진주의자들의 장악을 막는 것이었다. 나는 이런 일은 시간 낭비이며, 이러려고 내가 정치학자가 된 것은 아니라고 생각했다. 네덜란드로 돌아간 거의 바로 그 순간부터, 미국으로 다시 돌아가고 싶다는 생각이 머릿속을 떠나지 않았다.

하지만 레이던에 1978년까지 10년간이나 있었다. 이 시기는 유럽의 비교정치학과 정치학에 중요한 변화가 있던 때였다. 예를 들어, 1970년에 유럽정치연구컨소시엄이 결성되기도 했다.

유럽정치연구컨소시엄이 결성되기 이전에는 다른 나라의 정치학자들과 접촉할 일이 별로 없었다. 공동 연구는 대부분 미국 학자와 유럽 학자들 사이에 이루어졌으며, 유럽 내 학자들 간에는 거의 없었다. 유럽정치연구컨소시엄을 만든 사람들은 그것을 바꾸었다. 레이던 동료였던 한스 달더르가 초기에 매우 중요한 역할을 했다. 유럽정치연구컨소시엄의 초대 회장이 된 스테인 로칸이나, 초대 사무총장으로서 정력적이고 뛰어난 리더였던 장 블롱델Jean Blondel의 역할도 중요했다. 유럽 국가들 간의 비교가 필요하며, 이런 비교 연구의 기획은 유럽 학자들 사이의 접촉이 늘어남으로써 촉진되리라는 것을 그들 모두는 알고 있었던 것이다. 그것이 유럽정치연구컨소시엄의 목표 가운데 하나였고, 이는 멋지게 성공했다.

레이던에 있는 동안 미국과 유럽에서 비교정치학이 어떻게 발전했는지 비교해 달라.

어느 곳에서나 더욱 체계적인 비교 연구가 이루어지게 되었다. 무엇보다도, 이는 유럽 국가들의 비교 연구 수준이 크게 향상되었다는 뜻이다. 이 기간에 유럽은 미국에서 진행되고 있는 것들을 빠르게 따라잡았다. 하지만 미국의 비교학자들은 유럽을 넘어서는 좀 더 광범위한 비교에서 우위를 점하고 있었다.

레이던에서 지낸 10년을 전체적으로 평가해 본다면?

　　유럽으로 복귀했던 것은 지적 발전이라는 점에서는 잘한 일이었다. 유럽 각지를 여행했고, 유럽 국가들을 더 잘 알게 되었으며, 유럽 정치학자들과 교류했다. 유럽정치연구컨소시엄에도 활발히 참여했는데, 가장 중요한 것은 유럽정치연구컨소시엄의 학술지인『유럽정치연구저널』*European Journal of Political Research*의 초대 편집위원을 했다는 것이다. 1971년부터 1975년까지 4년간 편집을 맡았고, 그것을 계기로 많은 학자들과 교제할 수 있었다. 또한 1976~78년에는 유럽정치연구컨소시엄 집행위원회 소속으로, 유럽정치연구컨소시엄의 연례 모임에 거의 빠짐없이 참석했다. 이런 활동은 매우 중요한 것으로, 유럽에서 보낸 이 10년은 매우 소중한 시간이었다.

다시 미국으로

1978년 미국으로 돌아와서 샌디에이고 캘리포니아 대학에 자리를 얻었다.

　　미국으로 돌아오고 싶었다. 밴더빌트 대학, 노터데임 대학, 캘리포니아 대학 LA 캠퍼스, 캘리포니아 대학 어바인 캠퍼스, 캘리포니아 대학 샌디에이고 캠퍼스 등 다양한 곳에서 제의를 받았는데, 샌디에이고를 택했다. 왜냐하면 샌디에이고는 살기에 매력적인 곳이었고, 새로운 학과를 신설하는 데 참여할 기회를 주었기 때문이다. 샌디에이고 캘리포니아 대학은 1960년에 설립되어 상대적으로 신생 학교였고, 1974년까지는 정치학과가 없었다. 새로 학과를 만드는 것을 돕는 일은 환영할 만한 도전이었다. 그래서 샌디에이고로 옮기는 것은 행운이라고 생각했다.

샌디에이고 캘리포니아 대학의 정치학과는 1978년에 교수진이 10명도 채 안 되었지만 지금은 40명에 달한다. 학과가 커지면서, 사적이고 친밀한 분위기는 어느 정도 약해졌지만, 학자들을 지원해 주는 환경과 뜻이 맞는 사람들과의 관계는 변함이 없다. 데이비드 레이틴은 나와 가장 친한 동료였는데, 아쉽게도 시카고 대학으로 옮겨 갔다 — 외부의 제의를 받아들인 소수의 동료 가운데 한 사람이다. 지적인 교류라는 측면에서 가장 가까웠던 학자들은 샌디에이고가 아니라 근처 어바인 캘리포니아 대학에 있었던 버나드 그로프먼Bernard Grofman과 레인 타게페라Rein Taagepera였다. 매튜 슈거트Matthew Shugart와도 매우 친했다. 그는 타게페라의 학생이었는데, 1989년 샌디에이고 캘리포니아 대학 교수진에 합류했다. 하지만 그는 정치학과가 아니라 '국제관계 및 태평양 연구 대학원' 소속이다.

샌디에이고를 정말 좋아한 것 같다. 25년이 지난 지금까지도 샌디에이고에 있다.

다른 대학들에서 여러 번 제의를 받았고 진지하게 고려해 보기도 했다. 1994년 뉴욕 대학의 제의를 받았을 때 고민을 가장 많이 했다. 샌디에이고에서 받는 것보다 더 많은 연봉을 제시했다. 샌디에이고에서 일찍 은퇴해 연금을 받으면서 뉴욕 대학에서 연봉을 받을 수도 있었다. 그랬다면 분명 부자가 되었을 것이다. 또한 뉴욕에 산다는 것도 매력적이었다. 단숨에 케네디 공항에서 유럽으로 쉽게 날아갈 수 있는 것이다. 하지만 아내와 나는 캘리포니아에 사는 것이 정말 좋다는 결론을 내렸다. 그래서 여기 남았고 강의 부담을 줄이기 위해 1994년 일찍 은퇴를 했다. 2000년에는 완전히 은퇴했지만, 여전히 학위논문과 자문 쪽으로는 관여하고 있다.

비록 스스로는 미국인이 되었다고 이야기하지만, 그렇게 오랜 세월이 지났는데도 유럽 가까이에 있고 싶은 열망 같은 게 아직 있는 것 같다.

1968년 네덜란드로 돌아갔던 때 이후로는, 아무래도 유럽에 있는 것이 더 이상 편하게 느껴지지 않았다. 이미 말했듯이, 미국으로 돌아가겠다는 생각을 늘 했다. 지금 나는 미국에 자리를 잡았고, 내 아이들과 손자들, [새로 결혼한] 아내의 아이들 모두 캘리포니아에 살고 있다 — 아내는 독일인이다. 하지만 부시 정권이 들어선 이후 지난 몇 년간은 이상한 기분이 들었다. 이 나라 정치에 일어나고 있는 일들에 환멸을 느낀다. 1955년 미국에 온 뒤로 이런 기분은 처음이다. 미국인이기보다는 유럽인이라는 생각이 점점 들고 있긴 하지만, 바라건대 이게 일시적인 현상이었으면 좋겠다.

동료

지금까지 다양한 사람들과 공동 작업을 해왔다. 공동 작업의 경험은 어땠는가?

지금까지 공저나 공편한 책을 같이 낸 이들은 20명 넘는다. 하지만 내 저작들은 대부분 나 혼자 썼다. 공동 작업에는 분명 이점이 있다. 일을 분담할 수 있고 다양한 공동 저자들의 전문 지식을 끌어올 수 있다. 단점은 조정이 필요하다는 것이다. 서로 다른 사람들이 서로 다른 속도로 작업을 진행할 경우, 차질이 생길 가능성이 있다. 이런 문제는 공저하는 경우보다는 여러 명의 저자들이 서로 다른 주제를 집필하는 편저의 경우 주로 나타난다.

나와 공동 작업을 가장 많이 했던 사람은 버나드 그로프먼이다. 그는 나와 네 권의 책을 공편했다(Grofman et al. 1982; Lijphart and Grofman 1984;

Grofman and Lijphart 1986, 2002). 그는 뛰어나고 다재다능하며 매우 혁신적인 학자로서, 에너지가 넘치는 사람이다. 그는 동시에 열두 개의 프로젝트를 쉬지 않고 진행하면서, 놀랍게도 그 모두를 끝마치는 사람이었다. 그는 함께 일하기에 이상적인 동료다. 현재도 그와 프로젝트 하나를 같이 하고 있는데, 아마도 이게 내가 쓰는 마지막 책이 될 듯싶다. 이 책의 가제는 『하나의 다른 민주주의 : 비교적 관점에서 본 미국의 민주주의』*A Different Democracy : American Democracy in Comparative Perspective*다. 그로프먼과 나는 공동 저자가 한 사람 더 있었으면 좋겠다고 생각해서, 내 동료인 매튜 슈거트에게 장 몇 개를 쓰게 했다. 우리는 각자 좋아하는 장을 골라 초안을 잡는 것부터 시작했다.

　　그로프먼 외에는 여러 차례 함께 작업한 학자가 별로 없다. 같이 책을 쓴 이들 중에는 학생들도 있었다. 내 연구 조교로 있었거나 이전에 내게 배웠던 학생이었다. 크레파츠Markus Crepaz가 바로 이런 경우다(Lijphart and Crepaz 1991; Crepaz and Lijphart 1995). 특정 국가 전문 연구자이거나 특정 방법론적 기술을 가진 학자들과도 여러 논문과 책을 공동으로 쓴 적이 있다. 가끔은 학술회의에서 만나서, 함께 뭔가 글을 쓰는 것이 의미 있지 않을까 생각하다가 공동작업이 이루어지기도 한다. 일반적인 유형은 없다.

학생들

대학원생 교육에 대해서는 어떻게 생각하는가? 그들에게 조언을 해준다면?

　　난 이래라저래라 하는 식의 고압적인 지도 교수는 아니다. 전반적인 교육과정에 대해서는, 학과에서 요구하는 바와 다른 조언은 하지 않는다. 학위논문의 경우에는, 학생들에게 자신이 흥미로워 하는 주제, 자신이 할 수 있는 주제를 고르라고 말한다. 비교 연구를 강력히 추천하는 편이지만, 학위 논문에서는 그런 연구 디자인이 성공하기 힘들 수도 있다고 조언한다. 그럴 때는 사례연구를 하는 게 낫다고 말해 준다. 이론적인 기초가 있고, 대답이 가능한 명확한 질문과, 해결할 수 있는 문제를 설정할 수 있기 때문이다. 그와는 별도로, 자신이 가장 좋아하는 것을 하라고 조언한다. 나는 다양한 주제의 학위논문들을 심사했다. 영국과 독일의 정당들에서부터, 오스트리아의 협의주의와 코포라티즘, 아프리카 남부의 선거제도, 미국·코스타리카·베네수엘라의 임기 제한, 합의제 민주주의국가와 다수제 민주주의국가에서의 이익집단과 환경 정책에 이르기까지 정말 다양했다.

비교정치학이 지난 수십 년 동안 누적적인 지식을 산출해 왔는지의 여부에 대해 학계에서 논쟁이 이루어지고 있다. 이 점에 대해 평가한다면?

상당한 발전이 이루어졌다고 생각한다. 지금은 의식적이고 체계적으로 비교 방법을 사용하는 연구들이 아주 많다. 훌륭한 비교 연구들은 여전히 유럽과 OECD 국가들에 집중되어 있다. 사례연구의 경우, 오늘날의 사례연구들이 예전의 연구들보다 이론적으로 훨씬 탄탄하다. 단순히 기술記述만 하는 사례연구는 이제 많지 않다.

이런 진전이 만들어 낸 변화는 분명하다. 내가 공부를 시작했던 1960년대 초를 돌이켜 보면, 난 알몬드가 1956년에 발표했던 논문에 제시된 국가 분류의 영향을 받았는데, 오늘날의 기준에서 보면 알몬드의 분석은 매우 조잡한 일반화를 제시한 것이었다. 요즘엔 알몬드처럼, 웨일스·스코틀랜드·아일랜드 문제까지 안고 있는 다민족 국가인 영국의 정치 문화가 동질적이라고 말하는 이는 아무도 없을 것이다. 한발 더 나아가 보자. 난 비교정치학 분야 전체에 정통한 것은 아니므로, 이를테면, 권위주의 체제에 대한 지식이 어느 수준에 이르렀는지를 논평할 수는 없다. 하지만 내 연구 영역에서 뚜렷한 발전이 있었음은 잘 알고 있다. 민주주의와 민주제도의 기능, 내각, 선거제도, 투표율 등에 대해 훨씬 더 세련된 분석이 나오고 있다. 입증할 만한 근거도 많으므로 근사하고 완전한 그림을 그릴 수 있다. 이런 정보들뿐 아니라 우리는 이론을 갖고 있다. 증거에 기반한 이론 말이다. 그 결과 학생들은 학위논문 주제를 선택할 때 다양한 이론 틀을 활용할 수 있다. 이는 우리 지식에 결함이 없다거나 더 이상 연구할 게 없다는 말은 아니다. 우리가 미국 정치에 대해 아는 것만큼, 150개국이 넘는 나라들의 정치에 대해 알려면 갈 길이 아주 멀다. 또한 미국 정치에 대해서도, 학자들은 아직도 새롭고 흥미로운 연구 주제를 계속 찾아내고 있다. 그러나 내가 대학원생이던 시절에 비하면 그 뒤로 진정한 발전이 이루어졌다는 것은 분명하다.

지난 수십 년간 비교정치학 내에 있었던 중요한 변화들 중에는 제도 연구의 중요성이 증가했다는 점도 있다. 1950~60년대에는 이런 주제를 무시하는 행태주의 학자들이 많았다. 제도 분석이 강조되는 것에 대해 어떻게 생각하는가?

　　　　행태주의 혁명에는 많은 의미가 담겨 있다. 우선, 정치학이 좀 더 체계적이고 과학적이어야 한다는 것이다. 둘째로, 행태주의 혁명은 낡고 형식적인 제도주의로부터 정치 문화나 태도, 사회학적 요인 등으로의 전환을 의미했다. 행태주의 혁명의 이런 측면들은 서로 연결되어 있다. 구제도주의는 일반화에 기여하지 못해서, 또한 충분히 과학적이지 못하며, 형식에 구애되고 제도에 지나치게 주목한다는 이유로 비판 받았기 때문이다. 하지만 정치학이 제도 연구로 돌아갈 가능성은 늘 존재했었다.

　　행태주의 혁명의 세 번째 측면은, 구제도주의가 미국과 서유럽 등 선진국 연구에만 집중되어 있었던 것에 대한 반작용이라는 것이다. 그래서 1960년대에는 개발 도상 지역에 대한 연구로 전환되었다. 이는 알몬드와 콜먼의 『개발 도상 지역의 정치』(1960)와 비서구의 정치과정에 대한 루시안 파이의 분석(Pye 1958) 같은 연구들로 인해 활성화되었다. 개발 도상 지역에는 연구 주제로 삼을 만한 안정적인 제도가 많지 않았지만, 이런 상황은 1970년대 민주화가 시작되고 그 결과 점점 더 많은 나라에서 민주주의 체제가 출현함에 따라 달라졌다. 이제는 개발도상국에도 연구할 만한 제도들이 생긴 것이다. 왜냐하면 민주주의에서 규칙이나 제도는 단순히 보여 주기 위한 것이 아니기 때문이다. 이는 정치학 연구가 제도 연구로 복귀하게 된 이유 가운데 하나다.

제도에 대한 이런 방대한 연구 성과를 생각한다면, 유용한 지식, 즉 정책 입안자들이 채택할 만한 지식을 생산하는 데 성공적이었다고 보는가?

　　　　한편으로는 그렇다고 볼 수 있다. 우린 활용할 만한 권고를 제안하는 위치에 있다. 정책적 권고를 매우 꺼리는 학자들도 일부 있다. 자신들의 관점을 뒷받침하는 근거를 최후의 하나까지 찾으려 하기 때문이다. 하지만 민주적 제도가 어떻게 조직되어야 하는지에 대한 지식은 이미 상당하다는 것이 내 생각이다. 예를 들어, 래리 다이아몬드는 그의 책 『개발 도상의 민주주의』Developing Democracy에서 분절화된 사회를 위해서는 비례대표제가 채택되어야 한다고 자신 있게 단언한다(Diamond 1999, 99-105). 어떤 제도가 작동하는지, 또 어떤 제도는 작동하지 않는지를 발견하는 데 있어 많은 진전이 있었던 것이다. 그리고 이런 종류의 처방적 진술에 대한 훌륭한 근거도 있다.

　다른 한편으로, 온갖 종류의 제도적 특성들에 대해 너무 많은 정보를 갖고 있는 것은 아닌가 하는 생각이 들기도 한다. 그래서 유용한 조언을 하기 힘들어진다. 실제로, 수많은 정치학자들은 제도 기획자가 직면할 수 있는 모든 가능성, 즉 만들어질 수 있는 타협안은 얼마나 되는지, 양측 모두에 최선이 될 수 있는 방법은 무엇인지 등 모든 가능성을 이야기한다. 이게 문제다. 왜냐하면 일이 너무 복잡해지기 때문이다. 최근에 "분열된 사회를 위한 헌법 설계"Constitutional Design for Divided Societies(Lijphart 2004)라는 논문을 썼는데, 부제는 달지 않았지만 적절한 부제를 고르자면 "선택 메뉴안이 아닌 구체적 권고안"Specific Recommendations Instead of a Menu of Choices 정도가 될 것이다. 기본적인 내용은 다음과 같다. "내 최선의 판단은 이렇다. 다원 사회라면, 비례대표제를 갖는 의원내각제를 채택하라. 다른 것으로 시간 낭비하지 말라." 또한 공동 내각을 구성하는 방법과 국가수반을 선출하는 방법, 내각 안정성을 확보하는 방법에 대한 구체적 권고를 제시했다.

전망에 대해 얘기해 보자. 합의제 민주주의 연구 의제 가운데 가장 도전해 볼 만한 주제는 무엇인가?

합의제 민주주의국가와 다수제 민주주의국가의 정책적 결과를 좀 더 많은 지역에서 검증해 보고 싶다. 이를 위해서는 우선 민주주의의 질과 정부 정책의 효율성을 나타내는 지표들이 더 많이 필요하다. 예를 들어, 나는 정부의 효율성을 측정할 때 경제성장, 인플레이션, 실업률, 파업, 재정 적자 등 거시 경제적 지표들을 주로 활용한다. 이는 훌륭한 지표들인데, 정부의 수행 능력을 효과적으로 반영할 뿐 아니라 정밀하면서도 정량적인 형태이기 때문이다. 그러나 정부는 경제정책만 결정하는 것이 아니라 훨씬 더 많은 일을 한다. 바로 이 때문에 우리는 정부의 수행력을 정확히 측정할 수 있는 척도를 발전시켜야 한다. 나는 민주주의의 질을 측정하기 위해 내가 찾아낼 수 있는 모든 지표(총 17개)를 사용했다. 예를 들어, 투표율, 의회와 내각에서 여성의 대표성, 경제적 불평등의 정도 등이다. 측정 가능한 중요한 지표를 빠뜨렸다고 나를 비판하는 사람은 아무도 없었지만, 내가 사용한 지표 17개는, 원칙적으로 말하자면 측정 가능한 최대한의 목록은 분명 아니다. 이는 다른 젊은 학자들이 도전해 주었으면 한다.

더 넓게 봐서, 비교정치학 분야에서 도전할 만한 과제가 있다면?

　　　　그 점에 대해서는 일반적인 논평밖에 할 수 없다. 난 내가 그동안 사용해 온 접근법을 가장 신뢰한다. 즉, 가능한 한 가장 체계적이고 비교적인 데이터를 사용해 일정한 유형을 발견하고 일반화하는 방법이다. 난 합리적 선택 접근법이 사용되는 방식이 염려스럽다. 물론 합리적 선택 연구는 매우 중요한 통찰을 제공할 수 있다. 리처드 로즈Richard Rose이 『국제 선거 백과사전』 International Encyclopedia of Elections(Lijphart 2000)에 싣기 위해 투표율에 관한 논문을 한 편 썼는데, 이 글에서 나 자신도 그런 긍정적인 사례를 많이 제시했다. 그러나 단순히 모델만 제시하고 검증은 하지 않는 논문들을 발견할 때면 화가 난다. 가설을 설정하면 검증을 해야 한다. 그렇지 않으면, 아무리 아름다운 연역적 모델이라도 쓸모가 없다고 생각한다. 현실 세계에서 검증을 해야 한다.

마지막으로, 비교정치학을 시작하는 대학원생들에게 조언을 한다면?

　[정성과학이란, 토머스 쿤식으로 말하면, 누적적인 작업이다(Kuhn 1962). 그러므로 이미 존재하는 것을 기반으로 해서 차곡차곡 쌓아 나가도록 해야 한다. 전문 연구자라면, 좋은 학위논문을 쓰는 것부터 시작하고 가능한 한 혁신적이 되도록 노력하라. 그리고 나서 연구 경력의 후반쯤 되서, 가능한 한 큰 성과를 낼 수 있도록 노력하라. 그 비결은 기존 연구에 갇히지 않고 그 위에 쌓아올리는 것, 패러다임 내에서 연구하되 패러다임 밖에서 생각하는 것이다. 그리고 회의적인 태도를 가져야 한다. 기존의 지식, 이미 용인된 지식을 당연하게 생각해서는 안 되며, 독창적이 되어야 한다.

민주화와 정치 참여 그리고 의제 설정 연구

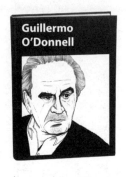

기예르모 오도넬은 권위주의와 민주화에 대한 주요 이론가이자 가장 주목받는 라틴아메리카 출신 정치학자 가운데 한 명이다.

오도넬의 『근대화와 관료적 권위주의』*Modernization and Bureaucratic Authoritarianism*(1973)는 1960년대에 남미에서 민주주의가 무너진 이유에 대해 선구적인 분석을 제시했다. 그는 1960년대 남미에서 등장하기 시작한 권위주의 체제가, 포퓰리즘적인 정치인들이나 전통적인 군부 독재자들이 아닌, 현대 기술 관료들과 전문화된 군사 조직에 기반을 두고 있다는 점에서 새로운 형태의 권위주의라고 주장했다. 그는 이런 권위주의 체제의 독특성을 보여주기 위해 관료적 권위주의라는 용어를 개발했다. 오도넬은 이 새로운 종류의 권위주의가 수입 대체산업화 모델이 초래한 정치적 갈등의 결과로 생겨났다고 주장한다. 그는 자신의 주장을 립셋이 발전시킨 '산업화가 민주주의를 야기했다'라는 논제에 대한 대안으로 제시했다. 오도넬은 남미에서는 산업화가 민주주의가 아닌 관료적 권위주의를 낳았다고 주장한다. 이후의 연이은 글들과 더불어, 그의 이 저작은 비교정치 분야와 남미 연구에서 경제적 발전의 정치적 결과에 대해 중요한 시사점을 던져 주었다. 이 논쟁을 둘러싼 주요 논문들은 데이비드 콜리어가 펴낸 『라틴아메리카의 새로운 권위주의』 *The New Authoritarianism in Latin America*(1979)로 출간되었는데, 여기에는 오도넬의 주장에 대한 평가와 비판이 담겨 있다.

이후 오도넬은 권위주의의 종언과 민주주의로의 이행에 초점을 맞추었다. 필립 슈미터와 함께 쓴 『권위주의 통치로부터의 이행 : 불확실한 민주주의에 대한 잠정적 결론』*Transitions from Authoritarian Rule : Tentative Conclusions about Uncertain Democracies*(1986)은 1980~90년대에 비교정치학 분야에서 가장 널리 읽힌 책이자 가장 큰 영향을 미친 책 가운데 하나로, 여기서 오도넬과 슈미터는 핵심적인 딜레마들에 대한 서로 다른 행위자들의 결정이 어떻게 민주주의로의 이행을 추동하는지를 강조한, 민주주의 이행에 대한 전략적 선택 접근법을 제시했다. 이 분석은 현 권위주의 체제에 속해 있는 강경파와 온건파 및 체제에 반대하는 중도파와 급진파라는 네 행위자들의 상호 작용을 핵심으로 한다. 이 책은 민주주의로의 이행에 관한 각종 학문적 저작들의 중요한 참고 문헌이 되었을 뿐만 아니라 실제로 민주주의를 달성하기 위해 헌신하는 정치 활동가들 사이에서도 널리 읽혔다.

1990년대 초반부터 오도넬은 민주주의의 질에 대해 탐구해 왔다. 그의 작업은 1970~80년대에 민주화된 국가들이, 비록 몇 단계 뒤쳐져 있기는 하지만, 서구의 민주화 과정을 따르고 있다는 이른바 목적론적 시고 경향에 대한 경고의 의미를 띠고 있다. 그는 힌 넘미 국가들의 득┼싱과 민주주의의 결함을 강조하기 위해 선출된 대통령의 손에 권력이 집중되는 형태의 민주주의를 의미하는 '위임 민주주의'delegative democracy라는 개념을 도입했다. 최근에는 법의 지배의 취약성 및 시민들의 사회적 역량 결핍으로 말미암아 라틴아메리카 민주주의국가들이 직면하고 있는 다양한 문제점들을 연구하고 있다. 민주주의의 질에 관한 그의 주요 글들은 『카운터포인트』Counterpoints(1999b)와 『민주주의의 질』The Quality of Democracy(2004)로 출간되었다.

아르헨티나의 부에노스아이레스에서 태어난 오도넬은 1958년 부에노스아이레스 대학에서 법학사 학위를 받았고 1988년 예일대에서 정치학 박사 학위를 받았다. 그는 부에노스아이레스에 소재하고 있는 부에노스아이레스 대학(1958~66), 아르헨티나 가톨릭 대학(1966~68)과 엘살바도르 대학(1975~79) 등지에서 강의했다. 또한 국가사회연구소(1980~82)의 창립 회원이자 상파울루에서 리우데자네이루 페스퀴사스 대학연구소(1980-82) 및 브라질 계획 및 분석 연구소Centro Brasileiro de Analise e Planejamento, CEVRAP(1982~91)의 연구원으로 일했다. 1983년부터는 노터데임 대학에서 강의를 했고 1983년부터 1998년까지 노터데임 대학 국제문제연구소인 헬렌 켈로그 연구소에서 연구주임을 역임했다. 1988년부터 1991년까지는 국제정치학회 회장을, 1999년부터 2000년까지는 미국정치학회 부회장을 역임했고 1995년에는 미국예술과학아카데미 회원이 되었다.

2002년 3월 23일,
캘리포니아 주 팰러앨토에서,
뭉크가 인터뷰했다.

지적 성장기
_법학에서 정치학으로

전치학에 처음 관심을 갖게 된 계기는 무엇인가?

아르헨티나에서 현실 정치에 참여하게 되면서 관심을 갖게 되었다. 열여섯 살이라는 어린 나이에 대학에 입학했는데, 당시 이미 역사와 철학 관련 서적의 열성 독자였다.[1] 다리에 장애가 있어서 또래 아이들보다 책을 읽을 시간이 더 많았다. 어릴 적 어머니께서는 내게 역사책을 권해 주셨다. 그런 점에서 다리의 장애는, 어떻게 보느냐에 따라 내게 장점이 되기도 했고 단점이 되기도 했다. 내가 정치에 관여하게 된 것은 부에노스아이레스 대학 시절부터로, 당시 나는 학생운동 지도자였다. 법대에서 휴머니스트당Humanist Party에 가입했고, 당 대표로서 부에노스아이레스 대학연합Buenos Aires University Federation, FUBA에 소속되었다. 1954년에 우리는 페론 정부와 심각한 마찰을 빚게 되었고 FUBA의 회장, 부회장, 사무총장이 모두 체포되었다. 나는 눈에 띄는 활동을 했음에도 불구하고, 경찰에 체포되지 않은 극소수 가운데 하나였다. 그렇게 해서 숨어서 모든 일에 간여하는 행동 대장 역할을 맡게 되었다. 수배 전단에 위험인물로 올라온 내 사진을 봤는데, 정말 낯설었다. 1955년 페론 정부가 쿠데타로 전복되었을 때 나는 이미 지도자로서 잘 알려져 있었고 성공적으로 정치 생활을 시작할 수

---

1 오도넬은 어린 시절 앓았던 소아마비로 한 쪽 다리가 불편하다.

있겠다고 생각했다. 하지만 정치에 관심이 많다고 해서 좋은 정치가가 될 수 있는 것은 아니라는 걸 깨닫는 데는 그리 오랜 시간이 걸리지 않았다. 그래서 몇 번의 불행한 경험을 하고 나서 그 바닥을 떠났다.

처음부터 정치학을 공부하지는 않았다. 1958년 부에노스아이레스 대학에서 법학사 학위를 받지 않았는가.

내가 법학을 선택한 것은 꼭 법을 공부하고 싶어서가 아니었다. 당시만 해도 법학이 정치학을 배울 수 있는 가장 좋은 방법이었기 때문이다. 1950~60년대에는 아르헨티나에 정치학과가 없었다. 법대에는 정치법과 헌법 등의 분야가 있어서 법학이 그나마 정치학과 가장 가까운 분야였다. 또한 변호사가 되는 것이 생계를 꾸리는 데도 좋을 것이라는 생각이 들었고 그런 이유로 법을 선택하게 되었다.

하지만 법대는 매우 지루했다. 당시 정치 이론과 헌법 이론을 공부하는 학자들 중 절반은 토마스 아퀴나스가 이미 모든 이론을 확립했다고 생각했고, 나머지 절반인 근대주의자들은 한스 켈젠Hans Kelsen이 이를 확립했다고 생각했다. 그 밖의 것들은 아무런 가치도 없는 것으로 여겼다. 정말 지루했다.

1968년 아르헨티나를 떠나 예일에서 정치학과 대학원을 다닐 생각은 어떻게 하게 되었나?

결혼하고 아이를 갖고 난 후, 가족을 부양하기 위해 수년 동안 변호사로 일했다. 하지만 정치학에 대한 관심을 놓지 않았고, 부에노스아이레스의 가톨릭대학에서 정치사상사를 가르치기 시작했다. 하지만 나는 곧 내가 좀 더 경험적인 연구를 원한다는 것을 알게 되었다. 당시 나는 라스웰과 캐플

런의 『권력과 사회』*Power and Society*(Lasswell and Kaplan 1950)와 라스웰의 『정치학 : 누가, 무엇을, 언제, 어떻게 획득하는가』*Politics : Who Gets What, When, How*(Lasswell 1936) 등의 북미 서적들을 읽고 있었다. 이 책들이 내게 특별한 영향을 미치지는 않았지만 다른 방식으로 사고할 수 있는 길을 보여 주었고 좀 더 경험주의적인 성향의 영미 정치학에 관심을 갖게 되었다. 또한 당시 북미 정치학은 법형식주의적 접근legal formalism에 반대하는 행태주의 강령을 갖고 있었다. 행태주의가 제기한 이런 비판 가운데 일부는 내가 법대에서 공부했던 비교 헌법 연구 같은 것들을 겨냥하고 있었다. 나는 형식주의가 무익하고 지루하다는 점에서 이런 비판들에 동의했다. 한참 후에 내가 공부했던 법학을 다시 들춰 봐야 할 필요성을 느끼긴 했지만, 그럼에도 불구하고 여전히 모든 법학 이론이 아퀴나스나 켈젠으로 귀결된다고는 생각하지 않는다. 하지만 1960년대 당시로 돌아가 회상해 보면, 나는 법이라는 기반으로부터 자유로워질 수 있는 무언가를 찾고 있었다. 그래서 미국 정치학과 대학원에 지원하기로 마음먹었다.

여러 곳에 원서를 넣었는데 하버드는 떨어졌고 미시간 대학, 프린스턴 대학, 매사추세츠 공과대학, 예일대에 붙었다. 나는 예일대를 선택했다. 보수적이신 부모님은 크게 놀라셨고 별다른 재산도 없는 내가 아내와 세 아이들을 굶기려고 작정했다고 생각하셨다. 부모님이 보기에 내가 정치학자로서 먹고 살려고 한다는 것은 미친 짓이었다.

예일대에 대해서는 어떤 것들을 알고 있었나?

예일대 교수들이 쓴 글을 읽어 본 적이 있었고, 이리저리 수소문해 보니, 예일이 내가 원하던 곳이라는 게 분명해졌다. 기라성 같은 정치학자들이 많았다. 예일에 들어가게 된 것은 정말 큰 행운이었다.

1968년부터 1971년까지 예일에 있었다.

그렇다. 정말 대단한 시기였다. 찰스 린드블롬과 로버트 달 같은 이들이 전성기를 구가하고 있었고 해럴드 라스웰도 아직 학교에 있었다. 내가 입학한 다음 해에 데이비드 앱터가 우리 학과에 교수로 들어왔고, 그다음 해에는 후안 린츠도 들어왔다. 앨프리드 스테판은 아직 새파란 조교수였고 데이비드 메이휴David Mayhew도 있었다. 모두 자기 분야의 최고들이었다. 당시 나는 대학원생이었기 때문에 이들이 서로 원만하게 지낸다는 것 또한 다행스러운 일이었다. 게다가 그들은 매우 유익하고 개방적이었다. 당시의 3년은 내 인생 최고의 시간이었다. 예일대 도서관에 앉아서 여기가 바로 천국이구나 하던 생각이 난다. 아, 내가 여기 있다니, 연구와 공부에만 전념할 수 있는 장학금까지 받으면서 말이다. 정말 즐거운 시간이었다.

가장 많은 영향을 준 교수는 누구인가?

로버트 달에게 상당한 경외심을 갖고 있었다. 그는 당시 『폴리아키』(1971)를 집필하면서 세미나를 진행하고 있었다. 우리는 그가 쓴 각 장들에 대해 토론했는데, 위대한 학자가 문제들과 씨름하며 책을 써내는 과정을 지켜본다는 것은 경이로운 일이었다. 또 뒤르켐, 베버, 파레토에 대한 린츠의 강의도 멋졌다. 부에노스아이레스에서 베버에 대해 배우긴 했지만, 그의 강의 덕분에 베버를 더 잘 알게 되었고 관심도 더 커졌다. 하지만 내게 가장 큰 영향을 끼친 학자이자 데이비드 앱터이다. 언제나 그에게 감사한다. 그는 훌륭하고 관대한 스승이었다. 앱터는 매우 박식한 사람으로 독선적이며 도발적인 사람이기도 하다. 그렇지만 그는 내게 많은 시간을 할애해 가며 엉망인 내 영어를 대단한 인내심을 갖고 고쳐 주었다. 그는 정말이지 아량 넓고 지원을 아끼지 않는 그런 분이었다. 생각해 보라, 명망 높은 교수가 자기 시간을 써 가며 대학원생의 형편없는 영어를 고쳐 주다니 말이다.

대학원에 다닐 때 어떤 책에서 많은 영향을 받았나?

헌팅턴의 『정치발전론』이 영향을 많이 받았다. 레닌을 높게 평가한 부분은 마음에 들지 않았지만 제도와 권력정치 및 집정관체제praetorianism에 대한 묘사는 훌륭하다고 생각한다. 배링턴 무어의 『독재와 민주주의의 사회적 기원』(1966)은 더욱 훌륭한 책이었다. 무어를 읽게 된 것은 하나의 발견과도 같은 일이었다. 나는 무어에게 완전히 매혹되었다. 달은 이 책을 과제로 내주면서 너무 구조주의적이고 마르크스주의적인 저작이라고 비판했지만 나는 무어가 훌륭한 학자라고 주장했던 기억이 난다.

예일대에서 당신의 첫 책이 될 『근대화와 관료적 권위주의』(1973)의 초고를 작성하고도 박사 학위논문으로 제출하지는 않았다. 왜 그랬나?

이야기하자면 길다. 학위논문과 박사 학위를 따기까지의 과정은 내 기이한 인생사와 관련되어 있다. 1971년에 나는 학위 취득에 필요한 요건들을 다 갖추었고, 이후 『근대화와 관료적 권위주의』에 들어가게 될 글들의 초고를 완성한 상태였다. 하버드에서 자리를 제의 받기도 했으니, 당시 어느 정도 좋은 평가를 받았던 것 같다. 그래서 나는 하버드로 갈지 아니면 아르헨티나로 돌아갈지 선택의 기로에 놓이게 되었다. 어려운 결정이었다. 하지만 1971년은 관료적 권위주의 체제가 붕괴된 해였고, 우리 모두는 아르헨티나가 민주화될 것이라는 희망에 부풀어 있었다. 그래서 나는 아르헨티나로 돌아가기로 마음먹었다.

문제는 내게 부양해야 할 가족이 있고 당시 아르헨티나에서 일자리를 구하기란 사실상 불가능하다는 것이었다. 그렇다면 다시 변호사로 나서야 하는데, 이는 예일대에서 보낸 시간을 물거품으로 만드는 일이었다. 하지만 다행히도 나는 3년간 매월 600달러를 제공해 주는 댄포스Danforth 장학금을 받게 되었다. 이는 당시로서는 큰돈이었고, 게다가 아르헨티나에서는 더더구나 그랬다. 덕분에 나는 아르헨티나로 돌아가서도 계속해서 정치학자로서 공부할수 있었다. 하지만 장학금은 논문을 쓰라고 준 것이었다.

예일대 지도 교수들한테 하버드를 거절하기로 결정했다고 하자 몇몇은 매우 놀란 눈치였다. 그렇게 해서 나는 아르헨티나로 돌아가 『근대화와 관료적 권위주의』를 학위논문으로 제출하지 않고 책으로 출판했다. 댄포스 장학금은 3년을 연명하게 해주었지만, 이는 내가 박사 학위를 받지 못하게 된다는 뜻이기도 했다. 그러나 이 점은 내 이력에서 그리 중요하지 않았다. 이 때문에 내가 못할 일은 없었기 때문이다. 내게는 책이 있었고 박사 학위는 중요하지 않았다. 하지만 1984년에 브라질에서 일하게 되었을 때 박사 학위가 없다는 것이 문제가 되었다. 브라질은 매우 관료적이어서 비우마르 파리아Vilmar Faria와 내가 브라질의 연구 지원 기관인 과학기술재단Financiadora de Estudos e Projetos, FINEP에 우리의 연구 계획을 제출했을 때 내게 박사 학위가 없다는 이유로 거절당했다. 이 문제를 해결하기 위해 FINEP은 다른 사람이 서명을 하고 내가 돈을 받는 편법적인 방식jeito[2]을 제시했다. 나는 이를 거절하고 박사 학위를 따기로 결심했다. 그래서 앱터와 달 그리고 스테판에게 내가 1966년에서 1973년 사이의 아르헨티나의 관료적 권위주의 체제에 대해 쓴 긴 원고를 학위논문으로

[2] jeito는 시스템을 조작해서 목적을 달성하기 위한 기발하고 비공식적이며 빈번하게 사용되는 불법적인 수단을 뜻한다.

받아 줄 수 있겠느냐고 문의했다. 그들은 이를 받아들였고 이 원고는 『관료적 권위주의』*Bureaucratic Authoritarianism*(1988)라는 제목의 학위논문으로 출판되었다. 이상이 내 학위논문과 박사 학위에 얽힌 이야기이다.

학위논문에 관한 이야기만큼이나 당신의 이후 행보도 평탄치만은 않았다. 1971년에 예일
대에서 아르헨티나로 돌아간 이후 어떤 곳에서 일했나?

아르헨티나의 관료적 권위주의 체제가 붕괴하기 시작한 1971년에
나는 디 텔라Di Tella 재단 산하의 공공행정연구소Centro de Investigaciones en Administ-
ración Pública, CIAP에 들어갔다. 공공행정연구소는 포드재단의 연구 지원금을 받
고 아르헨티나로 돌아온 마르셀로 카바로시Marcelo Cavarozzi, 오스카르 오슬라크
Oscar Oszlak, 오라시오 보네오Horacio Boneo를 비롯해 프랑스에서 공부한 단테 카
푸토Dante Caputo, 호르헤 사바토Jorge Sábato와 같은 젊은 학자들로 구성된 훌륭
한 모임이었다. 1975년에 디 텔라 재단이 산하의 공공행정연구소와 호르헤
아르도이Jorge Hardoy가 이끄는 도시·지역연구소Centro de Estudios Urbanos y Regionales,
CEUR의 좌익적인 성향에 대해 불안해하기 전까지는 좋은 시절을 보냈다. 디
텔라 재단에는 군부와 친한 사람들이 있었고 이들은 1976년에 쿠데타를 일
으켰다.[3] 그들은 도시·지역연구소를 퇴출시켰지만 공공행정연구소는 협상을

---

3 아르헨티나는 1966년부터 1973년까지, 1976년부터 1983년까지 군부독재 체제였다.

거쳐 독립할 수 있었다.

그렇게 해서 국가사회연구소Centro de Estudios de Estado y Sociedad, CEDES가 발족된 것인가?

그렇다. 나는 브라질 캄피나스에서 포드재단의 칼만 실버트Kalman Silvert를 만났다. 스웨덴의 국제발전공동 연구소Swedish International Development Cooperation Agency, SAREC에도 연락했다. 나는 젊은 학자들로 구성된 일군의 연구자들이 위험한 상황임에도 불구하고 학문적 자유와 성찰의 공간을 지키기 위해 아르헨티나에 있으려 한다는 것을 그들에게 알렸다. 그들에게 도움을 요청했고 그들은 바로 도움을 주겠다고 답했다. 그들의 관대한 후원을 바탕으로 1975년 6월에 국가사회연구소를 발족할 수 있었다.

당시 미국에서 일자리를 찾아볼 생각을 하지는 않았나?

그런 생각은 하지 않았다. 나는 아르헨티나를 떠날 생각이 전혀 없었고 아르헨티나 안에서 싸우고 싶었다. 미국의 아주 좋은 곳들로부터 공식적 제의를 몇 번 받았고 비공식적인 관심 표명은 더 많았다. 심지어 하버드에서는 공공정책대학원Kennedy School of Government에서 두 번째 제의가 들어왔다. 미국을 수차례 오가며 그곳과의 끈은 놓지 않았다. 예를 들어, 버클리 대학과 앤아버 미시간 대학의 객원 교수로도 있었고, 프린스턴 고등연구원Institute for Advanced Study at Princeton의 선임 연구원이기도 했으며, 사회과학연구협의회의 남미 연구에 관한 협동위원회 회원이기도 했다. 이 활동들은 어느 정도는 지적 호기심에서 그리고 어느 정도는 허영심에서 비롯된 것이었지만 동시에 전략적인 의도도 있었다. 아르헨티나의 동료들과 나는 이와 같은 국외 기관들과의 지속적인 연계가 주변의 폭력에 의해 희생될 가능성을 줄여 줄 것이라 생각했다.

당시 국가사회연구소에서의 연구 생활은 어떠했나?

　　　정신없었다. 1975년 6월부터 국가사회연구소와 연관된다는 것은 위험한 일이 되어 버렸고, 1976년 3월 쿠데타 이후부터는 훨씬 더 위험해졌다. 게다가 나는 국가사회연구소 대표이자 창립자나 마찬가지였기 때문에 온갖 위협을 받았다. 군과 불법 무장 단체를 비롯한 우파 단체들뿐만 아니라 페론주의 운동과 연계된 게릴라 집단인 몬토네로스Montoneros까지 양쪽 모두가 우리를 겨냥했다. 친구들이 나와 국가사회연구소가 사찰을 받고 있다고 알려주었다. 양쪽 모두로부터 요주의 대상이 되니, 정말 난감한 상황이었다. 우리는 적어도 중요한 인권 하나는 보장받고 있다고 자조하곤 했다. 어느 단체가 우리를 죽일 것인지 알 권리 말이다! 물론 이건 심각한 문제였다. 국가사회연구소의 연구원 가운데 몇몇은 곧바로 아르헨티나를 떠나야 했다.

　　나는 절대 그날을 잊지 못할 것이다. 쿠데타 이후였는데, 지금은 유명해진 아무개가 날 찾아와서는 몬토네로스의 재정 담당자라고 자신을 밝히며 우리가 제국주의의 앞잡이라고 했다. 우리가 외국 재단으로부터 후원금을 받고 있기 때문에 그렇다는 것이다. 그는 우리가 후원금의 일부를 세금을 내야 한다고 하면서, 우리가 받는 후원금의 서너 배쯤 되는 액수를 불렀다! 너무 긴장한 나머지 헛웃음이 나왔다. 그 사람은 내가 웃자 모욕감을 느꼈던 것 같다. 나는 "전혀 그런 의미가 아니다"라고 말했지만, 그는 "그 결과에 책임져야 할 것입니다"라고 말했다.

　　당시는 우리에게 매우 창의적인 시기이기도 했다. 우리는 아르헨티나에서 무슨 일이 일어나고 있고 무슨 일이 일어날 수 있는지를 파악하기 위해 가진 에너지와 시간을 전부 쏟아부었다. 강도 높은 토론이 오갔고 독창적인 성과를 거두기도 했다. 우리는 지적 자양분을 얻기 위해, 그리고 우리 자신을 지키기 위해 많은 여행을 했다. 또한 브라질의 페르난두 엔리케 카르도수[4]와 프란시스쿠 웨포르트[5], 칠레의 마누엘 안토니오 가레톤[6], 리카르도 라고스[7]와 노르베르트 레크너[8] 등과 같은 훌륭한 동료들을 만났다. 사실 당시 우리는 우리 자신을 라틴아메리카 사람으로 정의했다. 물론 남미 밖에도 우리와 연대하는 동료들이 있었다. 하지만 토론은 주로 브라질, 칠레, 아르헨티나 동료들 사이에서 이루어졌다. 우리는 자주 만나 사적으로나 제도적으로 서로를 북돋워 주었다.

우리는 공통의 도덕적·정치적 언어를 공유하고 있었다. 권위주의라는 괴물을 없애고 민주주의를, 정확히는 좋았던 옛 시절의 정치적 민주주의를 실현하고 싶었다. 이런 도덕적·정치적 목적에 대해서는 모두 의견이 일치했다. 또한 우리는 꽤 절충적인 이론적 언어를 공유하고 있었다. 브라질 동료들은 마르크스주의에서 베버적 입장으로 좀 더 기울고 있었고, 칠레 동료들은 이미 베버 쪽에 가 있었다 — 이들 가운데 강성 마르크스주의자는 없었던 것이다. 내 첫 책(O'Donnell 1973)에서 알 수 있듯이 나는 본질적으로 베버적인 성

---

4 • 페르난두 엔리케 카르도수Fernando Henrique Cardoso(1931~)
브라질의 정치가이자 사회학자. 상파울루 주립대학 교수, 국제사회학회 회장 등을 지냈고, 외무장관, 재무장관을 거쳐 브라질 최초의 민정 재선(1995, 1998) 대통령이 되었다.

5 • 프란시스쿠 웨포르트Francisco Weffort(1937~)
브라질의 정치학자. 카르도수 정부에서 문화부 장관을 역임했다.

6 • 마누엘 안토니오 가레톤Manuel Antonio Garretón(1943~)
칠레의 정치사회학자.

7 • 리카르도 라고스Ricardo Lagos(1938~)
칠레의 경제학자, 정치인. 피노체트의 17년 군정에 맞서 반체제 투쟁을 벌인 칠레의 대표적 좌익 지식인. 미국 듀크 대학에서 경제학 박사 학위를 받았다. 2000~06년 칠레 대통령을 역임했다.

8 • 노르베르트 레크너(Norbert Lechner(1939~2004)
칠레의 정치학자.

향을 가지고 있었고, 물론 어느 정도는 네오-마르크스주의적 성향도 있었다. 이런 남미인들, 특히 칠레인들과 브라질인들과 함께한 토론들은 매우 영양가가 높았다.

본인들 스스로 이 모임을 통해 남미를 연구하는 미국의 관점에 대해 대안적인 관점을 추구한다는 점을 분명히 했나?

그렇지는 않다. 당시 우리는 폭력과 공포의 환경에 처한 실제 삶의 문제에 깊이 빠져 있었다. 어느 누구도 편히 앉아 '지금부터 대안적 이론을 쓰겠어'라고 말할 수 있는 처지가 아니었다.

공동 프로젝트도 진행했나?

우리는 여러 개의 프로젝트를 동시에 진행했다. 가장 중요한 프로젝트는 상파울루 시내에 있는 카르도수의 집에서 있었던 회의였는데, 그곳에서 우리는 브라질, 칠레, 아르헨티나 동료들과 3일에 걸쳐 훌륭한 토론을 벌였다. 포드재단이 후원하는 경제 안정화에 관한 프로젝트였는데, 우리는 당시 아르헨티나의 마르티네즈 데 호즈Martinez de Hoz와 칠레의 피노체트 그리고 그나마 덜 정통파적인 방식이긴 했지만 브라질의 델핌 네토Delfim Neto 등이 따르고 있던 자유 시장이나 신자유주의적 정책에 반대하는 목소리를 냈다. 정보기관에서는 이 모임을 남미의 좌파들이 음모를 짜기 위해 만든 것이라 생각했다. 우리는 나중에야 브라질 정보기관이 우리를 주시하고 있다는 것을 알게 되었다.

프로젝트의 결과는 어땠나?

아쉬움이 많이 남는다. 경제학자인 주제 세라José Serra, 로베르토 프렝켈Roberto Frenkel과 알레한드로 폭슬리[9]는 경제적 분석을 할 계획이었고, 정치학자이자 사회학자인 가레톤, 팔레토[10], 카르도수, 웨포르트 그리고 나는 정치적 분석을 할 계획이었다. 결과적으로는 겨우 두세 편의 논문만 남았고, 그것들도 다 따로따로 출판되었다. 나는 프렝켈과 함께 쓴 글을 줄간했다 (Frenkel and O'Donnell 1979). 하지만 이를 한 권의 책으로 펴내지는 못했다. 그 당시의 정통 신자유주의적 구조조정에 대한 비판을 담을 수 있었을 텐데 말이다. 이미 우리는 그 당시에, 오늘날 신자유주의의 실패에 대해 이루어지고 있는 비판의 맥락과 그리 다르지 않은 논점들을 제시하고 있었다. 기념비적인 업적이 될 수 있었을 것이다. 그런 책을 출간할 수 있었으면 좋았겠지만, 우리는 실패하고 말았다.

결국은 1979년 말, 아르헨티나를 떠났다.

가족 때문에 떠난 것도 있지만 다른 이유도 있었다. 1979년경에 아르헨티나의 위험한 상황은 정점을 지났고 상황이 나아지고 있었다. 이전에 더 위험했을 당시에도 나는 두려워하지 않고 위협을 무시하는 대담한 자세를

---

9 * 알레한드로 폭슬리Alejandro Foxley(1939~)
칠레의 경제학자이자 정치가. 칠레 민주화 이후 재무장관(1990~94)과 외무장관(2006~09)을 역임했다.

10 * 엔소 팔레토Enzo Faletto(1935~2003)
칠레의 사회학자. 카르도수와 함께 『라틴아메리카에서의 종속과 발전』을 썼다.

취했다. 자만심과 배짱으로 견뎌 낸 것이다. 하지만 위험한 상황이 정점을 지난 후에야 나는 더 이상 견딜 수 없으며 이제는 손을 떼야 한다고 생각했다. 나는 군부 정권을 지지하거나 묵인하는 사람들 때문에 분개했다. 그래서 그곳을 떠나 해외에서 시간을 좀 보내기로 결심했다.

나는 브라질과 브라질 지식인들에게 관심이 매우 많았고 오랫동안 친분을 맺어 온 브라질 친구도 몇 명 있었다. 칸지두 멘지스Cándido Mendes는 내게 1982년 리우데자네이루에서 열릴 국제정치학회의 세계의회World Congress 프로그램 위원회 의장 자리를 제안했다. 회의 전에 할 일도 많을 것이고 연봉도 좋을 것 같았다. 나는 그 자리를 수락했고 리우데자네이루로 가서 리우데자네이루 페스퀴사스 대학연구소Instituto Universitário de Perquisas do Rio de Janeiro, IUPERJ에서 일했다. 다음 해에는 구겐하임 연구비를 받게 되어 재정적인 여유가 생겼다. 리우데자네이루에서 2년을 일한 후 다시 아르헨티나로 돌아가는 것이 내 계획이었다. 하지만 [1982년] 카르도수가 [상파울루 주] 상원의원직을 맡게 되어 브라질 분석계획센터Centro Brasileiro de Analise e Planejamento, CEBRAP를 떠나게 되면서 그곳에서 내게 전임자인 카르도수의 자리를 제안해 왔다. 나는 그 제안을 수락했고 1982년, 브라질 분석계획센터에서 일하기 위해 상파울루 시로 떠났다. 그다음 해인 1983년에 노터데임 대학에서 일하게 되었고 지금까지 일하고 있다. 1979년 이후로는 아르헨티나에서 살지 않았다.

노터데임 대학의 자리를 수락하기 전에 다른 제안도 받았었다. 노터데임 대학의 어떤 점 때문에 미국으로 가겠다는 마음을 굳혔나?

내가 미국에서 받은 다른 모든 제안들은 온전히 그곳에서 살아야만 하는 정규직 자리였다. 하지만 나는 그럴 준비가 되어 있지 않았고 브라질이나 아르헨티나의 상황이 나아질 것이라는 희망을 늘 갖고 있었다. 브라질이

편했다. 그곳은 외국인들의 천국이었다. 브라질에서 지식인은 고위 관료층과 비슷한 대우를 받았고 이는 매우 기분 좋은 일이었다. 하지만 노터데임 대학에서 제의가 들어왔고 테오도르 헤스버그 신부Father Theodore Hesburgh, 어니스트 바텔 신부Father Ernest Bartell가 나와 알레한드로 폭슬리에게 매우 솔깃한 제안을 해왔다. 헬렌 켈로그Hellen Kellogg 여사가 국제문제연구소Institute for International Studies를 설립하기 위해 1억 달러라는 큰돈을 기부했는데, 헤스버그는 나와 폭슬리에게 아무런 간섭이나 조건 없이 남미에 초섬을 맞춘 프로그램을 기획할 기회를 주겠다고 제안했다. 폭슬리와 함께 일하게 된다는 것은 매력적이었다. 그는 뛰어난 경제학자이자 현명한 리더였고, 오랜 기간 알고 지낸 좋은 친구이기도 했다. 서로에게 좋은 파트너가 될 것이라고 생각했다. 게다가 일을 한다 하더라도 인디애나 주 사우스 밴드 지역에 1년 내내 있을 필요 없이 9월부터 12월까지 넉 달 그리고 다시 4월 한 달간만 있으면 되었다. 원한다면 브라질이나 아르헨티나에서 계속 살 수도 있었다.

정말 매력적인 제안이었다. 좋은 환경에서 존경하는 파트너와 일할 수 있다는 것이 말이다. 기관의 총책임자인 바텔 신부와도 사이가 좋았다. 한 기관을 이끌면서 라틴아메리카 사람들이 제기한 라틴아메리카에 대한 의제를 제기하고 우리가 평생 헌신해 온 문제에 집중할 수 있는 기회를 얻는다는 것이 무척 매력적이었다. 그래서 폭슬리와 나는 좋다고 했다.

1997년에 노터데임 대학에서 풀타임으로 일하게 되면서부터 연구 여건이 크게 바뀌었다.

그렇다. 노터데임 대학의 제의를 받아들이고 그 후 15년 동안 내 인생은 또 다른 전기를 맞았다. 이혼 후 재혼을 했고 나이도 더 먹었다. 서재에서 책을 찾을 때마다 책이 다른 집에 있다는 게 끊임없는 골칫거리였다. 한 곳에 안정적인 집이 없으니 정신이 없었다. 그래서 1996년에 노터데임 대학과 계약 조건을 재조정했다. 오래전부터 내놓으려고 벼르고 있던 켈로그 연구소의 연구주임 자리에서 물러나 1년에 두 과목을 가르치는 조건을 수락했다. 불평할 수 없었다. 노터데임의 조건은 정말 좋았다. 나는 미시간에 집을 샀고 지금은 거기가 내 집이다.

남미와 미국 양쪽 모두에서 오랜 기간 살고 일했다. 학술 기관을 설립하는 측면에서 보았을 때 양쪽은 어떤 차이가 있나?

켈로그 연구소에서의 첫 해는 매우 생산적이었다. 그 후 다른 모든 기관들이 그러하듯 규정들이 늘어나며 모든 것이 관료화되었다. 하지만 당시의 시간들은 학문적인 측면에서 큰 가치가 있었다. 아까 말한 국가사회연구소에서의 경험 역시 소중하기는 하지만, 그곳의 환경은 켈로그 연구소보다 더 위험했다. 두 곳 모두에 대해 자부심을 갖고 있다. 애를 낳아서 키워 보면 알겠지만, 모든 아이들은 일단 크고 나면 자율적인 존재가 된다. 거기서 아버지랍시고 모든 일에 이래라 저래라 해서는 안 되지만 감정적으로는 여전히 강한 유대감을 갖고 있지 않나.

남미와 미국에서 정치학자의 역할은 어떻게 다른가? 주요한 차이점은 어떤 것이 있을까?

가장 큰 차이점은 남미에서는 학문과 정치의 경계가 미국보다 더 불분명하다는 것이다. 이는 사회마다 학자의 사회·정치적 역할에 대한 정의가 다르다는 뜻이다. 남미에서 학자는 정치적 주체로 간주되곤 한다. 말하는 것이 잠재적으로 정치적 사건이 될 수 있는 것이다. 앞서 말했듯, 간혹 위험에 처하기도 하지만, 도전적이고 흥미로운 일이기도 하다. 반면 미국에서는 현실과 부딪히는 데서 오는 흥분감은 없다. 대신 안전한 관찰자의 지위에서 오는 이점을 누릴 수 있다. 하지만 사회적 현실로부터 너무 멀어져 연구가 공감과 생기 그리고 활력을 잃을 수 있다. 그리고 이런 공감, 생기, 활력은 정치학에서 무척이나 중요한 역할을 한다.

자금 문제 또한 중요한 차이점이다. 아르헨티나에서는 미국보다 적은 돈을 받으면서 검소하게 살아야 한다. 연구를 위해 후원을 받는 게 불가능하지는 않지만 매우 어렵다. 하지만 가장 문제가 되는 것은 불확실성이다. 지금 받는 연구비를 내년에도 받을 수 있을지, 지금 일하고 있는 기관이 문을 닫지는 않을지 등 확실하게 알 수 있는 것이 아무것도 없다. 결국 각각 장단점이 있다. 풍요로운 생활과 평화로운 나날을 보낼 수 있다는 측면에서는 미국이 훨씬 좋으나 지적인 삶에 활력을 제공하는 측면에서는 남미가 훨씬 낫다고 본다.

관료적 권위주의

이제 연구 활동에 대해서 이야기해 보자. 먼저 관료적 권위주의를 다룬 당신의 첫 번째 저
서『근대화와 관료적 권위주의』(1973)가 어떻게 탄생하게 되었는지부터 얘기해 달라.

　　　그 책은 내가 예일대 세미나 수업에서 쓴 글들과 교수들과 나눈 대
화에서 나온 것이다. 서론은 내가 데이비드 앱터의 수업을 위해 쓴 글에서 나
왔는데, 내용은 그의 수업 중에 함께 논의했던 근대화 이론가들을 비판하는
것이었다. 데이비드의 주 관심사는 근대화였으나 근대화론에 대해서는 매우
비판적이었다. 몇 가지 재미있는 토론이 오갔다. 전반적으로 데이비드 앱터
는 내 형편없는 영어에 대해서뿐만 아니라 책 내용을 발전시키는 데 정말 많
은 도움을 주었다. 그 책에 실려 있는 좀 더 역사적인 내용의 장은 달의 폴리
아키 수업을 들으며 쓴 글을 발전시킨 것이다. 달이『폴리아키』의 각주에서
언급하고 있는 자료가 바로 그 글이다(Dahl 1971, 132). 불가능한 게임[11]에 관

11 ● 1955~66년의 기간 동안 아르헨티나에서 나타난 정치적 불안정성을 가리키는 것으로, 이런 상황에서는 정당
민주주의가 '불가능한 게임'이었다는 의미이다. 오도넬은 아르헨티나 선거 정치에 대한 게임이론적 분석을 통해, 그
와 같은 상황에서 합리적 행위자들은 비민주적인 자원을 축적해서 사용하려 노력했고, 거의 어느 누구도 선거 게임
을 계속하려 하지 않았음을 보여 주었다.

한 장도 더글라스 레이Douglas Rae의 합리적 선택 방법론 수업에서 작성한 페이퍼를 바탕으로 썼다.

이 책을 비롯해 이후 관료적 권위주의에 관한 다른 책들을 쓰게 한 원동력은 무엇이었나?

나는 1964년 브라질에서 최초로, 그다음으로는 1966년 아르헨티나에서 정권을 장악한 관료적 권위주의 체제의 등장과 씨름하고 있었다. 나는 두 군데의 전장에서 싸우고 있었다. 한 곳은 학문적인 공간으로 그곳에서는 이 체제의 특성을 어떻게 설명해야 할지에 대한 토론이 오가고 있었다. 나는 이런 체제들이 새로운 유형의 체제로, 기존의 카우디요[12]나 포퓰리즘, 전체주의와 같은 모델들은 브라질이나 아르헨티나의 경우에는 들어맞지 않는다고 주장했다. 그리고 이런 체제들을 새로운 유형의 권위주의인 관료적 권위주의로 보자고 제안했다. 또 다른 전장은 정치적인 전장으로, 이는 남미 내에서 벌어진 첨예한 논쟁과 관련되어 있었다. 이 논쟁의 핵심은 급진 좌파가 브라질과 아르헨티나 체제에 파시스트라는 딱지를 붙일 것이냐, 아니면 네오 파시스트라는 딱지를 붙일 것이냐에 있었다. 이 표현은 테오토니오 도스 산토스Theotônio Dos Santos(1968, 1977)를 비롯한 학자들의 주장대로 직접적인 정치적 함의를 갖고 있었다. '네오' 파시즘을 반대하는 길의 궁극에는 사회주의혁명이 있어야 한다는 것이다. 반면 나는 이 체제들을 연구해 내부의 작동 방식과 긴장 상태를 이해함으로써 이런 긴장을 비폭력적으로 제거하고 이를 민주주의를 성취할 수 있는 발판으로 삼고 싶었다. 이들 체제를 지지했던 우파는 ── 브라질과 아르헨티나 체제는 영향력

---

12 • 카우디요caudillo
스페인 말로 '지도자'란 뜻이다. 보통은 권위주의 정권의 정치적 군사 지도자를 가리킨다.

있는 사회 부문들로부터 많은 지지를 받고 있었다는 사실을 기억해야 한다 —나를 과격한 좌익으로 간주했다. 반면 급진 좌파들은 나를 좋게 봐야 개혁파 정도, 나쁘게 말하면 공범이라고 생각했다.

이 점에서 내가 하고 있던 작업은 단지 학문적으로 흥미로운 체제 유형을 정교화하는 것만이 아니었다. 이 체제의 특징을 규명하고, 이 체제가 이러저러한 측면에서 구별되는 새로운 정치적 생명체라고 주장하는 것에는 정치적으로 많은 것들이 걸려 있었다. 또한 이 모든 것에 있어서 '이 체제들이 어떻게, 어떤 방식으로 변할 것인가?'라는 미래에 대한 질문이 매우 중요했다. 그것이 가장 흥미 있는 주제였고 내 열정과 관심은 그곳에 쏠려 있었다. 앞서 말했듯이 남미에서는 학문과 정치의 경계가 모호하다. 내 작업은 지적이고 학문적이었으나 동시에 아주 정치적인 것이기도 했다. 내 인생이 늘 그랬던 것처럼 말이다.

관료적 권위주의에 대한 당신의 연구는, 주로 남미인들 사이에서 이루어진 이런 논쟁을 넘어서, 미국 학계가 양산한 남미 연구에 대한 비판으로 읽히기도 했다. 특히, 많은 근대화 이론가들의 저작에서 나타나는 목적론적 관점에 명시적으로 반대했던 것으로 보인다.

나는 보편적인 경향을 상정하는 목적론적인 성향을 가진 이론들에 반대하며 이에 대해 비판적이다. 이런 경향은 제국의 중심에서 전형적으로 나타난다. 영국과 소련이 그랬고, 미국 지식인들도 그랬다. 이들의 의식 가장 깊은 곳에는, 자신들이 세계의 중심에 있고 따라서 역사의 보편적 경향을 살필 수 있으며, 이런 경향은 전 세계 모든 곳에서 나타나고 있거나 나타나야만 한다는 사고가 자리 잡고 있다. 나는 남미의 상황을 잘 알고 있었고, 근대화론이 다른 지역의 특수성들을 부정하고 있었기 때문에, 이런 관점을 받아들이지 않았다. 이 점에서 나는 근대화론에 문제가 있다고 생각했다.

예일 대학에서 공부하던 시절에도, 남미의 불행한 상황을 문화주의적으로 해석하는 이론들에 강하게 반발했었다. 특히나 브라질과 아르헨티나의 관료적 권위주의 체제가 남미의 문화로부터 자연적으로 파생되었다고 본 우파의 문화주의적 이론에 정치적으로 반대했다. 이 이론들은 정치적으로 중립적이지 않으며, 매우 중요한 정치적 결과를 가져왔다. 예를 들어 아르헨티나의 옹가냐 정권[13]과 브라질 군부 정권은 자신들의 통치를 정당화하기 위해 이 이론을 차용했다. 그래서 나는 이 이론들을 비판하고 반증하기 위한 도구들을 찾기 시작했다. 이 도구들 가운데 하나는 게임이론이었고 나는 이 이론을 내 첫 저작에 적용하려 했지만 이를 정식화할 수 있을 정도로 충분히 수학을 익히지 못했다. 나는 '사람들이 자신에게 이익이 된다고 생각하는 목표를 추구한다'는 합리성 가정이 매력적이라는 점을 발견했다. 이는 내가 변호사로서 훈련을 받았기 때문에 특히 그랬다.

지금까지는 당신이 반론을 펼쳐 온 부분들에 초점을 맞추어 이야기했다. 그렇다면 관료적 권위주의에 대해 연구할 때 당신이 의지하거나 모방한 저작, 그러니까 당신의 연구에 긍정적인 영향을 미친 저작은 없는가?

『근대화와 관료적 권위주의』에 긍정적 영향을 미친 주요 저작들로는 크게 세 가지 정도를 지적하고 싶다. 우선은 카르도수와 팔레토(Cardoso and Faletto 1979)[14], 푸르타두(Furtado 1970)에게서 많은 영향을 받았다. 그리

---

13 * 옹가냐Onganía(1914~95)
아르헨티나의 군장성·정치가. 대통령 재임 기간(1966~70) 내내 무자비한 탄압 정치를 폈다.

14 카르도수와 팔레토가 쓴 『라틴아메리카에서의 종속과 발전』*Dependency and Development in Latin America*의 스페인어

고 베버에게서도 영향을 받았고, 마지막으로 영미적 특색Anglo-sazon accent도 영향을 미쳤다. 물론 이상의 세 가지 요소들 이외에 네오 마르크스적인 요소도 어느 정도 있었다.

카르도수와 팔레토의 『라틴아메리카에서의 종속과 발전』(1979)은 내 사고에 정말 큰 영향을 미쳤다. 그 책은 정말 훌륭한 책으로, 베버적 요소와 네오 마르크스적인 요소를 독특하게 조합한 거시적 사회과학의 훌륭한 모범을 보여 주었다. 나는 그런 식의 사고방식에 매력을 느꼈다. 역사적 관점을 강조하고 연구 대상이 갖고 있는 역사적 기원의 특수성을 존중하는 점 또한 마음에 들었다. 나는 카르도수와 팔레토가 "역사 구조주의적" 접근법이라고 부른 것에 바로 이와 같은 요소들이 결합되어 있다고 보았다. 이에 따르면, 국가, 계급, 국제적 상황과 같은 거시 구조적인 측면들을 역사적으로 생각해야 한다. 행위자들의 합리성은 바로 이와 같은 포괄적인 구조 내에서 이해해야 하는 것이다.

내 글에서 네오 마르크스적인 흔적이 보일지라도 나는 마르크스주의자가 아니었다. 내 세대에는 어디에나 마르크스가 있었다. 말 속에 늘 따라다녔고 토론을 할 때에도 큰 영향을 미쳤다. 사회 전체에 스며들어 있었던 셈이다. 또한 나는 대학원 이후에 아르헨티나로 돌아가서 마르크스를 다시 읽기 시작했다. 그러다 보니 영향을 받을 수밖에 없었던 것이다. 하지만 나는 『자본』의 마르크스보다는 젊은 헤겔주의자 마르크스에 더 많은 관심이 갔다. 반면 내 사상의 본질은 베버에 치우쳐 있었고 이는 모두 후안 린츠 덕분이었다.

판은 [이보다 앞선] 1969년에 출판되었다.

관료적 권위주의에 대한 당신의 책이 어떻게 받아들여졌다고 생각하는가? 잘못 해석되거나 불공평하게 비판 받은 부분이 있었나?

내 책이 널리 읽힌 것은 매우 다행이라 생각한다. 아무도 읽지 않는 것만큼 불행한 일도 없으니까 말이다. 사람들이 관심을, 그것도 많은 관심을 갖는다면 그 자체만으로도 보상이 된다. 사람들이 내 글을 읽고 인용하는 것을 매우 감사하게 생각한다. 이런 점에서는 아무런 불만이 없다. 다만 한 가지 불만은, 내가 관료적 권위주의 체제가 경제성장을 촉진할 수 있다고 주장한다 해서 이 체제를 찬양한다고 말하는 사람들이 있다는 점이다. 이렇게 이야기하는 저자들이 몇몇 있었으나 정말 틀린 말이다. 내 글과 내 의도와는 완전히 반대되는 이런 왜곡된 지적들 때문에 좀 짜증이 났었다.

『근대화와 관료적 권위주의』에 대한 비판 가운데 하나는, 민주주의가 몰락한 원인에 대한 분석이 과도하게 구조적이고 경제적인 측면에 치중되어 있어서, 정치적 행위자들과 그들의 선택을 간과했다는 것이다. 이런 간과된 요소들은 린츠와 스테판의 『민주주의 체제의 붕괴』(1978), 특히 이 책에 실린 린츠의 글이 강조하는 것이다. 이런 비판에 대해 어떻게 생각하는가?

사실 나는 린츠와 스테판이 편한 그 책의 한 장을 담당했다(O'Donnell 1978a). 이 글은 『근대화와 관료적 권위주의』에 실려 있는 정치에 관한 장(이 장에 앞선 두 장에서 발전시킨 구조적 맥락에 대한 분석을 토대로 한)을 다시 쓴 것이었다. 그러니 그게 일관성이 없다고는 생각하지 않는다. 카르도수와 팔레토가 내 작업에 미친 영향을 언급하면서 이야기했듯이 합리적 결정을 내리는 행위자들을 이해하려면 우선 그들의 행동반경을 결정하는 그 구조를 파악해야 한다. 나는 처음에는 이런 거시적인 구조에 초점을 맞추고 그 안에 행위자들을 대입해 본 후 그들이 어떻게 합리적인 행동을 하는지 분석했다.

사실, 내가 썼던 "변화의 유형에 대한 고찰"Reflections on the Patterns of Change(O'Donnell 1978b)이라는 글이야말로, 지나치게 구조주의적이고 경제 중심적이었다. 내가 쓴 글 중 최악의 글이었지만 역설적이게도 가장 많은 관심을 받은 글이기도 했다. 나는 그 글이 너무 경제 중심적이라는 것을 깨닫고 다음에 쓴 두 글 — "국가와 동맹"State and Alliances(O'Donnell 1978c)과 콜리어가 편한 책에 기고한 논문(O'Donnell 1979a) — 에서 구조, 즉 경제와 정치 사이의 좀 더 활발한 상호 작용을 강조하면서 내 사고의 균형을 맞춤으로써 이를 바로잡으려고 했다. 아르헨티나에서 군사 쿠데타 직후에 두려움과 분노 속에서 쓴 "국가와 동맹"은 내가 가장 좋아하는 글이다.

셰보르스키 등(Przeworski et al. 2000, 99-101)이 지적한 『근대화와 관료적 권위주의』에 대한 최근 비판은 당신 이론의 중심 사례였던 아르헨티나가 예외적 사례라는 것이다. 이에 대해 어떻게 생각하나?

아르헨티나가 예외적 사례라는 것은 바로 내가 1973년에 『근대화와 관료적 권위주의』에서 주장한 점이다! 이 사실을 다시 발견해 준 셰보르스키와 그의 동료들에게 감사할 따름이다.

데이비드 콜리어의 『라틴아메리카의 새로운 권위주의』에 기고한 글(O'Donnell 1979a)은 당신의 연구 스타일을 잘 보여 주는 것 같다.[15] 당신이 제기한 논쟁의 진행 과정을 재평가하면

15 『라틴아메리카의 새로운 권위주의』에 관해서는 이 책 3권 데이비드 콜리어의 인터뷰(〈인터뷰 13〉) 참조.

서 곱씹는 스타일이라기보다는 앞으로 나아가는 스타일 말이다. 바로 다음 주제로 넘어가 권위주의 체제로부터의 이행이라는 문제에 집중하지 않나.

콜리어의 책은 기본적으로 영어권 독자들에게 이미 완성되었거나 새로 준비 중인 연구를 종합해 보여 주는 데 큰 공헌을 했다. 콜리어는 최고의 팀을 구성하고 단 두 차례의 아주 훌륭한 회의를 통해 저자들에게 서로의 글을 보며 자신의 논지를 발전시켜 나갈 수 있도록 유도했다. 그는 이 토론을 구체화하는 데 큰 공헌을 했고 자신이 맡은 글도 훌륭히 완성했다.

사실 그 책에 기고한 내 글은 책의 중심 주제와는 연관되어 있지 않다. 나는 내가 이미 한번 꺼낸 주제에 대해 다시 토론하거나 평가하는 것을 좋아하지 않는다. 새로운 주제보다 흥미가 덜 하기 때문이다. 우리가 그 책을 쓰고 있던 1970년대 후반에 이미 아르헨티나 체제는 수많은 긴장과 모순들 때문에 더 이상 지속되지 못할 것이 분명했다. 게다가 스페인, 그리스, 포르투갈에서는 민주주의로의 이행이 이미 이루어지고 있었다. 그래서 나는 다른 주제를 찾아 나섰고 권위주의 통치로부터의 이행이라는 다음 주제에 관심을 갖게 되었다.

몇몇 동료들은 내게 불만을 토로하기도 한다. 공들여 내 글을 보고 있었는데, 정작 나는 이미 다른 주제로 넘어가 버렸다고 말이다. 나도 어떤 측면에서 보면, 좋지 않은 버릇이라고 생각하지만, 주체할 수가 없다. 새로운 주제에 사로잡히면, 말하자면 키우던 애들도 친척 집에 보내 버리고 다른 데로 이사를 가버리는 것이다. 내 연구 방식이 그렇다.

『근대화와 관료적 권위주의』가 그렇게 큰 반향을 일으킨 이유는 뭐라고 생각하나?

정말 잘 모르겠다. 아주 좋게 보면, 쿤적인 의미[패러다임의 전환가 있었던 게 아닐까 싶다(Kuhn 1962). '새로운 권위주의'가 극적으로 부상한 상황이었고, 기존의 이론이나 유형론으로는 이를 설명할 수 없음이 명백해 보였다. 그런 상황에서 내 책이, 비록 몇 가지 허점이 있긴 했지만, 새롭고 확실히 좀 더 설득력 있는 해석을 제시했고, 결과적으로는 덤으로 새로운 연구 문제들을 제기하게 된 것이다.

권위주의 통치로부터 민주주의로의 이행

우드로윌슨센터 프로젝트의 결과물로 1986년에 필립 슈미터, 화이트헤드 등과 함께 체제 이행에 관한 책을 펴냈다. 이 프로젝트의 기원에 대해 이야기해 달라.[16]

이 프로젝트를 시작하게 된 계기는 꽤나 재미있다. 에이브러햄 로웬탈Abraham Lowenthal은 우드로윌슨국제학연구센터에 남미 연구 프로그램을 만들며, 앨버트 허시먼Albert Hirschman을 위원장으로 하는 위원회를 만들었다. 나도 위원 가운데 한 명이었다. 위원회는 1년에 두 번씩 모였고 1978년에는 모여서 그 프로그램을 가지고 뭘 할지에 대해 새로운 아이디어를 냈다.

당시까지만 해도 나는 아르헨티나에 있었고 위원 가운데 하나인 카르도수와 상파울루에서 만나 같이 미국 여행을 갔다. 술도 한 잔 걸쳤고 여행 중이기도 했던 우리는 우리 모임에 어떤 선택지가 있는지 토론하던 중이었는데, 그때 내가 그에게 이제는 이행의 문제를 검토해 봐야 할 때인 것 같다는

---

16 체제 이행에 관한 슈미터의 견해에 대해서는 〈인터뷰 8〉 참조.

말을 꺼냈다. 나는, 아니 우리 둘 다 브라질과 아르헨티나 군사 독재 정권의 시대는 이제 얼마 남지 않았다고 확신했다. 사실 나는 앞서 콜리어가 편한 책에 실린 내 글 "관료적 권위주의 정권에서의 긴장과 민주주의에 대한 의문점"Tensions in the Bureaucratic Authoritarian State and the Question of Democracy(O'Donnell, 1979a)에서 그렇게 생각하는 이유를 정리해 놓은 상태였다. 나는 카르도수에게 "이제 민주주의로의 이행에 대해 연구해야 할 시점인 것 같다"라고 말했다. 그리고 비행기 안에서 두서너 시간 동안 월슨 센터에 이 생각을 어떻게 설득력 있게 전달할지 고민했다.

미국에 도착해서 우리는 먼저 또 다른 위원 가운데 한 명인 필립 슈미터에게 우리의 생각을 전달해 보자고 모의했다. 슈미터와 나는 아르헨티나에서 사회과학연구협의회 세미나를 진행한 적이 있었고, 1974년 페론이 죽었을 때도 그 세미나에서 강의를 한 적이 있었다. 그는 카르도수의 좋은 친구이기도 했고 브라질인들의 인권 보호를 위해 활발한 활동을 펼치고 있었다. 알고 보니 슈미터도 이행에 대해 연구할 생각을 갖고 있었고 월슨 센터와 로웬탈에게 얘기를 꺼내자 위원들 전원이 좋은 생각이라고 찬성했다.

모임을 성공적으로 끝마친 후, 우리는 앞으로 어떻게 이 프로젝트를 추진할지 생각에 잠겼다. 그때 프로젝트 최고의 조정자이자 기획자였던 로웬탈이 권위주의 체제의 종말을 기원하는, 우리 모두가 공유하고 있는 희망을 나타내는 말을 찾다가 '희망적 사고'wishful thinking를 거꾸로 한 '사려 깊은 희망'thoughtful wishing이라는 표현을 생각해 냈다. 멋진 표현이었다. 하지만 월슨 센터의 총책임자였던 제임스 빌링턴James Billinton을 비롯한 많은 이들은 회의적이었다. 다행히도 로웬탈은 이런 회의를 극복해 냈다. 허시먼을 비롯한 다른 위원들에게서도 많은 도움을 받을 수 있었다. 로웬탈은 첫 보조금을 따냈고 그렇게 해서 프로젝트가 굴러가기 시작했다.

이후 카르도수가 상파울루의 상원의원이 되면서 프로젝트 책임자로 참여할 수 없게 되었다. 그래서 우리는 화이트헤드를 편집자 가운데 한 명으로 초청했고 다행히도 승낙을 받았다. 그래서 그 책의 편집자가 알파벳순으로 오도넬, 슈미터, 화이트헤드가 된 것이다.

프로젝트에서 학술 대회도 많이 열었다.

우리는 1979년, 1980년, 1981년, 이렇게 총 세 번에 걸쳐 학술 대회를 열었다. 첫 토론에서는 논문 두 편에 초점을 맞추었다. 하나는 슈미터가 쓴 글로, 마키아벨리의 저작들과 그것이 이행에 시사하는 바에 대한 논문이었다(Schmiter 1979b). 다른 하나는 내가 쓴 논문인데, 원래 1979년에 스페인어로 출간되었다가 최근에야 영어로 출간되었다.[17] 내가 매우 자부심을 가지고 있는 논문이다. 강경파와 온건파 구도, 서로 다른 두 부류의 반대파들, 시민사회의 부활, 그리고 이후 문헌들에서 성행하게 될 다양한 주제들이 이 글에서 제기되었다.

비록 책에 직접 논문을 기고하지는 않았지만, 알레산드로 피초르노Alessandro Pizzorno, 아르투로 발렌수엘라Arturo Valenzuela, 린츠, 달 등을 포함한 많은 이들이 이 모임에 참여했다. 참가한 이들은 모두 매우 재미있고 똑똑한 사람들이었다. 나는 그들에게서 많은 것을 배웠고 프로젝트에도 많은 도움이 되었다. 예를 들어 스테판(Stepan 1986)이 논문에서 제시한 다양한 이행 경로 모델은 매우 유용했고 나와 슈미터가 작업했던 것보다 더 심도 있고 풍부한 시각을 제공해 주었다. 또한 셰보르스키(Przeworski 1986)는 슈미터와 내가 만든 구조를 합리적 선택이론의 언어로 표현해 놓았다.[18] 화이트헤드(Whitehead 1986)의

---

17 이 글은 원래 O'Donnell(1979b)로 출판되었다가 O'Donnell(1982)로 출판되었다. 영문판은 O'Donnell(1999a)이다.

국제적 맥락에 대한 분석도 중요한 부분이었다. 뛰어난 사례연구들도 많았다.

프로젝트의 핵심격인 『권위주의 통치로부터의 이행』(O'Donnell and Schmitter 1986)을 함께 쓴 슈미터와의 공동 작업에 대해 묻고 싶다. 공동 집필은 많이 안 하는 것으로 알고 있는데, 그 작업은 어땠나? 탈고를 하기까지 어떤 과정을 거쳤나?

　　나는 고독한 장인이다. 연구원들을 거의 고용하지 않기 때문에 일자리를 창출하는 데 소질이 없다. 학생들을 고용해서 책을 읽고 요약하라고 시키는 사람들이 있다는 것을 알고서 깜짝 놀랐다. 나는 결코 그렇게 할 수 없다. 하지만 두세 번 공동 작업을 했고 그중 가장 중요한 작업이 슈미터와의 작업이었다. 이 공동 작업이 잘 진행된 데에는 몇 가지 이유가 있었다. 첫째, 우린 좋은 친구였다. 둘째, 우리는 지적인 측면에서 서로를 진심으로 존경하고 있었다. 이는 공동 작업이 성공하기 위한 필요조건이다. 마지막으로, 글을 쓰는 중간에 물리적으로 만난 횟수가 두 번밖에 되지 않았다는 점인데, 아마도 그래서 서로 심각하게 부딪지 않고 글을 쓸 수 있었던 것 같다.

　　집필 과정에 관해 말하자면, 1979년 윌슨 센터의 컨퍼런스를 위해 준비한 논문을 바탕으로 내가 먼저 초안을 작성했다(O'Donnell 1979b). 그 무렵 슈미터가 켈로그 연구소에 왔고, 얼마간 머물면서, 몇 군데를 바꾸고 새로운 내용을 추가해 새로운 판본을 썼다. 우리의 초고에는 애초에 내가 썼던 글에서 발전시킨 기본 개요가 남아 있었지만, 여기에 슈미터가 몇 가지 독특한 요소를 더했다. 예를 들어, 그는 내 논문에는 없었던 '정당'이라는 새로운 요소를 추

18 체제 이행에 관한 스테판과 셰보르스키의 견해를 알고 싶다면 이 책 2권 〈인터뷰 10〉과 3권 〈인터뷰 11〉 참조.

가했다. 슈미터는 또한 협약을 통한 이행pacted transition의 중요성을 강조했다. 린츠가 스페인에 관해 쓴 글(Linz 1981)에서 주장한 바와 같이, 협약을 통한 이행에는 분명한 장점이 있는 것 같기는 했다. 하지만 나는 협약을 통한 이행이 갖고 있는 편의성에 대해 슈미터만큼은 확신이 서지 않았기 때문에 이 문제를 놓고 협상을 벌어야만 했다. 결과적으로는, 우리 글에 그 부분이 추가된 것은 잘된 일이라고 생각한다. 특히, 슈미터는 협약을 통한 이행에서 이루어지는 맞교환trade-off을 그 어떤 글보다 훌륭한 시각으로 풀어냈다. 하지만 우리 글에는 여전히 협약을 통한 이행에 대한 양의적인 시각이 존재하는데, 이는 협상에서 서로 충분한 합의점에 도달하지 못했기 때문이었다.

마지막으로 우리는 화이트헤드와 함께 피렌체에 모여 아름다운 포도밭과 올리브 나무숲이 있는 환상적인 환경 속에서 최고의 음식과 와인을 들면서 수정 작업을 마무리했다. 열흘 정도를 그곳에서 보냈다. 우리는 작업이 마무리되는 대로, 마키아벨리가 살았던 곳에서 식사를 할 계획이었다. 그런데 저녁 식사 바로 전에 내가 샤워를 하다 그만 다리를 부러뜨리고 말았다. 정말 대참사였다. 저녁 식사도 못하고 우리는 병원에서 작별 인사를 했다. 게다가 공교롭게도 다음날에는 슈미터의 어머니마저 돌아가셨다. 재앙 속에서 끝나고 만 것이다.

슈미터와 함께 낸 1986년 책에 대한 세간의 반응에 매우 만족했을 것 같다. 매우 성공한 저작이었고, 몇 년 동안 비교정치학에서 가장 많이 인용된 책 가운데 하나로도 꼽히지 않았나?

그렇다. 큰 파장을 일으켰다. 학자들뿐만 아니라 기자들과 정치인들도 많이 읽었다. 남아프리카, 폴란드, 헝가리, 한국, 중국, 그리고 소련에서도 번역되었는데, 대체로 해적판samizdat 형태였다. 지금까지도 내 책이 얼마나 유용했는지 이야기해 주는 사람들을 만나곤 한다. 내 책이 영향을 미칠 수 있었던 이유 가운데 하나는 아마도 많은 이들에게 희망을 주었기 때문일 것이다. 누군가에게 글을 통해 희망을 준다는 것은 그저 지적으로 가치 있는 일을 한 것과는 또 다른, 살맛 나는 경험이었다. 정말 근사한 일이었다. 사람들에게 가치 있는 뭔가를 쓴다는 것은 정말 꿈만 같은 일이다. 내 생애 가장 만족스러운 일들 가운데 하나다.

슈미터와 함께 쓴 책은 호평도 많이 받았지만 동시에 비판도 다양했다. 가장 많이 제기된 비판 두 가지를 꼽자면, 엘리트주의적 분석이라는 비판과 국제적 차원을 간과했다는 비판이 될 것 같은데, 어떻게 생각하나?

우리가 단지 엘리트 수준의 모델만을 제시했다는 비판은 부적절하다고 생각한다. 비판은 우리가 실제 쓴 이야기를 가지고 해야 한다. 사실 우리는 대중의 급격한 출현, 즉 시민사회의 부활이 중요하다는 점을 계속해서 이야기했다. 우리의 주장은, 이런 대중 동원은 민주주의자들이 계속해서 이행을 요구할 수 있도록 하는 핵심 요소라는 것이었다. 권위주의 체제 내의 온건파들이 바라는 것 이상으로 자유화 과정을 진행시키기 때문이다. 그래서 이행의 역동성은 대중의 동원, 대중의 요구 그리고 정치적 리더십 사이의 변증법적인 관계로 형성되는 것이다. 우리는, 순수하게 엘리트주의적이기만 한 과정은 민주주의 이행으로 이어질 수 없기 때문에 아래로부터의 대중적 요소 없이는 대부분의 이행이 성공할 수 없을 것이라는 점을 강조했다. 물론 우리의 모델이 엘리트와 대중 사이의 상호작용을 잘못 서술했다는 비판은 가능하다. 하지만 우리가 대중적인 측면을 무시하고 엘리트 수준에서만 본 모델을 제시했다는 비판은 솔직히 이해가 안 간다. 우리는 분명히 이행에서 대중 동원이 중요한 역할을 한다고 주장했다.

국제적 차원과 관련해서라면, 슈미터와 공저한 책에서 그런 측면이 간과

되어 있다는 것은 인정한다. 국제적 차원의 작용은 모든 사례에서 다 달랐다. 예를 들어 1971년에 스페인에서는 일정한 역할을 했으나 아르헨티나에서는 그렇지 못했다. 하지만 비록 우리는 실패했지만 이행을 개념화하는 데 있어 국제적 요인이 이론적 틀에 완전히 포함되어야 한다고 생각한다. 다른 한편으로는, [우리 책의] 화이트헤드가 쓴 장(Whitehead 1986)이 이 부분을 꽤 훌륭하게 다루기 시작했다.

또 다른 비판은, 관료적 권위주의에 관한 이전 저작에 대한 비판과 정반대되는 비판이라는 점에서 좀 아이러니기도 하지만, 슈미터와 함께 쓴 이 책이 지나치게 주의주의적이라는 것이다. 즉, 구조적인 변수들의 역할을 무시했다는 것인데, 어떻게 생각하나?

슈미터와 함께 작업한 책은 정치학자의 책이다. 나는 우리가 구조적인 요인들을 많은 부분 무시했다는 것에 동의한다. 게다가, 내가 그 이전과 그 이후에 낸 저작들과도 일관되지 않은 것으로 보일 수 있다. 하지만 나는 일견 일관되지 않은 것처럼 보이는 이 측면에 대해 부분적으로는 심리학적이고 부분적으로는 이론적인 설명을 제시할 수 있다. 기존의 이론들은, 일정 수준의 경제 발전에 도달하지 못하거나 정치 문화가 충분히 성숙하기 전에는 정치적 민주화가 불가능하다고 했다. 우리는 이런 관점이 너무 비참한 것 같았다. 그래서 정치적 요인들과 목적의식 있는 정치적 행동을 강조하고, 정치가 이렇게 서서히 변화하는 구조적 요인들을 어떻게 완화하거나 활성화시킬 수 있는지 보여 주고자 했다. 우리는 또한 구조적 변수가 행위에 미치는 영향력은 상수가 아니라 엄연한 변수라는 생각을 견지했다. 나는 지금도 이 생각에는 변함이 없다. 구체적으로 슈미터와 나는 이행의 시기에는 정치적 게임의 규칙이 확립되어 있지 않기 때문에, 구조적 변수들이 미치는 영향력은 불확실성이 일반화된 시기와 같은 수준으로 감소한다고 주장했다. 하지만 우리가 정치를 지나치게 강조했다는 점은 인정한다. 좀 더 섬세했어야 했는데 그렇지 못했다.

중요한 것은 이 작업이 매우 정치적인 것이었다는 점이다. 우리는 학술 논문이 아니라 정치를 쓰고 있었다. 지식인들, 기자들 그리고 정치 지도자들을 위해 글을 썼던 것이다. 카르도수, 루시아노 마르틴스Luciano Martins, 마누엘 안토니오 가레톤, 마르셀로 카바로시, 훌리오 코틀레르Julio Cotler, 호세 마리아 마라발José María Maravall 등 책을 쓴 저자들은 모두 자국에서 반권위주의 정치와 관련되어 있던 이들이었다. 셰보르스키는 폴란드의 미래에 대해 일종의 상박관념을 갖고 있는 사람이었다. 나 역시 정치적 행위자였다. 우리는 모두 눈에 띄는 지식인들로 정치학을 쓰고 있을 뿐만 아니라 자기 나라의 정치 속에서 정치에 대해 쓰고 있었다. 또한 우리는 '절망하지 말아요!'라는 메시지를 보내는 것이기도 했다. 권위주의 체제 내부, 그리고 권위주의 체제와 사회 사이에는 깊은 긴장이 감돌고 있었고, 통치자들이 강압이라는 빛 좋은 허울을 쓰고 이런 약점을 숨기려 한다 해도, 그러한 긴장을 활용할 수 있는 다양한 저항 전략들이 분명히 존재하고 있었다. 그래서 정치적인 요인을 많이 강조했던 것이다. 하지만 이는 우연이 아니다. 전체적인 프로젝트 자체가 매우 정치적인 것이었다.

관료적 권위주의에 대한 연구와 이행에 대한 연구가 이런 차이점이 있긴 하지만, 끊임없이 새로운 문제를 찾아 이동하는 당신의 기질로 본다면 나름 일관된 것이라고도 할 수 있을 듯하다. 반대로 슈미터는 당신과의 공동 작업을 시작으로 '이행론'transitology이라는 새로운 분야를 창출하고 이로부터 도출된 통찰들을 동유럽, 남아프리카, 동아시아로까지 일반화할 수 있는 가능성을 탐구했다. 남미와 남유럽을 넘어서 이행을 이론화하려는 이런 노력에 대해 당신은 어떻게 생각하는가?

처음 이행론이라는 용어를 들었던 것은 누군가가 농담조로 말했을 때였다. 하지만 그 후 그 말이 굳어졌다. 나는 내 책에서는 그 단어를 사용하지 않도록 조심했다. 나중에 공고화론consolidology라는 단어를 들었을 때는, 심장이 멎는 줄 알았다. '공고화론'은 매우 거슬리는 표현으로, 나는 한사코 내가 그런 괴물의 아버지가 아니라고 말한다. 이런 측면에서 나와 슈미터는 다르다. 우리는 성격도 서로 다르고 지적 스타일도 다르다. 나는 슈미터의 지성을 존경한다. 앞서 말했듯이, 나는 사례의 특이성을 간과하지 않기 위해 항상 조심한다. 예를 들어 관료적 권위주의가 남미 원뿔꼴 지역[브라질, 파라과이, 우루과이, 아르헨티나, 칠레로 이뤄지는 지역]에서는 유용한 개념이지만 멕시코에서는 들어맞지 않는다고 생각한다. 만약 누군가 한국이 관료적 권위주의 국가라 말한다면, 그게 맞을 수도 있지만, 나는 그 사례에 대해 충분히 알지 못하기 때문에 그렇게 말하지 않을 것이다.

슈미터와 내가 발전시킨 이행 모델은 일반성을 자처하고 있다. 하지만 우리의 모델이 내가 잘 알지 못하는 사례에 적용될 수 있는지 여부를 판단할 지식이나 권위가 내게 있다고는 생각하지 않는다. 전반적으로 그런 판단은 해당 국가를 잘 이해하는 사람들이 내려야 한다고 생각한다. 그들이 우리의 견해에 동의한다면 가장 좋겠지만 만약 그렇지 않다 하더라도 왜 그렇지 않은지를 물어봄으로써 그들로부터 배울 수 있다. 분명히 말하자면, 내가 일반적인 개념의 존재를 인정하지 않는 것은 아니다. 하지만 내가 구체적인 정보를 알고 있는 몇 가지 사례를 제외하고는 내가 찾아낸 개념이 일반적으로 잘 적용될 수 있다고 생각하지는 않는다. 나는 이와 같은 자기 절제적인 방법론적 입장을 취하고 있다.

이 문제에 대해 좀 더 이야기 해보자. 이 부분은 슈미터의 작업과는 전혀 상관없는 것으로, 오히려 그는 정반대인 사람이다. 나는 북쪽 — 북미뿐만 아니라 유럽 — 에서 아르헨티나에 와서는 부에노스아이레스에 두 주 정도 머물며 사법부, 의회 혹은 정당에 무엇을 해야 할지, 법의 지배를 어떻게 확대하고 경찰을 개혁할 것인지 등에 대해 잘하지도 못하는 스페인어로 기성의 처방만을 내리는 이행론자들이나 공고화론자들(그들의 동료 경제학자들도 마찬가지다)에게 신물이 났다. 그들은 높은 강연료를 받고 지방 순회에 나선 연사들처럼 행동한다. 그들은 민주주의의 공고화, 안정 등을 원한다면, 자신들이 전문가입네 자처하는 제도나 정책 분야를 개혁해야 한다고 주장한다. 나는 이런 행태가 부적절하다고 생각하며 도덕적으로도 이런 일들을 하지 않으려 한다. 이런 의미에서, 나는 불개입주의적 이행론자이자 반공고화론 투사라 할 수 있다.

민주주의의 질

민주주의의 공고화에 대해 잠시 연구한 후(Mainwaring, O'Donnell and Valenzuela 1992) 1990년대 초반부터는 민주주의의 질과 관련된 주제로 관심을 돌렸다.[19] 현재 진행 중인 이 연구 프로그램의 주요 관심사와 아이디어는 무엇인가?

　　　　　이행 연구 프로젝트로 되돌아가 보면, 우리가 민주화 이행 연구 프로젝트에 참여하게 된 이유 중 하나는 민주주의가 가져올 결과에 대해 기본적으로 낙관적인 생각을 공유하고 있었기 때문이었다. 우리는 성공적인 이행을 통해 정치적 민주주의뿐만 아니라 여타의 긍정적인 결과를 얻을 수 있을 것이라고 생각했다. 적어도 남미에서는 이 새로운 민주주의가 지금까지 있었던 제한적 민주주의flawed democracies보다 나을 것이라 생각했다. 이번에는 정치적 민주주의가 사회적 정의에 기여할 수 있을 거라고 생각했기 때문이다. 우리는 스페인 사람들이 이미 민주주의에 대해 환멸을 느끼고 있다는 것을 알

---

[19] 이 시기에 나온 가장 중요한 몇 편의 글들은 O'Donnell(1999b, Part IV)과 O'Donnell(2001, 2004)에 실려 있다.

고 있었기 때문에, [남미에서되 어느 정도는 그런 감정이 존재할 것이라 예상했다. 그럼에도 불구하고, 우리는 여전히 정상적인 정치로의 회귀가 그럴듯하게 기능하는 민주주의로 이어질 것이라 생각하고 있었다. 물론 이제 와서보면, 스페인, 포르투갈, 칠레 혹은 우루과이와 같은 일부 사례에서는 일이비교적 잘 풀렸으나, 대부분의 경우 결과는 매우 실망스러웠다고 할 수 있다.

나는 남미와 다른 국가에서 나타난 민주주의의 문제적 상황에 대해 지식인들이 보이는 반응에 차이가 있다고 생각한다. 그런 반응들 가운데 하나는, 그 국가들이 일종의 '정상' 경로 혹은 유형에서 벗어난 사례로, 권고되거나 추천된 경로를 따르지 않은 경우에 해당한다고 보는 관점이다. 초기 근대화론들과 상당히 닮아 있는 이 관점은, 보편적인 경향을 상정하고 목적론적 정향이 있는데, 꽤 많은 저자들이 이를 받아들였다. 다른 관점은, 내가 선호하는 것인데, 사례들이 결정된 경로를 따라 움직인다고 가정하는 위의 관점을 버리고 지역적·시간적 특수성을 고려하는 것이다.

민주주의 공고화론에 대한 이와 같은 비판은, 『민주주의 저널』에 기고한논문(O'Donnell, 1996)에서 제시한 것으로, 강한 규범적 요소와 야심찬 지적의제를 가진 새로운 연구 프로그램을 촉발했다. 규범적 요소와 관련해, 나는복잡한 심정을 갖고 있다. 제한적 민주주의일지라도 권위주의 체제와는 매우다르다. 그때는, 권위주의 통치로부터의 이행 이전만 하더라도, 분명 그렇게생각했다. 나는 그 체제를 싫어했고 그것이 붕괴되는 것을 보고 기뻤다. 하지만 군부독재 시절이 얼마나 끔찍했는지는 여전히 기억하고 있음에도, 현재아르헨티나에서 일어나고 있는 일들이나 오늘날 남미의 전반적인 민주주의상황에 대해 생각하면 괴롭고 화가 난다. 몇몇 동료들이나 위정자들은 이러저런 말이나 비판은 현재의 민주주의를 위태롭게 할 수 있으니 조용히 있으라고 충고하곤 한다. 하지만, 나는 이런 충고를 도저히 받아들일 수 없다. 내가 지금 하려는 것은 남미의 민주주의에 대한 민주적인 비판을 하는 데 도움이 되는 것이다.

내가 최근 연구(O'Donnell 2001, 2004)에서 주창한 대로 학문적인 관점에서 필요한 것은 민주주의 이론을 재고하는 것이다. 약간의 수정만 거친다면 남미 등 다른 국가에 쉽게 '수출'할 수 있는 '민주주의 이론'이라는 것이 있다고 믿는 것은 옳지 못하다.

현존하는 민주주의 이론의 문제점이 뭐라고 생각하나?

현대의 주류 정치학, 특히 영미식 정치학은 민주주의에 대한 일종의 포스트-슘페터적 이론을 제공한다. 달의 작업은 이 관점을 가장 선명하고 지적인 방식으로 표현하고 있다. 나는 이런 이론이 어떤 측면에서는 매우 유용하다고 본다. 이런 이론은 대체로 선거, 결사의 자유 등을 강조한다. 하지만 이런 이론이 정치체제political regime에만 지나치게 집중한다는 점에서 근본적인 문제가 있다는 생각을 점점 더 하게 된다. 내 견해로는 민주주의는 체제regime를 넘어 국가와 사회의 다양한 측면을 포괄해야 하기 때문에 위와 같은 이론은 큰 한계를 내포하고 있다. 선진국에 가서 그 체제를 연구할 때는 그 체제에서 벗어나는 요소들은 고려하지 않는 역사적이고 이론적인 이유들이 있다. 이것이 전적으로 옳다고 생각하지는 않지만 어느 정도 이해할 수는 있다. 하지만 남미에서는 그런 자세만으로는 부족하다. 체제 그 자체를 이해하는 데 관심을 가진다고 하더라도 체제와 관련이 없는 요소들 또한 이해할 필요가 있다.

하지만 민주주의 개념을 확장시키려는 시도에 어떤 위험이 내포되어 있는지는 잘 알고 있지 않나.

　　그렇다. 마치 개념의 혼란이라는 나락에 떨어질 위험을 안고 있는 모험을 시작한 듯하다. 나는 민주주의 개념을 확장하려고 시도함으로써 민주주의가 '개인이 하고 싶은 모든 것'을 의미할 수 있게 되고 개념의 죽음을 불러올 수 있다는 점을 잘 알고 있다. 그래서 조심스럽게 진행 중이다. 나는 마치 위험한 여행을 계속하려 할 때처럼 이 작업을 진행하고 있다. 튼튼한 밧줄을 골라, 우리가 유일하게 갖고 있는 단단한 이론인 체제[정치체제의 유형 가운데 하나로서의 민주주의 체제]에 묶어 두는 식이다. 체제에 단단히 기반한 채로, 국가나 사회 같은 다른 차원들을 살펴보면서 다른 분야로 내려가 보는 것이다. 하지만 항상 체제로 되돌아가 다음 모험을 할 수 있을 만큼 그 기반이 충분히 단단한지 살펴보아야 한다. 당신이 언급한 위험에 대해서는 나 역시 잘 알고 있다. 하지만 분명한 것은 남미의 민주주의를 연구할 때 체제를 이해하는 것이 필요하긴 하지만 충분하지는 않다는 점이다.

개념의 혁신 및 이론의 구축과 더불어, 민주주의의 질에 관한 당신의 현재 연구 프로그램을 진척시키기 위해서는 새로운 자료가 필요할 것 같기도 하다. 오늘날 남미에서 민주주의가 어떻게 작동하는지 이해하기 위해 어떤 종류의 정보가 필요한가?

　　아마 매우 어려운 작업이 될 것이다. 나는 먼저 국가기관들이 실제로 어떻게 운용되고, 중요한 결정이 어떻게 내려지는지 등에 대해서 좀 더 자세히 알고 싶다. 다음으로 국가기관들이 어떻게 개인들과 연관되어 있는지에 대한 설문 조사 자료와 인류학적 자료를 보고 싶다. 시민들은 국가기관이 자신들을 어떻게 대우하고 있다고 느낄까? 이런 점은 우리가 너무나도 모르고 있지만 민주주의의 일상생활에서 중요한 요소이다. 세 번째로는 사람들이 국가의 기능을 어떻게 이해하는지, 예를 들어 국가가 모두를 위한 국가라고 생각하는지, 사회 일부 영역만을 위한 국가라고 생각하는지도 알고 싶다. 또한 법의 집행과 판결 사이에 존재하는 간극의 정도에 대해서도 관심이 있다. 우리는 이와 같은 권력과 지배의 메커니즘이 시민들의 일상적인 인식과 행동 속에 어떻게 나타나는지 잘 알지 못한다. 하지만 만약 민주주의가 체제를 넘어선 무언가라고 인정하게 된다면 이런 종류의 정보가 필요하다는 것을 이해하게 될 것이다. 이 자료들이 우리가 보지 못하는 달의 저편을 보여 줄 수 있기를 바란다.[20]

---

20 민주주의의 질에 관한 오도넬의 주요 작업은 O'Donnell(2004)이다. 이 글은 『라틴아메리카의 민주주의』 *Democracy in Latin America*에 관한 UNDP 보고서(UNDP 2004)에 핵심적인 영향을 미쳤다.

정치 참여와 과학

당신의 다양한 연구 프로젝트들이 항상 강한 규범적인 요소에서 동력을 얻어 왔고, 아주 처음서부터 자신의 연구가 갖고 있는 정치적인 차원에 대해 예리하게 인지하고 있다는 점이 인상적이다. 사회과학과 규범적 관심사가 어떤 관계를 맺는 것이 적절하다고 보는가?

가치가 연구 주제를 결정한다. 다시 말해 질문은 당신의 도덕적 관심과 정치 참여로부터 비롯된다는 것이다. 나는 이런 의미에서 베버주의자이다(Weber 1949). 내가 연구해 온 문제들은 라틴아메리카에서 끔찍한 정권의 통치를 받은 경험에서 나온 것으로, 내가 민주주의를 선호했기 때문이다. 내 질문들은 여전히 정치적이고 도덕적인 폭넓은 관심사로부터 나온다. 무엇보다 나는 평생토록 조국 아르헨티나의 정치적 불행에 대해 강박적이라 할 정도로 고민해 온 사람이다. 물론, 이론적·경험적 연구를 하기 시작하면 연구와 자료로부터 얻은 결론들로부터 가치를 최대한 깨끗이 분명하게 분리해 내야 한다. 제대로 된 사회과학을 하기만 한다면, 자신이 추구하는 가치에 더욱 충실히 복무할 수 있을 것이다.

이론이 연구 주제의 원천이 되기도 하는가?

나는 이론 그 자체를 추구한 적은 단 한 번도 없다. 앉아서 '오늘은 무언가에 대한 이론을 써야지'라고 생각한 적도 없다. 오히려 면도를 하면서도 고민하게 되는 실제 현실에서 일어나는 문제들을 다루려고 애쓰고, 이런 면에서 내게 적합하다고 생각하는 이론적 틀을 선택해 왔다.

앞서 당신은 남미에서는 학문과 정치의 경계가 모호하다고 지적하기도 했고, 민주주의 이행에 대한 연구를 함께 한 동료들과 당신은 "정치를 쓰고 있다"라고 말하기도 했다. 이는 당신이 하는 일을 과학으로 보지 않는다는 뜻인가?

사실 과학이라고 별로 생각하지 않는다. 나는 특정 문제에 봉착하게 되면 그 문제를 해결하는 데 필요한 모든 연구를 하고 또한 다른 사람들의 도움을 얻을 수 있도록 많이 읽고 들음으로써 그 문제를 이해하려는 사람이다. 그런 후에야 쓰기 시작한다. 나는 내 자신을 완벽한 전문가로 여기기보다는 가치와 삶에 깊이 관련되어 있는 문제들에 의해 좌우되는 지식인으로 항상 생각해 왔다. 이것은 마치 화가와도 같다. 화가는 무언가를 표현하기 위해 그림을 그릴 뿐, 그 이상도 그 이하도 아니다. 그러니 나는 내가 과학자라고 생각하지 않는다. 물론 내가 말하는 것이 경험적으로 적절한지를 늘 검토한다는 의미에서 과학을 하고 있다고 말할 수는 있다. 하지만 이는 정치학이라는 예술의 기본 원칙일 뿐이다. 이 원칙을 지키지 않는다면 다만 쓰레기를 그리고 있을 뿐이다.

사례와 개념

각각의 사례들이 갖고 있는 특수성과 자신이 잘 알고 있는 사례를 넘어서서 일반화하는 작업이 갖고 있는 위험을 여러 번 강조했다. 사례에 기반을 둔 지식은 당신의 사고에서 어떤 역할을 하는가?

    정말 없어서는 안 되는 필수적인 요소다. 상세한 지식과 특정 사례에 대한 새로운 지식 없이는 아무런 생각도 할 수 없을 것이다. 이는 너무나도 기본적인 것이다. 몇 안 되는 예외를 제외하고는 비교정치 분야의 훌륭한 저작들은 자신의 조국을 비롯해 그들이 오랜 시간 동안 연구한 나라들에 대해 쓴 학자들에게서 나왔다. 사실 뛰어나고 영향력 있는 비교정치학자들은 대부분 한 가지 혹은 몇 가지 사례들을 독파하는 데 많은 힘을 쏟아부은 사람들일 것이다. 아리스토텔레스, 몽테스키외, 토크빌 등 가장 위대한 선대 학자들 또한 그랬다.

이와 관련해 당신의 특징 가운데 하나는 자신이 연구하는 사례의 특수성을 포착해 새로운 개념으로 연마해 내는 능력이다. 이런 개념들을 만들어 낼 때 어떤 사고 과정을 거치는가?

    결국 핵심은 무언가를 새롭게 인식하는 것이다. 존재론적으로 새로운 것이 아니라 예전에는 인식되지 않았으나 새롭게 인식된 개념으로 그것에 이름을 붙임으로써 새로운 개념을 만들어 내는 것이다. "이건 무언가 다르군"이라고 말하는 것이 지식이 형성되는 원초적이고 근본적인 순간이다. 아이를 낳는 것과 마찬가지이다. 아이에게 이름을 붙여 주게 되면 진정한 세계가 시작된다.

    관료적 권위주의를 예로 들어 보자. 내가 이 용어를 만든 것은 이 개념이 새롭고, 다르다는 것을 나타내는 것과 동시에 학문적·정치적으로 이를 인식하는 것이 중요하다고 말하고 싶어서다. 이것의 특수성을 인식하는 것이 중요하다고 느꼈기 때문에 그것에 이름을 붙여야 했다. 관료적 권위주의는 특정 형태의 독재 체제를 파시즘, 포퓰리즘 혹은 비슷한 형태의 다른 체제들과 구분하기 위한 용어이다. 권위주의에다가 관료적이란 말을 붙임으로써 이런 종류의 권위주의가 카우디요나 거리로 뛰쳐나온 인민에 기반을 둔 포퓰리즘 정권이나, 대중 정당의 동원에 기반을 둔 파시즘 체제와는 달리, 크고 복잡한 조직들과 전문화된 군사 및 기술 관료에 기반을 둔 체제라는 것을 나타내고 싶었다.

'관료적 권위주의'라는 용어는 관료적 조직을 연구했던 앱터(Apter 1965)와 권위주의 체제를 연구한 린츠(Linz 1964)로부터 나왔다. 양쪽으로부터 내게 필요한 요소들을 잘 도출해 내고 내 생각까지 덧붙일 수 있기에 이 두 단어들이 잘 어울린다고 생각했다. 또한 두 단어를 더하고 여기에 의미를 부여하는 것이 내 멘토였던 두 분에게 훌륭한 감사 표시가 될 것이라 생각했다. 하지만 용어 그 자체는 사실 중요하지 않았다. '수리수리 마수리'라고 지었어도 상관없었을 것이다. 중요한 것은 이 개념이 인식되어야 마땅할 특수성을 지니고 있고, 이름을 붙일 만한 가치가 있으며, 더욱 중요하게는 그 자체로서 흥미 있는 질문을 내포하고 있다는 것을 사람들에게 확인시키는 것이다.

또 다른 예를 들어 보자면, 나는 법률이 그 역할을 제대로 못하는 지역을 나타내기 위해 갈색 지대brown areas라는 용어를 선택했다(O'Donnell 1993). 처음에는 흑색을 생각했으나 인종차별의 염려가 있어 내 피부색인 갈색을 골랐다.

고전들

사례에 대한 지식을 강조하면서도 다양한 고전들로부터 많은 영향을 받은 듯하다. 누구의 작품을 읽었으며 무엇을 얻는가?

　　　　내게는 주기적으로 찾는 나만의 안식처가 있다. 나는 헤겔주의자인 마르크스에게로, 혹은 베버에게로 돌아가곤 한다. 브루스 애커먼Bruce Ackerman, 에르네스토 가르손 발데스Ernesto Garzon Valdes, 조셉 라즈Joseph Raz와 제러미 월드런Jeremy Waldron과 같은 법학자들에게서도 많은 것을 배웠다. 나는 항상 홉스에게 매력을 느끼곤 한다. 가끔 로크로 돌아서서 홉스를 떨쳐 버리려 해도 홉스의 천부적인 재능에서 좀처럼 벗어날 수가 없었다. 마키아벨리에게는 그다지 끌리지 않았다. 최근에 뒤르켕을 재발견했는데 아직은 선택적으로만 읽고 있다. 이것이 내 개인적인 성역이다.

이 모든 작가들 중에서 베버에게 가장 호감을 느끼는 듯하다.

　　　　나는 항상 베버에게 대단한 애착을 갖고 있었다. 그는 정치적으로는 끔찍한 독일 민족주의자이고, 나는 골수 반민족주의자이기 때문에 그 점은 불편했다. 그럼에도 불구하고 베버의 지적 스타일과 문제를 제기하는 방식, 자료를 다루는 방식은 여전히 매혹적이다. 그가 문제를 사고해 나가는 모습이나 그의 사고가 작동하는 방식을 보고 있노라면 많은 깨달음을 얻게 된다. 그의 사고 과정을 지켜보면서 나는 심미적 즐거움을 느낀다. 베버는 매우 자의식이 강하고 엄격한 사람이었으며 지식이 풍부했다. 하지만 그는 자신이 아는 것에 휩쓸리지 않고, 이를 분석적으로 다루면서, 적재적소에 배치할 수 있는 사람이었다. 이는 정말 어려운 일이고, 게다가 이를 명확하게 전달하기란 더더욱 어려운 일이다. 나는 그의 지적인 능력을 내 모델로 삼았다. 말하자면, 수호성인이랄까.

불행히도 베버는 대부분 완전히 잘못 해석되고 있다. 예를 들어 『프로테스탄트 윤리와 자본주의 정신』에서 그는 수 쪽에 걸쳐 자신이 자본주의에 대해 단일 원인적인 설명을 제시하는 것이 아니라고 이야기한다 — 청교도적 윤리는 수많은 요인들 중 하나일 뿐이라는 것이다(Weber 1958c). 하지만 어떤 독지들은 베버가 자본주의를 물질적 요인이 아닌 청교도적 윤리의 측면에서 설명하려 했다면서 그를 마르크스의 반대선상에 놓으려 한다. 베버를 제대로 읽지도 않는 게으른 이들이 그런 무지에서 나오는 말을 반복하는 것이다.

물론, 베버가 활동했던 시기의 지적 환경을 살펴본다면, 그가 완전히 새로운 것을 발명한 것은 아니다. 당대에는 '자본주의가 무엇인지 그리고 그것이 어디로 가는 것인지'에 대한 연구들이 많이 있었다. 이는 당시의 가장 큰 논란거리였고 많은 학자들이 다룬 주제였다. 베버는 출처를 밝히지 않은 채 이 연구들을 인용했고 이런 의미에서는 매우 고약한 동료였다. 하지만 그는 새로운 종합을 이뤄 냈다. 그는 또한 자기 나라에서 벌어지는 정치적 논의에 몰두하고 있었다는 점에서 정치를 쓰고 있는 것이기도 했다. 낭만주의적 우파는 자본주의가 문화를 파괴한다고 생각한 반면, 사회주의자들과 공산주의자들은 자본주의를 흘러갈 역사의 한 국면이라고 보았다. 베버는 단지 더 나은 이론을 써내려 가기 위해 '자본주의를 설명하겠어'라고 생각하며 공허한 순수 학문을 한 것이 아니었다.

헤겔주의자 마르크스에 대해 얘기했다. 최근에 마르크스를 많이 읽는가? 마르크스주의와 마르크스주의자들의 연구가 현재의 정치학과 어떤 연관이 있나?

최근에 나는, 『자본』은 아니지만, [초기] 마르크스와 마르크스주의자들의 저작을 다시금 읽고 있다. 지금 시대는 스튜어트 햄프셔Stuart Hampshire 가 "의심의 전략"strategy of suspicion이라고 부른 것을 잊은 듯하다. 대부분의 합리적 선택이론이나 다양한 제도주의들을 비롯한 현대의 이론들은 사회가 투명하다고 가정한다. 그러나 마르크스와 프로이드가 말했듯이 외양을 가지고 현실을 포착하려 해서는 안 된다. 상황이 어떻게 돌아가는지 알고 변화를 이해하기 위해서는 좀 더 깊은 곳을 들여다봐야 한다. 그러기 위해서 반드시 정통 마르크스주의자가 될 필요는 없다. 하지만 마르크스는 이런 측면에서 강력한 메시지를 전달해 준다고 본다. 또한 국가를 단순히 공공선을 집행하는 중립적인 사물이 아닌, 권력과 사회적 힘들의 응축 상태, 혹은 결정체라고 본 마르크스의 견해에도 관심이 있다. 마르크스는 베버와 함께 정치는 근본적으로 투쟁과 갈등에 대한 것이라는 점을 일깨워 주는 유익한 존재다.

비교정치학이 과언 지난 몇십 년긴 충분한 지식을 축적했는가에 대한 논의가 신행 중이나.
이런 논의에 대해 어떻게 생각하는가?

우리는 많은 것을 배웠다고 생각한다. 내가 대학원생일 때와 비교
해 보면, 현재 나는 정치형태와 역사의 다양성에 대해 엄청나게 많은 것을 알
게 되었다. 이는 세상에 대해 좀 더 많은 걸 배우고 싶은 모두에게 비교정치
학이 기여한 부분이라고 생각한다. 하지만 나는 여전히 '종합'synthesis이란 것
을 믿지 않는다. 이는 허위, 단순화에 대한 강요 그리고 하나의 단일한 이론
이라는 우산 아래 지식을 종속시키는 경향을 수반하기 때문이다. 이는 지적
자만에서 비롯된 잘못된 행동이다. 아리스토텔레스가 여든 가지 서로 다른
정체constitutions, 政體에 대해 썼다는 것이나, 펠로폰네소스에 수많은 종류의 정
치형태들이 있었다는 것을 생각해 보는 일도 도움이 될 것이다. 우리는 다양
한 문제와 상황에 적합한 서로 다른 이론이 존재할 것이라는 점을 받아들이
고 다양성 안에서 즐겁게 살아야 한다. 정치학 연구는 기본적으로 다양성을
기꺼이 수용하고 환원주의를 피하는 인본주의적 학문이다.

지난 몇십 년간 연구해 오면서 생각한 비교정치학의 주요 한계점은 무엇이라고 생각하나?

두 가지 주요 문제를 짚어 보겠다. 하나는 비교정치학을 하나의 단

일한 이론적 관점으로 환원하려는 시도이다. 물론, 내가 이론적 제국주의에 대해 거부감이 있다고 해서 이론 자체에 대해 거부감이 있는 것은 아니다. 이론적으로 작업하는 것은 학자의 의무라고 생각한다. 이 점에서 아무런 이론적 질문 없이 언론 보도식 설명만 하고 있는 수많은 비교정치학 문헌들에 대한 비판에는 나 역시 충분히 공감한다. 예컨대, 나는 만약 그 시대에 신문을 읽었다면 쉽게 알 수 있을 법한 이야기들이 3년 후에 연구라는 이름을 달고 나오는 것을 지켜보기도 했다. 그러나 이론에 관해 말하자면 다양성이 절실하다는 것이다.

두 번째는 역사에 대한 감각을 잃은 것이다. 현상이 가진 역사적인 차원은 매우 중요하다. 그럼에도, 몇몇 예외를 제외한다면, 주류 비교정치학 연구는 역사적 연구와 너무 동떨어져 있고, 연구 목적의 역사적 뿌리를 더는 인식하지 못하는 지경이 되어 버렸다.

지난 15년간 비교정치학 분야는 1960, 70년대의 동료 학문인 사회학으로부터 멀어져 경제학 쪽으로 기울었다. 이 경향에 대해 어떻게 생각하는가?

정치과정 혹은 정치 현상에는 사회적·문화적·역사적·경제적 측면이 있다. 따라서 이들을 제대로 연구하기 위해서는 분과 학문 간의 경계를 넘어설 필요가 있다. 훌륭한 정치학 저작들은 모두 정치적인 요인들뿐만 아니라 그 주변 요인들까지도 포괄하고 있다. 다만, 사회학, 역사학, 경제학 혹은 심리학 가운데 어느 것을 우선적으로 고려해야 할지에 대해서는 본질적으로 결정할 수는 없다고 생각한다. 물론 학문적 유행과 권력관계로 인해 편향된 시각을 갖게 될 수도 있다. 만약 누군가가 사회학적인 요소보다는 경제학적인 요소를 더 많이 연구했다는 사실 때문에 좀 더 좋은 이력을 쌓을 수 있다면, 그는 사회학보다는 경제학에 대해 더 많이 알려 할 것이고, 사회학적 요인들보다는 경제학적 요인들을 더 강조할 것이다. 내가 우려하는 것은 제도화된 권력관계로 말미암아 이런 선택지들 사이에 우월한 직업적 경로가 생길 수 있다는 점이다. 만약 학생들이 경제학적으로 연구해야만 한다는 압력을 느끼고, 정치를 경제학적인 관점에서만 교조적으로 바라본다면, 이는 우려할 만한 일이다. 나아가 경제학적 시각이 이 분야의 유일한 관점으로 환원된다면, 이는 더더욱 우려할 만한 일일 것이다. 내가 이런 말을 하는 것은 특히나 미국에서 이런 우려할 만한 경향이 있기 때문이다.

비슷한 맥락에서 『근대화와 관료적 권위주의』를 포함한 당신의 초기작들과 연관이 깊은 정치경제학, 진정한 고전 정치경제학에 대한 관심이 사라져 가는 것 같다. 당신이라면 오늘날 고전 정치경제학 분야를 어떤 식으로 재생시키겠는가?

사실 나는 정치경제학에 지속적인 관심을 지니고 있다. 내 문제는 오늘날 정치경제학 분야에서 제대로 된 연구를 하려면 주류 경제학에서 이룩한 고도의 정교한 이론들을 적어도 몇 가지는 다룰 줄 알아야 한다는 점이다. 내게는 그럴 만한 수학적 재능이 없을 뿐만 아니라 이제 그런 능력을 습득하기에는 너무 늦어 버렸다. 다행스럽게도 몇몇 재능 있고 모험적인 젊은 학자들이 이 분야에 도전하고 있고 이들 가운데 몇몇은 오랫동안 고전 정치경제학자들을 괴롭혀 왔고 지금까지도 우리 곁에 잔류하고 있는 역사, 경제학, 착취 및 권력에 관한 거대한 문제들에 이를 적용할 수 있는 능력을 갖게 되었다고 믿는다.

되돌아보면, 종속 이론으로부터 건질 것은 전혀 없나? 특히 카르도수와 팔레토의 책에서 정식화된 것들처럼 말이다.

나는 항상 비대칭적인 권력관계가 대부분의 사회 현실을 구성하고 있다고 생각해 왔다. 불행히도 이런 권력관계에 대한 분석은 학문적인 관심사에서 멀어져 버렸다. 종속 이론이 몇몇 맹신자들 사이에서 명맥을 이어가고 있고, 희화화된 수준으로까지 과장되고 있다는 사실은 이런 문제를 해결하는 데 별 도움이 되지 못한다. 하지만 카르도수와 팔레토의 책이나 관료적 권위주의에 대한 내 책이 몇몇 사람들이 단점으로 지적하는 것처럼 온통 과장으로 점철되어 있다고 비난받아 마땅하다고 생각하지는 않는다. 또한 시장과 세계화가 전 지구적인 수준에서 동질적으로 진행되고 있는 것처럼 강조하는 1980년대 이후의 시대적인 분위기로 말미암아 현재 남미뿐만 아니라 전 세계적으로 권력관계의 비대칭성이라는 문제틀problématique이 학계에서 억눌려져 있다. 물론 이런 문제틀을 다루기 위해서는, 권력관계를 명확히 개념화하고 이를 합리적으로 조작할 수 있는 방법을 찾아야 하는데 이는 매우 어려운 일이다. 실제로, 권력을 개념화하고 측정하는 일은 정치학에서 가장 성가신 일 가운데 하나이다. 하지만 그것 때문에 문제 자체를 외면해서는 안 된다.

1970년대에도 무역과 투자 유형 분석을 통해 초국가적인 권력관계를 측정하려는 시도가 있었다. 하지만 이런 것들은 유효한 지표가 아니었고 이 연구들은 제대로 된 결과를 내지 못했다. 나는 정부의 공적 의제가 어떻게 형성되는지를 통해 종속 — 이는 충분히 조작 가능한 개념이다 — 을 밝힐 수 있다고 믿게 되었다. 종속의 총 지표는 외부 행위자들이 공적 의제를 어느 정도 부과하는지를 통해 파악할 수 있다. 예를 들어, 오늘날 아르헨티나 정부는 외부 행위자와는 독립적으로 자신들만의 공적 의제를 수립할 수 있는 자율성의 수준이 매우 낮다. 반면, 덜 의존적인 국가들에서는 정부가 국내에서 발생한 주요 문제들을 공적 의제로 올릴 여지가 많다. 미국이나 유럽 국가들을 살펴보면 공적 의제에, 국제적인 제약과 거의 관련이 없는, 국내에서 발생한 쟁점들이 많이 포함되어 있다. 그러므로 종속의 문제는 외부 주체들과 마주했을 때 자신들 스스로 공적 의제를 형성할 수 있는 국가의 상대적 자율성이라는 측면에서 접근할 수 있다. 그것이 정치학이 국제적 그리고 초국가적인 권력 관계의 불균형에 대해 다시금 관심을 갖게 될 방법일 수도 있을 것이다.

물론 정치적 우파와 승자들은 항상 이런 권력관계를 부인할 것이다. 승자들은 늘상 그래 왔다. 그들의 본질적인 이데올로기 가운데 하나는 사회관계가 권력의 결과가 아니라 협동과 상호 의존의 결과라는 주장이다. 이를 반박하기란 쉽지 않다. 하지만 그것이 정치학이 해야만 하는 일이다.

최근 비교정치학의 또 다른 중요한 경향은, 양적으로나 질적으로나 모두 경험적 방법론의 정교화를 더욱 요구한다는 점이다. 이런 흐름에 대해서는 어떻게 생각하는가?

그 점에 있어서 나는 마오주의자이다. 백화제방백가쟁명[21]인 것이다. 서로 다른 종류의 질문은 서로 다른 종류의 방법을 필요로 하며, 우리가 연구하는 문제들은 너무나도 복잡하기에 다양한 접근법이 필요하다. 다양한 접근법들로 무엇을 할 수 있을지 보고 다른 사람들이 하는 연구를 방해하지 말고 함께 평화롭고 즐겁게 살자는 것이다. 앞서 말한 바와 같이 나는 내 자신을 장인이라고 생각하고 있으며 목재를 다룰 것인지 대리석을 다룰 것인지에 따라 서로 다른 도구가 필요하다고 생각한다. 또한 대단한 방법론적 정교

---

21 * 백화제방백가쟁명百花齊放百家爭鳴
'온갖 꽃이 같이 피고 많은 사람들이 각기 주장을 편다'는 말로, 누구든 자기의 의견을 피력할 수 있다는 뜻으로 쓰인 정치 구호다.

함이 필요하다고는 생각하지 않는다. 순수한 방법론적 논의들은 따분하다. 하지만 모든 답을 이끌어 낼 수 있는 어떤 하나의 방법론이 있다는 주장 또한 터무니없다고 생각한다.

방법론적 정교화에 치중하는 현재의 경향 속에서, 거대한 쟁점들을 설명해 낼 수 있는 책을 써낼 수 있다는 야심찬 포부와 자신감을 잃지는 않았는지 걱정이다. 무어, 달, 혹은 아이젠슈타트가 자신들의 주저를 썼을 때만 해도, 큰 문제에 대해서 방법론적으로 자의식적이면서도 중요한 저작을 쓸 수 있다는 생각이 존재했다. 이런 생각이 사라질까 두렵다. 하지만 최고의 책들은 과거에만 존재한다는 이 기분은 내가 나이가 들었기 때문에 드는 것일지도 모르겠다.

**인터뷰를
마치며**

.

비교정치학을 공부하려는 학생들에게 조언 한마디 부탁한다.

　　우선, 정말 자신이 자신의 국가가 아닌 외부 세계에 관심이 있는
지, 다른 지역에 살고 있는 다양한 민족들은 과연 어떻게 살고 있는지에 대해
진정한 인간적 관심이 있는지 스스로 물어 보라. 그것이 가장 필수적이고 중
요한 조건이다. 다음으로 단 한 곳이라도 모국이 아닌 국가에 대해 해박한 지
식을 가져야 한다. 언어를 알아야 되고, 온갖 종류의 사람들과 얘기해 보고,
다양한 곳을 다니며, 그 나라의 수도 바깥에 사는 사람들과도 만나야 한다.
그렇게 한다면 정말 좋은 글을 쓸 수 있을 것이다. 하지만 몸으로든 정신으로
든 자신의 나라를 떠나지 않으려 한다면 비교정치학보다는 다른 분야로 관심
을 돌리는 편이 나을 것이다. 그것이 내가 해줄 수 있는 기본적인 조언이다.

코포라티즘과 민주주의

Philippe C. Schmitter

필립 슈미터는 가장 영향력 있는 코포라티즘 ― 국가가 그 형성과 활동에 중요한 영향을 미치는 이익집단 정치의 한 유형― 분석가 이자, 선도적인 민주화 이론가이며, 지역 통합과 유럽연합 연구에 크게 기여했다고 널리 평가받고 있다. 그는 전 세계 다양한 지역을 연구해 왔는데, 남미와 유럽 전문가로 처음 명성을 확립한 이후, 수많은 교차 지역연구를 했다. 이 과정에서 그는 한 지역 사례에서 도출한 통찰을 다른 지역 사례로 확장하는 데 주력했다.

초창기에 슈미터는 이익집단 접근법으로 당시 가장 지배적이었던 다원주의에 도전했다. 그는 다원주의적 접근법이 이익집단을 시민사회에서 자생적으로 생겨났다고 간주함으로써 이익집단 의 형성 과정과 그 기능이 국가 행위에 의해 크게 규정되고 있음을 인식하지 못했다고 비판했다. 그는 다원주의적인 이익집단 정치에 대한 대안으로 코포라티즘 개념을 제안했다. 다원주의와 코포라티즘에 대한 그의 생각은 『브라질에서의 이익 갈등과 정치 변동』*Interest Conflict and Political Change in Brazil*(1971)과 함께 널리 읽히고 있는 "여전히 코포라티즘의 시대인가?"*Still the Century of Corporatism?*(1974)에서 최초로 정식화된다. 이후 연구 초점은 (그가 브라질과 같은 '국 가 코포라티즘'state corporatism 사례로 분석했던) 포르투갈에 이어 '사회 코포라티즘'societal corporatism 사례로 이해되던 다수의 서유럽 국가들로 이동했다.[1] 그는 사회 코포라티즘 연구에서 다음과 같은 문제를 제기했다. 코포라티즘 제도를 마련하고 유지하는 데 국가가 어떤 역할을 하 나? 코포라티즘에서는 누가 이득을 얻나? 코포라티즘과 민주주의 사이의 관계는 무엇인가?

---

1 슈미터(Schmitter 1974, 102-103)에 따르면, '사회 코포라티즘'에서 국가의 정당성과 기능은 단일하고, 비경쟁적이며, 위계적으로 조직된 대표 조합들corporations의 활동에 주로 혹은 전적으로 의존하는 반면, '국가 코포라티즘'에서는 비슷하게 조직화된 '조합들'이 국가에 의해 만들어진 뒤, 국가 보조기관이나 국가 에 의존하는 기관에 머문다.

변화하는 국제경제적 맥락에서 코포라티즘은 얼마나 실행 가능한가?

민주화 연구는 슈미터의 경력에서 [코포라티즘] 다음가는 핵심 관심사였다. 오도넬과 함께 쓴 『권위주의 통치로부터의 이행 : 불확실한 민주주의에 대한 잠정적 결론』Transitions from Authoritarian Rule : Tentative Conclusions about Uncertain Democracies(O'Donnell and Schmitter 1986)은 1980~90년대 비교정치학 분야에서 가장 널리 읽히고 영향력이 큰 저작 중 하나였다. 이 책은 남부 유럽과 남미의 경험에 대한 분석에서 발전된 권위주의로부터의 이행이라는 개념이, 동유럽과 소련, 남아프리카공화국 사례까지 확장될 수 있는지를 둘러싼 논쟁 — 슈미터도 적극적으로 참여했다 — 을 야기하기도 했다. 그는 또한 국제적 활동을 통해 민주주의를 촉진하고 보전할 수 있음을 강조해 민주화의 국제적 측면에 대한 논의에 기여한 바 있으며, 민주주의 공고화와 민주주의의 질적 측면에 대한 선구적 논문들을 저술해 왔다.

마지막으로, 슈미터는 유럽 내 지역 통합과 유럽연합의 정치적 특성들에 대한 다양한 연구물을 출간해 왔다. "유럽연합을 어떻게 민주화할 것인가 …… 그리고 왜 그래야 하는가?"How to Democratize the EU …… and Why Bother?(2000a) 등의 논문을 통해, 고전적 민주주의 이론에서 기본적인 통치 단위로 상정해 온 국민국가가 아니라, 그 상위 수준에서 민주주의가 가능할지에 대해 숙고하고 있다.

1936년 워싱턴에서 태어난 슈미터는 1957년 다트머스 대학을 졸업했고, 1967년 캘리포니아 대학 버클리 캠퍼스에서 정치학 박사 학위를 받았다. 시카고 대학(1967~82), 스탠퍼드 대학(1986~96), 유러피안 대학(1982~86, 1996~2004)에서 학생들을 가르쳤다. 1999년 스탠퍼드 대학 명예교수가 되었으며, 2004년에는 유러피안 대학 교수가 되었다. 1983~84년에는 미국정치학회 부회장직을 맡았다.

2002년 12월 4~5일,
인디애나 주 노터데임에서,
뭉크가 인터뷰했다.

어떻게 정치학, 특히 비교정치에 관심을 갖게 되었나?

　　　가족들이 다소 정치적이기도 했고, 내가 자란 환경에서는 '비교'란 게 일상사였다. 어머니는 프랑스인이었고, 아버지는 스위스계 미국인이었다. 나는 미국에서 태어났지만, 그전에 가족들은 스위스에서 살았다. 아버지는 국제연맹League of Nations 산하 국제노동기구International Labor Organization, ILO에서 일했다. 전쟁[제2차 세계대전]이 발발하자 미국으로 건너왔다. 그러다 보니, 나는 전쟁 시기를 미국에서 보냈다. 전시 동안 아버지는 미 국무부의 국제기구 담당 부서에서 일하셨다. 덕분에 난 온갖 지역에서 온 사람들 ― 대부분이 난민이었다 ― 을 접하게 되었다. 전쟁이 끝난 후 우리 가족은 프랑스에 잠시 머물렀고 나는 그곳에서 학교를 다녔다.

　　그러니 비교하는 삶을 살아갈 수밖에 없었다. 집에 찾아오는 사람들의 국적이나 종교는 물론 인종조차 매우 다양했다. 난 다들 그렇게 사는 줄 알았다. 내게 비교란 당연한 것이었다. 정치학이나 사회과학 일반에 대해 생각하게 된 것도 아주 먼 훗날에 와서다. 이렇게 표현하면 어떨까. 내가 비교를 선택한 것이 아니라 비교가 날 택했고, 그리고 나서 마침내 정치학을 택하게 되었다고 말이다.

　　다트머스 대학에서 국제관계학으로 학사 학위를 받았고, 멕시코에서 미술 공부를 하면서 잠시 쉬다가 제네바 대학 국제관계학 대학원에 진학했다. 그곳에서 국제관계, 국제법, 국제정치경제를 공부했다. [그러나] 아주 재미없는 주제들이었고, 얼마 지내기도 전에 스위스 또한 따분한 곳임을 깨달았다. 하버드 대학의 교수였던 스탠리 호프먼Stanley Hoffman의 프랑스 정치에 대한 강의를 듣기도 했지만, 여전히 공부라면 지루해 죽을 맛이었고 무엇을 해야 할지도 모르는 상태였다. 스탠리는 프랑스식 사고가 강한 사람이었고, 강의도 프랑스 중심으로 ― 기본적으로 제4공화국과 제5공화국 간 비교를 중심으로 ― 진행되었다. 당시 스탠리는 유별난 드골주의자였던 반면, 난 사회주의자이자 반드골주의자 집안 출신이었다. 그와 숱하게 논쟁했던 기억이 난다. 1959년경이었는데, 그 무렵 제5공화국이 출범했다. 스탠리는 드골의 선견지명이 프랑스를 구했다는 식의 위인론에 푹 빠져 있었다. 하지만 난 드골이 크게 실수했다고 생각했다. 그럼에도 그의 강의를 통해 처음으로 비교정치학을 접했고, 두 가지를 배웠다.

　　우선은, 국내 정치가 국제 정치보다 훨씬 흥미롭다는 사실을 깨달았다. 국제 정치는 따분했고, 그 이론도 매력적이지 않았다. 아마 내 성장 배경 때문에 그랬던 것 같다. 우리 가족은 퀘이커교도이자 평화주의자였고, 국제기구의 역할을 매우 중시하는 편이었다. 실제로 아버지는 국제기구에 일생을 바친 분이었다. 그러다 보니 나는 국제관계에 대한 이상주의적 환상을 가지고 있었다. 물론 세상은 그렇지 않았지만 말이다.

　　둘째, 호프먼과의 만남으로 미국에서 대학원에 다니는 것을 고려하게 되었다. 제네바에서 학생 신분으로 국제노동기구에서 잠시 일한 적이 있었는데, 그곳의 환경은 상상 이상으로 숨이 막혔다. 국제공무원 경력이나 쌓으려 제네바에 갔던 것이지만, 결국 그런 직업이 나와는 체질적으로 맞지 않는다는 점만 분명히 깨달았다. 물론 이때까지만 해도 학계에 종사하겠다는 생각은 전혀 없었다. 오히려 화가가 되고 싶었다. 사실 난 턱수염을 길게 기르고 비트족*처럼 하고 다녔는데, 당시 전형적인 대학생의 모습은 아니었다. 그러다 보니 내 행색이 다소 이상해 보이고, 어쩌면 기이하게 행동하기도 했을 것이다. 내가 호프먼을 좋아했던 이유는 내가 그의 의견에 동의하지 않을 수 있다는 점 때문이었다. 게다가 그 또한 이를 즐겼던 것 같다. 이는 당시 유럽 대학의 풍토에서는 흔치 않은 일이었다. 서늘벅거리며 자기 의견만을 이야기하는 교수들이 대부분이었는데, 같이 논쟁을 벌일 수 있는 저명한 하버드 교수가 온 것이다. 그는 내게 몇 가지 중요한 조언을 해주었다. 그의 수업이 끝난 뒤 연구실에 찾아갔던 날을 절대 잊지 못할 것이다. 내가 말했다. "이제 곧 학위를 받게 되는데, 무엇을 해야 할지 잘 모르겠습니다. 아마도 여기 스위스에서 박사 학위 과정을 밟을 것 같습니다." 그러자 그가 날 보더니 이렇게 말했다. "자네가 원하는 건 그게 아니지 않나." 그는 아마 강의실에서의 내 행동거지를 보고 내가 스위스 같은 환경에서 잘해 나가지 못하리라는 것을 알아챘던 것 같다. "미국으로 돌아가 그곳에서 박사 학위를 받아야 하네. 다른 곳은 생각하지도 말게." 그러고는 말했다. "버클리로 가서 에른스트 하스와 공부하게나." 다른 강의에서 하스의 저작 몇 편을 읽어 본 적이 있었고, 마음에 들었다. 어느 정도는 호프먼이 인연을 만들어 준 셈이다.

2 * 비트족beat generation
1950년대 전후 기성 체제에 반기를 들고 저항적인 행동을 벌였던 일단의 젊은이들을 지칭했던 용어. 패배의 세대란 뜻이다.

그렇다. 호프먼은 어디서 입학 허가를 받을 수 있을지 모르니 네다섯 군데 정도의 대학원에 지원해 보라고 설명해 주었다. 버클리와 하버드, 컬럼비아, 그리고 아마도 프린스턴 대학에 지원했을 것이다. 예일대도 지원했는지는 기억나지 않는다. 난 이 학교들은 물론 미국의 교육제도 일반에 대해서도 그다지 아는 것이 없었다. 결국에는 버클리 대학만이 나를 받아 주었다.

실은 이전에 버클리에서 화가로 지낸 적이 있었다. 멕시코시티에 있는 학교에서 그림을 공부하다가 샌프란시스코로 갔고, 그다음이 버클리였다. 그곳에서 그림을 그렸고, 베이 지역Bay Area 미술계에 대해서도 어느 정도는 알고 있었다. 저드 보이튼Judd Boyton이란 친구를 알게 되었는데, 그는 캠퍼스 위쪽에 위치한 파노라믹 웨이Panoramic Way에 집을 짓고 있던 건축가였다. 이를 계기로, 나 또한 화가가 되기 전까지 여름에는 집 짓는 일을 했다. 목공을 하고 공사 자재를 나르고, 벽돌을 쌓기도 했고, 철근을 자르거나 용접하는 일도 가리지 않고 했다. 육체노동을 좋아했다. 그렇게 버클리에서 그림을 그리는 동안 부업으로 저드와 함께 집을 지어 돈을 벌었다. 대학원에 지원할 당시 수중에 돈이라곤 한 푼도 없었지만, 버클리 지역으로 돌아간다면 학교에서 나오는 약간의 조교 수당을 받고, 필요하다면 저드와 부업을 해서 어떻게든 먹고 살 수 있을 거라 생각했다. 그래서 버클리로 떠났다.

버클리로 가기 직전 우연히, 지금 와서 생각해 보면 꽤나 의미심장해 보이는 경험을 하게 되었다. 제네바에서 기말시험을 준비하던 중에 친구를 만나러 베네치아에 갔다. 그 친구는 운하 한쪽에 자리 잡은 아름다운 아파트에 살았다. 그런데 마침 내가 방문했을 때 비엔날레가 열리고 있었다. 비엔날레는 매번 전시 주빈국을 선정하는데, 그해에는 브라질이었다. 그때 그만 브라질 예술에 빠지고 말았다. 배경으로 깔린 음악도 브라질 음악이었다. 브라질은 정말 매혹적인 곳임에 틀림없다고 판단했다. 브라질 정치에 대해서는 전혀 몰랐다. 그렇지만 온갖 종류의 다양한 문화들이 절묘하게 어우러지고, 또 놀라울 만큼 생생하고 아름다운 예술을 만들어 낼 능력이 있는 나라라는 이미지만은 강렬히 남았다. 언젠가 브라질에서 살고 싶다는 마음이 생겼다. 그렇게 하스와 공부하겠다는 것과 더불어 브라질에 갈 수 있는 방법을 알아보자는 목표를 품고 1961년 버클리로 가게 되었다.

버클리에서의 학업과 관련해 기억에 남는 것이 있다면?

버클리에 왔을 당시, 정치학에 대해서라면 어렴풋하게 들어본 것이 고작이었다. 제네바에서 공부하는 동안 주기적으로 파리를 방문했는데, 소르본 대학에서 청강했다. 그곳에서 정치학은 아주 형식주의적이었고 법 연구와 밀접하게 연관되어 있었다. 이는 [나중에] 버클리에서 접했던 것과는 확연하게 달랐다. 당시 버클리는 미국 내에서 사회학과와 정치학과의 교류가 가장 잘 이루어지는 대학이었을 것이다. 정치학과 강의 못지않게 사회학과 강의를 수강하면서 버클리만의 장점을 충분히 누렸고 결과도 만족스러웠다. 에른스트 하스는 물론 시모어 마틴 립셋, 라인하르트 벤딕스[3], 데이비드 앱터 같은 이들에게서 많은 것을 배웠다.

처음부터 하스에게 가서 이야기를 꺼냈다. 가깝게 지내고 싶은 마음이야 있었지만, 당시만 해도 애칭으로 부를 만큼 격의 없이 대하지는 않았다. 그에게 스페인어를 안다고 — 멕시코에서 그림을 그리는 동안 익혔다 — 말하고, 남미와 국제관계에 대해 연구해 보고 싶다는 뜻을 밝혔다. 그러자 그가 유럽

3* 라인하르트 벤딕스Reinhard Bendix(1916~91)
독일 태생의 유대계 미국 사회학자로 관료제와 산업사회학 등의 분야를 연구했다.

통합 이론을 중남미에 적용해 보는 것이 어떻겠냐고 제안했다. 그 당시가 1960년대 초반이었는데, 제3세계에서 가장 성공적인 통합 조직이 중미공동시장Central American Common Market(Mercado Común Centro Americano)이었다. 남미자유무역연합Asociación Latinoamericana de Libre Comercio, ALALC도 유망한 조직이었는데, 그때까지는 관심을 보이는 연구자가 없었다. 그렇게 해서 중미 지역 담당 연구 조교로 하스와 함께 일하게 되었다. 인터뷰를 위해 중미 지역과 멕시코에 다녀오기도 했다. 처음으로 출판된 내 논문도 멕시코의 남미자유무역연합 가입 결정에 관한 것이다(Schmitter and Haas 1964). 멕시코의 참가 결정은 다소 수수께끼 같기도 했다. [당시만 해도] 멕시코와 나머지 회원국 간의 교역은 사실상 전무했기 때문이다.

처음엔 국제관계 연구로 시작했지만, 결국엔 비교정치학으로 옮겼다.

남미에서의 통합을 조사하면서 국내 정치에 점점 더 흥미를 갖게 되었다. 하스 역시 내가 실제로는 비교정치학을 하고 싶어 한다는 것을 알고는 지지해 주었다. 하스는 국제관계학 분야에서 괴짜로 통했다. 유럽 통합 문제를 국제관계 사안으로 접근한 것이 아니라, 국내 정치와 국제관계가 교차하는 지점에서의 문제로 접근했기 때문이다. 그의 책 『유럽을 통합하기』*The Uniting of Europe*(Haas 1958)는 외교나 국가 간 관계에 관한 것일 뿐만 아니라, 국내 정치 구조, 특히 유럽석탄철강공동체European Coal and Steel Community, ECSC[4]를 둘러싸고 형성된 국내 이익집단과 초국적 이익집단 사이에 일어난 일에 관한

---

4 1952년, 파리조약에 의해 출범한 유럽석탄철강공동체는 이후 유럽연합의 모태가 되는 조약 기구다.

것이기도 했다. 하스는 1950년대에 이미 국제관계학과 비교정치학 사이의 인위적인 경계를 허물고 있었다. 그는 내가 국제관계학 대신 비교정치학을 하겠다고 했을 때조차 전혀 개의치 않았다.

그 밖에 하스에 대해 설명해야 할 것이 하나 더 있다. 내가 버클리에 있던 시기는 대학원생들이 베트남전 반대 운동의 중심에 있던 시기이기도 했다. 그리고 하스는 (미국에 망명한 많은 유럽 지식인들이 그랬던 것처럼) 매우 확고한 친정부주의지이지 반공주의자였다. 나는 반대편에 서있었나. 하시만 이것이 우리의 관계를 망쳐 놓지는 않았다.[5] 비록 매 사안마다 정치적 입장은 완전히 반대였지만 여전히 함께 일할 수 있었다.

버클리에서는 비교정치학 강의로 어떤 것들을 들었나?

맨 처음 들었던 비교정치학 강의는 앱터의 강의였다. 정말이지 앱터 덕분에 비교정치학에 흥미를 갖게 되었다. 그가 가르친 정치인류학과 체계 이론system theory에 그다지 끌리진 않았지만 앱터는 무척 카리스마가 있었다. 그 또한 [하스와 마찬가지로] 이견을 허용했는데, 그 점에 대해 늘 고맙게 생각했다. 립셋의 정치사회학 세미나는 내가 수강한 비교정치학 강의 중 가장 중요했다. 립셋은 버클리에서 하스 다음으로 내게 큰 영향을 미친 사람이다.

---

[5] 슈미터가 처음에 출판한 저작들은 하스와 공동으로 쓴 것이다. Schmitter and Hass(1964)와 Hass and Schmitter(1964).

그 밖에 어떤 강의들을 수강했나?

셸던 월린Sheldon Wolin의 강의를 몇 개 들었다. 그 역시 중요한 영향을 미쳤다. 두 학기 짜리 필수 강의에서 그는 아리스토텔레스와 플라톤에서부터 시작해 마르크스주의로 끝나는 정치사상사를 가르쳤다. 월린이 크게 관심을 갖고 있던 실존주의 정치사상도 일부 다뤘다. 대의제에 관한 책(Pitkin 1967)을 막 마무리한 한나 피트킨Hanna Pitkin의 수업도 들었는데, 그 수업을 통해 대의제 개념을 집중적으로 생각해 볼 수 있었다. 사회학과에서는 닐 스멜서의 혁명론 수업을 들었는데, 당시 난 그의 혁명론을 찰머스 존슨Chalmers Johnson의 혁명론과 형식상 동일한 것으로 간주했다. 하지만 지금에 와서 생각해 보면 둘은 정반대였다! 윌리엄 콘하우저[6]로부터 '대중사회의 정치', 혹은 그와 비슷한 주제를 다룬 사회학 강의를, 라인하르트 벤딕스에게서 역사사회학 강의를 들었다.

그 시점에 레이프하르트가 버클리에 있었는데, 혹시 그와 함께 강의를 듣지는 않았나?

레이프하르트가 있긴 했는데, 함께 강의를 들은 적은 없다. 당시 그는 매우 유럽 중심적이었는데, 유럽은 정말이지 연구하고 싶지 않은 지역이었다. 여러 유럽 국가의 언어를 알고 있었고 유럽적 배경을 갖고 있는 것도 사실이지만, 유럽이라면 지루하기만 했다.

---

6 * 윌리엄 콘하우저William Kornhauser(1925~)
미국의 정치·사회학자로 대중사회의 조직 원리에 대해 연구했다.

방법론의 측면에서, 버클리에선 어떤 훈련을 받았나?

버클리에 도착했을 당시 방법론에 대한 지식은 전혀 없었다. 통계, 특히 연구 디자인에 관한 강의는 들어본 적도 없었다. 수학은 좋아하기도 했고 어느 정도는 배경 지식도 있었다. 학부 시절 처음에는 물리학을 전공해 볼 생각도 있었다. 하지만 '경성' 과학hard sciences이라면 손을 놓은 지 오래였다. 기억하기로는 버클리에 통계 필수과목은 없었다. 결국 방법론과 관련해 나는 도착 당시 아무것도 몰랐고, 버클리에 다니면서도 통계 수업은 듣지 못했다. 그렇지만 미국 사회과학 저술들을 많이 읽으면서, 내 연구에 통계를 사용하게 되리란 것을 알고 있었다. 인터뷰나 문헌 연구만 가지고 논문을 쓸 수는 없지 않은가. '질적 방법' ― 예컨대, 이른바 분석적 서사analytical narrative를 엮어 보는 식의 방법 ― 을 쓸 수도 있다는 생각은 미처 못했다. 돌이켜 보면 아마 난 [질적 방법과 양적 방법을 모두 활용한] '혼합적 방법'을 사용하는 연구자로 불릴 수 있지 않을까 싶다. 더구나 난 남미 정치에 대해 내가 읽은 대부분의 문헌들이 '수준 이하'라고 생각했고, 왜 그것밖에 안 되는 건지 이해할 수가 없었다(Schmitter 1969). 그래서 다른 정치학자들, 대개는 미국 정치 연구자들이 통계를 사용하는 방식을 읽으면서 통계를 배웠다.

남미에 대한 강의를 들은 적도 있나?

남미에 대한 강의를 들었지만, 수업에서 별다른 자극을 받지 못해 결국 그만뒀다. 하지만 그 지역의 경제통합을 조사하는 과정에서 라울 프레비시[7]의 작업들을 우연히 발견하게 되었고, 남미-카리브경제위원회CEPAL[8]와 이들이 수행한 작업에도 관심을 갖게 되었다. 앨버트 허시먼도 매우 중요한 영향을 준 사람이다. 그의 책 『진보를 향한 여정』Journeys Toward Progress(Hirschman

1963)을 읽었다.

마르크스나 베버와 같은 사회 이론의 고전들은 읽었나?

　　　　물론이다. 베버는 주로 라인하르트 벤딕스의 소개로 읽게 되었다. 벤딕스는 내게 많은 영감을 주었고 경외감마저 느끼게 했다. 정치학과와 사회학과를 통틀어 내가 접했던 사람들 가운데 가장 박식한 교수였다. 겉으로 보이는 온화함과 부드러운 말투 이면에 어마어마한 지식의 샘이 있었다. 윌린과 더불어 벤딕스 덕분에, 사회과학은 역사적이어야만 한다는 점을 깊이 새길 수 있었다. 그런데 이 점이 문제였다. 프랑스와 스위스에서 공부한 덕분에 유럽사에 대한 지식은 평균 이상이었을지 몰라도, 남미의 역사, 특히 박사 논문을 위해 조사하리라 마음먹고 있던 브라질의 역사에 대해서는 깊이 이해하지 못하고 있었다.

　　흥미롭게도 마르크스는 주로 립셋의 강의를 통해 접했다. 유럽에서 공부했을 때 이미 마르크스의 저작들에 대해 약간은 알고 있었고, 그때 어설프게 알게 된 마르크스 사상의 영향으로 반전운동에 참여했던 것도 사실이다. 립셋 덕분에 나는 계급 관계에 대한 정치적 관심을 계급의 자기 조직화class self-organization에 대한 학문적 관심으로 전환할 수 있었다. 덕분에 마르크스에 더 깊이 빠져들 수 있었다. 내게 핵심적이었던 것은 마르크스와 베버를 나와 동

7● 라울 프레비시Raul Prebisch(1901~86)
아르헨티나 경제학자로, 경제적 종속이론의 토대가 된 프레비시-싱어 명제를 통해 구조주의 경제학에 기여했다.

8 CEPALComision Economica para America Latinna y el Caribe은 1948년 국제연합이 설립한 경제 싱크 탱크이다. 경제 발전에 대해 비정통적인 접근을 하는 것으로 알려져 있다.

시대인으로 바라보는 데에 있었다. 난 그들을 거리가 먼 역사적 인물들로 생각하지 않았다.

버클리에서의 학업과 관련해 남달리 기억에 남는 것이 있다면?

있긴 하지만 대학원 생활에서 가장 유쾌하지 않은 기억이기도 하다. 내게 가장 큰 문제는 정당이었고, 그때 일을 떠올리면 가장 먼저 생각나는 이름이 허버트 맥클로스키[9]이다. 그는 비록 미국만을 대상으로 연구하긴 했지만 버클리에서는 '정당주의자'parties person로 통했다. 버클리에서 정당론은 필수 시험과목 중 하나였다. 이 시험에 반기를 든 것은, 부분적으로 학문적 이견 때문이었다. 당시 정치학 분야가 정당과 선거 연구에 집중되고 있는 경향이 탐탁지 않았기 때문이다. 하지만 문제는 맥클로스키의 정당론 강의가 시험에 통과하려면 반드시 수강해야 할 과목이었다는 데 있었다. 공식적으로 요구되는 사항은 아니지만, 모두 그렇게 알고 있었다. 아무튼 난 수강을 거부했는데, 강의를 듣지 않고 그해 시험을 치른 사람은 내가 유일했다. 시험 결과 앱터는 A 학점을, 맥클로스키는 C 학점을 주었다. 자기 강의를 듣지 않았다는 이유로 맥클로스키가 날 벌주려 한 것이 분명했다. 결국 합격 여부는 제3자의 판정에 달려 있었는데, 아마 그 사람이 A마이너스 학점을 주었을 것이다. 그래서 통과할 수 있었다. 그때까지만 해도 버클리에서 난 행운아였다. [하스나 앱터와 같이] 내가 강의를 들었던 교수들은 학생들의 이견을 허용할 만큼 자기 확신이 있었던 사람들이었다. 하지만 맥클로스키는 그렇지 않았다.

9 * 허버트 맥클로스키|Herbert McClosky
미국 정치학자로 정치적 신념·태도·이념에 대한 선구적인 연구를 했다.

그는 자기가 이해한 방식대로 학생들이 그 내용을 되풀이하길 바랐다. 이미 유럽에서 충분히 겪은 일을 반복할 생각은 전혀 없었다.

가깝게 지내던 동료 대학원생들이 있었나?

하스의 지도를 받는 학생들 한 무리가 있었고, 남미를 연구하는 이들도 한 무리 있었다. 하지만 남미 연구자들과 함께한 일은 그다지 많지 않다. 아마도 당시 버클리에 제대로 된 남미 관련 프로그램이 없었기 때문일 것이다. 게다가 앞서 얘기했듯이, 남미 지역에 대한 연구들은 질적 측면이나 방법론적 측면에서 그다지 '인상적이지 않았다.' 비교정치를 하는 사람들도 한 무리가 있었는데, 당시 젊은 조교수였던 클레멘트 무어Clement Moore를 비롯해, 케네스 조위트Kenneth Jowitt, 시드니 G. 태로Sidney G. Tarrow 등이 그들이었다. 그런데 조위트는 루마니아와 공산주의를, 태로는 이탈리아 남부 지역을 연구하고 있었고, 클레멘트 무어는 튀니지와 이집트를 연구하는 중동 전문가였다. 브라질에 관심을 가진 이는 나뿐이었다. 난 학생들에게 이렇게 말하길 좋아한다. 논문 심사 위원 가운데 어느 누구도 내가 연구하는 나라에 대해 제대로 몰랐는데, 이것이 오히려 이점이었던 것 같다고 말이다. 덕분에 논문을 일반적 측면 — 셰보르스키와 튜니(Przeworski and Teune 1970, 7, 26-30)의 표현을 빌리자면 대문자적 측면uppercase terms보다는 소문자적 측면lowercase terms[10] — 에서 생각하며 써야 했기 때문이다.

10 * 셰보르스키와 튜니가 말하는 대문자적 측면(고유성·특수성)과 소문자적 측면(일반성)은 각각 체계 수준upper-case의 변수와 체계 하위 차원lowercase의 변수를 말한다. 이에 대한 자세한 설명은, 셰보르스키·튜니, "비교분석의 디자인"(『비교정치학 강의』 1, 한울, 1992) 참조.

브라질 이익대표 체계를 연구해 박사 논문(Schmitter 1968)을 쓰게 된 계기는 무엇인가?

　　　논문 주제를 결정한 순간을 정확히 기억한다. 버클리에서 맞았던 두 번째 해, 립셋의 정치사회학 강의 시간이었는데, 몇 가지 이유에서 립셋의 논문(Lipset 1960b)을 비판할 발표자로 내가 지목되었다. 그 논문에는 당시 정치학자들의 99퍼센트는 동의했을 문장이 있었다. 민주주의국가들에서 사회적 이해관계를 대표하는 유일한 메커니즘은 정당이며, 정당만이 사실상 유일하게 시민과 통치자 사이의 연계를 제공한다는 내용이었다. 당시는 게이브리얼 알몬드에 따른 체계 이론의 영향력이 최고조에 달해 있던 시기였다. 이 이론에 따르면, 이해관계와 열정을 접합하는 결사체와 운동들이 있다 해도, 중요한 것은 정당을 통해 그들의 주장을 결집하는 것이다. 따라서 정치학자들은 정당은 물론 이들이 경쟁하는 장인 선거에 대해서도 공부해야 했다. 립셋의 논문을 비판하면서 실제로 이렇게 말했다. "당신이 틀렸습니다. 정당이 반드시 사회적 이해관계를 대표하는 가장 중요한 경로인 것은 아닙니다." 스위스에서 경험한 바에 따르면, 그런 일은 보기 드문 경우에 해당했다. 스위스에서는 기껏해야 이익집단들을 위해 복무하는 허울에 불과한 정당보다는, 이익집단이 훨씬 중요했다. 예전에 했던 조사 결과에 따르면 스위스의 하원 의원 가운데 75퍼센트는 사실상 이익집단의 유급 직원과 다름없었다. 그래서 [이익집단의 중요성을] 알고 있었다. 물론 의원들은 표면적으로 자유당, 급진당, 혹은 인민당Populist 소속으로 의회에 앉아 있지만 실제로는 하나같이 이익집단들의 대표자로 앉아 있는 격이었다. 이런 현상은 상당 부분 스위스 하원 의원들이 급여[세비]를 받지 않는다는 단순한 사실에서 비롯된다. 단지 경비만을 받을 뿐이다. 따라서 정치인으로 살려면 다른 데서 돈을 벌어야만 한다. 그러다 보니 스위스 하원 의원들은 이익집단들을 위해 복무하는, 그들의 변호사·행정가·대변인 노릇을 했다. 이미 알고 있던 그런 사실을 립셋의 수업에서 꺼내 놓은 것이었다.

난 정당만이 사회적 이해관계를 대표하는 독점적이며 심지어 가장 중요한 메커니즘이라고 말하는 것은 사실과 부합하지 않는다고 주장했다. 특정 사례에는 맞을지 몰라도 선험적 결론으로서는 타당하지 않은 가설로 봐야 한다고 말했다. 그리고 터무니없는 주장일 수도 있지만, 정당에 의존하는 경향이 이익 결사체나 사회운동에 의존하는 경향으로 이동하는 추세로 볼 때, 대표 메커니즘으로서 정당의 역할이 미래에는 감소할 것이라고 했던 기억도 난다. 솔직히 말해 어쩌다 그런 식으로 말했는지 지금까지도 잘 모르겠다. 당시 베트남전 반대 운동에 주변적으로나마 몸담았던 경험 때문일지도 모른다. 순전히 내 소망이었을 수도 있고, 유럽에서 오랜 시간을 보냈던 영향일 수도 있다. 유럽에서는 이익집단들이 매우 잘 조직화되어 국가기구 내에 단단히 자리 잡고 있었기 때문이다. 아무튼 그 수업에서 논쟁을 조금 한 뒤에, 그날 저녁 집으로 돌아왔을 때, 나는 학위논문 주제를 잡았음을 알았다.

이후 그런 생각들을 어떻게 진전시켰나?

립셋과 콘하우저의 수업에 참여하면서 미국 다원주의 이론에 대한 책들을 읽었다. 루이스 코저(Coser 1956)는 물론 토크빌도 읽었다. 그전에 스위스에서 토크빌[『미국의 민주주의』]을 읽으면서 사회가 발전할수록 그 사회에는 점점 더 복잡하고 다원적인 이익집단 구조가 생긴다는 그의 유명한 가설을 접한 적이 있었다. 난 이것이 브라질에서 연구하기에 더할 나위 없이 좋은 주제라는 것을 깨달았다. 당시 브라질은 가장 빠르게 경제성장을 하고 있는 나라들 가운데 하나였고, 급격하고도 지속적인 변화를 겪고 있음이 확연했다. 또한 인구가 인종적·종교적·지역적으로 무척 다양하게 구성된 나라였다. 그때만 하더라도 난 '결정적 사례'[11]란 개념을 잘 몰랐다. 하지만 브라질이 바로 이 개념에 꼭 들어맞는 사례라는 것을 나중에 알게 되었다. 제3세계 국가

가운데 다원주의적 이익집단 체계가 출현할 것으로 가장 기대되는 나라는 바로 브라질이었다. 그래서 조직화된 이익organized interests의 출현을 연구하기 위해 브라질로 가야겠다고 마음먹었다.

브라질엔 어떻게 갈 수 있었나?

수월하지는 않았다. 스페인어를 이미 알고 있었기에 버클리에서는 스페인어 강의를 듣지 않았다. 포르투갈어 강의도 듣지 않겠다고 결심했다. 브라질에 가면 배울 수 있을 테니 포르투갈어를 배우는 데 시간을 허비할 필요가 없다고 판단했기 때문이다. 그런데 이게 발목을 잡았다. 당시 남미에서 박사 논문 주제를 연구하는 이들에게 재정 지원을 해주는 대표적 단체였던 포드재단이 연구비 지원을 거절했다. [지역연구자로서의] 일반적인 기준도 충족하지 못한 나를 성실한 남미 연구자라고 판단하지 않은 것이다. 사실 내 이력서에는 (학부와 대학원을 통틀어) 남미의 역사나 정치에 관한 수강 기록이 하나도 없었다. 내가 브라질에 대해 뭐라도 알고 있다는 것을 보여 줄 지표도 전혀 없었다. 당시에야 충격이었지만 [포드재단이 내린] 거부 결정을 이해할 만도했다. 그러다 보니 브라질에 갈 돈이 없어서 버클리에 남아 있었다. 그런데누군가가 ─ 아마 하스였을 것이다 ─ 이렇게 말해 주었다. "잠깐만 기다려보게. 록펠러재단 지원으로 젊은 교수를 해외에 1년간 보내 줄 수 있는 돈이

---

11 * 결정적 사례critical case 연구
결정적 사례란, 기존의 연구를 확실히 강화하거나 약화시키는 사례를 말한다. 가장 그럴듯하지 않은 사례를 통해 그 사례에서도 기존 연구가 옳음을 보여 줌으로써 기존 가설을 강화하거나, 가장 그럴듯한 사례를 통해 기존 가설이 옳지 않음을 보여 준다. 여기서 슈미터가 지적하는 브라질의 사례는 후자의 경우에 해당한다.

있네. 우리가 자네를 버클리 대학 조교수로 임명하면 당장이라도 자넬 보내 줄 수 있다네." 그래서 그들의 주선 덕분에 브라질에 갈 수 있는 자격을 얻었고, 그 대가로 브라질에서 강의를 맡아야 했다.

1966년에 브라질로 갔다. 명목상으로는 박사 논문 연구를 위해서가 아니라, 리우데자네이루의 브라질 대학 사회과학부에서 정치학을 가르치기 위해서였다. 여러 면에서 매우 좋았다. 우선 연구비를 구하려고 애쓰는 대학원생이었다면 누리지 못했을 높은 지위에 올라 넉넉한 급여를 받을 수 있었다. 또 논쟁적이면서도 흥미로운 지적 환경의 한가운데 있을 수 있었다. 내가 정치학 강의라고 할 만한 것을 처음 해본 것도 이때였다. 열여덟 명가량의 의욕 넘치는 학생들이 수강했는데, 그중 대여섯 명은 나중에 정치학 교수가 되었다. 게다가 브라질에서 강의하면서 포르투갈어를 빨리 배울 수 있었다. 실제로 도착한 지 일주일 만에 그전까지는 공부한 적도 없는 포르투갈어로 강의를 해야 했다. 프랑스어나 스페인어, 또는 머릿속에 생각나는 언어로 이야기해 대면, 학생들이 내 말을 포르투갈어로 고쳐 주곤 했다.

박사 논문 연구는 어떤 식으로 했나? 실제 연구에서는 분명 다원주의적인 이익대표 유형을 브라질에서 발견하지 못했다. 어떻게 관점을 바꿨나?

내 주요 예상들이 빗나갔음을 일찌감치 깨달았다. 분명히 브라질에는 국가가 인정하고 지원하는, 독점적이면서도 위계적인 이익대표 체계가 적어도 1943년 이래로 존재해 왔다. 그런데 1946년부터 1964년까지의 민주주의 정치가 이루어지던 시기에 이런 체계를 없애려는 시도가 전무했다는 점이 의심스러웠다. 적어도 강렬한 긴장이나 압력이 나타날 것 같았는데 말이다. 심지어 1964년 군부가 권력을 잡고 난 후에도, 적어도 그 순간만큼은, 이익대표 체계를 바꾸려는 움직임이 전혀 없는 것처럼 보였다. 요약하면, 그 체계, 즉 그들 말로 하면, 오 시스테마o sistema는 다소 이른 시기인 1943년경에 공식적으로 시작되었고, 여전히 작동하고 있었다. 이를 알아차리고, "잠깐, 이건 [다원주의적 이익대표 체계에] 맞지 않잖아"라고 말하기까지는 그리 오랜 시간이 걸리지 않았다.

우선 노동조합 활동가들과 인터뷰하는 것으로 연구를 시작했는데, 그들은 그런 합의 방식에 썩 만족해했다. 그들은 독재 체제에 대해 불만은 많았지만, 그럼에도 불구하고 이익대표 체계는 그들에게 공식적 지위와 일정한 재정적 이익을 보장해 주었다. 그때가 코포라티즘 개념을 발견한 시점이었는데, 마침 리우데자네이루의 헌책방에서 미하일 마노일레스쿠[12]의 『코포라티즘의 세기』Le Siècle du Corporatisme(1934) 한 권을 우연히 발견했다. 그 뒤로 코포라티즘과 관련해 손에 넣을 수 있는 것이라면 뭐든 닥치는 대로 읽기 시작했다.

학위논문에서의 분석에 활용하고자 나는 노동조합의 조합원 수를 비롯해 다양한 종류의 [해당 단체가 그 분야에서 자신의 구성원을 확보할 수 있는] 연합 능력associability에 관한 자료들을 엄청나게 모았다. 그러고 나서 브라질을 비교 가능한 사례로 설정하고자 심혈을 기울였는데, 이를 위해 브라질의 26개 주를 대상으로 회귀분석을 시도했다. 그게 바로 처음으로 집합 자료aggregate data를 사용한 작업이었는데 거의 독학하다시피 해서 방법을 터득했다.

개괄적으로 여러 가지 결론을 도출했다. 브라질에서 이익대표 체계의 형성은 국가와 떼려야 뗄 수 없는 관계에 있음이 분명했다. 더구나 이익대표 체계는 자본주의적 발전의 독특한 동학과도 긴밀하게 연계되어 있었다.

---

12 * 미하일 마노일레스쿠Mihaïl Manoïlesco(1981~50)
루마니아의 언론인·공학자·정치학자·경제학자이자 대표적인 파시즘 이론가. 『보호주의 이론과 국제 교역』(1929)에서 국가 경제는 보호주의를 통해서만 성장할 수 있다고 주장했으며, 『코포라티즘의 세기』(1934)에서 자유주의 및 공산주의보다 코포라티즘 정치체제가 우월함을 강조했다. 그의 사상은 라틴아메리카 정치·경제 이론에 큰 영향을 미쳤다.

1971년 학위논문을 『브라질에서의 이익 갈등과 정치 변동』이라는 책으로 출판했고, 그해
연구를 위해 포르투갈로 갔다. 그런데 그전인 1969년에 이미 아르헨티나에서 많은 조사 연
구를 수행했음에도 그때까지 아르헨티나에 대한 글을 한 편도 발표하지 않았다. 아르헨티
나에 간 동기와, 또 그곳에서의 연구가 책으로 이어지지 않은 이유는 무엇인가?

코포라티즘이 아르헨티나와 브라질에서 어떻게 다른지 보고 싶었
다. 1969년, 아르헨티나에 갔을 때는 사회과학연구협의회와 미국학술단체연
합회American Council of Learned Societies, ACLS로부터 상당한 액수의 보조금을 지원받
았다. 시카고 대학에는 휴가를 내고 아르헨티나에 6개월간 머물렀다. 마치 유
럽에 돌아온 것처럼 편했다. 아르헨티나에선 브라질에서 한 것보다 더 많은
인터뷰를 했다. 75~80차례는 한 것 같다. (코르도바나 로사리오, 멘도사에도 갔었
지만) 모든 것이 갖추어진 부에노스아이레스에 있다 보니 작업하기도 수월했
다. 당시 난 자본가들이 부문별로 다르게 조직된다는 생각을 발전시키고 있었
다. 그래서 노동조합 지도자만이 아니라 경영자들과도 인터뷰했다. 기업 엘리
트들을 인터뷰하는 것이 노동조합원들을 인터뷰하는 것보다 수월했다. 당시
노동조합원은 서로 심각한 적대 관계에 있었다. 체류 기간에 내가 인터뷰한
조합원 가운데 네 명이 살해당했다. 혹시 누군가 내 인터뷰 일정표를 들고 다
니며 구술자들을 해치우고 있을지 모른다는 의혹이 들 정도였다. 많은 작업을
했고 엄청난 양의 자료를 모았다. 아르헨티나 자료는 사실상 브라질에 대한
자료보다 여러모로 나았다. 독재 정권이 아르헨티나를 통치하고 있었다고는

하나, 당시에는 작업하기가 더 수월했기 때문이다. 하지만 그 조사에서 의미 있는 결과를 전혀 도출하지 못했다. 내가 겪은 큰 실패 가운데 하나였다.

가장 결정적인 문제는 아르헨티나를 이해하지 못했다는 것이다. 브라질에서 조사를 끝냈을 때에는 내 분석에 대한 확신이 있었고, 정말이지 브라질을 확실히 알았다고 생각했다. 하지만 아르헨티나에 대한 연구가 끝난 후에는, 그 모든 자료를 바라보면서도 이렇게 말했다. "난 여전히 이 나라를 이해하지 못해." 그때가 내게는 위기였다.

아르헨티나 연구 프로젝트가 제대로 풀리지 않은 이유는 무엇인가?

아르헨티나에 갔을 때 이미 난 꽤나 숙련된 남미 전문가였다. 아르헨티나 사회과학자들 절반가량을 알고 있었고 그들에게 많은 도움을 받았다. 따라서 연구 실패를 환경 탓으로 돌릴 순 없다. 그리고 방금 말했듯이 가지고 있는 자료들도 훌륭했다. 자료가 부족한 탓도 아니었다. 모든 것이 유리했다. 따라서 잘 풀렸어야 했다. 하지만 브라질에서는 잘 작동했던 사고방식과 방법론이 잘 맞지 않았다. 지금도 당시 내가 무엇을 놓쳤는지 모르겠다.

프로젝트가 실패한 이유들 가운데 하나는 ― 지금 문득 떠올랐는데 ― 아르헨티나 왜곡된 정당 체계 때문이다. 브라질에서는 정당들에 대해 전혀 신경 쓰지 않았다. 그럴 필요가 없다고 생각했다. 브라질에서 정당은 전체 그림에서 그리 중요하지 않은 부분이라는 감이 금세 왔다. 내가 만난 모든 구술자들에게서도 곧바로 확인할 수 있었다. 계급이나 부문별 지도자들은 정당을 대체로 자신들과 무관하게 여겼다. 그들은 행정 관료나 대통령 주변 기구와 직접 접촉하며 일했다. 이와는 대조적으로 아르헨티나에서는 정당이 어느 정도 중요했다. 문제는 그게 쉽게 눈에 잡히지 않는 방식으로 작동했다는 점이다. 브라질에는 정당 체계가 없었다. 그런데도 여전히 어떻게든 돌아갔다. 정당 체계가 노동계급이나 여타 종속 집단의 이익을 접합할 만한 능력이 없었기 때문에, 자본가들은 정당 체계에 의해 위협받지 않았다. 아르헨티나의 문제는, 토르쿠아토 디 텔라Torcuato Di Tella(Di Tella 1971~72)가 주장했던 바와 같이, 보수정당 없는 보수 국가였다는 것이다. 아르헨티나에는 친기업적이거나 자유주의적인 성향의 보수정당도 없었고, 하다못해 특정 사안에 대해서라도 전통적 성향을 가진 보수정당도 없었다. 그러다 보니 아르헨티나 자본가들은 정당 체계에 두려움을 느끼고 있었다. 바로 이 점이 그곳의 이익집단 정치를 이해하기 어려운 이유다. 왜냐하면 아르헨티나의 이익집단 정치는 보수정당(없는 정당 체계)에 의해 형성되어 있기 때문이다. 이는 마치 짖지 않는 개와도 같다.

아르헨티나에서의 문제는 — 지금 막 든 생각인데 — 내가 정당 체계를 이해하지 못했고, 이에 대한 이해 없이는 이익집단 체계를 이해할 수 없다는 데 있었던 것 같다. 이 교훈은 무척 중요하다. 정통적 관점에 대항하면 그만큼 어려움을 겪을 수 있다. [주류 정치학의] 정통적 관점에는 연구자가 생각하는 것 이상으로 큰 진실이 담겨 있기 때문이다. 이익집단과 국가기구 간의 직접적 관계에 초점을 둔 논증을 확립하는 데 너무 집착한 나머지 정당의 중요성을 놓친 셈이다.

아르헨티나에서 그런 경험을 하고는 포르투갈 사례에 주목했다. 포르투갈 사례는 당신의 사고에 어떤 영향을 미쳤나?

아르헨티나를 이해하지 못한 실패가 날 포르투갈로 가게 만들었다. 포르투갈을 코포라티즘의 살아 있는 유산으로 간주한 내게 그곳은 '정치 고고학적' 소재로 보였다. 1930년대까지 거슬러 올라가 연구해 볼 수 있는 유일한 기회라는 생각이 들자 가보고 싶어졌다. 더구나 포르투갈에 대해서는 완벽히 이해하고 있었다. 포르투갈에 가서 맨 처음 알게 된 사실은 포르투갈에는 이른바 지배 정당이 있긴 하지만, 실제로는 있으나 마나 한 존재라는 것이었다. 그것은 완전히 기만적인 조직이었다. 의원을 배출하기는 했으나, 그게 다였다. 정책 결정이라는 측면에서 정당은 그저 하찮은 조직이었다.[13]

포르투갈이 조사하기 쉬운 곳이었다는 점도 좋았다. 포르투갈 사회과학자라고 해봐야 그 수가 워낙 적어서, 한나절이면 모두 만날 수 있을 정도였다. 1970년대 초반만 해도 포르투갈에는 정치학은 말할 것도 없고 사회학도 없었다. 이전에 제네바나 파리에서 몇몇 포르투갈 망명객들과 얘기를 나눈 적이 있었다. 직접 경험한 것은 아니지만 포르투갈에 대해 어느 정도는 알고 있는 사람들이었다. 하지만 그들은 사회과학 연구를 전혀 해보지 않은 사람들이어서 정보를 얻는 데는 몇 가지 장애가 있었다. 포르투갈의 재미있는 점은, 사람들이 정말 나를 돕는 걸 좋아했다는 것이다. 그들은 브라질 같은 정말로 중요한 나라에 대해 연구했던 내가 포르투갈 같은 나라를 연구하고 싶다고 하니 으쓱해 했다. 덕분에 그전까지는 아무도 들여다보지 못했던 어마어마한 양의 자료와 문서를 접할 수 있었다. 또 직공 협회gremios, 지역 협의회casas do povo, 노동조합sindicatos, 사용자연합confederacies 등 다양한 공식 체계의 임원들과 인터뷰도 할 수 있었다. 그들이 어떤 활동을 하고, 어떻게 정부 관료와 접촉할 수 있는지는 물론, 돈이 어디에서 나오는지에 대해서도 물었다. 포르투갈에서 정확히 어떤 일이 일어나고 있는지를 이해하는 데는 그리 오랜 시간이 걸리지 않았다. 가장 중요한 일은 사실 일어나고 있지 않은 일이었다. 포르투갈에서 권

13* 여기서 지배 정당은 1932년 창당해 1974년 해체할 때까지 유일한 합법 정당이었던 국민연합União Nacional, UN을 가리킨다(당명은 1969년, 국민행동Acção Nacional Popular, ANP으로 교체되었다). 살라자르는 1932년 총리가 된 뒤 무솔리니를 모방해 공화제적 조합국가 체제를 확립하면서 비밀경찰을 창설하고 검열제도를 실시하는 한편, 국민연합 이외의 정당을 인정하지 않는 조치 등을 통해 강력한 독재 체제를 구축했다. 이는 40년 이상 지속되다가 1974년 4월, 민주화를 목표로 한 군부 소장파 장교들에 의해 무혈 쿠데타가 일어나면서 국민연합은 해체되고 새로운 정당들이 활동을 개시했다.

위주의적 지배의 영속성을 이해하는 데는, 그 체제가 허락했던 일이 아니라 차단한 일이 무엇인가를 이해하는 것이 중요하며, 따라서 코포라티즘 체계가 극히 중요하다는 결론에 도달할 수 있었다. 코포라티즘 제도들이 대표(대의) 공간space of representation을 점유하고 있었고, 이로 인해 다른 것들(정당들)이 그 공간에 진입하는 것을 쉽사리 막을 수 있었던 것이다. 이런 조사를 기반으로 포르투갈에 대한 논문을 여러 편 썼다(Schmitter 1975, 1978, 1979a, 1980).

포르투갈은 또한 날 유럽으로 되돌려 놓았다. 포르투갈이 아니었다면 아마 내가 유럽으로 돌아가는 일은 없었을 것이다. 물론 독일 여자와 결혼했고, 외가도 프랑스 남부에 있었으니 어쩌면 가족 때문에 유럽으로 돌아갔을지도 모른다. 그런 이유로 유럽을 왔다갔다 했을지는 몰라도 학문적인 이유로 유럽을 찾지는 않았을 것이다. 실제로 포르투갈에 대해 연구하면서, 앞으로도 유럽에 대한 연구를 계속할 수 있는 중요한 주제를 잡았다는 걸 깨달았다.

나는 당시 포르투갈 정부가 유일하게 용인했던 사회학자인 세드스 누네스 Sedes Nunes의 책을 읽던 중이었는데, 그를 관변학자로 볼 수 있을지는 몰라도 통찰력마저 없는 것은 아니었다. 그는 흥미로운 지적을 하고 있었다. 포르투갈 코포라티즘 체계가 권위주의 체제 —그가 이런 식으로 표현하지는 않았다— 에 단단히 뿌리를 내리고 있는 것은 사실이지만, 이 점은 다른 유럽 국가들도 마찬가지라는 것이었다. [살라자르 총리가 통치하던] 포르투갈을 '파시스트'라며 격렬히 비난했던 국가들도 말이다. 그는 본질적으로 포르투갈의 코포라티즘 체계가 근대사회의 한 특징이라고 말하고 있었다. 코포라티즘 체계는 스웨덴은 물론 핀란드나 노르웨이에서도 볼 수 있는 현상이라는 것이었다. 이 부분을 읽고 생각했다. '꽤 흥미롭군. 스웨덴 이익대표의 조직적 구조를 살펴보면 그의 말이 전적으로 옳아.' 그렇지만 내가 스웨덴 체계와 포르투갈 체계의 주된 차이가, 전자는 작동하지만 후자는 작동하지 않는 데 있다는 사실을 알게 되기까지는 훨씬 더 시간이 흘러야 했다.

이런 생각을 마음속에만 담아 두고 있던 차였는데, 제네바 대학에 방문 교수로 있을 당시 하루는 『제네바 트리뷴』 *Tribune de Geneve*에 스위스 이익[대표] 체계가 작동하는 방식, 구체적으로 우유 가격과 품질을 결정하는 방식을 소개한 기사가 실렸다. 정말 재미있겠다 싶었다. 마노일레스쿠(Manoïlesco 1934)가 국가 코포라티즘과 사회 코포라티즘을 구분한 내용이 생각났다. 내가 연구했던 모든 국가 ― 브라질·아르헨티나·포르투갈 ― 는 전적으로 국가 코포라티즘 범주에 들어갈 수 있었기 때문에 이 점을 잊고 있었다. 그러다 보니 그에 대한 연구 자료도 전혀 없어서, 미노일레스쿠기 떠오르지미지 제네바 대학 도시관으로 뛰어갔다. '코포라티즘, 스위스'가 적힌 서지 카드를 전부 뒤지다가 마침내 1930년대 스위스의 코포라티즘에 관한 미출간 학위논문을 발견했다. 저자 이름은 기억나지 않지만, 내용은 스위스 코포라티즘에 대한 것으로 1930년대에 마노일레스쿠가 다른 국가들의 사회 코포라티즘과 무솔리니식의 국가 코포라티즘을 구분하기 위해 발전시킨 대조 방식과 놀랍도록 유사했다.

코포라티즘 개념이 현대 서유럽 사례에도 적용될 수 있다는 아이디어를 발전시켜 1974년 논문 "여전히 코포라티즘의 시대인가?"(Schmitter 1974)를 발표했고, 이 논문을 시작으로 사회 코포라티즘을 연구할 수 있었다. 이런 아이디어는 코포라티즘 개념을 다원주의의 대안 모델로 발전시키는 데도 도움이 됐다. 브라질 연구를 기반으로 나는 국가 코포라티즘이 개발도상국들에서는 다원주의에 대한 대안적 모델이 될 수 있다고 생각했다. 자본주의 발전이 서로 다른 조건에서 이루어질 경우 계급 갈등의 형태도 달라질 것이고, 이에 따라 이해관계의 조직 유형도 달라지리라고 생각했다. 이런 식의 논증을 만들어 가면서 거셴크론(Gershenkron 1962)과 허시먼(Hirschman 1963), 오도넬(O'Donnell 1973), 남미-카리브경제위원회CEPAL(Prebisch 1963), 마노일레스쿠(Manoïlesco, 1934)의 연구들을 참조했다. 이렇게 해서 나는 코포라티즘이 제3세계, 즉 1920년대 루마니아나 1950~60년대 브라질, 그리고 아르헨티나, 멕시코 같은 '후발 종속 발전국'을 설명하는 대안적 모델이 될 수 있다는 것을 알게 되었다. 이 틀은 포르투갈에도 아주 잘 맞는 것 같았다. 하지만 코포라티즘, 특히 그것의 사회적 변형태[사회 코포라티즘]가 유럽의 선진 산업국들에 대해서도 하나의 모델이 될 수 있으리라고는 생각지 못했다. 따라서 [내 연구에서] 핵심적인 변화는, 국가 코포라티즘 개념을 발견하게 해준 주변부의 역사적 사례에서 벗어나 코포라티즘을 사회적 형태로 변형해 현대 서유럽 사례에 적용해 본 데 있었다.

문화적 설명을 제시하는 저자들과는 다른 방식으로 남미의 코포라티즘을 설명했다.

브라질에 대한 연구 이후 남미 코포라티즘을 문화적 차원에서 설명하는 문헌들이 있다는 것을 알게 되었다. 이에 따르면 코포라티즘은 이베리아 문화Iberian culture에 의해 만들어진 것이거나, 적어도 이베리아 문화에 조응하는 것이었다. 하워드 위아다(Wiarda 1974) 같은 정치학자들이나 로널드 뉴턴(Newton 1974) 같은 역사학자들이 주장한 바가 그랬다. 그런데 나는 이런 주장을 믿을 수가 없었다. 코포라티즘이 국가에 의해 부과된 제도적 틀이라는 사실을 인식하지 않고서 어떻게 코포라티즘을 연구할 수 있다는 것일까? 게다가 모든 것의 원인을 '이베리아' 정치 문화로 환원하는 생각에도 동의할 수 없었다. 브라질에 가기 전에 멕시코에서 살아 보았기 때문에, 당시 문화적 측면에서 브라질과 멕시코가 다르다는 것쯤은 금세 알아챌 수 있었다. 일상생활은 물론, 정치에 대한 생각까지 너무 달랐다. 그런 점에서 이 나라들이 동일한 정치 문화를 지녔다고 말하는 건 터무니없었다. 브라질의 코포라티즘이 브라질 정치 문화와 무관하다는 것은 분명했다.

"여전히 코포라티즘의 시대인가?"(Schmitter 1974)가 엄청난 반향을 일으킨 이유가 뭐라고 생각하나?

　　　　　그 논문은 정말이지 알려지지 않은 학술지에 실렸다. 그랬기 때문에 그 논문이 어떤 식으로든 영향을 미치리라고는 생각하지 못했다. 하지만 반향을 낳은 원인과 [그것을] 매개하고 촉발한 메커니즘에 대해서는 말할 수 있다. 이익집단 연구를 다원주의 패러다임이 독점하고 있었고, 이런 미국적 관점이 유럽으로 이전되고 있었다. 라팔롬바라(LaPalombara 1964)의 작업이 좋은 예다. 그는 이탈리아 제도들을 다원주의적인 것으로 간주해 연구했다. 물론 묘사는 훌륭했지만 그의 접근법에는 근본적으로 잘못된 부분이 있었다. 유럽의 이익 정치와 관련해 단일국가 연구는 많았지만, 대안적인 개념적 모델이 없다는 이유로 연구자들은 대상국들을 '불완전한' 다원주의로 묘사하곤 했다. 코포라티즘이란 틀은 그런 극심한 분석적 격차를 메워 주었다고 생각한다.

　　나 혼자 잘해서 1974년 논문이 성공했던 것은 아니라는 것이다. 비록 코포라티즘으로 칭한 경우는 드물었지만, 다른 유럽 학자들도 다원주의의 대안을 궁리하던 참이었다. 게르하르트 렘브루흐[14]가 이와 관련해 특히 중요한 사람인데, 스위스와 오스트리아에서 공부했던 그가 '자유주의적'liberal 코포라티즘에 대해 말하기 시작했다. 이처럼 내 논문이 대안적인 모델을 제공한 동시에, 다른 이들도 비슷한 방식으로 작업하기 시작했다는 사실이 맞물려 논문이 반향을 일으켰다고 볼 수 있을 것 같다.

　　코포라티즘에 대한 내 작업이 주목받을 수 있었던 마지막 요인은, 처음이

---

14 • 게르하르트 렘브루흐Gerhard Lehmbruch(1928~)
독일의 정치학자. 자유주의적 코포라티즘 연구로 유명하다. 그는 슈미터의 국가 코포라티즘과 사회 코포라티즘을 각각 권위주의적 코포라티즘과 자유주의적 또는 네오 코포라티즘으로 분류한다.

자 마지막으로 내가 기업가처럼 행동했다는 점이다. 서로를 발견한 렘브루흐와 난 몇 년에 걸쳐 유럽정치연구컨소시엄에서 일련의 모임을 조직하기 시작했다. 이것이 큰 차이를 만들었다. 코포라티즘 모델에 관심을 갖게 된 젊은 연구자들이, [이익대표 체계가] 다원주의적 속성의 정도 차이에 따라 분류된다는 생각을 뛰어넘어, 다른 생각을 할 수 있게 되었기 때문이다.

렘브루흐와 공동으로 편집한 두 권의 책(Schmitter and Lehmbruch 1979; Lembruch and Schmitter 1982)을 시작으로 유럽의 코포라티즘에 관한 많은 논문을 출판했다. 다루려고 했던 주요 문제들은 어떤 것이었으며, 이런 연구에서 도출된 주된 결론은 무엇인가?

이 연구에 담긴 내용은 여러 가지다. 하나는 코포라티즘이 어떤 차이를 만들어 내는가라는 질문에 초점을 두고 있었다. 난 이익집단들이 어떤 식으로 조직되고 출현하며, 국가기구와는 어떻게 상호작용하는지를 이해하는 것만으로도 바빴다. 하지만 이익집단들의 영향에 대해선 진지하게 생각해 보지 않았다. 렘브루흐는 바로 이 문제에 관심이 있었다. 그래서 우리는 코포라티즘이, 이를테면 통치 능력governability(Schmitter 1981)과 같은 정치적 결과나 재정 적자, 인플레이션, 실업, 임금과 같은 거시 경제적 결과에 어떤 영향을 미치는지에 초점을 두기 시작했다.

코포라티즘에 대한 가장 핵심적인 도전은 마르크스주의자들이 제기한 것이었다. 그들은 코포라티즘을 일종의 자본주의적 술책으로 보았다. 그러다 보니 나 또한 계급 수준에서 코포라티즘이 가져오는 결과에 대해 고심했고 누가 이익을 얻는지 알아보려 했다. 이런 고민으로 인해 국가의 계급 편향성에 관심을 갖게 되었다(Schmitter 1985). 마르크스주의자들은 국가가 코포라티즘 형성에 개입한 이유에 대해, 코포라티즘을 통해 노동계급을 [자본주의국가에 종속시켜 그들 자신의 진정한 혁명적 목표를 성취하지 못하게 하기 위해서라고 생각했다. 나는 이들과 정반대의 결론을 내렸다. 즉, 코포라티즘이 오히려 노동계급에게 이득을 가져다주기 때문에 자본가들이 이탈할 유인이 크다는 문제가 있다는 것이었다. 국가가 자본가를 이 게임에 계속 참여하도록 묶어 둘 수 있을지가 [코포라티즘이 유지될 수 있는지를 좌우하는] 큰 도전이었다.

그 밖에 다른 중요한 결론도 도출했다. 자본가들이 게임에 참여하느냐는 사회민주당의 집권 여부에 달려 있다는 것이었다. 오랫동안 정당에 관심을 기울이지 않았던 나는 정당과 이익 결사체 사이의 결합interweaving에 별다른 비중을 두지 않았다. 하지만 렘브루흐는 늘 이 점을 강조했다. 그에게서 국가와 이익집단 사이의 연계뿐만 아니라, 국가와 정당 사이의 연계라는 측면에 대해서도 생각하는 법을 배웠다. 국가와 이익집단, 정당의 삼자 관계를 포함하는 더욱 입체적인 사고방식이 생겨난 것이다.

이 밖에도 코포라티즘 연구에서 다루었던 다른 두 가지 쟁점을 지적하고자 한다. 코포라티즘의 실행 가능성과 관련해 내린 가장 중요한 결론은 자본가들에게 주목해야 한다는 것이었다. 이 같은 사실을 깨닫자마자 이런 생각이 들었다. '자본가에 대해 검토하고 있는 사람은 아무도 없군.' 이런 통찰을 바탕으로 기업의 이익집단에 관한 독립된 프로젝트를 진행했다. 볼프강 슈트레크Wolfgang Streeck와 함께 자본가들이 어떤 식으로 조직되며, 왜 나라별·부문별로 서로 다른 방식으로 조직되는지, 즉 어떤 나라에서는 왜 자본가들의 정상 조직이 그토록 강력한 것인지, 그리고 부문별로 차별적인 수준에서 협상하는 이유는 무엇인지 알아보고 싶었다. 내가 코포라티즘을 연구하는 과정에서 발전시킨, 완전히 새로운 노선의 연구였다(Streeck and Schmitter 1985; Lanzalaco and Schmitter 1989; Schmitter 1990; Hollingsworth, Schmitter, and Streeck 1994).

또 다른 노선의 연구로는, 다소 미흡하기는 했지만, 코포라티즘과 민주주의 이론 사이의 관계와 관련된 연구도 있다(Schmitter 1983). 내가 보기에 문제는 민주주의를 정의하는 데 다원주의적 요소를 당연시한다는 것이었다. 이 문제에 대해 생각은 시작했지만, 민주화 연구에 점점 더 빠져들면서 그리 멀리 나아가지는 못했다. 그래서 코포라티즘 연구를 그만두려고 했다. "코포라티즘은 죽었다! 코포라티즘 만세!"Corporatism is Dead! Long Live Corporatism!라는 마지막 논문을 썼다. 이 논문에서 난 코포라티즘의 중요성이 일시적으로는 감소할지 모르지만 코포라티즘은 다시 돌아올 것이라고 말하고, 왜 그렇게 생각하는지 설명했다(Schmitter 1989). 이 논문을 끝으로 코포라티즘 연구를 중단하고 거의 모든 시간을 민주화 연구에 쏟기 시작했다.

민주화에 대한 관심은 어떤 식으로 발전되었나?

1974년에 포르투갈 혁명이 일어나고,[15] 1975년 프랑코의 죽음 이후 스페인에서 정치적 전환[16]이 이루어지기 시작하면서 이 두 나라에서 일어난 체제 수준의 변화를 연구하는 데 더 많은 노력을 기울이기 시작했다. 1974년부터 후안 린츠와의 교류도 시작했는데, 이는 1975년, 그리고 1976년까지 이어졌다. 그에게는 어땠을지 모르지만, 내겐 무척이나 중요한 교류였다. 난 이미 오래전에 린츠를 알고 있었다. 사실 그를 만난 건 1960년대로 그가 리우데자네이루에서 열린 컨퍼런스에 왔을 때였는데, 그때 난 브라질을 공부하던 대학원생이었다. 조그마한 레스토랑 — 지금도 난 코파카바나 해변에서 약간

---

[15] * 1974년 4월 25일에 발생한 무혈 쿠데타를 말한다. 당시 혁명 소식을 들은 시민들이 거리의 혁명군에게 카네이션을 달아 지지 의사를 표시했다고 해서 '카네이션 혁명'이라 불린다. 1933년부터 40년 이상 지속된 살라자르 독재 정권과 반시대적인 아프리카 식민지와의 전쟁에 대한 반발로 좌파 청년 장교들을 주축으로 하는 국가구원기구 Moviemento das Foças Armadas, MFA의 주도로 발생했다. 1976년 신헌법 제정, 1982년 헌법 개정을 거쳐, 1986년 60년 만의 문민 대통령 당선으로 이어지는 포르투갈 민주화 과정의 계기가 되는 사건이다.

[16] * 1975년 11월 프랑코의 사망으로 1936년 내전 이후부터 지속된 스페인 권위주의 체제는 위기에 빠졌다. 혼란스러운 상황에서 1976년 6월 수상에 임명된 아돌포 수아레스 곤살레스Adolfo Suárez González는 1977년 6월 이전에 총선을 실시한다는 정치개혁법을 국민투표에 회부할 것을 약속했고, 1976년 12월 94퍼센트의 찬성으로 정치개혁안이 통과되었다. 이에 따라 1977년 6월 15일 41년 만에 처음으로 총선거가 실시되었고, 그 결과 수아레스 곤살레스가 중심이 된 민주중도연합UCD이 집권해 스페인은 민주화 이행의 과정을 밟게 된다.

떨어져 있는 그곳을 찾을 수 있다 — 에서 두 시간 동안 그의 '권위주의 체제'(Linz 1964) 개념에 대해 이야기를 나누던 기억이 난다. 그 만남을 시작으로 린츠와 인연을 맺었다. 우리는 관심사가 비슷했는데, 1970년대 포르투갈과 스페인에서 벌어진 사건들과 관련된 컨퍼런스에 가보면 항상 그가 있었다.

린츠와 함께 앉아 있다는 것 자체가 소중한 경험이다. 백과사전적인 지식을 갖추고 있던 그와 오랫동안 알고 지내면서 서로 상당한 신뢰를 쌓았다. 그렇게 해서 우리는 많은 시간 서로의 생각을 주고받으며 포르투갈과 스페인에서 진행 중인 상이한 과정을 이해해 보려 했다. 두 사례를 가지고 씨름하면서 이행 양식, 즉 민주주의에 이르는 과정이 서로 다르다는 생각을 하게 되었다. 하지만 처음부터 나는 포르투갈과 스페인이 이행 양식은 서로 다르지만 결국은 동일한 곳에 이르리라는 확신을 갖고 있었고 이 점에 대해서는 결코 흔들림이 없었다. 난 린츠보다 더 스페인이 지극히 평범한, 어찌 보면 다소 따분한 나라가 될 것이라고 확신했다. 포르투갈도 그렇게 될 것이라 확신했고, 10년 내에 어쩌면 훨씬 더 따분한 정체polity가 될 것도 같았다. 따라서 비록 민주주의에 이르는 과정은 다를지 모르지만 — 스페인은 확실히 포르투갈보다는 훨씬 통제된, 협약에 의한 이행 과정을 거치고 있었다 — 두 국가 모두 결국에는 유럽의 통상적인 민주주의국가가 되리라고 믿었다.

1979~81년까지 오도넬과 우드로윌슨센터의 프로젝트를 하며 일련의 컨퍼런스를 개최했다. 그리고 그 결과물이 1986년 권위주의로부터의 이행에 관한 영향력 있는 공동 저작으로 출판되었다(O'Donnell, Schmitter, and Whitehead 1986). 오도넬과의 공동 작업으로 당신이 민주화를 연구하던 방식에 어떤 변화가 있었나?[17]

오도넬과 작업하기 전까지는 남부 유럽 학자들 집단 내에서만 활동하고 있었다. 무엇보다 스페인과 포르투갈에서 벌어지고 있는 일들에 대해

서로 설명하고자 린츠와 지속적으로 교류했던 경험이 나의 사고를 형성하는데에 결정적인 영향을 미쳤다. 실제로 난 이 교류를, 오도넬과 함께했던 우드로윌슨센터 프로젝트의 중요한 전조로 보고 있다. 오도넬은 예일 대학 컨퍼런스에서 만났다. 그전부터 우리는 친구였고 만남도 빈번했다. 남유럽 국가 사례들과 남미 국가 사례들을 한데 모으는 것이 어떨지를 논의했다. 포르투갈·스페인·그리스에서 민주화 사례를 확인할 수 있었던 그 당시, 남미에서는 별 다른 변화가 없었다. 1974년 브라질에서 에르네스토 가이셀(Ernesto Geisel(군부 지도자이자 1974~79년 대통령을 역임)의 감압(정치적 자유화의 일환으로 억압성을 줄이는)distensao 정책안과 함께 잘 알려진 정치 개혁 시도가 있었지만 진지하게 다룰 정도는 아니라고 판단했다. 적어도 우리가 프로젝트를 시작할 무렵에는 남미의 민주화를 낙관할 만한 특별한 이유가 없었다.

오도넬과 작업하면서 더욱 폭넓은 비교를 통한 민주화 연구에 대해 숙고하게 되었다. 남부 유럽은 내가, 남미는 그가 맡았다. 이를 계기로 스페인과 그리스에 대해 잘 알지 못했던 부분을 더 배울 수 있었다. 유럽과 남미 모두에 흥미를 갖게 되기도 했다.

오도넬과 함께 조직한 대규모의 지역 간interregional 연구 집단에 참여해 작업한 것은 매우 소중한 경험이었다. 그 집단의 사람들 모두를 그전부터 알고 있던 사람은 나뿐이었다. 남부 유럽 학자들을 알고 있었고, 거의 모든 남미 학자들과도 함께 연구한 적이 있었기 때문이다. 오도넬은 남미 학자들이야 모두 알고 있었지만, 남부 유럽 학자들 가운데서는 한두 명 정도만 안면이 있을 뿐이었다. 서로를 잘 아는 사람이 그다지 많지 않았을 뿐 아니라 서로 다른 언어를 사용하기까지 했음에도, 우리는 서로를 이해하는 능력을 키울 수

17 체제 이행 프로젝트에 관한 오도넬의 관점에 대해서는 오도넬과의 인터뷰(2권 〈인터뷰 7〉) 참조.

있었다. 이미 서로의 작업들을 모두 읽었기 때문에 그럴 수 있었으리라고 생각한다. 더구나 처음부터 우리 앞에 거대한 문제가 놓여 있다는 인식을 공유하고 있었다. 당시의 정통적 관점에 따르면, 우리가 관심을 보인 국가들은 민주화에 성공할 수 없는 나라들이었다. 사실 우리도 민주주의의 선결 조건에 관한 기존 이론들과 남부 유럽 및 남미의 국가들이 맞닥뜨린 심각한 문제들에 비춰 보았을 때, 대부분은 민주화에 실패할 것이고 많아 봐야 셋 중 하나만이 민주주의국가가 될 것이라 생각했다. 바로 이 지점에서 우리는 허시먼(Hirschman 1992)의 가능주의[18] 개념을 도입했다. 우리는 우리가 연구 대상으로 삼은 국가들에서 민주주의를 성취할 수 있게 하는 요건이 무엇인지를, 개연성의 관점probabilistically이 아니라 가능성의 관점possibilistically에서 생각하자는데 동의했다.

당시 민주화 관련 문헌들을 어떻게 생각했는지, 그리고 당신이 도입하려 한 획기적인 요소는 무엇인지 자세히 말해 달라.

우리에게는 두 종류의 선행 연구들이 있었다. 첫 번째는, 앞서 살짝 언급했듯이, 민주주의국가가 되기 전에 충족시켜야 할 사회구조적·문화적 '전제조건'들을 강조하는 논의였다(Lipset 1959; Moore 1966). 이런 문헌에는 가능

---

18 * 가능주의possibilism
허시먼은 자신의 정치경제학을 '가능주의'라고 부른다. 사회 개혁을 통한 총제적 발전이야말로 정치경제학의 최종 목표이며, 발전은 어느 경우에나 '가능'하다는 생각이다. 그는 구조적 결정론이나 이론적 전제를 관찰된 사실로 왜곡하는 주장들이 이데올로기에 불과하다는 점을 지적하면서 발전을 어렵게 만드는 불리한 상황이라 할지라도 그 상황을 호전시킬 수 있는 계기는 도처에 있다고 주장했다. 이 개념은 '발전 경제학'이라는 말로 더 잘 알려져 있으며, 제3세계 발전을 연구하는 실천적 정치경제학의 대표적 흐름 가운데 하나로 자리 잡았다.

주의를 강조하는 식으로 대응했다. 두 번째는, 영국과 [유럽 북해 연안의 벨기에·네덜란드·룩셈부르크로 구성된] 저지대 국가들Low Countries, 스칸디나비아 국가들에서 만들어진 민주화 모델의 [세 가지] 함의를 강조하는 입장이었다(Rustow 1970). 이에 따르면, 첫째, 민주화는 참정권이 점진적으로 확대되고 정치적 자유가 꾸준히 확장되는 것에 바탕을 둔 길고 더딘 과정이다. 둘째, 민주화가 일어나려면 해당 국가의 기존 지배 집단이, 배제된 집단들의 동원을 폭넓은 기간에 걸쳐 용인해야 했다. 셋째, 국제적 맥락과 관련된 함의가 있다. 당시 나는 이를 미처 인식하지 못했는데, 이런 문헌들에서는 가령 영국의 민주화 과정은 프랑스에서 앞서 일어났던 일, 특히 프랑스혁명에 의해 규정된다는 식의 주장이 이루어졌다. 이런 측면에서, 이들 문헌은 배제된 집단의 아래로부터의 동원뿐만 아니라, 구 지배 엘리트의 재구성에 주목하면서 민주화의 개혁적이고 반反혁명적인 측면을 강조했다.

우리는 두 번째 문헌들의 논의 방식에 대응해, 개혁적이지도 혁명적이지도 않은 체제 변화에 맞는 대안적 모델을 찾아보려고 했다. 심지어는 국내 부르주아지와 조직화된 노동계급이 없는 나라에서도 작동할 수 있는 그런 모델 말이다. 이런 측면에서 테리 린 칼Terry Lynn Karl의 작업(Karl 1986)이 무척 중요했다. 그녀는 베네수엘라를 연구하던 중이었는데, 협약에 의한 이행이라는 대안적 모델을 이미 개발한 상태였다. 그녀의 모델은 당시 스페인이 겪고 있던 민주화 경험에 잘 들어맞았다.

민주화 모델을 개발하려는 당신의 노력에는 마키아벨리의 영향이 컸던 것 같다(Schmitter 1979b).

어느 날 문득 마키아벨리가 체제 변화에 대한 이론가라는 생각이 들었다. 왜 그랬는지 모르겠는데, 어쩌면 유러피안 대학European University Institute, EUI에서 학생들을 가르치던 당시 피렌체에 머물렀기 때문일 수도 있다. 마키아벨리에 정신없이 빠져들면서부터 그가 쓴 편지를 포함해 구할 수 있는 그의 글은 모두 읽었다. 그러고는 체제 이행에 대한 마키아벨리만의 고유한 해석을 찾아냈다. 마키아벨리는 자신을 정상적인 정치 상황normal politics에 대한 이론가라고 생각하지 않을 만큼 자의식이 강했다. 그는 이행기를 "여성적 시기"female times라고 불렀는데, 이는 아무도 믿을 수 없고 합의된 규칙조차 전혀 없는 아주 특수한 상황을 의미한다. 그는 이런 순간들을 연구하기 위해서는 새로운 정치학이 필요하다고 말한다. 이행을 연구하기 위해선 정치에 대한 색다른 가설이 필요하다는 점을 마키아벨리에게서 배웠다.

1980년대 무렵 당신은 체제 이행 프로젝트에서 연구 중인 사례들 가운데 오직 3분의 1만이 민주주의국가가 될 것이라는 작업가설을 세웠다. 하지만 이는 결과적으로 지나치게 비관적인 가설이었던 것으로 판명 났다.

민주화는 내가 생각했던 것보다 훨씬 쉽게 이루어졌다. 당시만 하더라도 분명히 난 이 국가들 가운데 대부분이 실패하리라고 예상했다. 3분의 1만이 민주주의로 이행하는 데 성공하리라는 생각 또한 잘못되었음이 분명하다. 우리 모두는 민주화를 훨씬 더 쉽게 만든 상황 변화를 이해하지 못하고 있었다. 그 이후로 생각보다 민주화가 쉬운 것이고, 또 사회·경제적 측면이 과거에 흔히 생각해 왔던 것처럼 그렇게 결정적이지 않다는 점을 배웠다. 오늘날 민주주의를 위해 역사적으로 투쟁해 온 비엘리트 집단들은 자신들이 과거에 수용했을 수준보다 훨씬 낮은 지점에서 타협한다. 아마도 이전의 실패들과 그에 따른 집단적 학습 과정 때문일 것이다. 그 결과 불평등한 소유권 체계들이, 많은 민주주의 이행 과정에서, 흠집 하나 없이 살아남는다. 일부 사례들, 예컨대 동유럽에서는 소득 불평등이 오히려 민주화 이후에 악화되었다. 따라서 오늘날 민주화가 더 쉬워진 이유는, 정확히 말해 그 중요성이 덜

해졌기 때문이다. 이는 아주 고무적인 일은 아니다. 민주주의를 위해 투쟁했던 사람들이 기대했던 바도 아니다. 그들은 타협했고, 어쩌면 차선이라고 할 수도 없는 제3의 대안을 받아들였다. 사회·경제적 재분배를 즉각적으로 밀어붙이는 최선의 선택지를 골랐을 때 완전히 실패할 수도 있다는 사실을 배웠기 때문이다.

이행 프로젝트에 셰보르스키가 참여해 『권위주의 통치로부터의 이행』의 한 장(Przeworski 1986)을 쓰기도 했다. 이행에 대한 분석에서 그는 어떤 기여를 했나?[19]

　　　셰보르스키의 기여는 근본적이었다. 그 가운데 하나는 정당성이란 것이 민주화의 문제도, 민주화의 해법도 아니라는 주장이다. 많은 이들은 권위주의 체제가 무너진 이유가 정당성 부재에 있다고 주장했다. 이후 그들은 민주주의가 공고화되기 위해서는 정당성이 필요하다고 주장했다. 그렇지만 이런 주장은 완전히 순환론적이다. 셰보르스키의 주장에는 태도 변수나 정당성 지표가, 민주주의 공고화에 대해 그다지 많은 것을 설명해 주지 못한다는 함의가 담겨 있었다. 정당성을 강조하는 주장의 가정에 대해 그는 명확하게 비판적이었다. 오도넬과 나 역시 그렇게 생각했던 것은 분명하다. 그러나 셰보르스키는 이런 통찰을 적절하게 포착해 낼 수 있는 방법을 알았고, 결국 이를 분명하고 선언적인 형태로 표현했다. 그야말로 중요한 기여였다.

　　또한 그는 불확실성이 민주주의 체제에서 근본적인 역할을 한다고 강조했다. 그는 이를 계속 발전시켜 다음과 같은 문구로 멋지게 요약했다. "민주

---

19 권위주의적 통치로부터의 이행에 관한 이 프로젝트를 바라보는 셰보르스키의 시각에 대해서는 이 책 3권 〈인터뷰 11〉 참조.

주의는 정당들이 선거에서 패배하는 체제다"(Przeworski 1991, 10). 내가 "잠정적[조건부] 동의"contingent consent(O'Donnell and Schmitter 1986, 59-61) 개념에서 제기한 관점도 이와 꽤 비슷하다. 본질적으로 사람들이 반대자의 통치에 대해 잠정적으로 동의하는 이유는, 규칙은 공정하며 동일한 규칙에 따라 자신들도 미래에 정권을 잡을 기회가 있다고 생각하기 때문이다. 하지만 난 이런 불확실성이 셰보르스키가 생각했던 것보다 좀 더 구속력이 있어야 한다고 본다. 그런 불확실성을 감내하도록 보증하기 위해서는, 불확실성이 그렇게 크지 않다는 점을 분명히 하는 것, 즉 정치가들의 선택의 범위를 매우 협소하게 제한하는 것이 필요하다.

셰보르스키나 오도넬과 같은 학자들과 작업할 때 좋은 점 가운데 하나는, 대부분 어느 부분이 누구의 생각인지 명확히 구분할 수 없다는 것이다. 특히 오도넬과 작업할 때 그렇다. 『권위주의 통치로부터의 이행』(O'Donnell and Schmitter 1986)에서 그가 쓴 부분과 내가 쓴 부분을 알 수 있는 곳이 몇 군데 있기는 하다. 하지만 책의 80퍼센트 가까이는 누가 썼는지 분명히 답할 수 없는 내용이다. 그 책은 서로 생각을 나누고 논쟁을 거쳐 가며 만들어졌다. 이 같은 방식의 진정한 협력 작업, 즉 아이디어들이 어디에서 비롯되었는지 엄밀히 알 수 없는 작업이야말로 대단하다. 테리 칼과 함께 저술할 때 이를 경험하곤 한다.[20] 나중에는 누가 처음 그 아이디어를 제시했는지도 알 수 없다. 그저 둘 모두에게서 나왔다고 생각할 뿐이다. 셰보르스키와도 (서로 긴밀히 교류하지는 않지만) 가끔은 특정 아이디어가 누구에게서 나왔는지 모르겠다는 느낌을 종종 받곤 한다. 사용하는 개념이나 표현 방식은 서로 다르지만, 많은 부분 동일하게 생각하고 있다.

---

20 슈미터가 테리 칼과 함께한 작업은 Karl and Schmitter(1991)와 Schmitter and Karl(1991, 1994) 등이 있다.

하지만 당신과 셰보르스키는 많은 쟁점에서 서로 관점을 달리하기도 한다.

그렇다. 그럼에도 우리 둘 다 이행을 불확실성의 기간이라고 규정하고, 이행과 관련된 행위자들의 선택을 강조한다. 차이라고 한다면, 셰보르스키는 합리적 선택이론의 사전 가정들을 수용해 그에 따른 개념들을 사용하는 반면, 난 그렇지 않다는 점이다. 난 합리적 선택이론이 이행 상황을 분석하는 데 부적절하다고 생각한다. 합리적 선택이론의 특성 가정들, 특히 행위자들은 그들 자신의 행위 및 상대방의 행위 결과를 완전히 이해하고 있다는 명제가 이행 상황에서는 지지될 수 없기 때문이다.

그와 내가 달리 생각하는 점이 또 있다. 체제 이행 양식들이 이행 결과에 지속적인 영향을 미칠 것인지에 대한 문제다.[21] 그는 이행 양식이 지속적인 영향력을 가지리라 생각하지 않았지만, 난 그럴 거라고 생각했다. 스페인과 포르투갈이 좋은 예다. 이들 국가는 매우 다른 이행 양식을 경험했다. 두 국가 모두 지금은 안정적인 서구 자유민주주의국가들이다. 그럼에도 이 국가들은 형태가 다른 민주주의국가들이다. 특히 제도화된 권력관계의 측면에서 보면 말이다. 예컨대 포르투갈에서는 노동력 가운데 상대적으로 큰 비중이라고 볼 수 있는 35~40퍼센트의 노동자들이 노조원들이다. 하지만 스페인의 경우엔 5~8퍼센트 수준에 불과하다. 놀랍게도 이행 전 상황은 정확히 반대였다. 스페인의 노동조합 규모가 포르투갈에 비해 컸다. 두 사례 간에는 고려할 만한 차이가 여전히 존재하는데, 난 이 차이가 [스페인과 포르투갈의] 대조적인 이행 양식으로 설명될 수 있다고 생각한다.

21 Przeworski(1991, 95-99)와 Karl and Schmitter(1991, 1992)를 비교해 보라.

『권위주의 통치로부터의 이행』, 특히 그중에서도 오도넬과 함께 집필한 부분(O'Donnell and Schmitter 1986)이 엄청난 영향력을 가지리라고 예상했나?

　　　그렇지 않다. 교차 지역연구라는 점에서 다소 신선한 작업이었기 때문에, 그저 초점을 두었던 두 지역 — 남유럽과 남미 지역 — 연구에는 어느 정도 영향을 줄 수 있지 않을까 생각했을 뿐이다. 하지만 정치학에서 체제 이행 연구가 이후 수십 년간 성장산업이 되리라고는 추호도 생각하지 못했다. 우리 책에서 권위주의로부터의 이행이 다른 지역에서도 일어나리라고 예측하는 말은 한마디도 없었다. 심지어 중남미의 많은 국가들이 민주화되리라고 믿을 만한 근거조차 없었다. 동유럽 권위주의 체제의 붕괴는 그 지역 사람들과 마찬가지로 내게도 놀라운 일이었다. 나는 당시 일어나고 있던 민주화 물결의 범위와 정도가 어디까지일지 한 번도 상상해 보지 못했다. 아마 오도넬도 그랬을 것이다.

　　앞서 언급한 다른 지역에서 민주화가 되었다는 사실만으로 책이 성공했다고 생각하지는 않는다. 그저 마키아벨리는 잘 알고 있었지만, 우리가 그동안 잊고 지내 온 어떤 것을 정치학에 되돌려 놓았다고 생각한다. 그 '작고 푸른 책'Little Green Book[22]은 결정적인 정치적 순간에 관한 어떤 것을, 학계가 아닌 정치인의 관점에서 포착하고자 했다. 오도넬과 난 정치인들처럼 생각하려고 노력했고 그들의 입장이 되고자 했다. 이런 이유로 우리가 학계를 넘어 폭넓은 독자들에게 다가갈 수 있었던 것 같다. 많은 정치인들이 이 책을 읽고, 자신들이 만들고 있는 상황과 하고 있는 선택들이 어떤 것인지 알게 되었다는 이야기를 들었다. 그런 점에서 이 책은 정치과정 외부에 있기보다는, 정치과

---

[22] 푸른색 표지를 한 오도넬과 슈미터의 『권위주의 통치로부터의 이행』을 가리킨다.

정의 일부가 되었다. 심지어 이 책은 일부 나라들이 이행 과정을 헤쳐 나가는 것을 돕기도 했다. 남아프리카공화국 사람들에게 이 책은 일종의 경전이 되었고, 그들의 체제 변화 과정에 이 책이 직접적으로 기여했다는 얘기도 들은 적이 있다. [입장이 서로 반대되는] 양측 엘리트들 모두가 책을 읽은 듯한 헝가리에서도 같은 말을 들었다. 넬슨 만델라가 누군가에게 얘기한 것을 어떤 사람을 통해 전해 들었는데, 그가 감옥에 있을 때 이 책을 읽고는 남아프리카에서 노 민주수의 이행이 가능하리란 희망을 가지게 되었다고 한다. 이런 이야기를 듣고는 생각했다. '우리가 좋은 일을 한 것 같아.'

그럼에도 이 책이 정치학에 오래 남을 만큼 기여했는지의 여부는, 이런 체제 변화의 순간들이 장기적으로 보았을 때 중대한 차이를 만들 수 있느냐에 달려 있을 것 같다. 셰보르스키가 제안했듯이, 만일 이행 양식이 지속적인 영향을 미치지 못하고 발전 수준이나 발전 속도, 혹은 종교와 같은 구조적·문화적 요인들이 더 결정적이라면, 이행에 관한 우리의 생각들이 그렇게 중요하지는 않다고 판명될 것이다.

1986년 오도넬과 함께 책을 쓴 후 당신은 그 책에서 제시한 모델을 남부 유럽과 남미를 넘어 새로운 사례와 지역으로 확대 적용시켜 보지 않았나.

그 논증들이 어디까지 확장될 수 있는지 알아보고, 적용 가능한 사례와 그렇지 않은 사례를 결정하고 싶었다. 테리 칼과 함께 쓴 여러 논문들에서 이런 시도를 했다(Karl and Schmitter 1991; Schmitter and Karl 1991, 1994). 민주화 과정과 관련되어 있거나 이에 관심을 가지게 된 전 세계 사람들과 접촉하면서 작업을 시작했다.

사람들은 포괄적인 비교에 관심이 무척 많다. 물론 저항도 있다. 일부 사람들은 중부 유럽 국가들과 구소련 공화국들을 포함하는 데 거부감을 보였다.

이 사례들이 서로 역사적 출발점을 달리하며, 문화적으로 뿌리 깊은 차이가 있다고 믿는 이들이 특히 그랬다. 예를 들어 대부분의 중동 연구들은, 이슬람이 매우 다르기에 중동과 다른 지역들을 효과적으로 비교할 수 없다는 전제에서 시작하지만 내 생각은 달랐다(Schmitter and Hutchinson 1999). 나는 이 사례들을 전체 표본에 포함시키려 했으며, 이를 통해 자료들을 분류하고 [변수들 사이의] 관계가 지역에 따라 달라지는지를 확인할 수 있었다. 좋은 자료를 얻고 싶다면 대규모 사례연구에서 시작하는 것이 중요하다. 쉽지는 않다. 이런 자료들을 추출하려면 시간도 오래 걸리고, 비용도 많이 들기 때문이다.

그렇다면 이 작업은 민주화에 관한 책 한 권 분량의 저술 프로젝트의 일부인가?

그렇다. 하지만 지금까지 내가 가진 거라곤 이런저런 잡다한 단편들뿐이다. 아주 오랫동안 이 프로젝트를 끝내고 싹 치워 버리려고 애써 왔다. 그렇지만 작업에 포함시켜야만 될 것 같은 것들을 자꾸만 접하게 된다. 예를 들어 한번은 누군가가 이렇게 말하더라. "여성을 포함하지 않고서는 이 주제에 관해 책을 쓸 수 없을 거예요." 그런데 우연히도 누군가가 여성과 민주화에 관한 컨퍼런스에 날 초대했다. 그래서 글을 하나 썼는데, 그게 또 다른 한 장이 되었다. 초기에는 국제적 측면에 충분한 관심을 기울이지 않았다. 물론 당시 분석하던 민주화 과정이 근본적으로는 국제적 힘이 아니라 국내적 힘에 의해 추동된다고 말한 것을 두고, 오도넬과 내가 실수했다고 생각하지는 않는다. [그러나] 지금은 상황이 다르다. 오늘날에는 어떤 나라가 민주화되면, 비정부기구뿐만 아니라 유럽연합, 미국 국제개발처US AID를 비롯한 온갖 민주주의 장려 프로그램들이 쇄도한다. 그 프로그램들은 실질적 자원들을 집행하고, 우리가 남부 유럽과 남미 사례들을 연구했던 1970년대 후반과 1980년대 초에는 생각지도 못한 방식으로, 민주화 국가의 내부 정치에 관여한다. 그래서 지금은 민주화의 국제적인 측면에 대해 작업하고 있다(Schmitter and Brouwer 2000; Offe and Schmitter 1998).

민주화의 국제적 측면에 대한 강조는 유럽연합에 대한 당신의 연구와 꼭 들어맞는 것 같기도 하다.

요즘 내가 관심을 갖고 연구하는 주제는, 유럽연합이라는 맥락 내의 민주화 문제로 최근에 책으로 출간된 바 있다(Schmitter 2000a).[23] 어디든 민주화의 싹이 보이는 곳이라면 민주화를 촉진하고자 했던 내 개인적인 노력도 계속되고 있는 셈이다. 내가 보았을 때 유럽연합은 아직 제도적 균형 상태[24]에 도달하지 않은, 이행 단계의, 형성 중에 있는 정체이다. 내가 제기하는 질문은, 기왕에 성립된 주권국가들로 구성된 하나의 독립체entity를 만드는 과정에 과연 민주주의가 기입될 수 있느냐는 것이다. 오늘날 유럽에서 이 문제는 정말이지 최대의 정치 이슈다. 나는 유럽연합이 스스로를 입헌적 정체로 만들어야 한다고 생각하지는 않는다. 오히려 유럽연합에 적용될 이행 메커니즘은 국가 차원의 이행에서 바람직한 메커니즘과는 정반대여야 한다고 생각한다. 일국 수준에서는, 스페인식의 진지한 합의 형성 과정 및 대중적 승인 과정을 통해 그 나라의 정치를 빨리 입헌화할수록 그 나라에 좋다고 확신한다. 하지만 유

---

23 Schmitter(1997a, 2000b, 2003) 또한 유럽연합에 관한 글에 포함된다.

24 * 제도적 균형 상태
일단 공동체의 구성원들에 의해 제도가 만들어지면, 설령 제도가 완벽하지 않다 할지라도 제도를 바꾸고 또 변화된 제도에 적응하는 데 소용되는 비용, 즉 변화에 관련된 거래 비용이 제도 변화로부터 얻게 되는 편익보다 클 경우 제도가 지속되는 속성을 지닌다.

럽연합 수준에선 그 반대이다. 유럽연합이 즉각 입헌화할 필요는 없다. 오히려 더 점진적으로 진행되어야 할 뿐만 아니라, 여론 또한 그 과정을 지지한다는 것이 분명해질 때까지 기다린 뒤 추진되어야 한다. 유럽연합이 자체 헌법을 갖추고, 민주주의가 자리 잡을 때까지는 15년 정도가 걸리지 않을까 싶다.[25] 초국적 제도들로 권위가 대규모로 이양될 때 초래될 파급효과를 유럽이 실질적으로 체감하고, 또 이와 관련된 논란들이 그야말로 '유럽적인' 공적 영역을 창출한 후에야, 유럽연합은 자신들의 최종적 정체finalité politique를 정의하려는 노력을 경주할 수 있을 것이다.

지난 25년간 민주화 연구에서 본인의 주요 공헌을 요약한다면?

객관적으로 답할 자신이 없다. 게다가 이 주제에 대한 내 저작을 본 다른 학자들의 반응을 지켜보며 여러 차례 놀란 적이 있다. 아마 내 글쓰기 스타일이 난해해서 그럴 수도 있고, 외국어를 많이 섞어 써서 그럴 수도 있다. 심지어 새로운 말을 만들어 내기까지 하니 말이다. 또 비교의 범위를 지역 내에 한정하기보다는 지역을 넘나들며 하고 싶어 하는 내 고집 때문일 수도 있다. 따라서 긍정적으로든, 부정적으로든 내가 스스로 기여했다고 생각하는 바와 다른 사람들의 판단은 아마도 다를 것이다.

내 성과였으면 하고 바라는 것들은 이런 것들이다.

1. 민주주의 연구를 정태적인 작업에서 동태적인 작업으로 바꾸는 데 일조한 것.

25 이 인터뷰가 이루어진 뒤 2005년 중반에 유럽연합 헌법안이 프랑스와 네덜란드 유권자들에 의해 부결되었다.

2. 민주주의는 사치스러운 것이어서 영미식 '시민' 정치 문화를 지닌 부유한 국가들만이 이를 감당할 수 있다는 신화를 잠재운 것.

3. 민주주의가 늘 민주적 수단으로 만들어지는 것은 아니라는 점, 즉 민주주의자가 아닌 사람들도 민주화에 긍정적으로 공헌할 여지가 있음을 학자들에게 납득시키고자 노력해 온 것.

4. 이와 비슷하게 독재 체제로부터 [민주주의 체제로] 성공적으로 이행하는 데 '위로부터' 행동하는 엘리트들이 '아래로부터' 행동하는 시민들보다 중요하거나, 적어도 그들만큼 중요하다는 점을 지적해 온 것.

5. 정당과 지역 대표, 그리고 경쟁적 선거에만 사로잡혀 있던 정치학 분야가 이익 결사체들과 기능적 대표, 압력 그리고/또는 조정에 의한 정책 결정에 좀 더 관심을 갖도록 전환시킨 것.

6. 정치학자들이 지역 내적으로 생각하기보다는 간間지역적으로 생각하도록 만든 것. 또 민주화를, 일국적 또는 하위 국가적subnational 특수성에도 불구하고, 하나의 일반적 과정으로 생각하도록 한 것.

7. 마지막으로 마키아벨리를 따라, 단 하나의 정치학, 심지어 단 하나의 민주주의 정치는 있을 수 없으며 그 핵심 가정과 개념, 가설, 방법들은 정치가 이뤄지는 맥락에 따라 다양할 수밖에 없다는 생각을 옹호해 왔다. 이는 행위자들이 게임의 규칙들을 알고 이를 대체로 수용하는 질서정연한 상황에 맞는 과학이 있는 동시에, 자신들이 누구이며 심지어 누가 같은 편인지도 모를 뿐 아니라 게임의 규칙에 대해서는 더욱 모르는 상황에 맞는 과학도 있다는 것을 의미한다. 마키아벨리는 각각을 '남성적'male 시기와 '여성적'female 시기로 불렀다. 그럼에도 정치학은 이런 구분을, 비교정치학과 국제관계학이라는 하위 분야를 나누는 기준으로만 치부할 뿐이다.

당신의 연구는 코포라티즘, 체제와 민주화, 유럽연합 통합, 이렇게 세 가지 줄기로 이루어져 있는 것 같다. 이 세 가지 연구가 어떤 식으로 서로 연관되어 있나? 당신의 사고 안에서는 이들을 연결시키고 있는지, 그렇다면 어떻게 종합하고 있는지 궁금하다.

전에도 몇 번 이런 질문을 받은 적이 있다. '슈미터'가 세 명인 줄 알았다고 하는 사람도 있었다. 어떻게 한 사람이 이런 주제들을 모두 다룰 수 있는지 납득하기 어려웠나 보다. 난 내 연구에 공통된 맥락이 있다고 본다. 다양한 이해 결집의 수준에서 나타나는 이해관계, 이익 추구로 이해되는 정치, 그리고 이익 추구와 관련된 갈등의 발생과 해결이 그것이다.

이런 의미에서 난 최신 경향을 따르지 않는 구식 사회과학자이다. 나는 진심으로 자본과 노동에 대한 연구가 필요하다고 믿고 있으며, 계급별·부문별·직업별 결사체들이 시민사회의 핵심이라 생각한다. 예를 들어, 학생들이 사회운동과 '풀뿌리운동'을 연구해 보고 싶다고 말하면 ─ 내게는 그런 학생들이 많다 ─ 난 이렇게 말하곤 한다. "우선 시민사회의 근간인 자본가부터 공부하고, 그다음에 노동자를 공부해라." 어쩌면 내가 틀렸을 수도 있다. 하지만 난 한 번도 사회운동주의자social movement person였던 적이 없다. 볼링 클럽은 물론, "나 홀로 볼링"[26]에도 관심이 없다. 운동에 기반을 둔 민주주의라는 생각에는 그리 믿음이 가지 않는다. 나는 항상 그런 관념이 환상이라고 생각했다. 정당의 영향력이 미미한, 코포라티즘적 민주주의를 상상해 볼 수는 있다. 하지만 자본과 노동 간의 협상 관계가 강제되고 어떻게든 제도화되지 않는다면 민주주의의 핵심은 **빠져** 있다고 할 수 있다.

본인이 내놓은 아이디어들 가운데 가장 훌륭다고 생각되는 것은 무엇인가?

　　어떤 의미에서 새로운 아이디어는 없다. 사람들이 내 아이디어 가운데 가장 괜찮다고 이야기하는 것들은 사실 눈에 잘 띄지 않는 다른 누군가의 자료에서 발굴하는 식으로 가져온 것들이다. 정말이다. 정치에 관해 이야기할 만한 것들은 이미 어딘가에서 이야기된 것들이다. 기준을 너무 높게 잡고 있는 것인지도 모르지만, 내가 순수하게 독창적이라고 부를 만한 것을 주창한 적은 없다. 물론 여러 가지 것들을 독창적인 방식으로 조합하거나, 기존 생각들을 다른 맥락에 도입했다고 표현할 수는 있겠다. 질문을 듣고 보니 화가 시절에 겪었던 좌절감이 떠오른다. 독창적인 그림을 그리지는 못했지만, 적어도 독창성이 무엇인지는 알고 있었고, 비록 실패하긴 했지만 그 누구도 그려 본 적이 없는 그림을 그리고 싶어 했다. 반면, 사회과학에서는 독창적인 연구를 하기가 무척 어렵다. 오래된 것을 새로운 방식으로 조합하거나, 어떤 것을 가져다가 다른 장소에 대입해 볼 수는 있다. 이전에 들어 보지 못한 방식으로 이야기할 수도 있다. 하지만 진정한 독창성이라 …… 그런 것은 그리 많지 않다.

---

26 이는 퍼트넘의 책 『나 홀로 볼링』*Bowling Alone*(2000)을 빗댄 것이다.

그럼에도 코포라티즘에 대한 당신의 작업은, 지배적인 다원주의 패러다임에 대한 대안을 제시해 이익집단에 대한 기존의 연구 방식을 바꿔 놓았다고 할 수 있다. 이 영역에서의 당신의 기여는 "국가를 되돌려 놓았던" 영향력 있는 문헌(Evans, Rueschemeyer, and Skocpol 1985)의 일환으로 볼 수 있을 것 같다.

그 질문에 대해선 두 부분으로 나누어 답하고 싶다. 첫째, 코포라티즘에 관한 문헌은 다원주의를 비판했고, 논의의 장에 새로운 요소들을 도입했다. 『세계 정치』에 실린 논문에서 알몬드는, 코포라티즘 문헌들에 나타난 많은 생각이 이미 다원주의자들의 작업에서 발전되었던 것이라고 언명한 바 있다(Almond 1983). 난 동의하지 않는다. 내가 놓쳤을 수도 있지만, 학위논문 작업 당시 다원주의자들의 글을 읽으면서도 나중에 이익집단에 대한 코포라티즘적 접근과 관련될 만한 생각들을 발견하지 못했다. 예를 들어, 해리 엑스타인은 유럽에서 가장 코포라티즘적인 국가들 가운데 하나인 노르웨이에 갔지만 코포라티즘을 발견하지 못했다(Eckstein 1966). 그 대신 그는 안정적인 민주주의가 되려면 문화적 규범과 권위의 양식authority patterns이 일치해야 한다는, 일종의 문화 이론인 자신의 일치[합치] 이론congruence theory을 가지고 노르웨이에서 돌아왔다. 엑스타인은 노르웨이의 민주주의가 1930년대부터 작동해 온, 잘 조직된 자본-노동관계 체계에 기반하고 있다는 사실을 완전히 간과했다. 이익집단 연구를 위해 노르웨이에 갔으면서도 이런 기본적인 사실조차 언급하지 못했다! 정말 중요한 점을 터무니없이 놓쳐 버린 셈이다. 다원주의자들이 이익집단에 관심을 가지고 있었던 것은 맞다. 하지만 그들은 이익집단을 전혀 코포라티즘적인 방식으로 개념화하지 않았다.

둘째, 예컨대 난 테다 스카치폴 등의 『국가를 제자리로』Bringing the State Back in(Evans, Rueschemeyer, and Skocpol 1985; Skocpol 1985a)에서 제기된 주장이 과장되었다고 본다. 어쩌면 나 역시 그런 [국가의 역할에 주목한] 운동의 일원이라고 여긴 이들도 있을지 모른다. 내가 다원주의를 반박하며 코포라티즘에 관해 논하고 있을 시기에, 국가는 분명 내가 고심하던 문제 가운데 하나였다. 심지어 사회 코포라티즘에도 매우 중요한 국가적 요소가 있다. 국가의 강제력 없이는 사회 코포라티즘적 제도 배열도 불가능한 것이었다. 하지만 '국가를 제자리로'라는 제목을 보고 든 생각은 이랬다. '무슨 말이야? 국가는 거기 계속 있어 왔는데. 대체 국가를 제자리로 되돌려 놓을 필요가 있다고 말하는 사람들은 누구야?' 그런 식의 글은 미국인들이나 쓸 수 있는 것이다. 유럽이나 남미를 연구하는 사람이라면 국가를 되돌려 놓아야 한다는 말을 들을 필요가 없었다.

이미 써낸 것들이나, 아니면 쓰지 못한 것들에 대한 후회는 있나?

두 가지 정도를 언급하고 싶다. 모두 코포라티즘 연구와 관련된 것이다. 첫 번째 후회는 코포라티즘 용어 자체의 문제였다. 언젠가 노르베르토 보비오를 만난 적이 있다. 이탈리아 정치사상의 대부이자 정말 놀랄 만한 사람이다. 당시 그는 여든다섯 살이었는데, 내게 다가오더니 말했다. "아, 당신이 슈미터군요. 당신의 작업은 무척 흥미로워요. 그런데 왜 그것을 꼭 코포라티즘이라 불러야만 했나요?" 보비오는 무솔리니 시기의 초기 코포라티즘 형태를 겪으며 살아 왔고, 또 그것과 싸워 온 사람이다. 코포라티즘이라는 용어를 오늘날의 민주적 정체에 적용한 것이, 그에게는 지나친 개념 확장으로 보였나 보다. 그는 핵심을 짚었다. 학자는 용어를 선택할 때 신중을 기해야 한다. 규범적인 함의를 가진 기존의 용어를 빌려오는 대신, 새로운 명칭을 떠올릴 수 있을 만큼 좀 더 상상력이 풍부했더라면 훨씬 좋지 않았을까 한다. 비록 내가 생각해 내진 않았지만 여러 사람들이 채택한 식대로 코포라티즘 앞에 네오neo란 접두사를 붙였던 것이 도움이 되었을지 모른다. 대신에 난 국가 코포라티즘과 사회 코포라티즘이란 용어를 사용했다.

물론 또 다른 측면도 있었다. **코포라티즘**이라는 용어 때문에 흥행에 성공했다는 점이다. 이 용어가 사람들의 심기를 불편하게 했기 때문이다. 브라질과 아르헨티나에서는 코포라티즘에 관해 말하는 문헌들이 있었기 때문에 이용어가 그런 결과를 가져오지는 않았다. 하지만 **코포라티즘**이라는 용어가 선진 유럽 국가들에 적용되자 도발적인 용어로 탈바꿈했다. 그 효과는 긍정적이었다고 본다. 그 덕분에 사람들은 유럽의 이익집단 체계에 주목했고, 그전처럼 [그런 체계개] 존재하지 않는 것으로 치부할 수는 없게 되었기 때문이다.

두 번째 후회는 코포라티즘의 개념화 방식에 관한 것이다. 난 코포라티즘을 정의하는 데 아주 많은 수의 변수들을 포함시켰다.[27] 이런 정의가 지금은 과도해 보이며, 실수라고 생각한다. 그렇게 정교하게 하지 않고 분석의 차원을 줄여 열아홉 개가 아니라 너덧 개에 초점을 맞추었더라면 훨씬 좋았을 것이다. 그랬다면 조작이 좀 더 수월해졌을 것이다. 당시 난 그렇게 정교한 정의를 서사적narrative이면서도 기술적descriptive인, 아주 이상적인 방식으로 사용해서, 예컨대 오스트리아나 핀란드, 네덜란드가 코포라티즘인지의 여부를 자명하게 판가름할 수 있을 것이라고 생각했다. 하지만 이후 코포라티즘을 양적으로 연구하기 시작하면서 내가 만들어 놓은 정의를 조작화하기 어렵다는 사실을 깨달았다.

---

27 슈미터(Schmitter 1974, 93-94)의 정의는 다음과 같다. "코포라티즘은 그 구성단위들이 단일하고, 강제적이며, 비경쟁적이고, 위계적으로 질서 지워진, 그리고 기능적으로 차별화된, 제한된 수의 범주들로 조직되고, 국가에 의해 (생겨난 것이 아니라면, 적어도) 허가 또는 인정받으며, 지도자 선택, 요구 및 지지 표명과 관련한 특정의 통제를 따르는 대가로 그들 각각의 부문들 내에서 독점적 대표 지위를 승인받는 이익대표 체계로 정의할 수 있다."

브라질의 코포라티즘을 연구한 후 초점을 유럽으로 옮겼다. 하지만 명시적으로 코포라티즘에 초점을 둔 교차 지역적 비교 연구를 한 바는 없다. 실제로 유럽의 코포라티즘에 대한 문헌들과 남미 코포라티즘에 대한 문헌들은 별개로 존재한다. 코포라티즘에 관한 교차 지역적 프로젝트를 시도해 본 적은 없나?

없다. 이유는 두 가지다. 우선 1974년에 포르투갈에서 혁명이 일어나면서 내 관심도 코포라티즘에서 민주화로 옮겨 갔다. 다음으로, 유럽에서 난 게르하르트 렘브루흐를 비롯한 유럽정치연구컨소시엄의 수많은 사람들과 함께 작업했다. 유럽정치연구컨소시엄은 코포라티즘의 여러 측면들에 대해 논의하는 워크숍을 조직하거나, 각각의 국가들을 대상으로 한 단일 연구 논문을 쓰도록 자극하는 데는 매우 효과적이었지만, (남유럽 연구자들과 남미 연구자들을 한데 모아 체제 이행 문제를 다루는) 우드로윌슨 프로젝트와 같은 모임을 조직할 자금이 없었다. 게다가, 초기에는 코포라티즘이 그리 유행하는 주제가 아니었다는 점도 기억해야 한다. 그 밖에도 유럽정치연구컨소시엄 집단에는, 우드로윌슨 프로젝트에 자금을 지원한 에이브러햄 로웬탈 같은 기업가가 없었다. 사실 난 자금 조달 문제와 관련해서는 무척이나 태만한 사람이다. 연구 계획서를 쓰고 프로젝트를 관리하는 데 시간을 허비하는 걸 좋아하지 않는다. 그러다 보니 코포라티즘에 대한 지역 간 교차 연구를 할 집단을 구성하려는 시도조차 하지 않았다. 그럼에도 코포라티즘에 대한 교차 지역적 프로젝트를 시도하지 않았던 주된 이유는 내가 포르투갈 혁명에 완전히 빠져 있었고, 또 우드로윌슨 이행 연구 프로젝트가 나를 코포라티즘만큼 중요하거나 그 이상으로 중요할지 모를 주제에 집중하게끔 유도했기 때문이다.

혹시 당신의 주장 가운데 잘못 해석되어 왔다고 생각하는 것이 있다면?

학자라면 누구나 자신이 쓴 글을 다른 이들이 이용하는 모습을 보며 답답해하기 마련이다. 하지만 내가 진짜 우려하는 유일한 문제는 오도넬과 함께한 이행 연구에 대한 오해이다(O'Donnell and Schmitter 1986). 몇몇 사람들은 우리가 행위자 중심의 전략적 관점을 어느 시대에나 적용 가능한 새로운 정치학의 전망으로 제시하고 있으며 또 이런 관점으로 완전히 전환해야 한다고 주장한다는 오해를 하는데, 전혀 그렇지 않다. 실제로, 우리가 말하고 싶었던 바는 특수하고 매우 중요한 계기인 체제 이행기 동안에는 행위자들의 전략을 강조하는 것이 정당하다는 점이다. 정상 정치 시기에는 이런 강조가 적용되지 않는다. 실제로 난 이런 상황에서는 오히려 역사-제도주의적 관점을 일반적으로 택하고, 개별 행위자들이 따르는 전략에는 그다지 많은 관심을 쏟지 않는다.

그리고 많은 이들이 오도넬과 내가 민주주의로의 이행에 관한 글을 쓰고 있다고 말했다는 점도 곤혹스럽다. 책 제목에서 이미 권위주의 통치로부터의 이행에 대해 연구하고 있다고 명시했음에도 말이다. 이런 오해가 굳어져 버린 것 같다. 하지만 우리는 매우 의식적으로 목적론적 관점을 피하고자 했다. 실제로 이는 오도넬과 내가 최초로 동의한 것들 가운데 하나이기도 했다. 우리는 권위주의 체제들을 연구하면서도, 그 체제가 민주주의로 귀결될지, 만일 그렇게 된다면 민주주의 체제는 얼마나 오랫동안 살아남을지에 대해 진정으로 몰랐다. (오도넬을 대신해 말할 순 없지만) 적어도 내게 지난 30년간 남부 유럽과 남미에서 등장한 민주주의가 이처럼 오래도록 지속되고 있고, 또 이처럼 잘되어 가고 있다는 사실은 참으로 놀랍다.

비판자들에겐 어떤 식으로 대응해 왔나?

좌파와 우파 양쪽에서 많은 비판을 받아 왔다. 하지만 난 원래 내가 썼던 것에 대해 나 스스로 다시 생각해 보게끔 하는 비판에만 답했다. 내용이 없거나 근거가 명확해 보이지 않는 비판에는 굳이 답하려 하지 않는다. 물론 내가 비판에 대해 너무 묵묵히 있는 게 아닌가 걱정스럽기도 했다. 비판자들에게 답을 하면서 내 생각도 좀 더 명확해질 수 있을 거란 생각도 했다. 하지만 그랬더라면 다른 일을 할 시간이 전혀 없었을 것이다.

고전들

당신의 사고에서 정치·사회 이론의 고전들은 어떤 역할을 하는가?

　　난 거의 자동적으로 고전을 참조하게 된다. 언제나 연구하고자 하는 문제의 본질을 생각하는 것에서 시작해 이렇게 자문한다. '이 문제에 대해 이야기했던 사람이 누구지?' 어떤 때는 그저 그 고전들을 알고 있거나 읽어 본 적이 있으면 된다. 예를 들어, 체제 이행의 문제를 생각하자 바로 마키아벨리가 떠올랐다. 그러니까 그냥 이해가 됐다. 나는 우선 본능적으로 정치사상에서 그동안 내가 읽어 본 것들에 대한 기억을 더듬어 본다. 문제에 대해 심사숙고할 수 있도록 해주는 또 다른 방법은 과거에 유사한 순간이나 상황, 구조가 있었는지 확인해 보는 것이다. 민주주의의 붕괴를 다루는 많은 연구자들이 민주주의가 실패했던 역사적 사례인 바이마르공화국을 돌이켜 보는 것에서 시작하는 것처럼 말이다.

사례와 개념들

사례에 대한 지식은 당신의 사고에서 어떤 역할을 하는가?

처음 사례를 마주하고 이해하려고 애쓰는 과정에서 난 가장 많은 것을 얻는다. 난 수수께끼를 푸는 사람이다. 이미 이야기했다시피, 아르헨티나에서는 실패했지만 다른 수수께끼들은 해결했다. 나는 문제와 처음 대면할 때 가장 많은 것을 얻는다.

일단 어떤 나라를 알게 되면, 지속적으로 그곳 사정을 알아보나?

어느 정도만 그렇다. 포르투갈을 예로 들어 보면, 난 포르투갈 사정을 정기적이고 체계적으로 접하진 않는다. 심지어 한동안 잊고 지내기도 한다. 하지만 포르투갈에서 뭔가 흥미로운 일이 일어나거나 기회가 생기면 그간의 추이를 따라잡는다. 또한 그곳에서 연구를 끝냈다고 해서 그 나라를 그냥 훌쩍 떠나 잊고 살 수는 없는 노릇이다. 거기 친구들도 있고, 또 그곳에 대한 책임도 있는 것이다. 하다못해 자기가 쓴 글이 그 나라 사람들에게 도움을 줄 수도 있다. 그다지 오래된 일은 아니지만, 포르투갈에 대해 썼던 글을 모으니 결국 8백 쪽 분량의 책이 되었다(Schmitter 1999). 그러나 문제와 처음 대면한 이후에는 수확체감의 법칙이 작동한다.

난 학생들이 단일국가나 단일 지역에 대해서만 연구하는 건 만류하는 편이다. 설령 단일국가 연구가, 순수하게 전문가적인 관점에서 이득이 된다 하더라도 ― 가령 아르헨티나에 천착하면 그곳에 대한 최고 연구자로서 명성을 쌓을 수 있는 식으로 말이다 ― 여기저기 돌아다닐 필요가 있다. 학생들에게 이렇게 말하곤 한다. "그놈의 아르헨티나에서 나와서 이탈리아든, 몽골이든 어디든 가게." 물론 이런 전략에는 약점도 있다. "너무 돌아다닌 나머지, 정작 자신이 연구하는 국가에 대해서도 제대로 모르는군"이라는 말을 들을 수도 있다. 그렇다고 해도 큰 문제는 아니다. 내 경우엔 일단 한 나라를 잡게 되면, 그 나라에 익숙해지기 위해 꽤나 열심히 그곳의 역사와 언어를 공부한다. 보통은 현지 출신 사회과학자들이 쓴 2차 문헌에서 시작한다. 그런 게 있다면 말이다. 그리고 한참을 거슬러 올라가야겠다는 생각이 들면, 소설이나 심지어 여행자들의 기록까지 읽는다. 난 브라질이나 아르헨티나, 포르투갈 같은 독재 국가들에서부터 시작했기 때문에 신문에는 상대적으로 큰 관심을 두지 않았지만, 언론이 자유로운 국가들을 연구하고 있는 지금은 신문을 읽는 게 매우 중요하다.

이 나라 저 나라를 옮겨 가며 연구하기 어려워지는 이유 중 하나는, 현지 조사가 새로운 나라에 대한 감각을 익히는 이상적인 방법이긴 하지만, 경력이 쌓여 갈수록 점점 현지 조사를 하기가 어려워진다는 데 있는 것 같다.

현지 조사에 관한 한, 난 그것을 수확체감의 문제로 보지 않는다. 현지 조사는 여전히 우리가 하는 일 가운데 가장 생산적이고도 흥미로운 부분이다. 또한 인간적 차원의 흥미를 느끼게 한다. 정말 그렇게 생각한다. 물론 나도 현지에 있을 때 무척 답답한 경우가 있다. 뭘 해도 훨씬 오랜 시간이 걸리고, 연구자가 원하는 정확한 자료는 거의 없다시피 할 때도 많다. 게다가 현지 조사는 점점 더 하기 어려운 일이 되고 있다. 건사해야 할 가족이 있고 다른 할 일들도 있는데, 엄청난 에너지를 쏟아야 하는 현지 조사에만 공을 들일 수는 없다. 내가 지금 나이에 다시 [현지 조사를] 할 수 있을지 모르겠다. 요즘엔 학생들을 통해서 간접적으로 현지 조사를 하고 있다. 그들이 한 인터뷰를 들으면서 그 경험에서 받은 느낌을 공유하려고 노력한다. 지금은 유럽연합 내에서 일정한 지위를 가지고 있다 보니 대통령이나 총리를 비롯한 저명인사들을 많이 만나게 된다. 정치적 선택을 해야 하는 이들과 얘기함으로써 그 어떤 것에서보다 정치에 대해 많은 걸 배운다. 하지만 이런 식의 상호작용은 현지 조사와는 다르다. 인터뷰를 하면서 상대방과 어떤 것에 관해서든 대화를 하거나 그가 말하고 싶어 하지 않는 것을 끄집어내는 것만큼 재미있지는 않다.

그간 코포라티즘이나 민주주의 같은 개념들을 만들고 명확히 하는 데 중요한 역할을 해왔다. 이는 당신 연구의 핵심이기도 하다(Schmitter 1974; Schmitter and Karl 1991). 어떤 식으로 개념을 구성하나? 성공적인 개념구성을 위한 요령 같은 것이 있나?

여전히 난 그 문제에 대해 제대로 답하기엔 부족함이 많다. 막스 베버 같은 사람은 복잡하고 다면적인 개념들, 이른바 이념형을 구성하는 법을 알고 있었다. 내 경우엔, 쉽게 개념을 만들긴 하지만 스스로 의식하지는 못하는 식으로 이뤄진다. 내가 하고자 하는 일은 근본적인 유형을 포착하는 것이다. 특정 사례들에서 발견되는 모든 표면적 변이variation의 근저에 놓인 공통된 요소를 파악하기 위해서다. 예를 들어 테리 칼과 함께 쓴 논문에서 우리는 민주주의에 대한 일반적인 정의를 발전시켜 보려고 했다. 제도와 상관없이 말이다. 시민들과 통치자들의 책임성과 호혜적 역할에 초점을 둔 이유도 여기에 있었다. 우리는 대표자들이 선출되어야 한다고, 의회 주권이 필요하다고, 심지어 의회만 있으면 된다고 말하지 않는다. 그보다는 정례적이고 믿을 만한 상호 책임의 메커니즘이 필요하다고 강조한다.

대부분의 경우 난 어떤 것들을 새롭게ex novo 창안하지는 않는다. 코포라티즘 개념의 경우도 마노일레스쿠와 같은 저자들이 오래전에 쓴 저작들에 담겨 있었다. 한동안 사용되진 않았지만 거기에 있었다. 그 개념을 새로운 방식으로 정의해야 하긴 했지만 발명할 필요는 없었다.

개념을 구성하는 데 유용한 방식 중 하나는 늘 반의어를 고려해 보는 것이다. 만일 통합 이론을 발전시키고자 한다면 분할 이론 또한 갖고 있어야 한다. 양자를 함께 이해해야만 한다. 만약 통합된 유럽을 정의하고자 한다면 분할된 유럽도 그려 봐야만 한다. 개념을 형성하는 데 유용한 수단 가운데 하나가 두 극단을 모두 사고해 보는 것이다. 코포라티즘과 다원주의도 이런 식으로 만들어 낸 개념이다. 난 이들을 같은 상자에 넣었다. 그전까지는 아무도 그렇게 해본 적이 없었다. 그러고는 그것들을 반의어적인 방식으로 정의했다. 이런 연습이 '이념형적인' 양 끝, 즉 극단을 파악하는 데 도움을 줄 수 있다. 물론 현실 세계의 모든 것은 그 사이 어디쯤에 자리 잡고 있고, 안정적으로 그 중간에 존재하는 유형을 상상해 보는 것은 중요하지만 어려운 도전이다. 그럼에도 그런 끝 지점들을 파악하는 건 개념을 구성하는 데 매우 유용한 도구가 된다. 요령은 근본적인 유형을 찾고, 그것의 반대를 그려보고, 끝 지점을 알아내는 것이다.

그렇지만 내 개념들 가운데 많은 부분은 정치인들과 이익집단 지도자들을 포함해 사람들과 실제로 나눈 대화에서 나온 것이기도 하다. 나는 정치적 행위자들이 대화할 때나 자신들의 행위를 묘사할 때 사용하는 단어들을 유심히 듣는다. 예를 들어, 최근에 난 이른바 유로스피크Euro-speak ― 유럽연합이 자신의 정치에 대해 이야기하고자 창안 중인 새로운 언어 ― 의 열렬한 지지자가 되었는데, 유럽연합의 정치가 너무나 다르기 때문에 완전히 새로운 어휘가 필요할 지경이다. 놀랄 만큼 상상력을 자극하는 정치적 어휘들을 지닌 브라질과 이탈리아에서 연구하고 살았다는 것 또한 행운이었다. 현재 『번역 불가능한 용어들 : 번역 불가능한 정치용어 사전』Les Intraduisblies : The Dictionary of Untranslatable Political Terms에서 이탈리아 부분을 편집하고 있는데, 87개의 번역 불가능한 이탈리아 용어들을 확인했다.[28] 그런데 바로 다음날 피아니스타un pianista란 새로운 용어를 발견했다. 이 단어가 무슨 뜻인지 아는가? 문자 그대로는 피아노 연주자를 뜻한다. 하지만 이 용어는 의회에서 동료의 부재시 대신 투표하는 대리 투표 의원을 지칭하기도 한다. 이탈리아 의회는 전자 투표 체계를 가지고 있어 각 의원은 비밀번호를 누르고 투표키를 누른다. 대리 투표 의원들이 팔을 뻗어 자리에 없는 동료들의 투표 버튼을 누르고 있는 사진들이 있다. 마치 피아노를 연주하고 있는 것처럼 말이다. 피아니스타는 이를 표현해 주는 완벽한 말이다. 이 단어를 듣자마자 그 의미를 정확히 알 수 있다. 따라서 정치가 살아 움직이고 사람들이 끊임없이 정치 용어를 만들어 내는 나라에서 작업하거나 생활하는 것이 개념구성을 자극하는 한 방법이 될 수 있다. 운이 좋다면 생소한 표현을 사용하는 사람들의 이야기를 들으며, 그 표현이 공개적으로 말할 수 없는 중요한 관계를 숨기고 있다는 것을 알게 될 수도 있고, 혹은 그것을 가리키는 말이 존재하지 않는 뭔가 독특한 것을 전달하고 있다는 것을 발견하게 될 것이다. 행위자들이 자신들의 정치에 대해 이야기할 때 사용하는 단어들을 유심히 들어 보는 것도 그들의 정치를 연구하는 중요한 방법이다.

작업 방식과 공동 연구

브라질에 관한 저서(Schmitter 1971)를 출간한 이래, 주로 논문이나 책의 특정 장들을 써왔다. 단행본보다는 주로 논문을 출판한 이유가 있다면?

난 너무 빨리 움직인다. 참을성이 없고 새로운 것에 도전하기를 좋

---

[28] 이 사전은 www.concepts-methods.org에서 볼 수 있다.

아한다. 한 주제를 오래 다루고서 어느 정도 자리를 잡았다는 느낌이 드는 순간 흥미를 잃고 새로운 주제로 옮기게 된다. 연구 방식이 이렇다 보니 책이 될 만한 분량의 원고를 쓰기가 어려웠다. 그래서 주로 논문만 써왔다.

공동 연구도 제법 많이 했다.

여러 해 동안 게르하르트 렘브루흐, 볼프강 슈트레크, 오도넬, 테리 칼과 함께 연구했다. 지금은 클라우스 오페Claus Offe와 함께 연구하고 있다.[29]

공동 연구를 하는 이유는 무엇인지, 그리고 공동 연구자는 어떤 식으로 고르는지 궁금하다.

공동 연구의 목적은 결국엔 각자 하는 것보다 나은 결과를 얻는 데 있다. 이를 가능하게 하는 요인은 여러 가지일 것이다. 나는 주로 나와 다른 배경을 가진 사람들과 작업하려고 했다. 그래서 공저자들은 대부분 외국인이 었다. 보통 그들은 학문적 배경이 서로 달랐다. 항상 다른 학과 출신인 것은 아니었지만 말이다.

그리고 언제나 나와 지적으로 대등하다고 생각되는 사람들과 공동 작업을 한다. 그리고 정치에 대한 많은 가정을 공유하는 사람들 ― '중도 좌파'의 가치를 지닌 사람들을 뜻한다고 볼 수 있는데 ― 과 함께 연구한다. 공저자는

---

[29] Schmitter and Lehmbruch(1979), Lehmbruch and Schmitter(1982), Streeck and Schmitter(1985), Hollingsworth, Schmitter, and Streeck(1994), O'Donnell, Schmitter and Whitehead(1986), Karl and Schmitter(1991), Schmitter and Karl(1991, 1994), Offe and Schmitter(1998) 참조.

많은 관점들을 공유해야 하지만 이견도 가져야 한다. 또 어리석거나 사소한 것들을 두고 다투기보다는 생산적인 방식으로 이견에 대해 논의하겠다고 다짐해 둔다. 함께 작업했던 연구자들과 처음 시작했을 때만 해도 생각이 완전히 다르다고 느끼는 것들이 무수히 많았다. 하지만 이런 이견들에 대해 함께 논의하고 그것을 생산적으로 해소하려고 노력한다. 가령 오도넬과 내가 이행 프로젝트를 시작했을 때 의견이 일치하지 않는 부분이 무척 많았다. 근본적인 수준에서 상당한 동의가 있었지만, 한편으론 근본적인 차이가 있다고도 생각했다. 그렇지만 『권위주의 통치로부터의 이행』(O'Donnell and Schmitter 1986)을 쓰면서 서로의 차이들을 그냥저냥 타협하는 식으로 해결한 적은 한 번도 없었다. 늘 둘 중 한 명이 찾는 것보다는 나은 해법이 나올 수 있도록 이견을 풀고자 했다. 제대로 된 공동 연구란 이런 모습이 아닐까 한다.

　난 무척 행운아였다. 믿어지지 않을 만큼 좋은 공동 연구자들과 작업했고, 그 모두가 작업을 마친 뒤에도 개인적으로 가까운 친구로 남았다. 꼭 그렇지만은 않은 공동 연구도 있었다. 그럼에도 난 여전히 함께 연구했던 모든 이들과 무척 가깝고, 기회가 생긴다면 또다시 그들과 함께 연구할 것이다.

과학, 역사, 그리고 정치 참여

스스로 본인의 연구 목적을 기술한다면? 스스로를 과학자라고 생각하나?

　　난 일반화를 도출하고자 했다. 그렇지만 내가 하는 연구가 늘 시공간의 제약을 받는다는 사실을 잊지 않았다. 대개의 경우, 특정 시점에서 내가 연구하는 대상국들의 범위와 기간을 무척 명확하게 설정하는 편이다. 나는 결코 정치에 대해 일반론적으로 말하지 않는다. 행태주의와 합리적 선택이론이 갖고 있는 보편성에 대한 열망을 나는 믿지 않는다. 나는 과학에 대해서나 내가 하는 일에 대해서 그런 식으로 생각하지 않는다. 난 인문과학이란 근본적으로는 역사적이라고 생각한다. 따라서 연구자는 자신이 도출하고자 하는 일반화가 어떤 시간적·지리학적 맥락에서 타당한지를 구체적으로 명시해야만 한다. 아리스토텔레스가 말했듯이, 과학에 대해 우선적으로 이해해야 할 것들 가운데 하나는, 과학이란 그 연구 대상에 대해서만 진실이라는 점이다. 이는 단지 한 종류의 과학만 있는 것이 아니라 많은 종류의 과학이 있다는 것을 의미한다. 내가 생각하기에 정치학의 연구 대상은 역사적이다. 만일 정치학이 하나의 과학이 된다면, 그것은 역사적 과학이 될 것이다.

본인의 학술적 작업들과 정치 세계가 어떤 식으로 연결되어 있다고 보나?

난 한 번도 정규 당원이 되어 본 적이 없다. 이유 중 하나는 늘 돌아다니며 살아서 어느 한곳에 오래 있어 본 적이 없기 때문이다. 이제는 이탈리아에 조금은 정착해 있다는 느낌이 들기는 한다. 민주적 중도 좌파들과 관계를 맺고 있다. 하지만 외부자로서 맺은 관계일 뿐이다.

생애 처음이자 유일하게 정부 자문에 응한 적이 있었는데 — 현재는 유럽 위원회European Commission에 이따금 자문하고 있지만 이를 정부 자문이라고 생각하지는 않는다 — 그때가 1974~75년이었다. 헨리 키신저Henry Kissinger가 포르투갈의 공산화에 대해 긍정적으로 생각하고 있다는 소문이 돌던 때였다. 키신저는 포르투갈의 공산화가 다른 서유럽 국가들에서는 공산주의에 대한 일종의 예방접종이 되어, 그 지역의 모든 공산당들을 파괴하는 데 도움이 될 것이라고 생각하고 있었다. [미국] 국무부는 포르투갈 주재 대사로 프랭크 칼루치Frank Carlucci를 보내려던 참이었다. 칼루치는 전형적인 CIA형 인간으로 악명이 높았고, 브라질에 가서는 나를 두고 "범미汎美 체계의 적"이라고 맹렬히 비난한 적도 있었다. 나는 워싱턴에 가서 칼루치에게 포르투갈 정치에 대해 간략히 설명해 주라는 요청을 받았다. 당시 나는 공개적인 저작물을 쓰는 것이야말로 내 소임이라고 생각하고 있었고, 이는 지금도 마찬가지다. 난 사회과학은 공개적인 속성을 가진다는 것에 확고한 믿음을 가지고 있고, 사회과학자들이 통치자의 귀에 대고 속삭이는 것에 반대한다. 하지만 그때 한 차례 그런 일을 했다. 워싱턴으로 가서 칼루치와 얘기했다.

적색 공포를 주장하고 이름 빌미로 미국의 개입을 유도하려는 관점을 논박하고자, 칼루치에게 포르투갈은 유럽에서 가장 보수적인 국가들 가운데 하나이고, 공산주의 국가가 되지 않을 것이며, 포르투갈인들은 그들 스스로 문제를 해결할 수 있다고 말했다. 그 후 얼마 지나지 않아 칼루치가 포르투갈로 갔는데, 그는 애초 예상했던 것과는 정확히 반대로 행동했다. 그는 미국이 포르투갈인들에게 어떤 것도 강요하지 않는다는 점을 확실히 했다. 결국 그는 본질적으로는 포르투갈 사회당을 지원하는 미국과 독일, 영국 간 동맹을 구상한 설계자가 되었다. 그런 점에서 칼루치는 충분히 인정받을 만하다. 그는 사태를 본능적으로 반공주의적인 방식으로 해석할 수 있었음에도 포르투갈을 기본적으로 보수주의 국가로 보았고, 미국이 해야 할 일은 사회당을 지원하고, 기다리는 것이 전부라고 결론지었다. 그가 옳았다.

크게 보면 세 기관 — 시카고 대학(1967~82)과 스탠퍼드 대학(1986~96), 그리고 유러피안 대학 (1982~86, 1996~현재) — 에 있었다. 이 세 곳에서의 경험은 어떠했나?

하나같이 특색 있는 기관들이다. 학문적 관점에서 보자면 시카고가 단연 최고였다. 세 가지 이유에서 시카고가 가장 자극을 주는 대학이었다. 첫째, 데이비드 이스턴David Easton, 모턴 캐플런Morton Kaplan, 한스 모겐소와 같은 매우 저명한 인사들이 있었음에도, 시카고 대학 정치학과는 매우 비위계적인 곳이었다. 직책이나 재직 기관과 상관없이 동일한 권리를 누렸고, 각자 원하는 강의를 맡아 가르칠 수 있었다. 종신 교수직 심사 투표권처럼 누가 보아도 수긍할 만한 사안을 제외하고는, 대부분의 측면에서 모든 이들이 동등했다. 둘째, 시카고의 각 학과는 이례적일 정도로 의사소통이 활발했다. 환경적인 요인도 있었다. 교수들 대부분이 서로 이웃에 살았으니 말이다. 늘 마주쳤고, 강의실은 물론 카페에서도 만났다. 그러면서 매우 가까운 친구가 되었다. 셋째, 우리 모두 논쟁을 좋아하는, 매우 자기중심적이고 자기 입장이 분명한 사람들이었지만 갈등이 극단으로 치달은 적은 없었다. 슈트라우스주의자들[30]과 다른 이들 사이에 날카로운 대립이 있긴 했었지만, 내가 시카고에 도착했을

---

[30] **슈트라우스주의자들**은 1949~68년까지 시카고 대학에서 가르쳤던 독일 유대계 이민자 출신 정치 이론가 레오 슈트라우스Leo Strauss(1899~1973)의 추종자들을 말한다.

때 갈등은 해결된 상태였다. 시카고에서는 늘 의견이 분분했다. 비록 논쟁은 격렬했지만 사람들은 절대 이를 '우리 대 너희'란 식으로 발전시키지 않았다. 이런 분위기가 대학원생들에게까지 확장되면서 대학원생들도 다른 부류의 사람들과 모임을 만드는 데 거리낌이 없었고, 우리의 이런 불일치 속에서 오히려 도움을 받았다. 시카고는 전체가 부분의 합보다 더 컸던 곳이었다.

시카고에서 가장 가까웠던 동료는 누구였나?

거의 모든 학과 사람들과 친했다. 하지만 특별히 아리스티드 졸버그Aristide Zolberg와 레너드 빈더Leonard Binder, 아이라 카츠넬슨Ira Katznelson, 브라이언 배리Brian Barry를 언급하고 싶다. 역사학과의 남미 전문가 존 코츠워스John Coatsworth와 프리드리히 카츠Friedrich Katz도 있다. 그런데 시간이 지나고 우리 중 많은 이들이 떠났다. 배리를 시작으로 카츠넬슨이 떠났고, 그다음으로 내가 유러피안 대학으로 떠났다.

시카고에서 있었던 기간이 셰보르스키와 겹친다.

그를 시카고로 데려오는 데 내가 중요한 역할을 했다. 그는 무척 잘 어울렸고, 내가 떠난 후에도 오랫동안 남아 있었다. 일하는 방식은 서로 달랐는데, 이것이 때로는 껄끄러운 관계로 이어져 대학원생들과 작업할 때 가끔 드러났다. 셰보르스키는 자신과 같은 연구를 하는, 즉 합리적 선택론적 성향을 가진 대학원생들과 작업하는 걸 좋아했던 반면, 난 좀 더 폭넓은 취향의 학생들과 작업했다. 그래도 서로에게 존경심을 갖고 있었고, 정말 좋은 동료였다. 학문적 차이를 뛰어넘어 오랫동안 개인적으로도 친한 관계였다. 앞서 언급했듯이 권위주의 체제로부터의 이행에 관한 우드로윌슨센터의 프로젝트에 셰보르스키와 처음부터 같이한 것도 그래서이다. 난 그를 확실하게 프로젝트의 일원으로 삼고 싶었다. 그가 중요한 공헌을 하리란 걸 알았기 때문이다.

1980년대에 이탈리아 유러피안 대학에서 몇 해를 보낸 후 미국으로 돌아왔고, 1986년에 스탠퍼드 대학에 자리를 얻었다.

이탈리아에서 행복했고, 되도록 그곳에 오래 머무르려 했다. 하지만 사적으로 친했던 테리 칼이 스탠퍼드 대학에서 일하고 있었다. 스탠퍼드로 옮긴 건 그녀 때문이었는데, 겉으로는 완벽해 보였던 것 같다. 스탠퍼드 정치학과가 아주 훌륭할 것이라고 생각했다. 하지만 나와는 맞지 않는 곳임을 금세 깨달았다.

스탠퍼드 대학의 문제는 뭐였나?

스탠퍼드는 시카고와 정확히 반대였다. 스탠퍼드는 어떤 문제에 대해 동일한 입장을 가진 사람들조차 서로 이야기를 나누지 않는 곳이었다. 사회적 혹은 지적 생활이라고 할 만한 것이 전혀 없었다. 사람들은 그저 일하러 캠퍼스에 온다. 오전 9시에 출근해서는 오후 5시에 퇴근하는 것이다. 테니스 모임 정도가 있었지만, 학교 내 모임은 그게 다였다. 게다가 스탠퍼드에서는 정치학과 구성원 대부분이 그리 지성적인 사람들이 아니었다. 그들은 단지 자신의 일을 하는 직업적 학자일 뿐이었다. 반면에 시카고에서는 일을 하는 것이 아니었다. 정치학은 우리의 소명이었고, 늘 정치에 대해 생각하고 논쟁했다. 스탠퍼드의 학자들은 지성인이라기보다는 사업가에 가까웠다. 아무런 상호 교류도 없는 완전히 죽은 과였다.

합리적 선택이론가들이 이끄는 집단이 계속해서 비교정치학의 미국화를 요구했다. 여러 언어를 알고, 현지 조사를 하고, 연구 대상국에 대한 심층 지식을 활용하는 사람들을 위해 남겨진 공간이 거의 사라지면서 과 내부의 균열은 점점 커져 갔다. 사태는 매우 극단적으로 치달았다. 비교정치학을 했던 많은 사람들은 결국 더 많은 시간을 다양한 지역연구와 국제 연구소 일에 쏟아야 했다. 전반적으로 이들은 공격받았고, 또 주변화되었다. 매우 폐쇄적인 환경이 되어 갔다. 정말이지 아주 작은 집단 하나가 과를 장악했고, 이 집단은 언제나 똘똘 뭉쳐 한 목소리를 냈다. 그러니 과 모임들이 재미있을 리가 없었다. 나도 결국 참석하지 않게 되었다. 스탠퍼드는 정말 안 좋은 경험이었다. 테리 칼과 함께 지냈다는 것을 제외하면, 그곳에서 얻은 성과란 없었다.

1996년에 이탈리아로 돌아가 유러피안 대학에 다시 들어갔다.

유러피안 대학은 훌륭했다. 피렌체라는 곳 자체가 일단 아주 매력적이다. 훌륭한 학생들이 다니고, 교수진 또한 최고 수준이다. 유러피안 대학에선 교수진 모두가 임시 계약직으로 최장 8년까지 있을 수 있다. 그러다 보니 교수진이 끊임없이 바뀐다. 이는 새로운 동료를 찾는 게 중요한 일이 되고, 또 그들이 누구인지에 대해 말을 많이 하게 된다는 뜻이다. 이 대학의 정치학과 사회학과는 유럽 내에서 최고라고 자부한다. 유러피안 대학은 학생 집단도 매우 다양하게 구성되어 있기 때문에 이로부터 자극도 많이 받는다. 어떤 인종이나 국적도 다수를 차지하지 않는다. 이탈리아·프랑스·영국·독일 출신 학생들이 동수를 이룬다. 흥미롭고 도전적인 곳이다. 이 학교야말로 내가 원하는 곳이고, 이보다 나은 일자리를 상상할 수 없다. 큰 행운이라고 생각한다.

　　대학원생들에게 연구 과제를 지정하지 않는 것을 원칙으로 삼았다. 유럽에서는 매우 이례적인 일이다. 유럽의 교수들은 보통 학생들에게 무엇을 연구해야 한다고 말한다. 그러다 보니 학생들에게 스스로 연구 주제를 찾아야 하고, 그 주제가 자신에게 충분히 중요한지도 스스로 결정해야 한다고 말하면 학생들이 놀란다. 난 이렇게 말한다. "내가 자네 주제를 어떻게 생각하는지를 염려할 필요는 없네. 또 과에서 그 주제를 어떻게 생각할지에 대해서도 잊어버리게. 그 주제가 자네에게 중요한지만 확실히 하게." 학위논문 주제를 잡을 때는 아주 심혈을 기울여야 한다. 학생이 학위논문 주제를 잡으면 그다음부터 나는 무척 까칠해진다.

　　난 이론에 신경을 많이 쓰는 편이다. 따라서 학생들은 본인이 하려는 주제에 대해 개념적으로 제대로 알고 있어야 한다. 난 그들이 쓴 모든 단어를 글자 그대로 읽고, 비판하고, 질문한다. "왜 자네는 이렇게 혹은 저렇게 하지 않았나?" 내가 생각해도 정말이지 달달 볶는다. 핵심적인 첫 장에 대해서는 특히 그렇다. 한 편의 논문을 쓸 때 초고를 여러 번 고쳐 쓰라고 한다. 하지만 어떤 자료와 방법론을 활용할지에 대해서만큼은 내 입장을 고집하지 않는다. 나는 그동안 설문 조사나 집합 자료에 기반을 둔 연구에서부터 인터뷰, 문헌 기반 연구에 이르기까지 모든 것을 지도해 왔는데, 그런 점에서 방법론이나 자료에 관해서는 매우 다방면에 걸쳐 있다고 할 수 있다. 이게 내 기본 철학이다. 내가 생각하기에도 나 같은 사람과 함께 작업하는 것은 꽤나 까다로울 듯하다. 학생들에게도 매우 많은 것을 요구하는 편이다.

---

[31] 교수로서 슈미터에 대한 대학원생의 관점에 대해서는 3권 데이비드 콜리어의 인터뷰(〈인터뷰 13〉) 참조.

비교정치학의 성과는 무엇일까? 대학원 내내인 1980년대 중반에는 미처 몰랐지만 지금은 알게 된 것이 있다면 무엇인가?[32]

비교정치학 분야에는 중요한 수확이 있었다. 가장 분명한 성과는 내가 공간적 차원이라 부르는 것과 관련이 있다. 40년 전과는 반대로 오늘날에는 한 나라에 대한 지식을 갖는 것만으로는 정치학 지식을 갖고 있다고 느끼기 힘들다. 이것이 큰 성과다. 이 점이야말로 비교정치학이 정치학으로 전환되는 데 도움을 주었다. 비록 미국에서는 유럽에 비해 이 같은 전환이 비교적 덜 진행되긴 했지만 말이다. 우리는 또한 좀 더 폭넓고 통합된 방식으로 정치를 연구한다. 예를 들어 이전처럼 선거나 정당을 별개로 연구하기보다는 정치적 이해관계 전반을 살펴본다. 그리고 그것이 정당 및 여러 방식의 공공정책 결정 과정과 어떤 식으로 연결되어 있는지 숙고한다. 이런 방식으로 정치학 분야를 재구성하고자 노력했고 어느 정도 일조했다는 점이 스스로 자랑스럽다. 하지만 이 같은 변화는 구조기능주의의 의도하지 않은 부산물이기도 하다. 구조기능주의는 연구를 진행하는 과정에서 오류를 드러냈다. 이와 같은 접근법은 대부분, 파슨스Talcott Parsons에게서 비롯된 방식인데, 정체가 안정

---

[32] 이 분야에 대한 슈미터의 전반적인 평가는 Schmitter(1993, 2002) 참조. 슈미터가 민주화에 대한 문헌들을 종합하기 위해 쓴 글에는 Schmitter(1995), Schmitter and Guilhot(2000) 등이 있다.

되고 그 상태가 유지되기 위해서는 일련의 고도로 추상화된 기능이 필요하다고 상정했다. 체계 전체의 상호 의존성systemic interdependence이라는 강한 가정이 그랬듯 정태적 편향 또한 분명하게 보였다. 나처럼 체제 내 변화와, 변화하는 체제에 더 관심이 있는 사람에게 이런 접근은 당연히 우려스러운 것이었다. 하지만 이처럼 명백히 '보편주의적인' 것처럼 보이는 이론의 진정한 편향은, 특정 제도나 제도적 복합체에 특정 기능을 수행하는 특권적 지위를 부여할 때 나타난다. 이 지점에서 구조기능주의는 미국 정치 체계에 대한 추상적이고도 조야한 묘사처럼 보였다. 다양한 정치체들에서 나타나는 역사적이고 '현존하는' 제도들에서 시작해, 그런 제도들이 어떤 기능을 하는지, 그리고 제도들 사이의 상호 의존이 비강압적인 방식으로 안정화되는지의 여부를 밝히고자 했다면 더욱 유용했을 것이다. 요약하면, 구조기능주의적 접근법에는 정확히 내가 추구했던 역사성과 국가성stateness[33]이 모두 결여되어 있었다. 물론 구조기능주의는 정치과정을 더욱 포괄적이고도 전체적인 관점에서 보도록 했다. 이 분야의 새로운 측면이라고 할 수 있다. 그런 폭넓은 안목을 바탕으로 한 연구 덕분에 수십 년 전만 해도 없었던 일반화들을 갖게 되었다. 모리스 뒤베르제에게는 미안한 말이지만, 예를 들어 우리는 선거제도만이 정당체계를 결정하는 것은 아님을 알게 되었다. 혹은, 내가 점차 그리고 어쩔 수 없이 깨닫게 되었듯이, 이익 결사체들의 다양한 배열configurations에 대한 이해

---

33 * 국가성stateness

린츠와 스테판은 국가성을 국가, 민족, 민주화 등 세 가지 변인 간의 상호작용으로 설명한 바 있다. 민주주의 체제가 성립하려면 주권국가와 시민의 존재가 선행되어야 하기 때문에 민주화가 성공하기 위해서는 국가 건설(주권국가)과 국민 형성(시민권 확립)이 성공적으로 이루어져야 한다는 것이다. 즉, 국가 건설은 배타적으로 구획된 영토적 경계 안에서 하나의 정치 공동체를 구성하는 것이다. 그런데 정치 공동체 내에 살고 있는 사람들(대중)은 민족, 종교, 언어, 문화, 역사 등 다양한 이질적 속성을 지니고 있더라도 시민권을 보장받고 국가에 대해 일체감을 지녀야 한다. 이것이 국가성을 제대로 갖춘 민주주의국가의 요건이라는 것이다. 린츠와 스테판은 이와 같은 국가성 개념을 통해 전 세계 국가들을 대상으로 민주주의 이행과 공고화의 사례를 검증한 바 있다.

는 당파적 경쟁과 정당 또는 집권당의 성격과 분리될 수 없다.

몇몇 주제에서는, 공인된 지식이 하나만 존재하지 않는 경우도 있다. 아직 우리가 풀지 못한, 경쟁적인 가설 상태로 남아 있는 대안적 관점들이 두세 가지 있을 수도 있다. 하지만 전에는 그저 대략적인 지식만 있었을 뿐이라는 점에 비춰 보면 훨씬 나아진 셈이다. 비교정치학에서 지식이 축적되지 않았다고 말하는 건 잘못이다. 하지만 이 같은 유행 ─ 행태주의, 구조기능주의, 오늘날에는 합리적 선택이론 ─ 에 휩쓸려 다니지만 않았더라면 미국 정치학은 오히려 더 많은 지식을 축적했을지도 모른다. 학계는 이런 유행에 휩쓸려 이전 세대가 만들어 낸 가치 있는 것들을 부정함으로써 자신들의 존재 의의를 증명하고자 한다. 이런 경향은 합리적 선택론자들이나 자신들이 이제 막 알게 된 것을 내세우며 마치 정치학을 무에서 창조해 내기 시작한 것처럼 구는 사람들에게서 찾아볼 수 있다. 심지어 특정 주제에 관해 자신들 이전에 쓰인 것들은 쓰레기라고 하기까지 한다. 난 동의하지 않는다. 오늘날 우리가 서있는 지반은 예전에 서있던 지반과는 다르다. 그곳은, 좀 더 안목을 갖추고 폭넓게 정치를 관찰할 수 있는 곳이라는 점에서 대체로 더 나은 곳이다.

당신의 얘기는 학계가 자기 역사를 잘 기억하고 있어야 한다고 강조했던 알몬드를 떠올리게 한다(Almond 1990, Part II).

알몬드는 세대와 시대를 가로질러 충분한 상호 참조가 이뤄지지 않고 있다는 점을 분명히 했다. 그는 (실제로 우리가 앞서 논한 바 있듯이) 심지어 코포라티즘 문헌과 관련해서도 그렇게 주장한 바 있다(Almond 1983). 사실 나는 기존 자료를 참고하기 위해 각별히 노력했다고 생각한다. 단지 잘못이 있다면 미국 정치학에 충분한 관심을 기울이지 않았다는 정도일 것이다. 미국 정치학 문헌들을 폄하하는 게 아니다. 하지만 내가 연구를 시작한다고 가정해 보자.

가령 브라질을 연구한다면, 브라질 사람들이 쓴 연구서나 논문을 검토하지 미국 사람들이 쓴 글을 보지는 않을 것이다. 때로는 브라질 밖에서 쓰인 글에서도 뭔가 유용한 것을 찾을 수 있을지 모른다. 아무튼 내가 미국의 남미 연구자들이 쓴 글에는 그다지 큰 관심을 두지 않았다는 사실은 인정한다. 물론 동료학자이자 동반자이기도 한 테리 칼의 글은 제외하고 말이다. 사실 이런 말을하기란 매우 조심스럽다. 나 역시 다른 나라의 정치에 관해 쓰고 있으니 내가지금 하는 말을 다른 남미 연구자들이 내게 할 수도 있다. 그럼에도 현지 사회과학자들과 관계를 맺으며 더욱 많이 배우게 되는 것은 사실이다.

지역연구

비교정치학에서 눈에 띌 만한 실패는 무엇이라고 생각하나?

가장 분명해 보이는 것은 공산주의 체제의 본질을 이해하는 데 완전히 실패했다는 것이다. 이런 실패는 (소련 체제를 연구하는 연구자들이 비교정치학 내에 하나의 낭포[폐쇄 집단]cyst를 형성하게 내버려 두었다는 점에서) 근본적인 실수가 무엇이었는지 또한 분명히 보여 준다. 그들은 비교정치학자들이 쓴 글을 읽지 않았고, 유로코뮤니즘과 같은 기본적인 문제들에 대해서도 관심이 없었다. 나 또한 몇몇을 제외하고는 그들의 작업을 읽지 않았다. 왜냐하면 그들과 생각이 달랐기 때문이다. 소련 연구자들과 나머지 비교정치학 분야 연구자들의 분리는 꽤나 극명한 것이었다.

이런 에피소드가 지역연구에 중요한 교훈을 준다고 본다. 지역연구는 매우 중요한 성과를 거둘 수 있지만, 그러려면 [다른 의견에] 열려 있어야 한다. 특정 지역을 연구하는 연구자들은 다른 사람들이 쓴 글도 읽어야 하고, 그 밖의 지역과 비교할 수 있는 지점을 찾기 위해 각자의 지역에서 뛰쳐나올 준비가 되어 있어야 한다. 소련 연구자들은 그러지 못했다. 그들은 공산주의 체제는 다른 체제와 전적으로 다르며, 공산주의 체제들은 공산주의 체제가 아닌 다른 체제들과는 비교가 불가능하다고 생각했다. 공산주의가 달랐기 때문에 공산주의 이후post-communism 역시 틀림없이 다를 것이라고 말하는 집단은 여전히 존재한다. 난 이런 관점에 강력히 맞서 왔다.[34]

나를 비롯해 남미 연구자들은 그런 식으로 비틀켜인 적이 없다. 우리는 늘 다른 지역에 관심을 기울인다. 남미는 미국과 유럽 사이에서 애매한 지적 지위에 있었다. 남미 국가들은 미국과 유럽이라는 외부 기준과 늘 암묵적으로 비교되었다. 다른 지방과 지역에 대한 이런 개방성 덕분에, 남미에 관한 문헌들이 체제 변화를 분석하는 데 훨씬 나은 성과를 거둘 수 있었다고 본다. 오도넬과 나는 권위주의 체제들이 남미에서 얼마나 허약한지 잘 알고 있었다. 민주화가 언제 일어날지 정확히 예측할 순 없었지만 민주화가 일어났다는 소식을 듣고도 놀라지 않았다. 우리가 권위주의적 통치를 설명하기 위해 제시한 모델을 통해, 이 체계에 내재한 모순을 이해할 수 있었기 때문이다. 공산주의 체제 연구에서 지배적이었던 전체주의 모델처럼 폐쇄된 방식에 휘말리지 않았다. 일부 국가군만을 위해 별개의 용어와 별도의 가정을 개발하려는 전략은 근본적으로 잘못된 것이다.

---

[34] Schmitter and Karl(1994)과 Karl and Schmitter(1995) 참조.

비교정치학의 미래와 미국식 모델

이런 평가를 감안한다면 비교정치학의 미래는 어떨 것이라고 보나?

최근 『유럽정치학』European Political Science에 실린 글(Schmitter 2002)에서 지금 질문한 문제를 다뤘다. 많은 사람들이 — 미국인과 영국인들은 물론이고, 심지어 일부 스칸디나비아 사람들조차 — 이를 답하기 쉬운 질문이라고 생각한다. 그들의 관점에서 보면 비교정치학과 정치학의 미래는 이미 미국에서 예시되고 있다. 미국이 기준을 설정한다. 미국 내 정치학자들의 수, 높은 전문화 수준, 미국에서 발행되는 학술지의 특권적 지위와 그 수를 비롯한 여러 요인 때문이다. 따라서 다른 나라 정치학자들이 미국 모델로 수렴하는 것은 시간문제일 뿐이다. 내 논문은 미국이 비교정치학의 '미래의 초상'을 제공한다는 주장에 도전했다.

미국 내에서 정치학이 수행되고 있는 방식에 어떤 문제가 있다고 보나?

핵심적인 문제를 하나 꼽자면, 미국 정치학의 지나치게 많은 부분이 미국 연구에 기반하고 있지만 미국은 특수한 사례에 불과하다는 점이다. 미국은 봉건제를 겪지 않았고, 적대하는 이웃 나라가 없었을 뿐만 아니라, 이민자 사회 내 균열들이 복합적이면서도 중첩되어 있는 사회다. 따라서 예외적 정치 상황인 미국 사례를 기반으로 도출된 정치학은 보편적인 정치학이 될 수 없을 것이다. 미국에 토대를 둔 발견들이 다른 지역에서도 의미를 갖기는 어렵다. 미국 정치 연구자들은 그들 스스로가 묘한 역설적 입장에 처해 있음을 알게 된다. 즉, 한편으로 그들은 '자신들의' 정체가 예외적이라고 주장하면서도, 다른 한편으론 그들이 발견한 것은 예외 없이 보편적으로 적용될 수 있다고 주장한다.

그렇다고 해서 미국 정치학이, 미국을 다른 사례들과 마찬가지로 단지 하나의 사례로 치부한다면 이 또한 문제가 된다. 하지만 이런 일은 일어나지 않을 것이다. 미국 연구자들의 반발이 매우 크기 때문이다. 유럽에선 상황이 다르다. 유럽에선 어느 누구도 이탈리아나 스페인이 단지 하나의 사례라는 생각에 반발하지 않는다. 사실 유럽에선 이탈리아나 스페인이 여전히 전통적 의미의 '사례'인지도 불분명해지고 있다. 왜냐하면 이 국가들의 정치와 유럽연합의 정치가 너무도 얽혀 버렸기 때문이다. 이제 유럽 국가들을 독립적인 단위로 볼 수는 없다.

(이미 암시한 바 있지만) 미국 정치학의 또 다른 문제는 너무 쉽게 유행이 생겼다가 사라진다는 것이다. 내가 보기에 이는 미국 학계가 엄청나게 경쟁적이기 때문이다. 그래서 특정 접근법이나 방법론의 중요성을 과장하는 경향이 있다. 경쟁성은 미국 정치학의 가장 나쁜 측면이자 가장 좋은 측면이다. 경쟁은 한편으로 부정적인 유행이 반복해 생겨나게 하고, 새로운 접근이나 방법, 이론이 제공할 수 있는 것을 과대평가하게 한다. 하지만 다른 한편으로 경쟁이 만들어 낸 바로 그 유행을 파괴하는 것 또한 미국 학계의 경쟁적 속성이다. [이런 학계 풍토에서] 필연적으로 형성되게 마련인 경쟁 집단은, 지배적 전통을 들쑤셔 놓는 것을 주요 업무로 삼기 때문이다. 반대로 유럽의 정치학계는 본질적으로 더 보수적이고 비경쟁적이다. 부분적으로 이는 유럽 대학들이, 고도로 관료화된 속성을 지니고 있기 때문이기도 하다. 그 결과 유럽 정치학계은 혁신에 훨씬 저항적이지만, 혁신이 용케 한 번 침투되면 더 철저히 받아들여지고 흡수된다. 아마도 이런 점 때문에, 유럽 정치학계에서 지식의 축적이 일어난다는 느낌을 더욱 강하게 받는 것 같다.

지난 50년 동안 미국 정치학 내에서 지배적이었던 접근법 ― 행태주의, 구조기능주의, 합리적 선택이론 ― 의 경우 그 반향 면에서 각각 어떤 차이가 있다고 보나?

어떤 의미에서 보면 그것들은 완전히 똑같다. 합리적 선택이론의 옹호자들을 예로 들어 보자. 그들은 대학원생들에게 합리적 선택이론을 배울 필요가 있다고 말해 왔고, 그런 학생들만 배타적으로 양성했다. 그러고는 그 분야 내에서 일종의 '클럽'을 효과적으로 만든다. 행태주의자들이 한 일이 정확히 이런 것이었다. 이는 구조기능주의자들이 사회과학연구협의회 산하 비교정치위원회를 통해 했던 일이기도 하다. 그들은 모두 자화자찬하는 자기들만의 파벌을 만들어서는 서로를 키워 주었다.

그럼에도 차이는 있다고 본다. 행태주의자들(과 일부 구조기능주의자들)은 제3세계에 대한 연구가 풍부하게 이뤄지는 데 도움을 주었다. 그 결과 잘 알려지지 않았던 세계 여러 지역에 대한 전문가들이 많이 배출되었다. 그들은 학계 내·외부에서 필요로 한 유용한 지식을 생산했다. 반면에 합리적 선택이론가들이 실천적으로 유용한 지식을 많이 생산하고 있다고는 보지 않는다. 정치에 대한 합리적 선택이론의 기본 가정들은 꽤나 비현실적인 경향이 있기 때문이다. 이런 가정들의 한계를 인정하고 완전히 부적절한 상황에 그 이론을 잘못 적용하지만 않는다면, 분명 합리적 선택이론에도 부분적으로 매우 흥미로운 측면들이 있고, 적어도 그렇게 될 수 있는 여지가 있을 수 있다. 하지만 합리적 선택이론의 한계를 이해하며 그 한계와 대면하고자 하는 의지가 그리 강해 보이진 않는다.

그렇다면 정치학 내에서 합리적 선택이론의 미래를 어떻게 보나?

난 합리적 선택이론이 현재 지배적이라고 생각하지 않는다. 미국

학계의 경쟁적 속성 때문에, 심지어 미국에서조차 지배적인 관점이 될 것 같지 않다. 합리적 선택이론의 거품은 곧 꺼지리라고 장담한다. 이전 유행들이 그랬듯이 합리적 선택이론도 일부 잔재를 남길 것이다. 유행이 지나고 나면 학과가 좀 더 다양해지기 마련이다.

연구 의제들

향후 10년쯤 뒤에 비교정치학 내에 큰 발전이 있다면 이는 어떤 지점에서 일어날 것이라고 생각하나?

이런 질문에 답할 때, 답변자는 자기 연구 분야에 대한 편향이 있음에 유의해야 한다. 적어도 나는 그렇다. 이 점을 염두에 두고, 앞으로 점점 중요해질 것으로 보이는 두 가지를 말해 보겠다. 첫째, 국익에 의해 추동되고 나아가 외교 협상, 상대적 우위, '자조'self-help, 적나라한 세력 갈등 등을 수반하는 고전적 의미의 국제관계로 포괄할 수 없는, 초국적 정치과정들에 관한 것이다. 이 과정들은 지역적일 수도 있고, 지구적일 수도 있다. 유럽에서는 유럽연합으로 인해 이미 이런 과정이 빈번히 일어나고 있다. 하지만 예컨대 남미공동시장Mercado Común del Sur, Mercosur(메르코수르)[1991년 아르헨티나·브라질·파라과이·우루과이가 설립한 무역 지대]을 설립한 남미처럼 유럽 이외의 지역에서도 그런 경향들을 발견할 수 있다.

둘째, 민주주의의 질적 측면에 관한 연구와 새로운 규범적 민주주의 이론이 발전할 가능성도 강조할 만하다. 민주화 연구는 거의 그런 방향으로 가고 있다. 그럼에도 여전히 민주주의 그 자체가 겪고 있는 근본적 변화를 파악할 수 있는, 새로운 형태의 민주주의 이론이 필요하다. 로버트 달(Dahl 1989, 1, 2, 15, 22, 23장)은 민주주의 자체가 이미 여러 차례의 혁명을 겪었다는 훌륭한 통찰을 발전시키고 있다. 난 현재 우리가 이런 성격의 또 다른 민주주의 혁명의 한가운데에 있다고 생각한다. 행위자들의 본질이 바뀌고 있다. 오늘날 진정한 시민은, 개인이 아닌 조직이다. 실제로 근대 민주주의에서 개인들은 오직 조직을 통해서만 효과적으로 행동한다. 정당의 중요성이 감소하고 이익결사체와 사회운동의 중요성이 증대되면서 그에 맞게 조직 형태도 변화해 왔다. 따라서 좀 더 '조직 중심의'organizational 민주주의 이론이 필요하다. 더구나 정부의 단위 또한 바뀌고 있다. 오늘날에는 초국가적 민주주의supranational democracy 못지않게, 하위 국가적 민주주의subnational democracy에 대한 논의에도 많은 관심이 쏠리고 있다. 그런 점에서 우리는 국민국가라는 하나의 분석 단위를 위아래로 넘나들고 있는 셈이다. 이는 또 다른 민주주의 이론을 요구한다. 민주주의 이론의 99퍼센트가 국민국가를 선험적이고 이론異論의 여지가 없는 존재로 가정하고 있기 때문이다.

마지막으로 학자의 길에 들어선 대학원생들에게 해주고 싶은 조언은 무엇인가?

　　비교정치학은 정치학 내에서 가장 도전적이고 어려운 분야다. 하지만 가장 흥미롭고 보람 있는 분야이기도 하다. 훌륭한 비교정치학자가 되기 위해서는 스스로 비교하는 삶을 살 필요가 있다. 즉, 다른 문화권에서 사는 것에, 외부자로 사는 것에 스스로 익숙해져야만 한다. 여러 나라에 갈 수 있는 기회를 찾아보면서 자신의 삶을 비교정치에 적합하도록 만들어야만 한다. 쉬운 일은 아니다. 특히 가족을 비롯한 여타 '고정 자산들'이 있을 경우엔 더욱 그렇다. 난 운이 좋았다. 자식들은 내가 세계 곳곳을 돌아다니는 것에 개의치 않았다. 사실 솔직히 말하면 [아이들의 속마음도 과연 그럴지] 썩 자신은 없다. 아이들도 대학에 들어가기 전까지 무려 8개국에서 살았다. 그러니 정작 그들은 다른 얘기를 할지도 모른다. 어쨌든 핵심은 진정으로 비교정치학자가 되길 바란다면 비교하는 삶을 살 준비를 해야만 한다는 것이다.[35]

---

[35] 추가적인 제안에 대해서는 Schmitter(1997b, 295-297) 참조.

농민과 권력,
그리고 저항의 기술

제임스 스콧은 동남아시아 전문가로 문화와 정치 연구에 크게 기여했으며, 서발턴 집단, 특히 개발도상국 농민의 저항 방식에 대한 독창적 이론으로 유명하다. 미국 정치학계에서 벌어진 페레스트로이카 운동[1]의 주역이기도 하다.

스콧은 초기 연구에서 정치 엘리트의 이데올로기의 문제 — 이는 그의 첫 번째 책 『말레이시아의 정치 이데올로기』*Political Ideology in Malaysia*(1968)에서 다루어졌다 — 와 부패 및 후견주의clientelism — 이는 『부패에 대한 비교 연구』 *Comparative Political Corruption*(1972a)를 비롯해 여러 편의 영향력 있는 논문에서 다루어졌다 — 에 초점을 맞추었다. 이후 그는 농민과 지주계급의 관계를 조명한 『농민의 도덕 경제』*The Moral Economy of the Peasant*(1976)에서, 농민반란이 후원-수혜 관계의 해체에 직면한 농민의 위험-회피 행동의 결과라고 설명했다. 이 책은 새뮤얼 팝킨의 『합리적 농민』*The Rational Peasant*(Popkin 1979)과 함께 널리 읽히면서, '합리적 선택/정치경제'를 주장하는 팝킨과 '도덕 경제'를 강조하는 스콧 사이의 이른바 스콧-팝킨 논쟁을 불러일으켰다.

스콧은 2년에 걸쳐 말레이시아 촌락 내의 계급 관계에 대한 민족지적 현지 조사를 수행하면서 농민에 대한 지식을 심화시켰다. 『약자의 무기』*Weapons of the Weak*(1985)는 이런 조사의 결실로, 피지배 집단이 권위에 맞서 소위 '일상적 저항'을 하게 된다고 이야기한다. 이는 피지배 집단은 지배당한다는 사실조차 인식하지 못하게 가로막는 '헤게모니'의 지배 속에 있어서 저항이 불가능하다고 주장한 그람시적 생각에 도전하는 것이었다. 『지배와 저항의 기술』*Domination and the Arts of Resistance*(1990)에 이르러서는 농민 이외의 피지배 집단들과 아시아 이외 지역의 사례까지 다루며 연구 범위를 넓혔다.

---

1 2000년에 일어난 페레스트로이카 운동은 미국정치학회의 구조를 개혁하고, 『미국정치학회보』를 좀 더 다양한 방법론과 이론적 접근을 포용하는 학술지로 전환하고자 했다.

『국가처럼 보기』Seeing Like a State(1998)에서 그는 연구 방향을 새롭게 전환해 삶의 조건을 개선하겠다며 추진한 국가 개입이 참담한 결론에 도달하는 이유를 광범한 비교 역사 연구를 통해 드러냈다. 1970년대 탄자니아의 우자마아ujamaa 강제 촌락화 계획²이나 18세기 프로이센의 과학적 조림scientific forestry 등 전혀 공통점이 없어 보이는 사례를 오가며, 토착적 지식과 실천적 지식을 무시하는 이데올로기인 '하이 모더니즘'³이 어떻게 재앙에 가까운 결과를 초래하는지 보여 준다. 최근에는 국가와 사회의 상호작용에 초점을 맞추고, 국가가 왜 유동하는 집단에 적대적인지 분석해 가며 연구를 진행 중이다.

1936년 뉴저지의 마운트 홀리에서 태어난 스콧은 1958년에 윌리엄스 대학에서 석사 학위를, 1967년에 예일 대학에서 정치학 박사 학위를 받았다. 위스콘신 대학 매디슨 캠퍼스(1967~76)와 예일 대학(1976~현재)에서 강의했으며, 1991년에 예일 대학 농업연구프로그램을 공동으로 설립했다. 아시아연구협회 회장을 역임했고(1997~98), 1992년에는 미국예술과학아카데미 회원으로 선출되었다.

2* 식민지 시기 이전에 아프리카 사회가 유지하던 공동체 원리를 되살리자는 취지로 농촌 집단화 및 재정착 정책을 실행해 민족 통합에는 일정 수준 성과를 보였으나 경제 발전에는 실패했다.

3* 하이 모더니즘high modernism 이데올로기는 "과학적·기술적 진보, 생산의 증대, 인간의 필요에 따른 만족의 증가, 자연에 대한(인간의 본성을 포함해) 정복 그리고 무엇보다 자연 법칙에 대한 과학적 이해에 상응하는 사회질서의 합리적 설계 등과 관련해 갖고 있는 자기 확신의 강력한 ─ 심지어 근육처럼 단단한 ─ 버전으로 이해하면 가장 정확하다. 물론 그것은 서구가 미증유로 경험한 과학과 산업의 진보가 초래한 부산물이다."『국가처럼 보기』(전상인 옮김, 에코리브르, 2010), 24쪽.

2001년 7월 20일과 28일 양일간
코네티컷 주, 더럼에서
스나이더가 인터뷰했다.

이디에서 자랐고 부모는 어떤 사람들이있는가? 어린 시절, 정치에 관심을 갖게 된 계기가 있는가?

　　뉴저지, 베벌리Beverly에서 자랐다. 베벌리는 델라웨어 강Delaware River을 따라 자리 잡은 작은 산업 도시로, 캠던Camden과 트렌턴Trenton의 중간쯤에 있다. 아버지는 마을 주치의였는데, 마흔 여섯에 심장마비로 급작스럽게 돌아가셨다. 그때 난 아홉 살이었다. 아버지는 웨스트버지니아에서 자라 열렬한 민주당원이자 루스벨트Franklin D. Roosevelt 지지자였다. 루스벨트가 사망한 날, 나는 감기에 걸려 집에서 쉬고 있었다. 라디오에서 나오는 서거 방송을 내가 처음 듣고서 어머니에게 전했고, 어머니는 아버지에게 알렸다. 당시 집의 절반을 진찰실로 개조해 사용하고 있던 아버지는 바로 그날 업무를 접었다. 두 분과 가까운 친구 분들이 모여 그 후 몇 시간을 함께 울었다.

　고인이 된 아버지를 기리기 위한 방법이기도 해서 나는 아주 어린 나이에 '민주당' 지지자가 되었다. 반에서는 혼자 민주당 지지자였다. 내가 다닌 무어스타운 프렌드회會 학교Moorestown Friends' School는 퀘이커 계열이었지만, 학생들은 대부분 부유층 자제였으며 공화당 지지자였다. 그렇다고 해서 내가 이해받지 못한 것은 아니었는데, 교사들이 대부분 민주당 지지자이거나 사회주의자로 어느 정도는 내 정치 성향에 호감을 보여 주고 격려해 주었기 때문이다. 아버지가 돌아가신 이후에는 주말과 여름방학에 일을 하고 학비를 면제 받는 첫 번째 근로 장학생으로 선발되기도 했기 때문에 학교와의 관계는 각별했다. 프렌드회 학교의 활동을 통해, 특히 주중과 주말에 필라델피아와 워싱턴에서 봉사 활동을 하면서, 내가 다녔던 다른 어떤 교육기관에서보다 더 폭넓은 경험을 할 수 있었다. 우리는 감옥, 사회 복지관, 부두 노동자 모임, 치료감호소 등을 찾아갔고, 빈곤층의 주택 보수 작업을 도왔으며, 냉전이 한창일 때 소련 대사관을 방문하기도 했다. 그리고 제2차 세계대전 당시, 양심에 따라 병역을 거부하던 퀘이커 교도를 여럿 만났다. 요컨대, 다수 앞에 소수로 당당히 나설 수 있는 용기 있는 사람을 많이 만났고, 이런 경험은 내가 편협하지 않게 성장할 수 있도록 영향을 미쳤다.

1958년에 윌리엄스 대학에서 학부 과정을 마쳤다. 이곳에서 무엇을 배웠는가?

사교적인 면에서나 지적인 면에서나 나는 대학 공부를 할 만한 소양을 전혀 갖추고 있지 못했다. 사실 대학에 적응하지 못하고 낙제해서 퇴학당할 것이라고 생각했다. 입학 첫날에 신입생끼리 작가와 시인에 대해 토론하는 것을 들었다. 의견이 없는 것은 둘째 치고 아예 이름도 들어 보지 못한 사람들이었다. 도통 내가 아는 게 없다는 사실을 절감하며 어머니에게 전화를 걸어 이렇게 말했다. "최선을 다하긴 하겠지만, 크리스마스 전에는 집에 가게 될 것 같아요. 여기서 버틸 수 있을 것 같지가 않아요." 하지만 내 자신에 대한 이런 회의감 때문에 윌리엄스 대학Williams College에서 정말 열심히 공부했다.

경제학을 전공했다. 어떤 교육을 받았는가?

윌리엄스 대학의 교육과정 덕분에 정치경제학의 기초 지식을 튼튼히 할 수 있었다. 칼 폴라니¹, 얀 틴베르헨²의 복지 경제, 그리고 계획경제에 관한 다양한 책들, 이를테면 바버라 워드[6]나 하이에크[7]를 공부했다. 앤서니 다운스도 읽었다. 사실 다운스의 『민주주의 경제학 이론』*An Economic Theory of Democracy* (Downs 1957)이 졸업하기 전에 마지막으로 읽은 책이다. 윌리엄스 대학이 심어 준 일종의 지적 열망은 대학원에 진학한 뒤에도 식지 않았다. 대학이 모든 사항을 면밀히 가르쳤다기보다는 진짜 지식인이 되기 위해서는 어떻게 해야 한다는 하나의 지도를 그려 주었다고 생각하면 될 것 같다. 정치학 공부와는 별개로 소설과 시를 하루에 한두 시간씩 꼭 읽는 버릇도 이때 들었다.

여러 면에서 정말 특이한 일이기는 한데, 동남아시아 전문가가 된 것도 학부 시절의 경험 덕분이다. 4학년 때 졸업 논문을 쓰기 위해 제2차 세계대전기 독일의 전시 동원 체제를 공부하고 있었다. 독일은 인력이 충분했는데도 2교대 혹은 3교대제로 공장을 돌리지 않았다. 당시 아무도 그 이유를 알아내지 못했고 지금도 마찬가지일 것이다. 그런데 이 주제를 깊게 파고들 수 없었다. 그해 가을에 사랑에 빠져 버렸기 때문이다. 12월에 존경하는 에밀 데프레Emile Després 교수가 논문 진행 상황을 물으려고 연구실로 나를 불렀다. 적당히 꾸며서 넘어가려고 했는데 데프레 교수는 나를 꿰뚫어 보고 소리쳤다. "나가 보게! 나한테 논문 심사 받을 생각은 집어치우거나. 어떻게 아무것도 하지 않

---

4 • 칼 폴라니Karl Polanyi(1886~1964)
오스트리아 출신의 미국 사회철학자이자 경제사가. 대표적인 저서로는 『거대한 전환』*The Great Transformation*이 있으며, 유고집으로 『인간의 살림살이』*The livelihood of Man*가 있다.

5 • 얀 틴베르헌Jan Tinbergen(1903~94)
네덜란드 경제학자. 계량 경제학의 선구자로, 1969년 노벨 경제학상을 수상했다.

6 • 바버라 워드Barbara Ward(1914~81)
영국의 경제학자이자 문필가. 지속 가능한 발전sustainable development)이라는 개념으로 유명하다.

7 • 프리드리히 폰 하이에크Friedrich von Hayek(1899~1992)
오스트리아 태생 영국 경제학자. 케인스주의적 복지국가와 집산주의에 대한 비판으로 유명하다. 1974년 뮈르달과 공동으로 노벨 경제학상을 수상했다.

을 수 있지? 당장 나가!" 그래도 학위는 꼭 받고 싶어서 경제학과의 모든 교수를 차례로 찾아가 논문 지도가 가능한지 알아보았다. 윌리엄 홀링거William Hollinger라고 인도네시아 경제를 연구하던 교수가 때마침 말했다. "나는 항상 버마의 경제 발전에 대해 궁금한 점이 많았지. 자네가 버마 관련 논문을 쓴다면 내가 봐줄 수도 있네만." 내 대답은 이랬다. "네, 좋습니다. 그런데 버마가 어디죠?" 나는 버마가 어디에 있는지도 몰랐다. 학부 마지막 학기에 로터리 클럽 장학금Rotary fellowship을 신청해 보았다. 버마에 가기 위해서였다. 사실 원래 계획은 졸업 후 하버드 로스쿨에 진학하는 것이었는데, 놀라지 마시라. 내가 로터리 클럽 장학생으로 뽑혔다. 내 생각은 이랬다. "하버드 로스쿨이야 언제든 갈 수 있지만 버마에 갈 기회가 또 올까?" 그래서 망설임 없이 1958~59년까지 1년을 버마에서 보냈다.

버마는 어땠는가? 가서 무엇을 했는가?

처음 도착했을 때는 우누[8] 민간 정부가 정권을 잡고 있었으나 곧 군부에 넘어갔다. 나는 랑군양권에서 전국학생연합과 함께하며 학생운동에 깊이 관여했다. 그러다가 미국인 학생운동가를 달가워하지 않던 좌익 학생들에게서 살해 위협을 받았다. 당시에는 나도 꽤 좌파 성향이었기에 억울했지만 하소연할 곳이 없었다. 친구가 조언했다. "장난삼아 떠보는 게 아니라 진심으로 죽일 태세야. 농담 아니라고!" 잔뜩 겁을 집어먹은 나는 랑군을 떠나 만달레이Mandalay로 가서 버마 말만 배우며 지냈다. 당시에는 버마어를 그럭저

---

[8] * 우누U Nu(1907~95)
버마의 독립 운동가이자 초대 총리(1948~58, 1960~62).

력 구사할 수 있었지만 지금은 다 잊어버렸다.

초기 버마행이 농민과 농촌에 대한 관심을 자극했는지 궁금하다. 버마의 시골에서 지낸 적
이 있는가?

없다. 버마 여행을 한 적은 있다. 버려진 1940년식 트라이엄프 오
토바이를 고쳐서 타고 다녔다. 이 구식 모델은 하도 상태가 좋지 않아서 현지
인들도 사용하지 않고 있었다. 심지어는 충격 흡수 장치조차 고장 나 있었다.

버마에서 돌아온 후 계획을 바꿔 하버드 로스쿨이 아닌 예일 대학 정치학과 대학원을 택했
다. 이유는 무엇인가?

처음에는 하버드 로스쿨 대신 예일 대학 경제학 석사 과정을 밟기
로 했다. 버마와 파리정치대학Institut des Etudes Politiques에서 각각 1년씩을 보내
면서 세상에는 법전보다 더 중요한 것이 많다는 확신이 생겨서다. 예일 대학
은 경제 발전 분야가 유명했다. 이후에 경제학보다는 정치학이 더 중요하다
는 생각이 들어 곧바로 경제학과에 연락해 내 지원서를 정치학과로 보내 달
라고 하며, 혹시 정치학과에서 날 받아 줄 수 있는지 알아봐 달라고 부탁했
다. 다른 곳에 지원한 기억은 없다.

대학원에 들어간 게 1961년이라면, 예일대 정치학과가 전국에서 가장 잘나가던 때가 아닌가 싶다.[9]

　　행태주의 혁명이 한창일 때 들어갔다. 실증주의가 대유행이었고 모두가 포퍼(Popper 1959)와 헴펠(Hempel 1965, 66)을 읽어야 했다. 카이 제곱과 피어슨 상관계수도 구분하지 못하는 교수들이 통계 방법론을 절대 진리인 양 가르치고 있었다. 로버트 레인 역시 실은 별로 써먹지도 않으면서 진리의 보고인 양 방법론을 가르쳤다. 예수회 학교에 다니는 기분이었다. 모든 교수진이 정치학계에 일대 혁신을 일으키겠다는 일념으로 뭉쳤다는 점에서는 큰 의미가 있겠으나 대부분의 대학원생은 나처럼 회의적이었다.

　　게이브리얼 알몬드가 강의 첫날부터 순기능적eufunctional이라는 용어를 썼던 기억이 난다. 당시 알몬드는 구조기능주의 연구서인『개발 도상 지역의 정치』(Almond and Coleman 1960)의 저술을 막 끝낸 참이었는데, 그것을 마치 창세기라도 되는 듯 이야기하고 있었다. 알몬드는 내가 알아듣지 못하는 용어를 수도 없이 써댔다. 윌리엄스 대학에서 매우 전통적인 교육을 받아 행태주의 혁명에 관해 아는 것이 없던 내게는 모든 것이 전적으로 새로운 사실이었다. 나는 단어장에 모르는 용어의 목록을 써내려가다 6~7개 정도 모이면 수업 시간에 손을 들고 질문할 정도로 단세포였다. "알몬드 교수님, 이 말이 뭔지 모르겠는데요. 무슨 뜻인지 설명해 주세요." 석사 2년차들은 혁하면서 내뱉었다. "어우, 내가 다 창피해!"

9　1955년에서 1970년 사이 예일 대학 정치학과에 대한 상세한 내용은 Merelman(2003) 참조.

알몬드는 어떤 반응을 보였나?

　　그중 몇 개 용어는 제대로 설명하지 못했다. 아무튼, 잘난 체하려고 하는 얘기는 아니다. 그런 의도는 예나 지금이나 전혀 없다. 이 이야기를 한 이유는 대학원 입학 당시 내가 얼마나 초보였는지 보여 주기 위해서다. 모든 것이 생소했다. 예컨대, 칼 포퍼의 이름도 들어본 적이 없었다. 무(無)에서 시작해야 했다. 내가 예일 대학에서 석사 과정을 시작한 이유는 동남아시아 정치와 버마, 경제 발전에 관심이 있어서다. 제3세계를 알고 싶었다.

　사실 알몬드의 수업에서 겪었던 상황들이, 윌리엄스 대학과 예일 대학 그리고 처음으로 강의를 맡게 된 위스콘신 대학에서도 비슷하게 반복되곤 했다. 늘 낯선 곳에 들어가 나 스스로에게는 물론 다른 사람들에게 내가 그런대로 그곳에 어울릴 만한 사람임을 증명해야 했다. 그래서 처음 1~2년은 불만을 누그러뜨리며 착한 학생으로 지낸다. 그곳의 방식을 완벽하게 따라잡아야만 인정받을 수 있다고 여겼다. 그러나 내가 익숙해졌다는 생각이 든 순간, 나는 말썽을 부리고 반란을 일으킨다.

알몬드의 수업보다 더 자극을 준 강의는 없었나?

　　로버트 달의 강의가 굉장했다. 기막힌 질문이 기억난다. 왜 정치에서 바보 같은 일들이 벌어지는가? 돌이켜 생각해 보면 모두가 멍청한 짓이었다는 데 동의하는 그런 일들 말이다. 달은 모두가 명백히 잘못된 것이었다고 알고 있는 정치적 결정들이 어떻게 그리고 왜 가능했는지를 과제로 내주었다. 나는 퀘벡 회담을 주제로 잡았다. 처칠과 루스벨트는 이 회담에서 독일이 다시는 전쟁을 일으키지 못하도록 공업단지를 철거하고 탄광을 폐쇄해 독일을 탈공업화하는 협정에 서명했다. 이 카르타고식 평화[10]의 배후에는 헨리 모겐소[11]가 있었다. 이 잘못된 결정은 탈공업화가 독일에서 과잉 실업인구를 양산하자 1년 반 만에 흐지부지되었다. 무엇을 어찌할 셈이었는지 모르겠다. 갈 곳 없는 독일인을 전부 북아프리카에라도 보낼 작정이었을까.

예일에서 나는 로버트 달, 찰스 린드블롬, 로버트 레인 그리고 동남아시아를 전공한 역사학자이자 내게 큰 영향을 준 해리 벤다[12] 같은 대단히 명석한 교수들과 함께할 수 있었다. 정치학 고전을 읽었고, 동남아시아 관련 교육도 받았다. 또 주위에 이해력이 뛰어난 대학원생이 많아 지적인 동기부여도 되었다. 그래서 이 예일 대학 예수회 행태론자들의 설교를 감사히 여기고 있다. 나를 가르친 정치학과 교수들은 신념을 갖고 강의에 임했으며 중요하다고 생각하는 것을 전달하기 위해 노력했다. '여기서 그만 내려, 이 애송이야' 식의 태도는 전혀 없었다. 학생은 선생이 진심을 담아 가르치는지 단박에 알 수 있다. 나는 이렇듯 강의에 진심을 다하는 교수들에게서 배웠다. 그리고 나중에 말썽을 일으킬 도구도 챙길 수 있었다.

구체적으로 어떤 도구를 말하는 것인가?

세 가지를 들 수 있다. 첫째는, 당시 제법 진지하게 배운 과학철학이다. 예일 대학 교수들은 과학철학을 자신들이 일으킨 정치학 혁명의 지적

---

10 * 상대의 전쟁 수행 능력을 소멸시키는 것을 목표로, 패자에게 가혹한 평화조약을 맺는 것을 말한다.

11 * 헨리 모겐소 2세Henry Morganthau Jr.(1891~1967)
루스벨트 행정부의 재무장관 헨리 모겐소는 전후 독일 산업의 성장을 막기 위해 독일의 철저한 비공업화를 목표로 하는 '모겐소안'을 입안했다.

12 * 해리 벤다Harry Benda(1919~71)
미국의 역사학자. 체코슬로바키아 출신으로, 인도네시아를 비롯한 동남아시아 연구로 유명하다.

토대로 여겼다. 물론 나는 내가 읽은 것들과 그것을 정치학에 적용하는 데 모두 회의적이었다. 게다가 레인과 달, 린드블롬 같은 내가 존경하는 학자들 역시 자신들이 설교한 내용을 실천하지는 않았다는 점을 익히 알고 있었다. 둘째는, 사회주의의 지적 기반에 대해 좀 더 깊이 이해하게 된 것이다. 이들 세 학자는 모두 '사회주의적'인 문제의식을 공유하고 있었다. 가령, 부와 권력의 관계는 무엇인가, 평등은 어떻게 촉진되는가, 정치적 신념은 어떻게 형성되며 계급에 미치는 영향은 무엇인가 등과 같은 문제를 제기했다. 셋째는, 동남아시아의 언어 연구와 지역연구를 통해 터득한 도구이자 지속적인 관심의 대상인 '오리엔탈리즘'이다. 오늘날에는 이 용어가 경멸조로 쓰이는데, 내가 의미하는 바는 글자 그대로 이 지역의 문화·문학·역사·언어에 대한 풍부한 지식을 쌓는 것이다. 많은 사람들이 나를 정치학자가 아닌 인류학자로 여기는 이유도 바로 여기에 있다. 나는 내가 연구하고 있거나 연구해야 하는 건 정확히 정치학의 중심 영역에 있는 일이라고 주장하고 있지만 말이다.

대학원 시절에 크게 영향을 받은 책과 저자를 꼽는다면?

졸업 논문을 시작하기 전 여름에 읽은 칼 폴라니의 『거대한 전환』 *The Great Transformation*(1957)이다. 지금도 이 책을 자유방임 자본주의의 기원과 그 사회적 귀결을 밝힌 놀라운 고전이라고 생각한다.

학위논문의 주제는 무엇이었는가?

지도 교수였던 로버트 레인의 정치 이데올로기에 관한 저술(Lane 1962)이 마음에 들어서 학위논문은 그 발자취를 따라가기로 결정했다. 심층 면접을 통해 말레이시아의 엘리트층이 세상을 어떻게 이해하고 있는지를 조사했다.

학위논문은 『말레이시아의 정치 이데올로기』(Scott 1968)라는 제목으로 출간되었다. 첫 번째 저서이다.

그렇긴 한데, 그 책은 잊고 싶다.

왜 잊고 싶은가?

로버트 레인, 조지프 라팔롬바라, 로버트 틸먼Robert Tilman 그리고 칼 란데Carl Landé 같은 예일대 시절 교수들은 만족스러워 했다. 품위 있게 쓴 글이라 좋은 책이라는 평가를 받았다. 그래서 곧바로 예일 대학 출판부에서 출간되었다. 덕분에 위스콘신 대학에서 일자리를 구할 수 있지 않았나 싶어 불평은 못하겠다. 그러나 말레이시아와 그 역사를 꿰고 있는 사람들은 책이 너무 피상적이라고 혹평했다. 실은 내가 생각해도 그렇다. 과제를 제대로 마무리하지 못했다.

나는 이 책을 극소수의 정치학자만을 위해 쓰인 학술서의 대표적 사례라고 생각한다. '적당한' 기교와 방법을 사용하고, 이데올로기 이론을 잘 버무리는 데 성공한 결과 지도 교수들을 사로잡은 것이다. 값싼 성공이었다. 오늘날 정치학계에서 흔히 그렇듯이, 나의 준거 집단도 한 줌 크기였다. 내 첫 책은 일부 정치학자들이 보기에는 만족스러운 것이었지만, 말레이시아를 잘 아는 사람들이 보기에는 실패작이었다. 이 책은 그다지 읽을 만한 가치가 없다고 생각한다. 나중에야 좀 더 읽을 만한 책을 쓰게 되었다.

농민과 도덕 경제

학위논문과 첫 번째 저서에서 엘리트와 정치 이데올로기를 다루다가, 이후에는 부패 문제
와 후원-수혜 관계, 그리고 결국에는 농민 사회로 연구의 초점이 이동했다. 어떻게 이런 식
으로 관심사를 발전시켜 갔는가?

　　　　위스콘신 대학에서 3년간 강의를 한 후, 로버트 레인이 주관하는
정치심리학 프로그램을 통해 박사 후 과정 지원을 받아 1970년, 예일 대학에
돌아왔다. 첫 책의 비운을 알고 있기에 예일 대학에서 공부를 더 해 진정한
동남아시아 전문가로 거듭나겠다고 생각하던 차였다. 이미 동남아시아 연구
를 많이 했고, 정치학을 그렇게 배웠어도 내가 진정한 동남아시아 연구자라
는 느낌이 들지 않았던 것이다. 그래서 동남아시아 관련 명저를 모두 섭렵하
겠다는 분명한 목적을 갖고 다시 예일 대학을 찾았다. 위스콘신 대학 동료이
자 날카롭고 성실한 미국 정치 연구자로 동료들 사이에서 '샤크'[상에]로 통하
던 아이라 샤칸스키Ira Sharkansky가 해준 말이 기억난다. "스콧, 자네는 정말이
지 머리가 안 돌아가. 동남아시아 전문가라니, 완전 시간 낭비라고. 지금 정
치학에서 대세는 그런 게 아니라니까. 자네 경력은 끝나는 거야." 그래서 실
은 걱정이 많았다.

좋은 경력을 원했었다. 그러나 이미 일은 저질렀고, 결과적으로는 잘한 선택이었다. 여하튼, 내 연구 주제들은 다음과 같은 순서로 발전해 나갔다. 정치 이데올로기에 관한 논문을 마치자 부패와 머신 정치[13]에 관심이 갔다(Scott 1969a, 1969b, 1972a). 지도하던 학생 몇 명에게 일반 사람들과 관료의 상호작용에 대한 조사를 맡기기도 했는데 책으로 펴내지는 않았다. 부패에 관한 관심은 후원-수혜patron-client 관계 연구로 이어졌고(Scott 1972b; Schmidt et al. 1977), 이 연구는 다시 농민 연구로 이어졌다. 베트남전쟁 기간이라 민족 해방 전쟁이 시대정신이었다. 후원-수혜 관계를 다룬 문헌들은 대부분 봉건적 권위 구조에 주목하고 있었고, 나는 후원-수혜 관계의 붕괴가 당시 농민 혁명의 발발에 중대한 역할을 했을 것이라고 보았다. 결국, 수직적인 권위의 사슬이 어떻게 끊어지는지를 알아낸다면 계급의식과 계급에 기반한 사회운동의 출현을 설명할 수 있겠다는 생각이 들었다. 그래서 농민 사회를 다룬 인류학 서적과 역사서를 닥치는 대로 읽었다. 모두 흥미진진했다. 이를 바탕으로 동료 에드워드 프리드먼Edward Friedman과 함께 위스콘신 대학에 농민 혁명에 대한 강의를 개설하기도 했다. 내가 섭렵한 농민 관련서와 진정한 동남아시아 전문가가 되려는 스스로의 노력이 합쳐져 『농민의 도덕 경제』(Scott 1976)가 세상에 나왔다.

---

13 • 머신 정치machine politics
조직의 힘으로 선거의 승리나 입법을 도모하는 정치 행태로 20세기 초 미국에서 횡행했다. 사회복지제도가 발달하기 이전에 강력한 카리스마적 정당 지도자를 중심으로 하는 지방 정당(지구당)이 도시 저소득계층에 생계 수단을 제공해 지지를 획득하고, 이들의 맹목적 지지를 바탕으로 지방 정치를 주도했던 체제를 말한다. 자신들에 대한 지지를 주로 물질적 보상으로 이끌어 내야 하는 지도자들은 그것을 마련하기 위해 부정과 부패에 관여하지 않을 수 없었고, 이로 인해 지방 정부는 각종 파행적 모습을 보이게 된다.

농민의 어떤 점이 그렇게 흥미진진했는지 좀 더 듣고 싶다. 첫 저서만 해도 농민이 아니라 도시 엘리트를 다루지 않았나?

우선, 당시 베트남전쟁이 한창이었다는 점을 재차 강조해야겠다. 베트남 민족해방전선이나 마오쩌둥毛澤東이 화두였고, 누구나 농민을 마음속에 떠올리던 때였다. 다음으로, 에릭 울프의 『20세기 농민전쟁』Peasant Wars of the Twentieth Century(1969)[14]과 배링턴 무어의 『독제의 민주주의의 사회적 기원』(1966)과 같은, 농민과 농업을 주제로 한 명저가 나온 시기이기도 했다. 마지막으로, 농민 경제에 관한 차야노프의 저작(Chayanov 1966)과 중국의 특권 계급에 관한 저명한 인류학자 페이샤오퉁費孝通의 저작(Xiaotong 1953), 봉건제에 관한 마르크 블로크의 저작(Bloch 1961)을 읽고 나서, 정치학의 추상적 개념을 현실 세계로 끌어와 실제 인간들에게 적용해 보는 것의 재미를 깨닫게 되었다. 농민에 대한 인류학의 명저들이 바로 그런 책으로 지금 봐도 흥미롭다.

『농민의 도덕 경제』로 돌아와 보자. 이 책이 기여한 지점은 무엇인가?

책의 핵심은 농민의 위험-회피 행동이다.[15] 일단 위험-회피 개념을 이해하고 나면, 특정한 형태의 억압이 다른 형태의 억압에 비해 왜 더 나쁜

---

14 • 에릭 울프Eric Wolf(1923~99)
인류학에 마르크스주의적 관점을 도입한 인류학자로, 농민과 라틴아메리카에 대한 연구로 유명하다. 『20세기 농민전쟁』은 멕시코, 러시아, 중국, 베트남, 알제리, 쿠바의 농민 혁명을 비교적 관점에서 다룬 책이다.

15 • 스콧이 인용한 비유에 따르자면, 농민은 "물속에서 물이 턱까지 찬 상태로 서있기 때문에 물결이 조금만 일어도 익사하게 될 지경에 놓여" 있다. 이런 상황에서 전형적인 농민이 선택할 수 있는 것은 이윤 극대화나 성공 지향이 아니라 손실 극소화, 실패 회피다.

지, 특정한 형태의 착취가 다른 형태의 착취에 비해 왜 부담이 더 크고 저항을 불러일으키기 쉬운지를 판단할 수 있다. 시사하는 바는 꽤 단순하다. 사실 내가 쓴 책 대부분이 단순한 주장을 담고 있다.

책이 그토록 큰 영향을 미치리라고 예상했는가?

전혀 못했다. 좋은 책이지만 한 줌의 동남아시아 연구자들만이 관심을 보일 전문 서적이라고 생각했다. 베트콩이 아니라 1930년대 농민반란을 다루는 책이었으니 말이다. 당대의 조류에 맞는 책을 쓰려던 의도도 없었다. 그래서 사회과학 분야의 인기 서적이 되고 파급효과가 커지자 놀라지 않을 수 없었다. 『농민의 도덕 경제』 초판이 1976년에 나왔는데 여전히 출판되고 읽힌다는 것은 대단한 영광이다. 이런 문제에 그리 신경을 쓰지는 않지만 1976년에 출간된 비교정치 관련서나 동남아시아 관련서가 25년 뒤에도 꾸준히 나오는 경우는 많지 않을 듯하다. 특정 지역에 대한 연구이고, 난해한 내용에다가, 다수의 독자를 겨냥해 쓴 것도 아닌데, 이토록 오랫동안 꾸준히 사랑받고 있다니 아마 예일 대학 출판부 역시 놀랐을 것이다.

『농민의 도덕 경제』가 그토록 많은 관심을 끌게 된 이유는 뭐라고 생각하나?

사람들이 농민 혁명이 어떻게 해서 일어나는 건지 좀 더 깊이 알고 싶어 한 것 같다. 또한 도덕 경제를 반박하는 책을 펴낸 경쟁자 새뮤얼 팝킨Samuel Popkin에게도 논쟁의 장을 터준 데 대해 감사의 말을 전해야겠다(Popkin 1979).

'도덕적 농민'과 '합리적 농민'의 대결 양상을 띤 이른바 스콧-팝킨 논쟁은 특히 1980년대에 지대한 관심을 불러일으켰다. 당시 논쟁에 대한 소회를 밝힌다면 어떤가?

집필 중이던 팝킨이 원고를 보내왔고 나는 15~16쪽 분량의 비평을 써서 돌려보냈다. 팝킨은 내가 보낸 평을 참고해 어느 정도 손을 본 후 이번에는 교정 원고를 보내왔다. 원고를 다시 읽고 비평을 네 쪽 정도 쓰다가 문득 이런 생각이 들었다. "도대체 내가 왜 이걸 하는 거지? 기본적으로 내 책을 공격할 의도로 쓰였고, 앞으로도 내 연구에 위협이 될 텐데 왜 내가 이걸 다듬고 있나?" 그러고는 쓰던 걸 모두 찢어 버리고 팝킨에게 편지를 썼다. "여보게, 샘. 자네 혼자 알아서 하게나. 나를 베려는 칼날을 갈아 줄 수는 없다네."

실은 팝킨이 내 주장을 오도했다. 팝킨이 책을 쓸 무렵에 오고 간 대화는 대체로 이런 식이다. "아냐, 아냐, 아냐. 나는 비합리적인 농민에 대해서 말하고 있는 게 아냐. 이 농민은 신고전학파가 말하는 합리성의 조건을 모두 갖춘 사람이라고. 특정한 억압이 어떻게 작용하는지를 이해한다면 바로 알 수 있어. 가령, 식량 공급이 모자라는 상황에서 죽고 싶지 않다면, 손실을 최소화할 수밖에 없어." 나는 이타적이거나 비합리적인 농민에 대해 쓴 적이 없다. 분명히 밝혔다고 생각하지만 책을 다시 쓸 기회가 있다면 이 사람들이 순진하거나 이타적인 농민이 아니라는 점을 과거에 그랬던 것보다 더 단단히 주입할 작정이다. 분명히 합리적으로 행동하는 사람들이었다. 물론, 농민의 생계를 보호하기 위해 만들어진 사회적 장치가 나중에 도덕적인 성격을 띠게 되고 신성시되는 경향이 있다는 주장을 하기도 했지만 이는 사회적 장치가 중요한 사회보장이 되었기 때문이다. 내게 비합리적인 농민에 관한 이론 따위는 없다. 책 전체를 순전히 합리적 선택에 관한 내용으로 채울 수도 있었다.

나는 팝킨이 내 주장을 오해해 부당한 공격을 했다고 생각한다. 물론 내가 제목을 정할 때 전략적으로 실수를 한 것도 같다. 내가 처음 붙이려고 했던 제목은 "동남아시아 지역의 반란 윤리"였다. 그때 E. P. 톰슨_{Edward Palmer}

Thompson의 논문 "18세기 영국 민중의 도덕 경제"The Moral Economy of the English Crowd in the Eighteenth Century(1971)를 읽고 '도덕 경제'가 제목으로 훨씬 어울리겠다는 생각이 들었다. 톰슨은 시장을, 나는 논밭을 다뤘지만 둘 다 같은 종류의 이야기를 하고 있었기 때문이다. 여하튼 그런 이유로 '도덕 경제'를 제목에 넣기로 결정했다. 『농민의 도덕 경제』를 신중히 읽지 않거나 도덕 경제를 다룬다는 표면적 사실만 알고 있다면, 생존을 위해 손실을 줄이려 하지 않고 도덕적으로 사는 농민에 관해 쓴 책이라고 헛짚을 수 있다. 결국 이 제목 덕에 새뮤얼이 활개 칠 공간이 생겼다.

실은 팝킨의 주장을 하나하나 반박하는 글을 40쪽 정도 쓰다가 팝킨 외에도 추가로 몇 가지 예를 더 들어가며 합리적 선택이론의 기초를 논박하는 좀 더 폭넓은 글을 쓰는 쪽이 더 재미있을 것 같다는 생각에 이르렀다. 이를 위해 폴더에 수많은 노트를 쌓아 뒀는데 다시 손에 잡지는 않았다. 지금쯤이면 내가 지적하려던 사항의 대부분을 다른 학자가 대신해서 지적했을 것이다. 어쨌든 팝킨과의 논쟁은 어떤 공방이 이루어지지 못하고 서로 방어만 해댄 꼴이었다. 내가 그렇게 말했다고 자꾸 주장하는데, 사실 나는 이렇게 말했다. 내가 저렇게 말했다고 자꾸 주장하는데, 사실 나는 이렇게 말했다. 이런 식이었다. 내가 옳았다고 생각하긴 하지만, 그 모든 게 엄청난 시간 낭비였다는 생각이 든다.

『농민의 도덕 경제』에 관해 추가로 지적할 말이 있다면?

농민의 도덕적·정신적·종교적인 세계를 『농민의 도덕 경제』에서 충분히 주목하지 못한 점을 비판하는 일종의 자기 비판적 글을 지성사적 의미에서 쓴 적이 있다. 이런 비판은 인류학자들에게서 지적 받은 부분으로, 책의 큰 결점을 메우기 위해 두 편의 아주 긴 논문(Scott 1977a, 1977b)을 쓰게 되었다. 농민반란을 설명하면서 종교적 동기와 마술적 영역을 간과하는 것은 얼굴에 코가 달렸다는 사실을 보지 못하고 지나치는 것과 같다. 프랑스혁명 이전의 모든 혁명에는 종교적 구심점이 있었다. 합리적 선택의 틀로 천년왕국 운동을 설명할 수는 없는 노릇 아닌가. 긴 논문을 쓰기 위해 농민 종교를 1년 내내 연구해야만 했다. 책에서 종교의 기능을 소홀히 한 데 대한 참회라 여긴다.

스콧-팝킨 논쟁을 비춰 보면 꽤 아이러니한 전개다. 왜냐하면 지금, 농민에 관해 너무 **합리적으로** 해석했다고 스스로를 비판하고 있지 않은가! 그 논문들은 잘 알려지지 않았으니 다시 출간하면 좋겠다.

그동안 쓴 논문을 모아 논문집을 만들려고 생각했다면 다시 펴냈을 것이다. 하지만 그런 것은 꼭 은퇴를 앞둔 교수나 하는 일 같다. 노망이라도 나면 그렇게 하겠다.

약자의 무기

『농민의 도덕 경제』 다음에는 『약자의 무기』(Scott 1985)를 출간했다. 이는 농촌에서 장기간 거주한 경험을 바탕으로 한 민족지적 작업으로, 이전 연구에서 벗어난 듯하다. 이런 전환은 어떻게 가능했나?

『농민의 도덕 경제』를 끝마칠 즈음에는 이미 5~6년을 농민 연구로 보낸 상태였다. 생각을 해보았다. "세계 인구의 대부분은 농민이지. 그렇다면 농민 연구로 경력을 채우지 못할 것도 없겠군!" 또한 농민을 진지하게 연구하고 이를 평생에 걸친 작업으로 삼기 위해서는 현지 조사를 반드시 해야겠다고 생각했다. 인류학의 연구 방식을 동경했고, 추상적인 개념을 다루려 할 때마다 손바닥 보듯 훤히 아는 실제 농민 사회가 있다면 도움이 될 듯했다. 그래서 말레이시아 농촌에서 2~3년 정도 지낼 생각을 하고 있었다. 『약자의 무기』는 막연한 추측에서 시작했다. 주위에서는 시간 낭비라며 말렸고, 나 역시 말레이시아로 떠나면서 학문 인생 최대의 멍청한 짓을 저지르는 기분이었다. 그러나 결과적으로 『약자의 무기』는 내가 제일 자랑스럽게 여기는 책이 되었다. 또한 더 깊고 더 풍부한 내용을 갖추었다는 점에서 내 책 중 단연 최고라는 생각이다. 지금까지 해본 일 중 제일 힘들기도 했다. 『약자의 무기』에는 무엇보다 많은 피와 땀과 눈물이 배어 있다. 말레이시아 농촌에서 지낸 일은 농민 연구자가 되기 위한 대규모 투자였다. 정말 노력했다. 인류학자는 아침에 눈을 뜬 순간부터 저녁에 눈을 감을 때까지 연구한다. 그리고 관찰력만 놓고 보면 당시 내 인생 통틀어 가장 머리가 잘 돌아가던 시기였다. 2년의 체류 기간이 끝날 무렵, 손으로 쓴 노트가 4천 쪽에 달했다. 나는 매일 밤 노트를 작성했는데, 이렇게 쓴 내용은 보통 다음 날 알아내야 할 질문이 되었다. 현지 조사의 장점은 반복해서 인터뷰할 수 있다는 것이다. 질문이 더 남았다면 다음 날 길에서 다시 만나 물어보면 그만이다. 1~2시간밖에 허락되지 않는 엘리트와의 인터뷰와는 다르다. 그 지역에서 생활하게 되면 관찰하고 깊이 생각할 시간이 많아진다. 어떤 대상에 지적으로 몰두한 나머지 자나 깨나 그 생각만 하게 되고, 꿈에도 나타날 정도가 되면 정말 뭔가가 나온다. 아이디어를 짜내기에는 더없이 훌륭한 조건인 것이다.

과도하게 소진하면 오히려 제대로 된 사고가 어려울 수 있다.

맞다. 그래서 머리를 비우기 위해 2주일에 한 번씩 마을을 벗어나곤 했다. 잠시 머리를 식히기 위해 말레이시아에 올 때 가져온 책을 읽기도 했다. 보통은 등유 램프 아래서 벌레들에게 죽을 만큼 물려 가며 모두가 잠든 자정이나 새벽 한 시 정도가 되어서야 현지에서 조사한 내용에 대한 노트 작성을 끝냈다. 그러고는 마침내 모기장 밑의 침대로 기어 들어가 손전등을 어깨에 얹고서 제인 오스틴과 에밀 졸라, 발자크처럼 몰입할 수 있는 문학작품을 읽었다. 학위논문을 끝냈을 때와 위스콘신 대학에서 강의를 처음 맡았을 때도 비슷했다. 보통 새벽 다섯 시에 일어나 제정신을 차리기 위해 2시간 정도 소설을 읽었다. 새벽 다섯 시에 일어나기 어려워질 때까지 한 2년 정도를 그렇게 한 것 같은데, 정말 대단한 노력이었다고 생각한다. 항상 느끼지만 순수하게 정치학만을 섭취하면 미칠 듯이 지루해진다. 그래서 즐기기 위해, 또한 교양인이 되기 위해 훌륭한 문학작품을 많이 읽었다. 교양인이 되고자 하는 열망은 아내가 주입했다. 처음 만났을 때 아내는 교양인이었고 나는 아니었다. 나는 항상 가능한 한 좋은 문학작품을 많이 읽으려고 노력한다.

『약자의 무기』를 진행하면서 성실한 농민 연구자가 되는 것 말고도 목표한 바가 있었나? 다른 동기가 있다면?

계급 관계를 연구하고 싶었다. 혁명의 기운이 꿈틀대는 마을이었더라면 좋았을 텐데, 얄궂게도 내가 간 곳에서는 기본적으로 아무런 일도 일어나지 않았다. 콤바인을 도입하는 등 농업 기술에는 변화가 있었지만 적어도 표면적으로는 별다른 움직임이 없었다. 그러다 보니 농민들이 헤게모니에 맞서 드러나지 않는 형태로 저항한다는 사실을 나중에야 알게 되었다. 마을의 평온한 분위기는 유지하면서 일을 방치하거나 지체하는 식이었다. 이런 형태의 저항이 중요한 이유는 실제 이 방식으로 거대 구조를 무너뜨릴 수 있기 때문이다. 여하튼 누군가 내게 말했다. "이 마을에서 특별한 움직임을 발견하지 못했으니, 이를 '일상적 저항'이라고 부르면 어떻겠소?" 이렇게 해서 '일상적 저항'이라는 개념을 연구하기 시작했다.[16]

『약자의 무기』가 단순히 일개 촌락에 대한 한정된 연구를 넘어설 수 있었던 것은 무엇 때문일까? 당신은 『농민의 도덕 경제』의 독자층이 소수의 전문가들에 국한될 것이라고 예상했었는데, 그렇게 본다면 말레이시아의 작은 마을에 대한 이야기인 『약자의 무기』는 독자층이 훨씬 더 좁아졌어야 할 텐데 그렇지 않았다. 작은 마을에서 벌어진 일과 사회과학자의 거대한 관심사를 어떻게 연결할 수 있었는가?

　　　나는 항상 내가 하고 있는 작업이 정치학의 대세와는 관계없이 이루어지는 일이며 주류 학계가 보내는 신호에 별로 신경을 쓰지 않는다고 자부하면서 편리하게 생각하고 싶어 한다. 하지만 솔직히 말하자면, 『약자의 무기』를 작업할 당시에 웬만한 사람들은 모두 그람시와 알튀세르를 읽고 있었고, 계급의식과 헤게모니, 저항에 관한 질문들이 오갔는데, 이런 분위기는 문학계에서 특히 지배적이었다. 내가 한 일은 일개 농촌 연구에서 그쳤을 법한 내용을 당시 많은 이들의 관심사였던 이데올로기나 헤게모니 등의 큰 주제와 결합한 것이다.

---

16 『약자의 무기』의 부제는 "농민 저항의 일상적 형태"이다. Scott and Kerkvliet(1986) 참조.

현지 조사를 갔을 때 그람시와 알튀세르도 가져갔는가?

아니다. 그람시의 『옥중수고』(1991)를 읽어 본 적은 있었지만, 가져간 기억은 없다. 처음 작업을 시작했을 때는 계급 관계에 관한 책을 의도했지 헤게모니에 관해 쓸 생각은 아니었다. 마을에 가져간 책은 주로 말레이시아 지역연구 서적이었다. 이 작은 마을을 이해하는 일에만 집중했다. 처음 반년간은 현지 조사를 이미 마친 말레이시아 동료들에게서 ㄱ 지방 사투리를 배우며 지냈다. 동료들은 마을에 대해 나보다 훨씬 잘 이해하고 있었고, 그렇기 때문에 어떤 의미에서 내가 한 일이란 동료들이 구축한 방대한 자료에 내 연구 결과를 더해 북미인의 관심을 끌 만한 이론으로 만든 것이라고 할 수 있다. 말레이시아 현지에서도 큰 관심을 불러일으켰기 때문에 더욱 가치가 있었다. 최근에 태국에 다녀왔는데, 태국의 급진적인 학생과 지식인에게 『약자의 무기』가 어느 정도 의미를 부여했다는 사실을 알게 되었다. 이들은 1970년대 중반에 혁명을 꾀하다 실패하고 밀림에 잠적했는데, 밀림에서 다시 나오고 난 5년 정도 후에 이 책이 출판되었다. 이들에게 『약자의 무기』가 중요했던 이유는, 과격한 혁명과 비굴한 침묵이라는 양 극단만이 선택지가 아니라는 점을 보여 주었기 때문이다. 그 중간에는 '제도를 통한 대장정'이라고 불리던 수많은 삶의 방식이 존재했다.

급진파가 책에 공감했다는 사실에 흡족해 하는 것 같다.

내 책이 급진주의자들에게 의미가 있었다는 사실이 흥미롭다. 정치적으로는 나도 그들 편이기 때문에 기분이 좋다.

지배와 저항 그리고 국가

다음 저서인 『지배와 저항의 기술』(Scott 1990)은 『약자의 무기』에서 다루었던 피지배 집단의 행위 양식을 주제로 하고 있다. 책에서 목표한 바는 무엇인가?

　　　　『지배와 저항의 기술』은 권력의 배후에서 오간 말들에 대한 이야기이다. 주장은 단순하다. 강자와 약자 사이의 공적인 기록만으로는 권력관계에 대해 알아야 할 모든 것들을 이야기할 수 없다는 것이다. 정치적 사고와 행동을 들여다볼 수 있는 숨은 기록, 즉 비밀스러운 창구가 분명 존재하고 이 또한 고려해야 한다. 『지배와 저항의 기술』은 실제로 내 책 중 유일하게 정치학 이외 분야의 독자가 있는 책이다. 결을 거슬러 읽어 가며 텍스트를 보는 훈련에 도움이 된다고 여겨져 문학 연구 교재로도 쓰인다. 이 책은 내가 그간 퀘이커 교도들을 보며 느껴 왔던 부채감을 어느 정도 갚는 동시에 권력 앞에서 진실을 이야기하고 있는 책이기도 하다. 그래서 만족스럽다.

최근작인 『국가처럼 보기』(Scott 1998)에 대해 이야기해 보자. 비교 범위가 상당히 넓다는 점과 현지 조사를 하지 않았다는 점에서, 『약자의 무기』와는 다른 차원의 연구인 것 같다.

　　　　『국가처럼 보기』는 국가 지식의 형태에 대한 책이다. 국가 관료가 통치에 필요한 정보를 얻기 위해 세계를 어떻게 길들이고 단순화해야 하는지를 보여 준다. 1991년에 동료들과 설립한 예일 대학 농업연구프로그램에 관여하면서 책을 구상했다. 이곳저곳으로 떠돌아다니며 사는 사람들, 예컨대 집시를 국가가 왜 적대시하는지에 관심이 있었다. 농업연구프로그램을 통해 강연자를 초빙하고 농업 사회 비교 연구에 대한 학제적 강좌를 공동 진행하면서 나 또한 이 주제에 관해 배울 수 있었다. 생태학이나 개발에 관한 책을 읽었고, 인류학자, 역사학자, 정치학자 그리고 산림학자와 함께 강의했다. 진짜 교육다운 교육이었다. 그래서 『국가처럼 보기』는 농업연구프로그램이 내게 제공한 세미나의 산물이라고 생각한다. 많은 이들이 『국가처럼 보기』를 내 책 중 가장 야심작이라고 보는 듯한데, 내 생각에도 그런 것 같다. 하지만 광범위한 비교 연구서를 쓰다 보니 오히려 작은 것들이나 작은 공간에 관한 현지 조사를 다시 하고 싶어졌다.

『국가처럼 보기』에 대한 비판 중 하나는, 이 책이 방법론적으로 엄밀하지 못하고, 그렇기 때문에 검증해 보거나 반증할 여지가 없다는 것이다.[17] 간단히 말해 이 책은 현대 정치학의 방법론적 기준을 충족하지 못한다는 평이다. 이런 비판을 어떻게 생각하는가?

툭 터놓고 이야기하겠다. 정치에 대한 통찰은 특정한 틀이나 형식을 갖추고 찾아오지 않는데, 이런 통찰이 배제된다면 정말 애석한 일이 아닐 수 없다. 진짜 중요한 것은 이 책이 권력과 국가에 관해 무엇을 말하고 있는지를 묻는 것이다. 책이 실제로 무엇인가를 말하고 있고 이를 알아듣기 쉬운 방식으로 표현하고 있다면 더할 나위 없다고 생각한다. 나는 그런 비판에 신경 쓰지 않는다. 배링턴 무어의 『독재와 민주주의의 사회적 기원』(1966) 같은 책도 엄밀한 의미에서 보면 전혀 과학적이지 않다. 그렇지만 이 책은 사회과학 분야에서 가장 지성적이고 창조적인 서적 중 하나이며 중요한 주제를 다루고 있다. 동료인 찰스 린드블롬이 어떤 학생의 논문을 두고 이렇게 말한 적이 있다. "이 논문은 실패작이라 할 수 있지만 매우 재기발랄하게 중요한 질

---

17 Laitin(1999a), Bates(2003)의 서평 참조.

문을 던지고 있어. 비록 학생이 그 질문에 적절히 답하지는 못했어도, 방법론적으로 엄밀하지만 하찮고 진부한 다른 수많은 논문에 비하면 정치학적 통찰은 월등히 앞선다네."

『국가처럼 보기』에 대해 레이틴이 쓴 서평(Laitin 1999a)을 읽어 보았는데, 어느 정도는 흥미로운 논평이었다. 레이틴은 "훌륭한 책으로 영원히 남을 고전이 될 것이다"라고 하면서도 "방법론적으로 엉망이어서 사회과학이라고 할 수 없다. 스콧은 계속 종속변수에 해당하는 사례만 들고 있다"라고 했다. 실은 동료 한 명이 『국가처럼 보기』가 나오자마자 정치학 모임에 참석 중인 로버트 베이츠와 데이비드 레이틴에게 달려가 이 책을 어떻게 생각하느냐고 물었다. 내 생각에는 아마 레이틴이 대답한 것 같다. "정말 대단한 예술가가 아닌가. 스콧은 진정한 예술가야." 이 말은, 어떤 면에서는 칭찬이지만 결국에는 내 연구가 비과학적이라고 말하는 것이어서 비하나 다름없다. 그러나 나는 예술가로 불리는 것이 싫지 않다. 우선 사회과학을 자연과학이라고 생각하지 않아서다. 레이틴은 흥미로운 학자이고, 나는 레이틴의 연구가 마음에 든다. 그러나 나는 레이틴 자신도 본인이 생각하는 것만큼 사회과학자답지는 못하다고 생각하며, 레이틴의 아이디어 역시 흥미롭지만 딱히 '과학적'이라고 생각해 본 적이 없다.

논의를 좀 더 넓혀서 비판에 어떻게 반응할 것인가라는 좀 더 일반적인 이야기를 해보자. 비판에 대해서 당신은 어떻게 반응하는가?

어떻게 반응해도 방어적으로 들릴 수밖에 없어서 나는 아예 무반응으로 일관한다. 대체로 책이 출판된 지 1년 반 정도가 지나야 비판이 나오기 시작하는데, 나는 반복하는 것을 싫어해서 이전 작업을 다시 살펴볼 마음도 없다. 나는 서평을 신중하게 읽고, 일리가 있다고 생각되는 부분은 내 세계관에 반영한다. 내 책에 대한 모든 비판이 쓰레기라는 것은 아니다. 훌륭한 비판은 정말 많다. 나는 할 만큼 했으니 내 작은 영역을 지켜야겠다고 마음먹으면 모든 비판에 맞대응하면서 한평생을 보낼 수도 있다. 하지만 이 영역을 굳이 지켜야 할 이유가 없다.

비판에 대해 더 이야기해 보자. 앞서 당신은 새뮤얼 팝킨이 『합리적 농민』(Popkin 1979)에서 농민의 행태에 대한 당신의 주장을 오도했다고 언급했다. 그런 식으로 오도된 다른 아이디어는 없는가?

　　　　제대로 된 지식인이라면 자신의 생각이 무시당했다면 몰라도 잘못 이해되었다고 불평하지는 않을 것이다. 어떤 이의 아이디어가 풍부한 의미를 갖고 있어서 다른 맥락에서도 유용하다면, 그 아이디어를 가지고 와서 단순화하고, 이를 자기가 원하는 방향으로 이끌고 가는 것은 으레 있는 일이다. 이러다 보면, 원저자도 미처 깨닫지 못했던 창조적이고 뛰어난 측면들을 다른 사람이 드러내 주는 경우도 있고, 정당한 혹은 부당한 비판을 받는 경우도 있다. 물론 심각할 정도로 오해해 오용하는 경우도 생기는데, 이 경우 원저자마저 매우 바보 같은 사람으로 보이게 만들기 때문에 짜증이 날 수도 있다. 하지만 이런 일로 불평하는 사람이 있다면 혼이 좀 나야 한다. 매 웨스트Mae West였던 가? "그저 내 이름이나 정확히 써달라"라고 한 게 말이다. 세상에 나쁜 광고란 없다. 신소리로 들릴 수도 있겠지만 내 책 대부분이 비판의 대상이 된 것을 엄청난 행운으로 생각한다. 적어도 무관심 때문에 불평할 일은 없기 때문이다.

　얼마 전 세상을 떠난 위스콘신 대학 동료 머리 에델만Murray Edelman은 생전에 학문에 대해 아주 건전한 태도를 갖고 있었는데, 이렇게 말한 적이 있다. "전부 퇴비 같은 거지. 다른 식물이 자라날 수 있도록 부엽토를 한 층 깔아 주는 거야. 우리 연구는 모두 잊히겠지만, 다른 연구가 싹트게 하는 데 도움을

주게 되는 거라고." 다른 이들이 자신의 아이디어를 사용한다면 그것은 일종
의 퇴비가 되는 것이다.

본인은 자랑스럽게 여기지만 퇴비가 되지 못한 아이디어가 있는가? 다른 학자가 채택하지
않은 아이디어 말이다.

　　　"저항과 모독"Protest and Profanation(Scott 1977a, 1977b)이라는 논문을
쓴 적이 있는데, 이 논문을 아는 사람이 없어서 논문에서 다룬 작은 아이디어
를 다른 맥락에서 다시 써야 했다. 주장하는 바는 꽤 단순하다. 엘리트 차원
의 공산주의나 민족주의에 대응하는, 민중 차원의 공산주의나 민족주의를 이
해하려면, 강령이나 이념이 엘리트로부터 민중folk practitioner에게로 이동함에
따라 어떻게 변형되는지를 이해해야 한다는 것이다. 『이론과 사회』Theory and
Society라는 학술지의 오래된 과월호에 묻혀 있어서 아무도 이 아이디어를 채
택하지 않았다. 잡지에 기고하는 것보다 책을 쓰는 편이 더 좋은 건 이런 면
때문인 듯싶다.

최근 연구

현재는 무엇을 연구 중인가?

　　　『국가처럼 보기』를 쓸 때 고민하던 주제인데, 이곳저곳 떠돌아다
니며 사는 사람들에게 국가가 왜 그렇게 적대적인지를 분석하고 있다. 다음
책으로 동남아시아의 언덕 마을과 골짜기 마을의 관계에 대한 책을 쓰려고

하는데, 두 지형 간의 분열cleavage은 동남아시아 지역에서 가장 오래되고 중요한 문제다.[18] 이 분열을 조명해, 이 문제를 아는 독자들이 "오, 이거 흥미로운데!"라고 감탄할 수 있으면 좋겠다. 또한 이 책에서 국가가 이주하면서 살아가는 사람들에게 적대적인 이유가 무엇인지, 그리고 사람들을 하나의 공간 안에 묶어 두려는 이유가 무엇인지 밝힐 수 있다면 좋겠다.

버마에 초점을 맞추고자 요즘 버마어를 공부하고 있다. 바로 얼마 전에 『북부 버마 지명 사전』 *The Gazetteer of Upper Burma*이라는 1890년에 쓰인 623쪽에 달하는 책을 완독해 스스로 대견해 하고 있다. 이 책은 1885년에 영국이 버마와의 전쟁을 끝내고 얻은 북부 버마에 관해 영국인이 모은 정보를 종합한 총 여섯 권의 전집 가운데 일부로, 대영제국이 새로 얻은 식민지의 질서를 유지하기 위해, 여러 인종 집단으로 구성된 원주민을 식별하기 시작한 최초의 작업이다. 이 전집을 제대로만 완독한다면 식민지 이전의 동남아시아 전통 왕국과 관련한 고전 연대기를 모두 읽게 된다. 또한 집시와 카자흐스탄인에 대해, 그리고 부족과 민족성에 관한 이론적 문헌들을 읽고 있는 중이다.

난 급할 게 없는 사람이다. 제임스 스콧이 내년에 책을 낸다고 신경 쓸 사람은 아무도 없다. 다만 낸다면 좋은 책이기를 기대할 것이다. 그래서 시간을 들여 제대로 해볼 생각이다.

---

18 * 언덕 마을과 골짜기 마을
스콧의 구분에 따르면, 언덕 마을(고지대)은 일반적으로 외부인들이 접근하기 힘든 높고, 깊고, 험한 고산에 형성되며, 이것은 경제적 빈곤, 정치적 피지배 및 고립, 사회적 문화적 소수를 나타낸다. 반면 골짜기 마을(저지대)은 강변의 곡창지대나 해안의 항만도시에 형성되며, 경제적 풍요, 정치적 지배, 사회적·문화적 다수를 대변한다. 대다수 동남아 국가에서 찾아 볼 수 있는 고산족 또는 소수민족은 이와 같은 지리적·정치적·경제적 차별성이 급기야는 종족적 정체성으로 진화한 결과라고 볼 수 있다. 이에 대해서는, 신윤환, "동남아란 무엇인가 : 구성과 구분"(『동남아 문화 산책 : 신윤환의 동남아 깊게 읽기』, 2008, 창비) 참조.

떠돌아다니며 사는 사람들과 국가의 관계에 초점을 맞추고 있는데, 국가 자체가 이동하는 역사적 사례도 많지 않은가?

　　사실, 최초의 국가들은 옮겨 다닐 수밖에 없었는데, 인민들이 이들을 먹여 살리는 데 지쳤기 때문이다. 그래서 14세기 영국과 프랑스의 왕궁은 이곳저곳으로 옮겨 다녔다. 순회 국가였던 것이다. 쿠빌라이 칸이나 칭기즈 칸의 유목 국가도 당연히 옮겨 다녔다. 그러나 다음과 같은 중국 속담이 있다. "말을 탄 채로 왕국을 정복할 수 있지만, 이를 통치하려면 말에서 내려야 한다."[19] 몽골인과 만주인 역시 결국에는 말에서 내려와 정착했다. 오스만 제국에서도 같은 일이 반복된다. 오스만 제국을 건국한 초대 군주 오스만 1세는 유목민이었는데, 정착을 하고 나서는 이주를 그만두고 도시 지배계급이 되어 다른 유목민을 공격하기 시작했다.

이야기를 들어 보니 차기 작업은 주로 역사 연구가 될 것 같다.

　　아니다. 현지 조사를 다시 가고 싶다. 정직하게 쓰려면 대상 지역을 잘 알아야 한다. 버마에서 현지 조사를 하고 싶고, 농촌에도 들르고 싶다. 제임스 스콧이라는 사람을 아무도 모르는 곳에서 미친 듯이 연구할 수 있다면 정말 좋겠다. 근데 버마 군정이 싫어할 만한 모든 탄원서에 서명을 했기 때문에 입국이 허용될지 모르겠다.

19• 중원을 무력으로 평정한 한고조 유방에게 "말 위에서 천하를 얻었다고, 말 위에서 나라를 다스릴 수 있겠는가?" 居馬上得之, 寧可以馬上治之乎?라고 진언한 육가陸賈의 고사.

버마를 선택한 이유는?

처음으로 가본 동남아시아 국가라 애착이 간다. 버마어를 그때 수준으로 끌어올리고 싶기도 하다. 그리고 아무도 연구하지 않아서다. 많은 이들이 베트남, 심지어는 캄보디아를 연구하고 있는데, 버마는 잊혀 가고 있다. 버마도 엄연한 동남아시아의 일부로 진지하게 분석해야 할 대상이다. 그래서 어느 정도는 공익적 차원에서 하고 있다.

지금 나이에 현지 조사를 실시한다는 것이 두렵지 않은가?

큰 도전이 될 것이다. 올해 예순 넷이고, 이 나이에 현지 조사를 가는 학자는 많지 않다. 게다가 내가 농촌에서 현지 조사를 한 것이 벌써 20년 전이다. 또한 버마는 말레이시아가 아니다. 『약자의 무기』때 현지 조사를 간 말레이시아의 농촌은 어느 정도 문명화된 마을이었다. 한 시간이면 어엿한 병원에 갈 수 있었다. 물론 나는 꽤 건강한 편이고, 몸을 잘 챙기기 때문에 가능한 도전이라고 생각한다. 여하튼 시도 자체가 즐거울 듯하다.

책 제목을 정해 두었는가?

아직 정하지 않았다. 원래, 제목을 한참 뒤에야 정하는 편이다. 『약자의 무기』는 애초에 정한 제목이 '설 자리를 잃다'Losing Ground였다. 하지만 책을 출간하기 직전, 찰스 머리Charles Murray가 동일한 제목으로 복지국가를 맹비난하는 책을 펴냈다(Murray 1984). 내가 경멸하는 내용에 이 제목을 붙였기 때문에 다른 제목을 찾아야 했다. 『약자의 무기』는 괜찮은 제목이었지만 마치

자기 계발서 같다고 말하는 사람도 있다. "월요일의 무기, 화요일의 무기……" 같은 거 말이다.[20] 또 고심 끝에 『국가처럼 보기』라고 제목을 정했더니 예일 대학 출판부가 문법적으로 맞지 않는다고 퇴짜를 놓으려고도 했다. 문법에 맞으려면 'seeing **like** a state'가 아니라 'seeing **as** a state'라고 써야 한다고 했다. 정말 웃겼다.

---

20 * 책 제목의 'weak'가 'week'와 발음이 비슷한 데서 나온 우스갯소리.

이야기

저서의 특징 중 하나가 문학작품을 참고문헌으로 자주 인용하는 것이다. 예컨대, 『약자의 무기』와 『지배와 저항의 기술』에는 발자크와 조지 엘리엇의 소설에서 인용한 부분이 많다. 소설을 읽는 것이 사회과학자인 당신의 연구에 어떤 도움을 주는가?

좋은 질문이다. 도널드/디에드러 맥클로스키Donald/Diedre McCloskey[21]가 경제학의 수사법修辭法에 관한 저서(McCloskey 1983, 1990)에서 보여 주었듯이, 탄탄한 이야기는 사회과학적 논증에서 중요한 역할을 한다. 설득하는 방법에는 여러 가지가 있는데도 사회과학에서는 마치 과학 실험이라도 되듯이 연구 결과를 실험 보고서 형식으로 제시하는 경향이 있다. 가설을 제기하고, 관련 자료들을 늘어놓는 식으로 말이다. 그러나 이렇게 해서는 그 연구가 나오기까지의 실제 사고 과정을 제대로 요약해서 보여 줄 수 없다.

연구 결과를 설득력 있게 제시하기 위해 내가 사용하는 방법 중 하나가 바로 이야기로부터 시작하는 것이다. 매번 그렇게 하지는 않지만 『약자의 무기』와 『지배와 저항의 기술』, 『국가처럼 보기』는 모두 이야기로 시작했다. 『약

---

[21] [경제학재 맥클로스키는 성전환자로 [과거 도널드에서] 지금은 '디에드러'라는 이름으로 알려져 있다.

자의 무기』에는 유복한 하지Haji[22]와 가난한 자들에 관한 이야기가 실려 있다. 살아 움직이는 실제 인물과 책의 주요 주제 몇 가지를 보여 줌으로써 독자가 생생하게 마을을 그려 볼 수 있도록 하자는 의도에서였다. 『약자의 무기』를 이론으로만 구성된 2장으로 시작했다면 읽다가 포기하는 사람이 많았을 것이다. 『지배와 저항의 기술』 도입부에는 조지 엘리엇의 작품에서 가져온 일화를 비롯해 몇 가지 이야기가 나온다. 그래서 그 책의 1장은 느긋한 분위기다. 『국가처럼 보기』는 18세기 작센과 프러시아의 과학적 조림에 대한 짤막한 에피소드로 시작한다. 이 에피소드는 국가가 추상적인 체계에 따라 자연세계를 어떻게 가공하는지를 응축해서 보여 주는 이야기로, 나는 책 전체에 걸쳐 이 이야기를 맥락에 따라 변주하며 반복적으로 활용했다.

각각의 이야기는 책의 주제를 독자에게 구체적으로 전달하기 위해 배치했다. 『약자의 무기』에는 인물 중심의 이야기를 배치한 반면, 『국가처럼 보기』에는 전체 주제를 압축한 짤막한 에피소드를 배치했다. 아마 내가 독자들이 책을 펴자마자 "아, 이거 재미있네"라고 말하게끔 초반에 떡고물을 던져 준 것이라고 말하는 사람도 있을 것이다. 이런 기교는 진지함을 희생시킬 수 있지만, 내가 그런 식으로 이야기를 활용했다고는 생각하지 않는다.

'읽기에 고통스럽지 않다면 훌륭한 사회과학 서적이 아니다'라는 관점을 받아들이지 않을 듯하다.

그렇다. 인정할 수 없다. 물론 그렇다고 해서 읽기에 고통스러운

---

[22] '하지'는 성지 메카의 순례를 마친 무슬림을 가리키는 말이다.

책이 훌륭한 사회과학서가 될 수 없다는 말은 아니다. 예컨대, 부르디외Pierre Bourdieu의 책 중 몇 권은 매우 읽기 괴롭지만 많은 것을 얻을 수 있다. 다만 굳이 그렇게 쓸 필요가 있을까 하는 생각은 든다. 부르디외의 업적을 존경하지만 여전히 자문한다. "꼭 이렇게 어렵게 써야 했을까? 다른 방법은 정녕 없단 말인가?"

사회과학자도 소설을 좀 더 읽어 봐야 한다는 주장으로 들린다.

관자놀이에 권총을 갖다 대고서 훌륭한 문학작품을 읽으라며 윽박지를 마음은 없다. 그런 걸 좋아하는 사람이 있는가 하면 싫어하는 사람도 있는 것이다. 문학작품 읽기를 무슨 비타민 복용처럼 생각해서는 안 된다. 그러나 톨스토이, 고골, 조지 엘리엇 등을 접한다면 정치학에서도 통용될 만한 정치적 통찰을 얻을 수 있다고 믿는다. "내가 먹는 것이 바로 나"라는 건강식품 광고처럼, 그가 읽는 책과 그가 대화하는 사람을 보면 바로 그가 어떤 지식인인지 알 수 있다. 정치학 서적만 읽고 정치학자와만 대화하는 것은 한 가지 식품군만 섭취하는 것과 같다. 이것이 전부라면 독창적이고 새로운 이론을 만들어 낼 수 없다. 주류 이론을 재생산할 뿐이다. 정치학을 제대로 연구하고 싶다면 손에 잡는 것 가운데 적어도 셋에 하나는 반드시 정치학 이외 분야의 책이어야 한다.

글쓰기

글을 잘 쓰기로 유명하다. 어떤 식으로 작업하는가?

윤곽을 정교하게 짤 때까지는 절대 시작하지 않기 때문에 글을 쓰기 시작하기까지 꽤 오랜 시간이 걸린다. 넓은 차트용 종이에 굵직한 아이디어를 번호를 매겨 가며 적어 간다. 예컨대, 동남아시아의 주요 역사적 문제인 언덕 마을과 골짜기 마을의 관계에 대한 작업을 시작한다면, 우선 계곡 주민이 언덕 주민에 대해 갖고 있는 고정관념을 작은 카테고리로 만든다. 곧바로 이 카테고리에 관해 내가 작성했던 모든 메모와 참고 문헌을 살펴본다. 나는 읽은 것들을 전부 메모하기 때문에 파일로든 노트로든 메모가 항상 수북하게 쌓여 있다. 아이디어가 떠오를 때마다 적어서 보관하기도 한다. 이 과정을 거쳐 굵직한 아이디어에 대한 중간 단계의 아이디어를 모은다. 대부분이 서류 세단기에 들어가기는 했으나 『국가처럼 보기』를 집필할 때는 이런 아이디어를 150개나 작성했다. 여하튼 이런 식으로 차트용 종이를 채우고 나면 큰 형광펜을 사용해 관계가 있는 아이디어끼리 연결한다. 물론 어떤 때는 글을 쓰기 직전에 완전히 새로운 개요를 짜기도 한다.

다루고자 하는 주제에 확신이 없는 상태에서도 글쓰기가 가능한 학자를 여럿 알고 있다. 이들은 글을 쓰는 과정에서 문제가 사라지거나 풀린다고 한다. 정말 배우고 싶은 테크닉이다.

나는 글 쓰는 게 느리다. 하루에 세 쪽을 쓰면 그날은 정말 예외적인 경우라 축포라도 쏴올리고 싶어진다. 보통은 아주 잘 써질 경우 하루 평균 한 쪽 정도 가능한 것 같다.

초고가 매우 정제된 훌륭한 글일 것 같다.

　　그렇다. 손으로 직접 쓰고 스테들러 지우개를 사용한다. 교정을 위해 다시 돌아보기 싫어서 문장마다 적어도 두 번 이상 퇴고한다. 처음 쓸 때 마음에 들게끔 노력한다. 표현이 적절한지도 살핀다. 스스로 글을 잘 쓴다고 생각해본 적은 없으나 초등학교 시절 훌륭한 교사들에게서 배웠다는 사실은 인정해야겠다. 문장의 첫머리를 매번 다른 품사로 바꿔 가며 밀하는 훈련을 받았다. 치음에 주어로 시작했다면, 다음에는 동명사로 시작하고, 또 그다음에는 종속절로 시작하는 식이다. 다양한 문장 구조를 만들고 짧은 문장을 쓸 수 있게 교육받았다. 조지 오웰의 "정치와 영어"Politics and the English Language(Orwell 1950, 77-92)는 글을 명료하게 쓰는 법을 제대로 보여 주는 에세이다. 1940년대에 쓴 글이라 사회과학적으로는 얼토당토않은 면이 있지만 오늘날 읽기에도 손색이 없다.

1940년대는 길고 복잡한 사회과학 용어들이 발명되기 전이다.

　　맞는 말이다. 글을 잘 못 쓰는 대학원생에게 도움을 주는 방법 중 하나가 학생의 글에서 두 쪽을 뽑아 완전히 다시 써주는 것이다. 그렇게 하면 한 쪽이 조금 넘는 수준에서 마무리된다. 사회과학적 글쓰기 방식은 일반적으로 매우 장황하며, 보통은 다른 방식의 글쓰기를 생각하지 않는다. 그러나 모든 것은 이야기의 한 형태라는 맥클로스키(McCloskey 1983, 1990)의 말이 옳다면, 그리고 고생스럽게 아이디어를 떠올렸다면, 그 아이디어를 가장 강렬하고 설득력 있는 방식으로 쓰지 못할 이유가 없다.

현재까지의 저술 작업을 고려할 때, 확실히 논문보다는 책 쓰기를 선호하는 것 같다.

특별한 경우가 아니면 학술지에 실을 논문은 더 이상 쓰지 않는다. 쓰게 된다면 내가 그 주제에 관한 책을 집필 중이라고 생각하면 될 것이다. 회의나 정기간행물을 위해 누군가 원고를 부탁하면 일단 내 연구를 설명해 주고 그 회의의 주제와 맞아떨어지는 부분이 있을 경우에 승낙한다. 내 연구와 직접적인 관계가 있어야만 기고한다는 말이다. 일부 학자는 타인의 관심사에 인질이 되어 그들이 청탁한 글만 쓰며 살아간다. 이런 학자는 결국 자신이 연구하려고 생각해 본 적도 없는 주제를 붙잡고 늘어지는 데 시간을 소비하게 되는 것이다. 이와는 대조적으로 나는 내가 계획한 작은 길이 있다. 내가 연구하는 주제가 타인의 관심사와 일치한다면 그것도 나쁘지 않다. 즐거울 것이다. 그러나 일치하지 않는다면, 미안하지만 어쩔 수 없다. 내가 가고자 하는 길이 있으니까.

이론

대부분의 저서가 정치 이론이나 사회 이론과 관련을 맺고 있다. 앞서 살펴보았듯이 『약자의 무기』는 그람시의 헤게모니론과 관련이 있고, 『국가처럼 보기』에서는 크로포트킨Pyotr Alexeyevich Kropotkin과 같은 아나키스트 이론가의 사상을 끌어오기도 했다. 스스로를 이론가라고 생각하는가?

전혀 아니다. 솔직하게 말하면 나는 이론에 약하다고 생각한다. 내 숭을 떨거나 겸손한 척 하는 것이 아니다. 내가 현지 조사를 하는 이유 가운데 하나는, 가령 헤게모니에 관해 누군가와 논의한다고 가정할 때 추상적 개

넘이 네다섯 개 정도 나온 시점에서 항상 막히기 때문이다. 추상적 사고를 할수 없다는 뜻이 아니라 땅 위에서 두 발로 걸어 다니는 것을 직접 보았을 때에만 확실하게 다가온다는 말이다. 헤게모니에 관한 솔깃한 이론을 많이 들려줄 수는 없지만 헤게모니가 특정 맥락에서 어떻게 기능을 하는지는 보여줄 수 있다. 스튜어트 홀Stuart Hall처럼 순수하게 추상적인 사고가 가능한 학자가 많이 있다. 그들을 이해할 수 있고, 그들의 연구를 우러러보며, 내 연구에 적용하기도 한다. 그러나 이런 유형의 사고는 나와 거리가 멀다. 나는 특징 맥락에 추상적 개념을 도입하고 어떻게 작동하는지를 관찰하고 난 뒤에야 이론적 기여를 할 수 있다.

현지 조사

현지 조사 기술에 대해 설명해 달라. 예컨대, 현지 조사 노트에는 어떤 종류의 정보를 적는가?

인류학을 전문적으로 배운 적이 없다. 대신에 F. G. 베일리Frederick George Bailey의 서섹스 대학University of Sussex 강의록을 충실히 따랐다. 이 강의록은 책으로 출판된 적이 없는 등사판 인쇄물로, 인류학 현지 조사 초보자에 대한 조언을 내용으로 하는데, 매우 실용적이었다. 예컨대 "자! 마을에 도착해버스에서 내렸습니다. 이제는 무엇을 해야 할까요?"와 같은 식이다. 베일리는중요한 일이 벌어질 수도 있다는 가정하에 눈과 귀를 최대한 활용하고 모든것을 신중하게 기록하기를 권했다. 『약자의 무기』를 작업할 당시 이런 식으로 4천 쪽이 넘는 조사 노트를 작성했다. 베일리는 또 조사 대상의 의미를 포착하기 위한 지적 노력을 일기장 쓰듯이 기록한 여러 권의 노트들 따로따로소지할 것을 권했다. 물론 이것 또한 지켰다. 나는 인생의 3분의 1을 노트 작성에 바쳤다는 사실에 매우 감사하고 있다. 충분히 이해되지 않은 정보를 무턱대고 적어 나가다 뒤늦게 멈춰 서서 되돌아보면 시간 낭비인 것처럼 느껴질 수도 있는데, 절대 그렇지 않다. 경험한 바에 따르면 가장 중요한 정보는 잘 짜인 것처럼 보이는 인터뷰에서 얻는 것이 아니라 마을에서 벌어진 실제 사건이나 언쟁에서 나온다. 내가 조사한 마을에는 가구가 겨우 79개였기 때문에 당연히 주민 모두를 잘 알고 있어야 했고, 조사를 통해 실제로 그렇게 했다. 노트를 읽고 나면 항상 또 다른 의문이 생기지만 하루나 이틀 안에 길을 걷다가 노트의 대상을 만나 의문을 풀 수 있었다. 엘리트를 연구하는 사람들에게 이런 기회는 좀처럼 찾아오지 않는다!

『약자의 무기』에서 연구한 마을은 어떻게 선택하게 되었나?

우선은 대표적인 쌀 생산지이기 때문이었다. 또 내가 가기 10년 전에 그곳에서 3개월을 지낸 일본인 학자가 흔쾌히 정보를 공유하겠다고 했다. 그래서 얼마 안 되는 기간에 대한 것이지만 시계열時系列 정보를 얻을 수 있었다. 그리고 구눙 저라이Gunong Jerai라고 마을 정남방에 자리한 산이 있었는데, 그 산을 바라보는 것이 좋았다.

아이디어를 떠올리고 정교화하는 데 현지 조사가 어떤 도움이 되나?

나는 추상적 개념을 가지고 사고할 능력이 없는 사람이다. 거듭 말하지만 나는 그럴 능력이 없다. 내가 서너 가지 추상적 개념을 들어가며 무엇인가를 설명한다면 나를 똑똑한 사람으로 여기겠지만, 사실은 나 자신조차 무슨 말을 하고 있는지 모르는 상황일 것이다. 나는 항상 계급, 이데올로기,

빈곤, 저항 등의 추상적 개념이 구체적인 상황 속에서 작동하는 모습을 지켜본 후에야 그것을 다룰 능력이 생긴다. 그런 다음에야 추상적인 개념으로 다시 돌아가 신중하게 글을 쓰는 것이 가능하다. '계급의식'에 대한 이해와 관련해, 『영국 노동계급의 형성』(Thompson 1964)을 썼던 E. P. 톰슨의 핵심적인 입장 역시 바로 이것이었을 것이다.

공동 연구

좀처럼 공저를 내지 않는다. 왜 그런가?

다른 학자와 작업할 기회를 좀 더 많이 갖지 못한 것은 일종의 내 실패라고 생각한다. 솔직히 말하면 '독불장군' 같은 면이 있어서 공동 연구자가 내 의견을 잘 따라 줘야 속이 편하다. 농업연구프로그램 당시 여러 학자와의 지적 교류를 통해 얻은 바가 컸지만 막상 글을 쓸 때는 고독한 편이 좋다. 그렇게 해야 저자가 좀 더 일관된 목소리를 낼 수 있는 것이라고 생각하고 싶긴 하지만, 사실 성질 문제다.

베트남전쟁 기간의 위스콘신

처음 부임한 곳은 위스콘신 대학 매디슨 캠퍼스였다. 파란만장한 격동의 시기였던 1960년
대 말에 그곳에서 젊은 조교수로 지냈는데 어땠나?

베트남전이 한창이던 1967년 가을에 위스콘신에 부임했다. 학생
들은 네이팜탄을 제조한 다우 케미컬Dow Chemical을 상대로 시위를 하고 있었
다. 부임 첫 해, 10월인가 11월인가에 대학의 전 교수진이 모여 정기총회를
가졌다. 원래는 일종의 큰 민회처럼 직접민주주의를 해보자는 취지로 열리는
회의였는데, 참석률이 매우 저조해서 보통 70대 노인 몇 명만 참석하는 수준
이었다. 하지만 베트남전쟁 덕에 그해는 달랐다. 놀랍게도 5백 명이 강당을
가득 채웠다. 동남아시아 전문가이자 반전론자였기에 나는 자주 발언에 나섰
다. 나중에, 칵테일파티에서, 문리대 학장인 리언 엡스타인Leon Epstein이 — 그
는 아주 높으신 거물로 전前 정치학과 학과장이었고 나중에는 미국정치학회
회장이 되었다 — 내게 다가와 이렇게 말했다. "스콧 선생. 여기 당신이나 당
신 같은 부류의 사람들이 필요해서 데리고 있네만……" 그가 말끝을 흐리면
서 협박을 마저 다하지는 못했지만, 말하려던 바는 뻔했다. "그렇지 않았다면
없애 버렸을 텐데"라는 것이었다. 엡스타인은 나를 학과의 명백한 위험 인자
로 간주했다. 그때 처음 정치적 참여를 이유로 권력으로부터 내가 요주의 인
물로 찍혀 감시받고 있다는 걸 깨달았다.

엡스타인 같은 사람들은 많은 사람의 경력을 망쳤기 때문에 지금 이런 말을 하기는 싫지만, 그래도 아주 관대하게 보자면 내가 부임할 당시 위스콘신 대학은 맹렬히 성장하던 중이었고, 나를 포함한 여덟 명의 조교수가 같은 해 정치학과에 들어왔다. 이 정도면 군단급이다. 예전 같았으면 조교수는 한두 명, 아니면 세 명씩 뽑기 때문에, 선임 교수들과 저녁 식사니 뭐니 하다 보면 점차 동화되기 마련이었다. 그런데 나와 동료들은 패거리로 들어온 것이다. 작은 공동체 같고 딘결력이 있었디. 니는 청비끼의 플란넬 서츠를 입고 다녔는데, 당시 일반적인 복장은 아니었다. 그래서 나이 지긋한 교수들은 손수 구축한 아름다운 질서와 기강을 우리가 무너뜨리지는 않을까 걱정했다.

위스콘신 대학에서 곤란을 겪을 때, 좋은 친구이자 동료였던 에드워드 프리드먼이 했던 말을 항상 잊지 않고 있다. 사실 에드워드는 내게 소중한 조언을 많이 해주었고, 지적 삶에 가장 큰 영향을 미친 인물이다. 여하튼 그는 이렇게 말했다. "자네는 이제부터 유대인처럼 행동해야 해. 남보다 두 배는 잘해야 직업적으로 성공할 수 있다는 사실을 유대인이라면 모두 잘 알고 있지. 두 배 더 뛰어난 음악가, 두 배 더 뛰어난 회계사가 되어야 하는 거지. 편견은 극복할 수 있어. 하지만 그러기 위해선 주변의 이교도goyim보다 훨씬 뛰어나야 해." 에드워드는 내가 위스콘신 대학의 종신 교수직을 원한다면 남보다 두 배는 잘해야 하며, 그렇게 하지 못하면 잘릴 것이라고 했다. 나를 쫓아내고 싶을 테니 약점이 하나라도 잡히면 물고 늘어질 것이라는 말이었다. 정치적으로는 위스콘신 교수들과 대립하고 있었고, 내게는 정말 중요한 문제였기 때문에 이와 같은 내 정치적 입장을 포기할 마음은 없었다. 그러나 다른 면에서는 그들이 만나 본 최고의 동료가 되기로 마음먹었다. 선임 교수들의 저작을 읽기 시작했고, 점심을 같이 들며 그들이 쓴 글에 대해 이야기했다. 학과 업무나 기타 이것저것 모든 일에 성실히 임했다. 내 정치적 성향 때문이 아니라면 나를 쫓아낼 수 없게끔 다른 모든 면에서 모범적인 동료로 지냈다. 물론 그중 몇몇에 대해서는 구역질을 참아야 했지만.

학생들과의 관계는 어땠는가? 당시 많은 학생들이 베트남전에 반대하는 데 열을 올렸을 텐데…….

에드워드 프리드먼과 나는 함께 농민 혁명을 강의했다. 예상할 수 있겠지만 전쟁 덕에 이 주제에 대한 관심이 높아져 인기가 많았다. 우리는 350명의 학생들을 대상으로 돌아가며 강의를 했다. 그중 80명 정도는 우리의 진보적 성향이 부족하다고 생각했다. 사실, 위스콘신 대학 육군수학연구센터 폭파 사건[23]에 가담한 학생 세 명이 우리 강의를 들었던 것으로 밝혀졌다. 대강당에서 강의를 했는데 우리를 비판하려는 학생들이 서로 마이크를 뺏으려고 난리였다. 60~70명의 학생들은 강의가 끝나고 나면 토론을 하느라 밤을 샜고, 4~5쪽 분량의 강의 비평을 등사기로 찍어 다음 강의 시작 전에 돌렸다. 마치 그것이 삶의 전부인 양 행동했다.

1976년에 위스콘신 대학을 떠나 예일 대학으로 갔다. 왜 떠났는가? 위스콘신이 만족스럽지 않았나?

아니다. 위스콘신 대학을 좋아했다. 토지자원센터Land Tenure Center도 있고, 에드워드 프리드먼 같은 훌륭한 동료가 있었다. 위스콘신에 남았더라도 만족했을 것이다. 예일 대학에서 제안이 들어왔을 때 아내에게 결정을 맡겼다. 동부에 사는 친척들과 가까이 지내고 싶어 했던 아내는 예일 대학을 택했다. 맡은 학생 수가 더 적다는 것을 비롯해 내게도 이점이 많았기 때문에

23 * 육군수학연구센터Army Math Research Center 폭파 사건
1970년 8월 24일 새벽에 베트남전에 반대하는 급진 학생운동 단체가 일으킨 사건.

나도 불만은 없었다. 잘된 일이었다.

예일 대학의 제안에 대해 위스콘신 쪽에서 응수할 기회는 줘야 하지 않겠냐고 학과장이 말했다. 돈 문제로 결정한 것이 아니라서 시간 낭비라고 생각했지만 그렇게 했다. 여전히 리언 엡스타인이 학장일 때였고, 예일이 제시한 금액이 얼마였는지 구체적으로 기억이 나지는 않지만, 위스콘신 대학에서 제시한 연봉이 예일보다 정확히 1백 달러 적은 액수였다는 점만은 절대 잊지 못할 것이다.

위스콘신에서 예일로

위스콘신 대학에서 예일 대학으로 옮기고는 어땠는가?

앞서 이야기했듯이, 위스콘신 대학에 부임할 때는 여덟 명의 조교수 가운데 한 명이었다. 그런데 예일 대학에는 혼자서, 그것도 정교수로 부임한 것이었다. 식구들 추스르는 일로도 정신이 없었다. 예일 대학은 매우 험악한 곳이어서 1년 정도 지나고 보니 지적인 교우 관계를 전혀 맺지 않고 지냈다는 것을 깨달았다. 출퇴근을 반복하고 몇 명을 만나기는 했지만 지적 연대가 없었다. 나는 고독한 지식인이었다. 이런 상황을 개선해 보려고 평소 나답지 않은 짓을 했다. 누구와 지적인 교류를 나누고 싶은지, 예일 대학에서 지적으로 흥미로워 보이는 학자는 누구인지, 생각해서 몇몇을 골라냈다. 그리고 그들의 연구를 읽고 함께 점심을 먹으며 그들의 연구가 얼마나 훌륭한지 말해 주었다. 이 중 서너 명은 아주 친한 친구가 되었다.

예일 대학에서 친해진 동료는 누구인가?

몇 명은 대학을 옮겼다. 당시를 기준으로 말한다면, 중국을 연구하던 인류학자 헬렌 시우Helen Siu, 일본을 연구하던 인류학자 윌리엄 켈리William W. Kelly, 아프리카를 연구하던 역사학자 로버트 함스Robert Harms, 중국을 연구하던 역사학자 조너선 스펜스Jonathan Spence, 역시 중국을 연구하던 사회학자 데버러 데이비스Deborah S. Davis 등이다. 이후에 삼림과 환경, 생태 전문가 마이클 도브Michael Dove와 중세사학자 폴 프리드먼Paul Freedman과 친해졌다. 당시에는 이런 생각을 못했지만, 지금은 주변 사람들에게 자의식적으로 자신의 '보이지 않는 대학'invisible colleges[서신과 방문, 학회에서의 만남 등의 형태로 교류하는 학문 소집단]을 분명히 하기 위한 노력을 해보라고 권하고 있다. 내 연구 주제에 비추어 봤을 때, 내가 몸담은 연구 기관 안팎으로 — 전국적으로나 전 세계적으로 — 누가 있는지, 누가 내가 선호하는 종류의 것들을 연구하고 있는지 알고 있어야 한다. 내 경우, 내 '보이지 않는 대학'에는 마이클 에이다스Michael Adas 같은 아주 훌륭한 역사학자가 들어오게 되었다. 서로에 대해 자세히는 몰라도 원고나 자료를 주고받는 등 지적 교류 관계는 끈끈하다.

정치학자를 단 한 명도 거론하지 않은 점이 특이하다.

연구를 서로 검토하며 어울리는 예일 대학 정치학자들이 물론 있다. 이언 샤피로Ian Shapiro, 로저스 스미스Rogers Smith, 다른 대학에 가기 전까지는 마거릿 켁Margaret Keck과도 잘 지냈고, 최근에는 아룬 아그라왈Arun Agrawal과 친하다. 하지만 1991년에 동료들과 농업연구프로그램을 창설했을 때부터 지적 중심이 정치학과가 아니게 되었다. 물론 정치학과가 내 집 같은 느낌이지만 현재 지적 중추는 아니다.

예일 대학 농업연구프로그램

농업연구프로그램의 목적은 무엇인가? 어떻게 시작하게 되었고, 어떤 활동을 하는가?

당나라 시기 중국이 되었든 현대 아시아나 아프리카가 되었든 농업 사회에 관심이 있는 사람은 전부 불러 모았다. 나는 개인적으로 이 프로그램을 다음과 같이 생각하고 있다. 누군가 내게 근처에서 정치학 관련 토론이 벌어지고 있다며 귀띔했다면, 내가 그 토론에 끼어들 확률은 얼마나 될까? 아마 10분의 1이나 20분의 1쯤 될까 모르겠다. 그런데 이번에는 누군가 농부나 농업에 관한 토론이 벌어진다고 내게 말한다면, 상당한 흥미를 느낄 것이고 내가 그 토론에 기여할 수도 있을 것이다. 이렇듯 농업연구프로그램은 이론 중심이 아니라 주제 중심의 프로그램으로 여러 다양한 학과들과 관련되어 있다. 결과적으로는 이런 식으로 이기적이면서도 공익적인 성격을 가진 지식인 모임 혹은 지식 공동체가 만들어졌다. 흡사 이 모임은 나를 위한 세미나 같은 것으로 이기적이라는 건 바로 이런 의미에서다. 그러나 많은 대학원생들이 프로그램을 긍정적으로 생각하고 많은 동료들이 힘을 모아 주면서 우리는 성공적인 학제 간 연구 프로그램을 만들었다.

어떻게 보면 내 글쓰기랑 닮은 구석이 있다. 글을 쓸 때나 농업연구프로그램을 할 때나 나는 어떻게든 가까스로 주사위 7과 11을 맞춰 왔다.[24] 주사위를 던지면 대개 맞아떨어지는 숫자가 나오는 것처럼 보인다. 계속 7이 나오는 한, 너무 깊게 생각하고 싶지 않다. 타고난 기질 덕에 그럭저럭 돌아가는 것 같다. 그냥 즐기려 하지 않고 너무 머리를 굴리거나 의식을 하게 되면

---

24 * 미국의 카지노에서 인기 있는 주사위 게임인 크랩스Craps. 첫 번째 던지기에서 한 벌로 된 두 개의 주사위를 던져 7이나 11의 조합이 나오면 승리한다.

항상 일을 그르친다.

농업연구프로그램이 어떻게 운영되고 있는지 더 자세히 소개해 달라.

우리 중 서너 명은 대학원에서 농업 사회 비교 연구 공동 강의를 진행했는데, 예일 대학원 역사상 가장 규모가 컸다. 한번에 55명의 학생이 강의실을 채웠다. 대부분이 농촌 지역 문제에 관심이 있었으며, 자신의 학과에서는 외톨이라고 생각하던 학생들이었다. 일반적인 두 시간짜리 강의와는 달리 매주 월요일에 네 시간 강의를 했다. 강의를 먼저 한 뒤에 학생들을 소그룹으로 나누었다. 결국은 일반적인 강의보다 두 배 긴 수업이 되는 것이다.

또한 매년 여덟 명의 박사 후 과정 연구원들이 들어왔다. 나는 매년 가을마다 이 연구원들이 최적의 분야를 찾는 데 도움을 주기 위해 많은 시간을 투자했다. 마치 궁합을 맞춰 보는 중매인처럼 말이다. 또한 매주 대학원생 세미나가 있었다. 이 세미나에서 토론자는 발제자의 주제에 관해 전문적으로 공부한 사람이 아니었다. 사실, 세미나 주제와 관련해 깊은 지식이 있는 사람은 토론자로는 실격이다.

농업연구프로그램을 시작할 당시, 프린스턴 대학의 데이비스역사연구센터Davis Center for Historical Studies 소장 로런스 스톤Lawrence Stone을 만나러 갔다. 내가 말했다. "좋은 프로그램을 운영하기 위한 팁 같은 것 없습니까?" 그가 대답했다. "주요 학술 행사가 끝나면 반드시 사교 모임을 마련하십시오." 이 조언을 받아들여 매주 금요일 11시에서 1시까지 진행하는 세미나가 끝나면 함께 점심 식사를 했다. 이런 모임은 학과 간의 교류를 촉진한다. 세미나 때 누군가 주목할 만한 발언을 했다면 그 사람과 같은 테이블에 앉아 한 수 배울 기회가 생길 수도 있는 것이다.

대체로 대학원생은 불행하고 고독한 운명이다. 그러니 누군가가 마련해

준 학술 행사가 사교적으로도 매력적이라면 결국 몰려들 수밖에 없는 것이다. 농업연구프로그램에서 만나 결혼한 커플도 있다. 학자는 포름알데히드 속의 뇌가 아니다. 그들도 살아 있는 생명체이고 욕구가 있는 존재다. 대학원생 한 명이 이 상황을 매우 재미있게 표현한 적이 있다. 농업연구프로그램에 참여하는 것은 교회에 다니는 것과 비슷하다고 했다. "다른 학과 친구들을 볼 수 있으니 모두 잘 차려 입고 가요." 이렇게 해서 우리의 주간 콜로키엄은 행사다운 행사로 자리매김했다.

하지만 그 '교회'에 나가지 않는 그룹이 하나 있는 듯하다. 정치학자들 말이다. 농업연구프로그램에 정치학과 대학원생 참여율이 낮다는 인상을 받았다.

실제로 그렇다. 정치학자 몇 명이 참여하기는 하지만 많은 숫자는 아니다. 인류학과·사학과·삼림학과·환경학과에서 온 연구자들이 주축을 이루고 있다. 또 사회학과·로스쿨·보건학과에서도 참가자가 있고, 가끔 자연과학 쪽에서도 온다. 요즘 정치학과 대학원생들 중에는 농촌 연구를 하는 이들이 그리 많지 않다.

농촌 문제를 공부하려는 정치학과 대학원생이 줄어든 이유는 어디에 있는가?

시대정신이 우릴 떠났다. 1975년만 해도 로버트 베이츠를 포함한 정치학계의 많은 인물들이 농촌 문제를 연구했다. 그러나 정치학의 시대정신은 다른 곳으로 이동했다. 농촌 연구의 흐름은 원주민의 권리나 지속 가능한 개발, 환경문제 등으로 새롭게 바뀌었다. 현재, 농촌 문제는 주로 인류학자나 역사학자가 다루고 있다. 두 분야는 지역을 기반으로 하는 학문이다. 역사학자가 고문서를 뒤지든, 인류학자가 전 세계를 돌아다니든, 이들의 연구는 특정 지역과 맥락에 기반을 두고 있다. 반면에 요즘 정치학자, 특히 도식·추론을 중시하는 정치학자는 작은 다용도 칼을 들고 있다. 낙하산을 타고 파타고니아Patagonia나 네팔에 착지한 후, 공구 상자 속에서 이 다용도 칼을 꺼내 작업을 시작하는 것이다. 물론 인류학자 중에도 다용도 칼을 들고 다니는 사람이 있기는 하다. 가령, 클로드 레비-스트로스Claude Lévi-Strauss가 신화를 분석하는 방식을 보면 그렇다(Lévi-Strauss 1986).

레비-스트로스의 인류학적 도구와 현대 정치학자의 다용도 칼은 어떤 차이가 있나?

전혀 차이가 없다. 하지만 레비-스트로스에게 무슨 일이 일어났는지 주목해 볼 필요가 있다. 연구의 도식적인 부분은 흔적도 없이 사라졌다. 대조적으로 클리퍼드 거츠Clifford Geertz 같은 학자의 연구는 지금껏 버티고 있다. 내 생각에 거츠는 테크닉이 없었고, 나처럼 특이한 연구를 했다. 레비-스트로스의 제자가 되고 싶은 학생은 신화적 분석의 테크닉만 익히면 되겠지만, 거츠의 제자가 되고 싶은 학생은 정확히 무엇을 어떻게 해야 하는지 알기 힘들 것이다.

강의

당신의 연구가 클리퍼드 거츠의 연구처럼 독특해서, 지도 받기를 원하는 학생에게 일괄적인 테크닉을 전수할 수 없다는 것인가? 거츠는 제자가 없거나 적다고 알고 있는데, 당신은 어떤가? 제자가 많은가?

모두 정치학 전공자는 아니지만 농업연구프로그램 덕에 가르쳐야 할 학생이 몇 트럭은 될 거다. 삼림학과, 환경학과, 역사학과, 인류학과 등 타 학과 학생들에게서 배우는 게 많다. 하지만 얼마나 내 공부가 되느냐와 얼마나 내 시간을 갉아먹느냐를 놓고 아슬아슬한 곡예를 벌일 때도 있다. 어쨌든 도움이 되고 안 되고 간에 로저스 스미스가 정치학과 대학원 주임을 할 때 정치학과 교수진의 지도 학생 수를 도표로 만든 적이 있는데, 내가 1등을 해서 놀랐다.

같이 공부를 하겠다는 학생이 계속 있다는 것은 정말 으쓱해지는 일이다. 어쨌든 우리가 학교에 남아 있는 이유가 바로 그런 거니까 말이다. 하지만 현재 맡아야 하는 학생이 너무 많아서, 예전처럼 한 사람 한 사람 성실하게 가르칠 수 있을지 모르겠다. 내게 정치학과 학생들이 많이 찾아오는 것은, 내가 통상적인 과정을 원하지 않는 학생들을 받아 주어 그들이 나를 자신들을 보호해 줄 사람으로 생각하고 있기 때문이기도 하다.

그렇게 많은 학생들이 지도를 받기 위해 찾아오는 것을 보면 어떤 느낌이 드나?

좋다. 다만, 정치학과가 내 길과 아주 다른 방향으로 가게 된다면, 학생들의 장래를 막다른 골목으로 밀어 넣게 되지는 않을까 걱정되기도 한다. 물론 그런 일은 없을 듯하지만.

학생들이 막다른 골목에 몰릴 위험을 줄여 주기 위한 방법이 있는가?

이렇게 말해 준다. "저들의 이론도 공부해야 한다." 합리적 선택이론이 마음에 들지 않고 정치학에서 할 일이 아니라는 생각이 들어도 일단은 합리적 선택이론을 이해한 후에 비판을 하던가 해야지 멀리 떨어져 마냥 싫다고만 해서는 안 된다. 미션 스쿨에 다니는 불량 학생이라 해도 교리문답은 꼭 외우고 있어야 쫓겨나지 않는다. 물론 내가 신기술 공포증 환자technophobe로 몰려 쫓겨날 수도 있겠지만.

신기술이 두려운가?

아니다. 하지만 내 연구를 수학 공식으로 도배할 마음은 없다.

대학원생 교육에 대한 어떤 기조나 원칙을 갖고 있나? 대학원생들을 어떻게 교육해야 한다고 생각하는가?

기조가 되는 교육안이나 원칙 같은 것은 없다. 각 학생마다 지적으로 필요로 하는 것들이 다르다고 생각한다. 물론 동남아시아를 연구하려는 학생은 동남아시아 언어를 기본적으로 배워야 하고, 역사·문학·대중문화·예술·종교 등 그 지역에 관한 지식을 많이 알아야 한다. 그리고 도움이 되든 안 되든 간에, 주류에 대해 비판적인 입장에 서있다 하더라도 비판하는 대상의 학문적 기초를 신중히 알아보는 데 시간을 투자해야 한다. 예컨대, 합리적 선택이론을 비판하고 싶다면, 그 이론의 구석구석을 철두철미하게 잘 알고 있어야 한다.

정치학과
페레스트로이카

인문학과 과학 사이에서

최근 페레스트로이카 운동에서 두드러진 활약을 했다. 점점 더 방법론적 엄밀함을 강조하는 경향이나 합리적 선택이론의 확산 등 정치학계의 특정 조류에 대한 강력한 비판자로 나섰는데,[25] 엄밀함에 반대하는가?

현재 엄밀하다고 간주되는 게 대체 어떤 건가? 정치학에서 엄밀함이란, 방법론적 엄밀함이라는 좁은 의미로 정의되어 왔다. 테크닉에는 나무랄 데가 없을지라도 보통은 사소한 문제를 푸는 데 사용되기 때문에 별로 득될 게 없는 그런 엄밀함이다. 예컨대 예일 대학 동료 도널드 그린Donald Green은 — 내가 아는 사람 중에서 가장 비상한 두뇌의 소유자로 내가 매우 존경하는 인물인데 — 정치학에도 실험이 필요하다고 주장한다. 도널드 그린과 앨런 거버Alan Gerber는 실험을 하나 했는데, 무작위로 선택된 두 투표 집단 중 한 그

---

[25] 2000년에 '미스터 페레스트로이카'로 자신을 소개한 한 학자가 『미국정치학회보』와 미국정치학회, 정치학계 전반의 개혁을 요구하는 익명의 선언문을 돌렸다. 미스터 페레스트로이카는 학계의 많은 인재들이 『미국정치학회보』를 읽지 않거나, 기고하지 않는 것은 미국정치학회 임원과 『미국정치학회보』 편집위원이 전임자로부터 비민주적인 방식으로 선발되고, 『미국정치학회보』가 정치학에 관한 중요한 질문이 아닌 기술적 방법론을 다루는 데 집중하고 있기 때문이라며 우려를 표명했다. 그리고 이와 같은 한 학자의 좌절감에 다수의 정치학자가 공감하면서 학계에 커다란 논쟁과 토론을 불러일으켰다. 페레스트로이카 운동에 관해서는 Eakin(2000), Monroe(2005) 참조.

룹에게는 선거일 전에 이웃이 찾아가 투표를 하라고 전했고, 다른 그룹에게는 투표를 하라는 선거 홍보물을 우편으로 보냈다(Gerber and Green 2000). 결과는 투표를 직접 권유 받은 그룹이 단순히 홍보물을 읽은 그룹보다 선거 참여율이 높다는 것을 보여 주었다. 아주 대단한 결과이자, 정말 과학적인 발견이며, 인류가 고안한 최고의 실험 계획이었는지도 모른다. 하지만 나는 이 발견이 조금도 중요하지 않다고 생각한다. 전혀 놀랍지 않은 결과다. 도널드 그린은 결과가 놀랍지는 않지만 적어도 견실하지 않느냐며 항변했다. 그린이 전제하는 바는 이런 벽돌을 충분히 모으면 언젠가는 큰 건축물을 지을 수 있다는 것이다. 그런데 내가 보기에는 그냥 벽돌 더미만 쌓일 듯하다.

좀 더 일반적으로 말해, 방법론적 환원주의의 문제는 연역적 추론 단계에서 논리적 결함을 발견해 내는 것만으로도 어떤 성과처럼 보일 수 있다는 데 있다. 도구를 개량하는 것이 공헌으로 받아들여지고 있는데, 나는 이것이 우리가 정치학을 하는 이유는 될 수 없다고 생각한다. 이런 논의의 배경에는 우리가 하고 있는 게 과연 진짜 과학인지, 그리고 진짜 과학이란 것이 실제로 포퍼(Popper 1959)나 헴펠(Hempel 1965, 1966)의 모델에 따라 작동하는지와 같은 좀 더 큰 차원의 의문이 존재한다.

정치학자가 자연과학자처럼 실험에 뜻을 품어서는 안 된다고 한다면, 우리는 무엇을 열망해야 하는가?

너무 큰 질문이라 내가 과연 답할 수 있을지 모르겠다. 나는 우리가 예술가이기 때문에 그냥 즐기면 그만이라고 말하려는 것이 아니다. 논리학과 삼단논법에 대한 고전적 약속에서 발견할 수 있는 추론의 근본 규칙은 분명 존재하고, 이를 어기지 않고 제대로 이용하는 것은 중요한 일이다. 그래서 나는 방법론이 시간 낭비라고 생각하지 않는다. 하지만 정치학자는 인문학의 세계와 과장되고 왜곡된 자연과학의 세계 — 우리는 남근을 선망하듯 자연과학을 선망하는 성향이 있다 — 사이의 지하 세계에 몸담고 있도록 일종의 유형流刑에 처해진 것 같다. 그러나 정치학은 절대로 자연과학처럼 될 수 없다. 우리는 인간 주체의 행위를 연구하는 사람이며, 인간은 자기반성이 가능한 존재이기 때문이다. 어떤 사람의 습성을 발견하고 그 사람에게 이를 알렸다고 해보자. 그 사람은 습성을 고치려 들 수도 있고 무시할 수도 있다. 가령, 내가 대학원을 다닐 무렵인 1960년대에 전성기를 구가하던 여론조사를 생각해 보자. 위스콘신 대학의 머리 에델만은 다음과 같은 점을 지적했다. 여론조사를 통해 사람들이 X나 Y 중에 무엇을 선호하는지, 혹은 대법원이 일을 제대로 하고 있다고 생각하는지 등을 알아낼 수도 있지만 이것이 고정된 의견은 아니라는 것이다. 상황이 조금이라도 바뀌면 당장 다음 주라도 의견은 달라질 수 있다. 또한 단순히 '저 바깥에 존재하는' 객관적인 정치적·사회적 실재 같은 건 없다. 이것은 기호학에서 온 중요한 통찰이다.[26] 거츠가 눈을 깜박이는 것과 씰룩거리는 것의 차이를 해석한 논문에서 이야기하고 있는 게 바로 이런 것이다 (Geertz 1973, 3-30).[27] 존 던John Dunn 역시 좋은 지적을 하고 있는데, 그는 사람들이 자기 행동에 대해 갖고 있는 생각을 현상학적으로 설명하지 않고서는, 이들의 행동을 만족스럽게 설명할 수 없다고 이야기한 바 있다(Dunn 1979).

---

26 기호학은 언어 체계 속의 기호와 상징의 기능에 대한 이론이다.

27 * 의도적으로 눈을 깜박이는 윙크와 조건반사적으로 나타나는 '눈의 경련, 씰룩임'은 겉으로 보기에는 큰 차이가 없지만 내용상으로는 큰 차이가 있다는 것이다. 거츠에 따르면, 윙크는 특정인에게 특정 맥락에서 특정 메시지를 전달하므로, 맥락에 따라 의미와 해석이 달라진다.

정치학의 과학적 열망에 대한 이런 우려에도 불구하고, 지식 생산이라는 측면에서 정치학계에서도 어느 정도 성과가 있었다고는 생각하지 않는가?

정치학계와 그것이 한 역할에 대한 내 생각을 묻고 있는 것 같은데, 사실 나는 한동안 이를 진지하게 생각해 본 적이 없었다. 부분적으로는 내가 정치학에서 배운 게 그리 많지 않기 때문이기도 하다. 말하기 창피하지만 『미국정치학회보』를 적어도 8년은 읽지 않았다. 미국정치학회 회원에게는 자동적으로 배달되기 때문에 여전히 받고는 있다. 4~5년마다 열리는 미국정치학회 총회에 참석할 때마다 회원 자격을 갱신하는데 그러고 나서는 잊어버린다. 『미국정치학회보』는 우편함에서 곧바로 휴지통으로 향한다. 그럼에도 불구하고 내가 책임감 있는 성인 같이 굴 거라고 치고 내게 "정치학을 공부하고 정치학 서적을 읽은 덕에 확실히 알게 된 것은 무엇인가?"라고 묻는다면, 합리성에 대한 베버의 통찰과 물질적 이해관계에 대한 마르크스의 투박한 통찰 정도를 지적하고 싶다. 그리고 기호학에서도 배운 것이 있다. 몇 년 전에 운전 도중 '미국을 사랑하라. 아니면 떠나라'라는 자동차 범퍼 스티커를 보고 혼자 속으로 이렇게 생각했던 적도 있다. "기호학을 좀 읽으니 내가 저런 것도 알게 되는군. 저 문구는 '미국을 혐오한다. 그러니 떠난다'라는 무언의 발화에 대한 응답이군. 부정적[소극적] 부재不在, negative absence에 반하는 언명이 바로 이런 것이지." 이와 마찬가지로, 펜실베이니아 앨런타운Allentown이나 윌크스 배리Wilkes Barre 출신과 대화를 나눌 경우, 정말 후진 곳에서 왔다고 이야기하면 발끈한다. 피츠버그가 고향인 아내 역시 그랬다. 장소가 최악이면 최악일수록 더욱 강하게 항변하는 것이다. 모든 담론은 세상을 바라보는 다른 관점과의 대화 속에서 존재한다는 사실을 기호학에서 배웠다.

비교정치학은 어떤가? 많은 지식을 축적했다고 보는가?

　　　　비교정치학자들은 대통령제와 내각제의 비교, 전제정의 기능, 사회운동의 전개 과정, 선거제도의 영향, 심지어는 민족 갈등에 이르기까지 많은 것들에 대한 유용한 지식을 획득했다. 그러나 이 가운데 그 어떤 것도 엄격한 과학적 의미에서 포괄 법칙이 될 수 있을 만큼 지식을 축적한 분야는 없으며, 그나마 힘들게 얻은 지식들도 대부분이 원저자들보다는 이를 적용하는 학자들에 의해, 종교적 믿음처럼 떠받들어지거나 맥락을 고려하지 않고 아무 상황에나 활용되고 있다.

오늘날의 정치학이 방법론적 엄밀함을 지나치게 강조하게 되면서 사소한 문제에만 초점을 맞추게 되었다고 주장했다. 그렇다면 어떤 주제를 연구해야 하는가?

　　　　모든 논문은 두 부류로 나눌 수 있다. 중요하고 흥미로운 문제를 제기하는 논문과 그렇지 않은 것이다. 대부분은 후자에 속하는데, 애초에 질문할 가치가 없는 주제를 잡았기 때문이다. 그 해답을 알고 싶지도 않은 문제를 다룬 논문도 많다. 나는 사소한 질문을 성공적으로 던지는 노력보다, 중대한 문제에 도전하다가 실패한 노력을 더 가치 있게 여긴다. 린드블롬이 이와 관련해 멋진 말을 했다. 린드블롬에 따르면 라이트 형제Wright brothers가 비행에 성공하기 전에 시카고 형제Chicago brothers도 비행에 도전했다고 한다. 모두 실패했고 비행기는 시카고 강에 떨어졌다. 요지는 이런 고귀한 실패 없이는 라이트 형제도 성공하지 못했을 것이란 점이다. 가령, 베네딕트 앤더슨Benedict Anderson은 『상상의 공동체』Imagined Communities(1991)에서 "프랑스 무명용사의 묘나 미국 무명용사의 묘는 있으면서 왜 무명 부르주아의 묘나 무명 프롤레타리아의 묘는 없는가? 왜 어떤 집단은 강렬한 감정과 행동을 불러일으키고 다른 집단은 그렇지 못한가?"라고 묻는다. 굉장한 질문이다. 『상상의 공동체』
는 애매한 구석이 있기는 하지만 그냥 지나쳐도 좋을 주제를 다룬 책이라고
는 아무도 말하지 못할 것이다. 배링턴 무어도 『독재와 민주주의의 사회적
기원』(1966)에서 근대사회에 이르는 서로 다른 경로라는 묵직한 주제를 탐구
했다. 반면, 요즘의 비교정치학은 중앙은행의 민주적 통제 같은 비교적 작은
주제를 다룬다. 도널드 그린처럼 벽돌을 하나하나 모아서 전당을 세울 수 있
다는 확신이 든다면 나 역시 그만 빼기고 콧대를 꺾도록 하겠다. 하지만 그럴
기미가 전혀 보이지 않는 것 같다.

어떻게 하면 대학원생이 중요한 문제를 제기할 수 있도록 가르칠 수 있을까?

　　　　　과연 가르칠 수 있는 사항인지 모르겠지만, 동료인 아룬 아그라왈
과 함께 노력 중이다. 우리는 "비교 연구의 방법과 창조력"Creativity and Method in
Comparative Research이라는 새로운 강의를 개설했는데, 여타 방법론 관련 강의처
럼 좋은 아이디어를 상정한 후 어떻게 검증할지에 초점을 맞추기보다는 애초
에 좋은 아이디어를 어떻게 구상하는지를 가르친다. 학생들에게 내주는 첫
번째 과제물은 칼 폴라니의 『거대한 전환』(1957)을 읽고 책에 대한 연구 계획
서를 적어 오는 일이다. 또 톨스토이의 『전쟁과 평화』(1967)를 읽고 정치학자
로서 관심을 가질 만한 주제 세 가지를 끄집어내는 과제를 낸다. 그다음 시간
에는 뉴 헤이븐New Haven의 야간 법정이나 정치를 주제로 한 친구들끼리의 대
화를 신중하게 관찰한 후 그 안에 담긴 정치적 담론을 적어서 제출하게 한다.
　이 강의를 함께 개설하기로 결정한 이유는 47명의 대학원생이 질적 방법론
강의가 필요하다며 학과장에게 청원했기 때문이다. 다른 학과에는 이미 개설되
어 있어서 강의계획서를 전부 가져와 참고했는데 결국 그런 식으로는 가르치고
싶지 않다는 데 동의했다. 우리 강의에서는 실증주의나 가설 검증을 비판하는

자료를 많이 다룬다. 예컨대, 아마르티아 센의 "합리적 바보"(Sen 1977)[28]나 허시먼의 "이해를 방해하는 패러다임의 추구"(Hirschman 1970)[29] 등을 읽는다. 좁은 의미에서의 방법론 강의가 아닌 더욱 흥미로운 무엇인가를 가르치고 싶었다.

과도한 전문화의 문제

정치학자들이 사소한 질문들만 제기한다는 문제 말고도, 정치학계에서 신경 쓰이는 또 다른 문제가 있는가?

정치학계는 과도한 전문화hyper-professionalism로 골치를 썩고 있다. 소수의 청중만을 대상으로 극히 전문화된 연구를 하는 소규모 그룹이 늘었다는 뜻이다. 동료인 더글러스 레이Douglas Rae는 사회과학 전문지에 실린 논문의 평균 독자 수를 조사한 적이 있는데, 세 명 이하라는 수치가 나왔다. 수치가 적은 사례 때문에 평균이 깎였다고 가정하고 실제로는 한 아홉 명쯤 읽는다고 쳐보자. 그렇다 해도 동료 심사 학술지라는 사업 전체가 외부 세계에는 아무런 영향을 미치지 못하며, 교수들이 종신 재직권이나 따게끔 설계된 루브 골

---

28 * 합리적 바보
센은 자신의 이기적 행위와 효용 극대화가 결국은 전체적인 비극을 초래한다는 점에서 공리주의와 호모 에코노미쿠스를 합리적 바보라 비판했다.

29 * "이해를 방해하는 패러다임의 추구"The Search for Paradigms as a Hindrance to Understanding
허시먼은 패러다임에 기반을 둔 연구가 경험적 연구에 미치는 부정적 영향에 대해 다루고 있는 이 논문에서 패러다임에 기반을 둔 연구가 기존의 패러다임에 맞지 않는 현실을 인식하지 못하게 하거나, 이를 예외적인 또는 일시적 현상으로 치부하도록 방해한다고 말한다.

드버그 기계[30]라는 데는 달라질 것이 없다. 배포되는 범위가 좁고, 기고자끼리 서로 안 마나 해주는 것이다. 그런데도 공인된 학술지에 글이 실리면 고작 몇 명에게 검증 받을 뿐인데도 종신 재직권이 나온다.

내가 『사회과학인용지표』[31]를 비판하는 이유는 다음과 같다. 실은 내가 인용이 많이 되는 편이어서 이 비판은 신 포도가 아니라는 점을 미리 말한다. 첫째, 자기 논문을 인용한 것도 계산에 들어간다. 둘째, 종신 재직권을 따기 위해 합의하에 서로의 논문을 인용하는 조교수가 있다. 셋째, 비판을 하기 위한 인용도 계산에 들어간다. 가령, "지금 인용한 부분은 아무짝에도 쓸모없는 주장이다. 종이가 아깝다"라는 식의 인용도 원저자에게 한 표를 추가해 준다. 넷째, 책을 쓴 사람보다 논문을 쓴 사람이 더 혜택을 받는다. 마지막으로, 영어를 사용하는 학자가 절대 유리하다. 『사회과학인용지표』는 주류 영미 정치학자에게 혜택을 주기 위한 영미 합동 작전이나 다름없다.

과도한 전문화를 해결할 방법이 있다면?

새로 인사人事가 있을 때마다 다른 학과에도 그 사람이 중요하다는 사실을 증명해야 하는 규칙을 만든다면 좋겠다. 자극이 될 것이다. 타 학과에서 자신의 연구가 도움이 되었다고 인정할 때만 종신 재직권이 나오면 어떻

30 • 루브 골드버그 기계|Rube Goldberg machine
단순한 결과를 얻기 위해 복잡한 과정을 거치는 상황을 의미한다. 풍자만화가 루브 골드버그가 그린 각종 장치에서 유래한다.

31 『사회과학인용지표』*Social Science Citation Index*에 등재된 인용 개수는 많은 대학의 정치학과에서 교수의 채용과 승진, 종신 재직권 부여 여부 등을 결정할 때 참고한다.

게 될까? 종신 재직권을 받기 전에 인접 학과 교수들에게 자신의 논문을 읽게 하고 "괜찮아 보입니까?"라고 질문해야 한다면 어떨까? 그리고 종신 재직권을 받고자 할 경우에 두 개 학과에서 양자 임명을 추진해야 한다면 어떨까? 단, 양자 임명 시에는 각 학과가 특정한 대가를 치러야 한다. 달리 말해, 다른 학과에서 "네, 스나이더라면 우리 쪽에서도 불만 없습니다. 공동 임명에 반대하지 않습니다"와 같은 식으로 나오면 안 된다는 것이다. 그쪽도 스나이더의 임명에 실질적인 비용을 지불해야 한다. 긴꼐 돈 말이다. 이런 규칙이 제도적으로 어떻게 구체화될지는 잘 모르겠지만, 외부에서 정치학과를 주시하게 하는 것, 즉 끊임없이 외부의 의견과 평가를 구해야 한다는 것이다. 과도한 전문화를 누그러뜨리는 절차를 어떤 식으로 제도화할지가 관건이다.

나는 동료들에게 이렇게 주장한다. 살다 보면 뜻밖의 상황에 부딪치기 마련이고 정치학과 역시 마찬가지다. 나도 동료도 그 누구도 정치학이 어떤 방향으로 가게 될지 장담할 수 없다. 현시점에서 볼 때, 5년이나 10년 후에 가치가 있고 명예로운 연구가 무엇이 될지는 아무도 모른다. 미래에 어떤 일이 벌어질지 모르므로, 신중하고 이성적인 학과라면 하나에 올인하기보다는 위험을 분산시킬 것이다. 빛은 여러 개의 창문을 통해 들어오기 때문이다. 물론 로체스터 대학이 합리적 선택이론을 선택했듯, 규모와 구심점이 작은 학과가 한 곳에 전부를 거는 것을 이해할 수는 있다. 그러나 이 경우 주사위 던지기 한 번에 승패가 갈린다. 예일 대학은 그럴 필요가 없다. 예일 대학은 충분히 크기 때문에 여러 곳에 신중하게 걸 수 있고, 또 그렇게 해야 한다. 더 나아가 합리적 선택이론가가 합리적 선택이론가들에게만 둘러싸여 있는 환경이라면 자신의 메아리만 듣게 되어 더 멍청해지기만 할 뿐이라고 생각한다. 자신의 방법론이 도전 받을 일이 전혀 없는 것이다. 제대로 된 합리적 선택이론가이고 싶다면 도전자가 우글대는 환경, 다윈의 자연선택이 적용되는 환경에서 매일같이 자신의 정당성을 증명해 내야 한다. 최고의 합리적 선택 연구는, 합리적 선택을 연구하는 학자들이 왜 자신의 연구가 가치 있는지 입증해야만 하는 학과에서 나올 것이다. 합리적 선택이론을 연구하지 않는 경우도 마찬가지다. 사실 나는, 나와 같은 부류의 학자로만 구성된 정치학과는 원하지 않는다.

다윈에 대한 은유를 이어가 보자. 우리는 종의 무한한 다양성을 위해 노력하고, 백만 송이 꽃이 피도록 해야 하나? 아니면 하나의 학문 분과 안에서 지적 다양성이 번성하는 데는 한계가 있는 것일까?

예일 대학 정치학과 학과장인 이언 샤피로는 분배 문제나 제도 설계 등과 같이 정치학에서 지속적으로 제기되는 예닐곱 가지 주제를 중심으로 채용 방식을 바꾸려고 노력 중이다. 나도 지지하는 이언의 방식은 이렇다. "위의 항목 중 아무거나 골라서 우리가 흥미로워 할 만한 이야기를 해주십시오. 우리는 귀하가 신시내티 경찰의 인종 관계를 합리적 선택이론으로 연구하든, 칸트나 헤겔 철학으로 해석하든 관심이 없습니다. 어떤 테크닉을 사용하든 상관하지 않습니다." 이는 좀 더 시장 지향적인 경제정책을 추진하면서 "검은 고양이든 흰 고양이든 쥐만 잘 잡으면 된다"라고 했던 덩샤오핑鄧小平의 주장과 유사하다. 이와 같은 채용 방식은 연구자들이 나름의 방법론적 취향이 있음을 부정하는 것이 아니다. 요는, 방법론이 아니라 정치학의 영원한 주제들을 통해 스스로를 증명하라는 것이다. 이상적인 경우라면 채용자는 구직자의 마음까지 꿰뚫어 보고 얼마나 기량이 뛰어난 인물인지를 판단하겠지만, 현실에서는 개인적인 문제 등 장래를 예측할 수 없는 여러 가지 문제가 발생하기 마련이라 채용은 부정확한 과학이라고 할 수 있다. 매년 다섯 명의 창조적인 인재가 학과에 배치된다 해도 그중 서너 명은 기대를 충족시키지 못할 것이다. 그래서 정치학에서 지속적으로 제기되는 주제에 대해 의견을 제시하는 방식이 오히려 만족스러운 채용 전략에 가까울 것 같다. 반면에 무無방법론을 포함한 어떤 종류의 방법론이든 맹목적으로 숭배하는 것은 잘못이다.

합리적 선택이론

합리적 선택이론이 정치학에 기여한 바를 평가한다면?

합리적 선택이론은 유익하고 실용적이며 계몽적인, 정치학의 일부이다. 집합행동의 문제나 거래 비용의 문제는 내 연구에도 많이는 아니지만 어느 정도 도움이 되었다. 내가 반대하는 것은 일부 합리적 선택이론가에게서 보이는 보편주의적이고 레닌주의적인 경향이다. 또한 인간의 의사 결정 행위와 관련해 합리적 선택이론이 말해 줄 수 있는 바는 거의 없다고 생각하기도 한다. 합리적 선택이론의 옹호자들조차 조국을 위해 죽을 것인가 말 것인가 같은 중차대한 결정 앞에서 인간은 합리적인 사고가 불가능하다고 인정한다. 그러나 이들은 사람들이 일상적인 결정에서는 합리적으로 행동한다고 주장한다. 이에 대한 내 대답은 이거다. "헛소리하네!"Bull Shit! 인간은 평범한 결정을 내릴 때도 근거 없는 꿈과 신화, 가치 등에 영향을 받는 존재다. 프레더릭 제임슨Frederic Jameson은 광고의 구조에서 이런 점을 잘 포착한 바 있다(Jameson 1981). 대부분의 광고는 사람들이 되고 싶거나 갖고 싶지만 그럴 수 없는 것을 보여 준다. 예컨대, 자동차를 타고 질주하는 잘생긴 젊은이를 보여 주기도 하고, 고급 아파트를 배경으로 예쁜 아내와 팔짱을 끼고 있는 남성을 보여 주기도 한다. 이어서 BMW나 헤네시 코냑이 등장하고, 다음과 같은 암시가 교활하게 시청자의 마음속을 파고드는 것이다. "여러분은 젊지도, 잘생기지도, 예쁜 아내와 고급 아파트를 가질 수도 없습니다. 대신 BMW나 헤네시 코냑을 살 수는 있죠." 젊음, 아름다움, 성공, 윤택한 살림 등 무엇이 되었든 간에 광고는 우리가 바라는 이상향에서 시작한 후에 열망을 다른 쪽으로 유인한다고 제임슨은 주장한다. 비누를 살 때도 마찬가지다. 우리는 세수를 하려고 비누를 산다. 물론 어떤 비누든 세수가 가능하다. 하지만 우리는 가게에서 특정한 비누를 고른다. 포장의 무언가가 눈길을 끌었기 때문이다. 이런 사실은 합리적 결정과는 무관하다.

정치학의
미래

정치학이 어떤 식으로 진화할지는 누구도 장담할 수 없다고 말했다. 그래도 학과의 미래, 특히 과도한 전문화와 연구 주제의 협소화와 관련해 그럴듯한 시나리오를 그려 본다면 어떤가?

어느 방향으로 튈지 모르겠다. 10~15년 정도 후에는 그냥 신고전파 경제학과 다름없어질 것이라는 시나리오가 있다. 그럴듯한 주장이기도 하고, 정치학이 경제학처럼 변하고 더욱 전문화될 것이라 예상하는 학자들도 상당수 있다. 하지만 두 가지 제약 덕분에 그런 변화는 일어나지 않을 것 같다. 첫째, 제대로 된 학과라면 분야를 막론하고, 변증법적으로 내부 비판이 나오게 되어 있다. 프랑스 경제학계에서는 소비자 선택이론에 의문을 제기하고 노동사勞動史 등 관심 밖으로 밀려난 전통 영역을 되돌아보면서 자폐적 경제학을 넘어서자는 운동[32]이 일어났다. 정치학계에서는 합리적 선택이론가들이 자신을 새로운 혁명의 전위로 여기며, 실제로 여러 맥락에서 헤게모니를 잡고 있기도 하다. 하지만 내부에서는 다수의 강도 높은 비판이 진행 중이다. 내 직감에 따르면 — 나는 예측적 과학을 믿지 않기 때문에 그저 추측이라고

32 • 자폐적 경제학을 넘어서Post-Autistic Economics, PAE
인간을 합리적 결정자로만 개념화했던 기존의 경제학에 변화를 요구하는 일련의 항의 운동을 통해 결성된 조직이다. 2000년 프랑스 대학의 경제학과 학생들의 항의를 시작으로, 2001년에는 영국 케임브리지 대학을 비롯해 유럽의 다른 대학 학생들의 공개적인 청원 운동으로 이어졌다. 2003년에는 하버드대 경제학과 학생들이 이런 흐름에 동참해 "제발 이런(변화 없는) 경제학만을 가르치지 말아 달라"는 공개적 청원을 한 바 있다.

해두자 — 합리적 선택이론은 자신이 지나간 자리에 찰흙으로 이루어진 퇴적층을 남길 듯하다. 많은 학자가 합리적 선택이론에 매달릴 것이고 함께 나이를 먹다가 결국에는 새로운 이론에 자리를 내주는 것이다. 행태주의가 넓은 경로처럼 합리적 선택이론도 꽤 두꺼운 퇴적층을 남긴 후 "그럼 난 이만!"하며 떠날 듯하다.

정치학이 경제학이 되지 못하도록 막아 줄 또 다른 요소는 제도적 제약이다. 대학에는 학부 과정이 있고, 학부생은 합리적 선택이론을 배우러 정치학과에 입학하는 것이 아니다. 수강자 수의 감소는 일종의 조기 경보가 될 것이다. 학장과 부총장, 교무처장 중 누가 되었든 간에 교과과정 전체를 합리적 선택이론으로 도배하는 것을 묵인한다면, 이는 학부생들의 기대를 저버리는 것이며 학부생 대부분의 반발을 살 것이다. 이처럼 대학 기구의 책임 때문에 합리적 선택이론의 확장에는 한계가 있다.

페레스트로이카 운동에 활발하게 참여했고, 곧 미국정치학회 자문위원으로 2년간 활동하게 된다. 어떤 일을 추진할 예정인가?

원래 나는 정치학이 나아가는 방향에 대해서는 눈곱만큼도 관심이 없다. 그들이 어느 진창에서 뒹굴든, 나는 그저 내가 하고픈 일을 계속하면 된다. 하지만 이런 현명한 판단과는 달리, 내가 소장 연구자들을 대표해 미국정치학회에 간여하고 있다는 사실을 깨닫게 되었다. 내가 딱 질색하는 게 바로 정치학회를 개혁하는 일 같은 데 얼마 남지 않은 내 시간을 바치는 것이었는데도 말이다. 미국정치학회에서 내가 할 일은 두 가지이고, 딱 그것뿐이다. 첫 번째 임무는, 원하는 결과가 나올지 확신은 없지만, 학회를 민주화하는 일이다. 미국정치학회의 운영 절차를 바꾸어 투표를 통해 회장과 각 위원회장을 선출할 계획이다. 현행 회칙만 보면 미국정치학회는 적어도 내가 아는 한 가장 비민주적인 학회다. 아시아연구협회Association of Asian Studies나 미국사회학회와는 달리 투표를 통해 임원을 선출하지 않는다.

미국정치학회의 민주화를 확신하지 못하는 이유는 무엇인가?

　　　　선거에서 합리적 선택이론 쪽 인간들이 승리할 것 아닌가. 그래도 내부에서 반작용이 생길 테니 괜찮다. 어쨌든, 내가 꼭 해야 할 일이라고 믿기 때문에 무슨 일이 있더라도 개혁할 생각이다.

　미국정치학회에서 또 하나의 임무는, 정치학계의 대표 학술지로 군림해 온 『미국정치학회보』의 처리 문제로, 페레스트로이카 학자 일부와 내 의견은 다르다. 내가 보기에는 두 개의 선택지만 있다. 내가 선호하는 방식은 『미국정치학회보』를 유지하되 체질을 개선해서 포용적이고 만인에게 열린 학술지로 바꾸는 것이다. 또 다른 방식은 현재 시도 중인 것으로, 아예 새 학술지를 만드는 것이다.[33] 사실 내가 선호하는 방식으로 가기 위해서는 『미국정치학회보』American Political Science Review라는 제목을 바꾸는 방법밖에 없다. 회보에 실린 논문들이 마치 정치학적으로 가장 뛰어난 것 같은 잘못된 인상을 심어 주기 때문이다. 그렇지 않고 그들이 그냥 폐쇄적인 채로 지내고 싶다면, 『실증정치학회보』The Review of Positive Political Science처럼 내용을 정확하게 전달하는 제목을 달아 주면 그뿐이다.[34] 『미국정치학회보』를 그대로 유지하고 싶어 하는 사람들은 영리하게도 새로운 학술지 창간을 지원함으로써 페레스트로이카

---

[33] 새로운 학술지는 『정치학 전망』Perspective on Politics이며 2003년에 첫 선을 보였다.

[34] 여기에서 **실증 정치학**은 형식적·수학적 방법론과 합리적 선택이론을 가리킨다.

운동의 에너지를 딴 데로 돌리려 하고 있다.『미국정치학회보』를 변화시키라는 압박을 줄일 수 있기 때문이다. 그러나 나는 압박을 줄일 마음이 없다. 유지냐 변화냐에 상관없이 잡지의 성격을 제대로 전달하게끔 제목을 바꿔서 독자 앞에 공정하게 경쟁할 수 있기를 바란다.

　물론, 나는 이 계획의 결말을 낙관하지 않는다. 그간 미헬스의 과두제의 철칙[35]을 현실에서 무수히 겪어 보았기 때문이다. 나는 그저 명목상으로만 미국정치학회 자문 위원이라고 생각하며, 내가 이룰 수 없는 것에 대한 그 어떤 환상도 없다. 다른 한편으로는, 그렇기 때문에 내가 이루고자 하는 것에 더욱 투지를 불태울 수 있을 것 같다. 이성적으로 생각하면 시간 낭비라는 생각이 들지만, 시간 낭비하면서까지 이성적으로 생각하기보다는 일부러 비이성적이고 고집스럽게 나아갈 요량이다. 다만 문제는 여기저기 돌아다니면서 힘을 조직할 시간과 정력이 없다는 점이다. 정치학계의 개혁을 원하는 진정 책임감 있는 사람이라면 전자우편을 비롯한 네트워크에 많은 시간을 들일 것이다. 그러나 나는 그렇게 하지 않을 생각이며, 그럴 수도 없다. 미국정치학회를 포함한 제도적 문제에 대해 나보다 더 신중하게 고민해 온 사람들이 주위에 있어 이들에게 크게 의지할 작정이다.

---

[35] 미헬스에 따르면 권력을 가진 자는 그 권력의 유지를 위해 권력을 사용한다. Michels(1962) 참조.

비교정치학에 입문하는 학생들에게 조언을 한다면?

　　몇 년간 대학을 떠나 있다가 자신이 그동안 경험한 세계를 이해하려는 열정과 연구에 매진하려는 자세로 대학원에 들어오는 학생이 가르치기에 좋다. 예컨대, 내가 맡은 대학원생 한 명은 버마-태국 국경의 난민 캠프에서 일하다가 언덕 마을 주민이나 버마의 개발을 자세히 알고 싶은 생각에 대학원에 들어왔다. 이 대학원생은 기본적으로 2년간 자신의 삶이었던 주제를 더 큰 관점에서 연구하려는 것이다. 이런 부류의 학생을 가르칠 때 힘든 점은 자신이 이미 모든 것을 알고 있다는 생각에 가끔 꽉 막힌 태도를 보인다는 것이다. 열정 가득한 질문을 들고 찾아왔지만 이런 질문을 새로운 방향으로 이해하는 데 거부감이 없는 경우가 이상적이다. 내 대학원 시절이 그랬다는 것은 물론 아니다. 그런데 학위를 단순히 경력으로 여기는 학생도 있다. 오전 8시에 출근해서 오후 5시에 퇴근하는 직장으로 말이다. 아이오와 주립 대학 동료의 말에 따르면, 주위에 정말 실력 좋고 명석한 교수가 많지만 대부분 대학을 그냥 직장으로만 여긴다는 것이다. 오전 9시에서 오후 5시까지 근무가 끝나면 전혀 연구에 대해 생각하지 않는다고 한다. 아마 이언 샤피로가 이런 사람을 만난다면 "여보게. 이 바닥에서 돈 좀 만져 볼 생각은 포기하는 게 좋아. 그러니 즐겁지 않다면 애초에 왜 발을 들였나? 이게 자네한테 그냥 경력이나 직장이고, 돈을 벌고 싶다면, 여기는 자네가 있을 곳이 아니네"라고 말했을 것이다. 열정과 즐거움을 꼭 생각해 봐야 한다. 내가 해줄 수 있는 조언은 자격증을 딸 요량으로 대학원에 오지 말고 진심으로 이해하고 싶은 무엇인가가 있는지를 분명히 하라는 것이다.

요즘 대학원생에게서는 열정을 찾아보기 어렵다는 말인가?

정말 그렇다. 학부 과정을 막 끝내고, 전공과목에서 좋은 점수를 받고 교수도 마음에 드니, 학문을 업으로 삼기에 썩 괜찮다 싶어 대학원에 입학하는 학생을 셀 수 없이 받아들인다. 대조적으로 1960년대나 1970년대는 세상 물정은 몰라도 반전 투쟁에 참가하는 등 정치에 관심이 많은 학생이 대학원에 들어왔다. 나는 학생 정치와 학생운동, 좌익 활동에 참여했다. 대학원에 가서 제일 먼저 벌인 일이 피그스 만 침공에 반대하는 학생 결의안을 통과시키려 한 것이었다. 대학원생이면 이미 전문적인 학자의 단계이니 정치적 입장을 표명해서는 안 된다고 판단한 학교 당국은 결의안을 막기 위해 미친 듯이 달려들었다. 내가 전국학생연합에 가담했을 무렵 민권운동이 정점에 달했다. 전국학생연합의 국제부 부회장을 맡아서 수많은 민권 행진에 참여했다. 셀마Selma에 간 적도, 마틴 루서 킹Martin Luther King, Jr. 목사와 행진한 적도 없지만 메릴랜드와 델라웨어, 워싱턴 D. C.에서 내 소임을 다했다. 내 말의 요지는 단순히 정치학을 좀 더 잘 알아듣는 것 외에도 대학원에 들어온 동기가 있어야 한다는 것이다. 대학원에서는 도구와 기술, 읽을거리를 줄 수 있지만 열정은 줄 수 없다. 불행하게도 열정은 대학원이 제공하지 않는다.

실은 대학원이 정반대의 효과를 불러올 수 있다. 학생의 열정을 빼앗을 수 있지 않은가?

맞는 말이다. 버텨 내고 싶다면 충분한 열정과 함께여야 한다. 4~5년을 논문과 살아야 하는데 논문에 대한 애정이 없다면 버티기 힘들다. 4~5년간 동기를 부여해 줄 무엇인가를 찾아야 한다.

덧붙이고 싶은 말은 정치는 어디나 존재한다는 것이다. 예컨대, 얼마 전에 친구의 75세 생일 축하연에 가려고 워싱턴 D. C.행 기차를 탄 적이 있다. 뉴욕 그랜드 센트럴 역에서 기차가 멈춰 버려 언제 다시 출발할지 장담 못하는 상황에서 철도 당국은 다른 열차로 옮겨 탈 수 있게 조치를 내렸다. 다른 열차는 이미 만원이었고, 설상가상으로 고장 난 기차에서 걸어오느라 탑승까지 늦어진 상황이었다. 객실은 초만원이었다. 나는 75살 된 친구, 75~80살 된 친구의 누나와 동행 중이었고, 근처에는 나이 지긋한 흑인 여성이 있었다. 젊은이는 모두 앉아 있고, 늙은이는 모두 서있던 것이다. 한 10~15분을 그렇게 서있는데도 자리를 양보하는 사람이 나오지 않아 화가 치밀어 올랐다. 그래서 객실 한 가운데로 가서 외쳤다. "주목해 주세요. 이 칸 맨 끝에 적어도 75세 이상의 나이든 여성 두 분이 앉을 곳이 없어 서계십니다. 친절하게 자리를 양보해 주실 분 없습니까?" 곧바로 열 명이 일어났다. 자세히 살펴보면 젊은 승객들은 주위에서 무슨 일이 벌어지고 있는지 정녕 의식하지 못하는 듯 책을 읽느라 바빴다. 하지만 의식을 못하는 것이 아니라 현 상황에서 멀어지기 위해 책에 파묻힌 것이다. 자리를 양보해 주어야 할 사람과 눈을 마주치지 않으려고 필사적이었다. 그러나 책임감을 불러일으키자 많은 젊은이가 즉각 반응하고 자리에서 일어났다. 이것이 정치다. 정치학을 제대로 한다는 것은 설문지를 돌리거나 정치학 서적을 읽어서 되는 일이 아니다. 정치의 세계는 매 순간 우리 주변에 있고, 소설 속에도 있다. 그러니 정치학을 제대로 하려면, 매 순간 해야 하고, 왜 이런 일이 일어나게 되었는지 또 왜 저런 일이 벌어지게 되었는지를 끊임없이 질문해야 한다.

민주적 통치와
사례에 기반을 둔 연구 기술

앨프리드 스테판은 군부, 국가기구, 민주화, 민주주의에 대한 선도적 비교분석가이다. 그는 라틴아메리카 지역에서 국가 자율성과 능력에 관한 연구를 통해 1980년대 비교정치학에서 두드러진 "신제도주의"와 "국가 중심적" 접근법의 선구적 기여자로 자리매김했다. 라틴아메리카 전문가로서 경력을 시작했지만, 그의 연구는 이후 세계적 차원으로 확장되어 남아메리카뿐 아니라 유럽 및 아시아 사례들도 다루게 되었다.

스테판의 초기 연구는 국가기구들, 특히 군부와 정치체제의 변동에 초점이 맞추어져 있었다. 1964년 브라질의 민주주의 붕괴를 분석한 『정치에서의 군부』*The Military in Politics*(1971)에서 그는 군부를 근대화와 국가 통합을 달성하는 힘으로 보았던 이전까지 비교 연구에서 지배적이었던 견해에 도전했다. 많은 경우 군부는 지역적으로 불균등하게 충원되기 때문에 통합이 아니라 분열의 원천이 될 수도 있다는 것이었다. 또한 그는 군부 쿠데타가 반드시 군 내부로부터 발생하는 것만은 아님을 보여 주었다. 그러므로 군부의 정치 행태를 이해하기 위해서는 민군 관계라는 좀 더 넓은 맥락에 집중해 보아야 한다는 것이었다. 문민 정치인이 종종 군사 쿠데타의 공모자가 되기도 한다는 스테판의 발견은 후안 린츠와 공편한 『민주주의 체제의 붕괴』*The Breakdown of Democratic Regime*(1978)에서 중심 주제로 부상했다. 이 책은 민주적으로 선출된 현직자들의 행동이 민주주의의 붕괴에 어떤 역할을 하는지를 강조함으로써, 민주주의를 전복하는 과정에서 반민주적 반대파의 역할을 강조해 온 기존의 지배적 견해에 도전했다.

국가기구에 대한 스테판의 연구는 『국가와 사회』*The State and Society*에서 계속되었다. 여기서 그는 국가 엘리트에 대한 인식이 부족했던 다원주의적 접근법과 마르크스주의적 접근법을 비판하면서 "유기체적 국가주의" 전통에서 그 대안을 제시하고, 사회적 이해관계를 형성하는 국가 행위자들의 능력을 강조했다. 사회를 변화시키고자 했던 1970년대 페루 군부의 노력을 분석한 『국가와 사회』를 통해 스테판은 경제적·사회적·문화적 힘으로부터 정치제도들의 자율성을 강조한 "신제도주의적" 연구의 핵심적인 초기 기여자로 자리매김했다.

1980년대와 1990년대에 라틴아메리카를 비롯해 전 세계적으로 민주주의가 확산되면서, 스테판은 민주화에 초점을 맞추기 시작했다. 『군사 정치를 다시 생각하기』*Rethinking Military Politics*(1988a)에서 그는 안정적인 민주주의를 달성하기 위해서, 신생 민주주의 체제의 문민 엘리트는 군에 대한 민간의 통제와 관련한 문제를 해결할 방법을 찾아야 한다고 주장했다. 민주화에서 시민사회와 사회운동의 역할을 강조했던 이전의 연구와는 대조적으로, 그는 민주주의 달성을 위한 **정치**사회 ─ 정당, 선거제도, 문민 통제 기구 등 ─ 의 중요성을 강조했다. 후안 린츠와 함께 쓴 『민주주의 이행과 공고화의 문제』*Problems of Democratic Transition and Consolidation*(1996)는 남아메리카, 남부 유럽, 구소련 해체 이후의 유럽에 분포된 13개 국가에 대한 야심 찬 교차-지역 연구로, 그는 이 책에서 ① 민주화 연구에 민족 분쟁에서 기인하는 '국가성' 문제에 새롭게 초점을 맞추고 ② 과거의 비민주적 체제의 형태가 이후 민주화 양상에 어떻게 영향을 미치는지에 대한 분석을 통해 중대한 이론적 기여를 했다. 또한 구소련 해체 이후 유럽의 사례들을 종래 민주화 연구의 대상이었던 남아메리카와 남부 유럽의 사례들과 더불어 체계적인 비교틀 안에 통합함으로써 경험적으로도 큰 기여를 했다.

최근 연구에서는 연방제가 다민족 사회 내에서의 민주주의와 평화의 가능성에 미친 영향을 다루고 있다. 또한 그는 민주주의와 종교의 관계에 대한 광범위한 비교 연구도 진행하고 있다.

1936년 일리노이 주 시카고에서 태어난 스테판은 1958년 노터데임 대학에서 학사 학위를, 1969년에 컬럼비아 대학에서 정치학 박사 학위를 받았다. 1970~83년까지 예일 대학에서, 1983~93년까지 컬럼비아 대학에서, 1996~99년까지 옥스퍼드 대학에서 가르쳤으며, 1999년 이후 현재까지 컬럼비아 대학에서 가르치고 있다. 컬럼비아 대학에서 1983~91년까지 국제행정대학원 학장을, 1993~96년까지 부다페스트, 프라하, 바르샤바에 있는 중부 유럽 대학의 초대 총장 겸 학장을 역임했으며, 1991년에는 미국예술과학아카데미 회원으로 선출되었다.

2003년 10월 15~16일 양일간
로드아일랜드 주 리틀 컴턴에서,
스나이더가 인터뷰했다.

1950년대 시카고에서 성장한 것으로 알고 있다. 가정환경은 어땠나?

단란한 가톨릭 집안의 일곱 남매 중 장남이었다. 조부모님은 아일랜드계와 체코-독일계 이민자셨다. 아버지는 대공황기에 5백 달러 정도를 가지고 비누를 만드는 작은 화학 회사를 차리셨다. 나중에는 사업이 꽤 커졌지만 내가 어릴 때는 기반을 잡아가던 시기였다. 아버지는 오페라 애호가이자 시카고 리릭 오페라단[1] 창립 회원이기도 했다. 매우 쾌활한 분이셨는데, 우리는 아버지가 회사와 오페라단이라는 두 기관institution을 어떻게 만들어 가고 있는지에 대해서 무수히도 많은 이야기를 들었다. 내 일도 사실 이런 기관을 설립하고 운영해 가는 일과 비슷한 측면이 있었다는 생각이 든다. 아마 우리가 나눴던 이런 대화가 많은 영향을 미쳤을 것이다. 대공황의 기억 때문인지 아버지는 본인이 회사를 차려 일자리를 창출했다는 것, 그리고 시카고에 오페라를 다시 부활시키는 데 일조했다는 점을 특히 자랑스러워하셨다. 아버지께서 편찮으실 때는 가끔씩 내가 아버지를 대신해 리릭 오페라 극장의 무대 뒤편에서 오페라 가수들을 응원해 주기도 했다. 아버지는 항상 내게 이렇게

---

1 * 시카고 리릭 오페라단Lyric Opera of Chicago
1952년 세워진 미국의 가장 선도적 오페라단의 하나로 마리아 칼라스의 미국 데뷔 무대, 노르마 공연도 여기서 이루어졌다.

말하곤 하셨다. "명심해라. 오페라 가수들은 다른 음악가들과는 다르단다. 바이올리니스트는 스트라디바리가 만든 백만 달러짜리 바이올린을 가지고 있지만, 오페라 가수들은 그저 목구멍의 작은 막을 가지고 감정과 소리를 만들어 내는 것이란다. 그들이 이뤄 낸 것에 대해는 어떤 찬사도 아깝지 않아." 아버지는 노터데임 대학 이사진이기도 했는데, 노터데임 대학이 유대계 인사에게는 한 번도 명예 학위를 수여한 적이 없다는 사실을 아시고는, 당신의 친구인 유명 테너 리처드 터커[2]가 명예 학위를 받게끔 주선해 주기도 하셨다. 어느 새해 첫날 밤 열한 시에 전화가 왔는데 ― 아버지는 보통 일찍 주무시기 때문에 밤 열 시 이후로는 집으로 걸려 오는 전화가 없었다 ― 아버지는 누군지 버릇없는 놈을 혼내 주겠다며 전화를 받으셨다. 수화기에서는 노터데임 대학의 응원가를 부르는 리처드 터커의 아름다운 노래 소리가 들려왔다. 노터데임이 전국 미식축구 대항전에서 우승한 날이었다.

어머니는 정치에 관심이 많으셨는데, 외할아버지가 시카고에서 민주당원으로 활약하고 계셨기 때문이기도 했다. 외할아버지께서는 출판사를 갖고 계셔서 가톨릭 신문을 비롯해 시카고 민주당 조직들의 간행물을 출판하기도 했다. 아버지가 공화당원이었기 때문에, 어머니는 가족들이 모일 때마다 정치 문제로 말다툼이 벌어질까 항상 안절부절못하셨다. 어머니는 수녀들한테 교육을 받으셨는데, 그들 가운데 몇몇은 사회주의자들이었고, 그 영향으로 사회정의에 대한 관심도 대단하고 공감하는 측면도 컸다. 어머니는 나를 제인 애덤스의 헐 하우스[3]에 데려가기도 했고, 차에 태우고 일부러 시카고의 게토

---

2 • 리처드 터커Richard Tucker(1913~75)
'브루클린의 카루소'라고 불리던 테너로 주로 메트로폴리탄을 무대로 활동했다.

3 • 제인 애덤스Jane Addams(1860~1935)의 헐 하우스Hull House
여성 사회운동가이자 페미니스트였던 제인 애덤스가 1889년, 시카고 빈민촌에 설립한 미국의 대표적인 사회복지

지역을 지나가기도 했다. 가난한 이들이 모여 살던 그곳의 광경은 확실히 내게 생각할 거리를 많이 던져 주었다.

사춘기 시절에 나는 스포츠에 관심이 많아 복싱을 배웠다. 책도 많이 읽었는데, 주로 소설들이었다. 연극을 좋아해서 연기상을 몇 개 타기도 했다. 연극, 소설, 오페라를 통해 나는 마음을 살쪄웠다. 강단에 대한 애착도 아마 내가 나만의 대본을 만들어 낼 수 있어서 그런 것 같다.

어린 시절, 정치와 관련된 기억이 있는가?

외할아버지로부터 시카고 민주당의 머신 정치에 관해 많은 것을 배웠다. 1952년 대통령 선거운동 기간에 대한 기억도 생생하다. 뜻밖에도 예비선거 기간 동안 나는 아버지와 입장 차이로 언쟁을 벌어야만 했다. 아버지는 로버트 태프트Robert Taft를 지지하셨고, 나는 아들라이 스티븐슨Adlai Stevenson을 지지했기 때문이다.[4] 매카시 위원회에 대한 기억도 난다. 매카시가 했던 일이 그토록 많은 사람들에게 받아들여졌다는 게 너무 경악스러웠다.

관이다.

4 * 로버트 태프트Robert Taft(1889~1953)와 아들라이 스티븐슨Adlai Stevenson(1900~65)
로버트 태프트는 27대 대통령 윌리엄 하워드 태프트의 아들로 '미스터 공화당'이라 불릴 정도로 전통적 보수주의 성향을 지닌 인물이었다. 1952년 공화당 대통령 후보 지명전에서는 아이젠하워에게 패했다. 아들라이 스티븐슨은 외교관 겸 정치인으로 1952년 민주당 대통령 후보로 지명되었으나 공화당 아이젠하워에게 고배를 마셨다.

예전부터 라틴아메리카에 흥미가 있었나?

　　그렇진 않았지만 1956년에 쿠바를 방문해 본 적이 있다. 대학 때
였는데, 카스트로 이전 쿠바에서 공공연히 이루어지던 매춘과 도박의 규모는
충격적이었다. 나라의 형태를 갖추고 있다고 보기 힘들었다. 1957년에는 세
계청년축전World Youth Festival에 참석하러 모스크바에 간 적이 있는데, 나중에
징병 위원회가 이와 관련해 내가 선량한 미국 시민인지 문제를 제기하면서
시비에 휘말리기도 했다. 러시아에 들른 다음에 폴란드로 갔는데, 정말 매력
적인 곳이었다. 바르샤바에서 소총을 메고 거리를 걸어가는 병사를 보았는
데, 그는 성당 앞을 지나가게 되자 놀랍게도 무릎을 꿇더니 경건하게 예배하
는 자세를 취했다. 당시 내가 그람시적 의미의 헤게모니Gramscian hegemony라는 말
을 알고 있었던 것은 아니지만, 이 경험을 비롯해 폴란드에서 보고 들은 많은
일들을 놓고 볼 때 그곳에서는 공산주의가 헤게모니를 잡지 못하고 있다는
사실을 알 수 있었다.

1958년 노터데임에서 학사 학위를 취득했는데, 노터데임을 선택한 이유는 무엇이며, 전공
은 무엇이었나?

　　독실한 가톨릭 집안이었던 데다 아버지도 노터데임 졸업생이셨다.
예일 대학에 진학할까도 했었지만, 가족들은 내가 5남 가운데 장남으로서 좋
은 가톨릭 대학에 가서 모범이 되어 주길 바랐다. 가족들 바람에 따라서 나는
노터데임 영문과에 들어갔다. 노터데임은 겨울이면 석 달 동안 얼어붙어 있는
아름다운 호수를 가진 캠퍼스에서 사색과 고독을 즐기기 좋은 곳이었다. 당시
얼어붙은 호수 위를 혼자 걸으며 사색에 빠졌던 기억이 난다. 당시만 해도 노
터데임 대학에는 여학생이 없었고, 대개 밤 열 시에는 소등을 했다. 내 친구들

은 한밤중에 불쑥 들어오는 나를 두려워했는데, 내가 혼자 놀다 온 후에는 새벽 세 시까지 떠들어 댔기 때문이다. 최근 아이다호 주지사 선거에서 낙선한 제리 브래디Jerry Brady는 45회 동문회에서 내게 이렇게 말했다. "넌 정말 최악이었어. 시간관념이 없었잖아. 불쑥 나타나서는 주저리주저리 주저리……."

노티데임을 졸업하고 나서는 무엇을 할 계획이었나? 학자가 되고 싶다는 걸 알고 있었나?

몰랐다. 노터데임에서는 내게 로즈 장학생Rhodes scholar으로 옥스퍼드 대학에 가는 교환학생 선발에 지원해 보라고 권유했지만, 결격 사유가 있어서 지원하지 못했다. 징병 위원회에서 병역을 마치기 전까지는 외국에 나갈 수 없다고 했기 때문이다. 그들은 내가 청년축전에 참가하러 모스크바에 간 일로 나를 의심하고 있었다. 최종적으로 내가 들은 말은, 귀국 후 3년간 장교로 복무하는 조건으로 2년간 외국에 나갈 수 있다는 것이었다. 그래서 옥스퍼드에 가기 전에 우선 장교 훈련을 받아야만 했다. 나는 해병대 소대장 교육과정을 이수했는데, 약육강식의 논리가 팽배한 매우 잔인한 곳이었다. 많은 후보생들이 그 과정에 지원했지만 끝까지 이수한 이들은 거의 없었다. 나는 그 과정을 이수하기는 했지만, 만약 내가 좀 더 예민한 편이었다면 신경쇠약에 걸렸을지도 모른다.

결국 옥스퍼드에 갔는데, 어땠나?

굉장한 곳이었다. 정말 좋았다. 철학-정치학-경제학 과정Philosophy, Politics, and Economics, PPE을 이수했는데, 정치학은 거의 다루고 있지 않았기 때문에 사실 그 이름은 잘못된 것이었다. 거의가 역사, 정치철학, 공공경제학public economics에 대한 것이었다. 8주만 강의를 들으면 6주 동안 쉴 수 있었기 때문에 여행을 많이 할 수 있었다. 경제학자인 파울 슈트레텐Paul Streeten과 토머스 벌로그Thomas Balogh 같은 유능한 교수들도 많았다. 슈트레텐은 오스트리아 출신 유대인이었고, 벌로그는 헝가리 출신 유대인이었는데, 둘 다 히틀러 치하에서 살아남은 이들로 그 경험을 잊지 않고 있었다. 슈트레텐은 매우 조용했지만, 벌로그는 다혈질에 터무니없을 정도로 자유분방한 사람이었다. 사람들은 그들을 '부다'Buda와 '페스트'Pest라 불렀다.[5] 슈트레텐은 경제 발전 이론을 가르쳤고, 후일 경제에만 국한된 발전과 대비되는 인적 개발 개념을 다룬 가장 중요한 경제학자가 되었다. 몇 년 후 나는 파울 슈트레텐, 앨버트 허시먼과 함께 노터데임의 총장이자 내가 항상 존경해 왔던 헤스부르그 신부Father Hesburgh가 노터데임 대학 부설 켈로그 국제문제연구소를 조직하는 일을 도왔다. 좌파 노동당 경제학자였던 벌로그는 미국 학생들을 당황하게 만드는 걸무척 즐겼다. 내가 그에게 제출해야 했던 첫 번째 에세이는 "왜 미국인들은 차에 그토록 커다란 버튼[가슴]tits을 달고 다니나?"였다.

학생들은 환상적이었다. 내 아내가 될 낸시 레이스Nancy Leys라는 젊고 아름다운 노동당 지지자를 만났을 뿐만 아니라, 나이지리아인들과 몇몇 남아프리카공화국 출신 흑인들, CIA의 모사데크[6] 축출에 대해 끊임없이 이야기하던 이란인을 비롯해 인도 분할 직후 서로 간에 일어났던 무시무시한 학살을 기억하고 있던 파키스탄인과 인도인들도 만났다. 이들과 나누었던 대화는 내가 경험해 본 대화들 가운데 가장 격렬했다. 그때 만난 스티븐 룩스Steven Lukes는 나중에 저명한 사회학자가 되었으며, 나와는 평생 친구로 지내고 있다.

---

[5]* 둘의 출신지와 성격을 빗대어 지은 별명으로 보인다. '부다'는 '늙은이', '페스트'는 '망나니'라는 뜻도 담고 있다.

[6] 이란의 총리였던 모하메드 모사데크Mohammed Mossadegh는 영국과 미국 정보 요원들이 지원한 공작에 의해 1953년 권좌에서 쫓겨났다.

대화의 소재는 주로 무엇이었나?

식민주의, 알제리, 신생국들, 이런 나라들이 갖게 될 정치체제, 개발도상국에서의 사회주의, 파키스탄과 인도에서 그 많은 사람들이 서로를 죽이게 된 이유, 미국이 이란의 모사데크에게 했던 것과 같은 개입이 얼마나 많은 국가에 가해질 것인지, 그리고 미국 특유의 불평등 같은 것들에 대해 이야기를 나눴다. 아이젠하워 시기에 미국을 떠나 왔던 나는 이런 대화에 눈이 휘둥그레졌다. 어떤 때는 내가 강의실에서 유일한 미국인이었고, 사람들은 내게 달려들면서 "미국은 왜 이런 짓을 하고 있는 거지?"라고 말하곤 했다. 신랄한 정치적 토론과 서로 다른 문화적 배경을 가진 사람들 사이의 의견 교환, 낸시의 환심을 사기 위한 노력이 옥스퍼드에서 내게 가장 중요한 일이었다.

옥스퍼드에서 돌아온 뒤 바로 해병대에 입대했나?

아니다. 옥스퍼드에서 돌아온 후 입대하기 전까지 여섯 달의 말미가 있었다. 그때 나는 여행을 했다. 내 생애 가장 치열했던 시기 중 하나였다. 내가 선택한 나라들은 이란, 파키스탄, 인도, 인도네시아, 일본, 베트남 이렇게 여섯 나라였는데, 이들 나라는 정치적으로나 미적으로나 관심이 가는 나라들이자 지인이 한 명이라도 있는 곳이었다. 여행 전에 역사, 기초 경제, 기초 지리, 문학 등 그 나라들과 관련해 내가 읽을 수 있는 것은 뭐든 읽었다.

파키스탄과 인도에서는 집단 폭력의 기억에 관한 강렬한 대화들 때문에 매우 혼란스러웠다. 서파키스탄에서는 옥스퍼드 출신 친구의 초대를 받아 그 집에 머물렀다. 하지만 무슬림 집안에 기거하는 데는 현실적인 문제가 있었다. 집에는 내가 만나서는 안 되는 여동생이 있었기 때문이다. 결국 친구가 막판에 집을 비우게 되자, 동서 파키스탄의 고위급 행정 관료였던 그의 아버지가 매일 나를 데리고 집을 나서야 했다. 나는 그와 함께 온갖 종류의 사람들을 만나며 여러 곳을 여행했다. 해일로 수천 명의 사상자가 생긴 동파키스탄의 치타공Chittagong에 구호물자를 감독하기 위해 가본 적도 있었다. 수백 명의 사람들이 나무 위에 피신해 있는 것을 바라보면서도 우리는 아무것도 해줄 수 없었다. 동파키스탄에서 보았던 거의 모든 장교들이 서파키스탄 출신이라는 것도 알 수 있었다.[7]

인도는 정말 독특한 곳이었다. 그곳의 가난은 내게 인간적으로 엄청난 충격이었다. 아마 누구에게라도 그랬을 것이다. 그런 가난에도 불구하고 그곳에서 목격한 인간의 다양성과 창조성은 아찔할 정도였다. 가장 가난한 마을에서조차 결혼식은 성대하게 공동체적으로 치러졌다. 40년이 지난 지금에 와서야 나는 인도에 대한 글을 쓰기 시작했다. 15개의 공용어, 엄청난 가난, 세계에서 세 번째로 많은 무슬림 인구라는 조건에 있는 인도가 그들만의 독창적이고 지속적인 민주주의를 어떻게 유지할 수 있었는지를 설명하는 데 대부분을 할애한 책을 출간할 예정이다(Stepan, Linz, and Yadav 근간).

인도 다음으로는 인도네시아에 갔는데, 다른 이슬람 국가를 보고 싶기도 했거니와 크고 이국적인 곳을 좋아하기 때문이었다. 무슨 영문인지 지금도 모르겠는데, 여행은 대통령궁에서 8시간에 걸친 인형극을 관람한 뒤 수카르노Sukarno 대통령을 짧게 접견하는 것으로 끝이 났다. 나는 인도네시아에 완전히 매료되었는데, 특히 다른 이슬람 국가들과의 차이가 인상적이었다. 다른 이슬람 국가들에서 본 것과는 달리 인도네시아 여성들은 히잡을 쓰지 않았

---

7 • 1947년 영국에서 인도와 더불어 독립한 동서 파키스탄은 '이슬람교'라는 공통점을 지니고 있었지만 여러 모로 큰 격차가 있었다. 인구의 다수가 동파키스탄에 거주하고 이곳에서 수출품의 대부분이 생산되었지만, 대부분의 수입품은 서파키스탄이 가져가고 국가의 지배에 있어서도 주도권을 쥐고 있었다. 이런 상황에서 동파키스탄의 불만은 고조되어 갔는데, 1970년 11월 태풍과 홍수로 인해 30만 명이 사망하고 대규모 난민이 인도로 몰려들면서, 인도의 개입으로 다음해 동파키스탄은 방글라데시로 독립했다.

고, 사법부에도 참여하고 있었다.

마지막으로 나는 베트남으로 갔는데, 3년간의 해병대 군복무를 겨우 두 달 앞둔 시점이라는 이유도 있었지만, 프랑스의 디엔비엔푸Dien Bien Phu 전투 패배와 세계를 지배하고자 하는 미국의 의도를 고려할 때 미국이 곧 베트남에 개입하게 되지 않을까 하는 우려 때문이기도 했다. 가장 만나기 쉬웠던 사람들은 프랑스 언론인들이었다. 한 프랑스 언론인을 그레이엄 그린의 소설[8]과 노 같은 상황에서 만났다. 물이 녹색으로 변해 들어간 생각조차 할 수 없는 수영장이 있는 쇠락한 테니스 클럽에서였다. 우리는 같이 술을 마셨고, 그는 나를 거의 인류학적 대상 바라보듯이 찬찬히 뜯어보더니 "미국인들도 별 수 없어. 당신들도 여기 있게 될 거야"라고 말했다. 불행하게도 그 말은 맞았다.

해병대 경험은 어땠는지 말해 줄 수 있나?

나는 보병대 소대장과, 짧게 중대장 임무를 수행했는데, 사회학적으로 보았을 때 중요한 경험이었다. 대다수 부대원들이 믿을 수 없을 정도로 가난했다. 폭력 사건에 연루되어 해병대 신세를 지게 된 사례가 왕왕 있었는데, 판사는 해병대 모병관에게 이렇게 말하곤 했다. "얘는 구제 가능할 것 같아. 모병해 가는 게 어때? 아니면 몇 년간 감옥살이를 시켜야 하거든." 그들은 사람들을 '거리'에 내놓으면 폭력적인 상황에 내몰려 죽거나 감옥에 가게 될

---

8 • 특파원이었던 그레이엄 그린Graham Greene(1904~91)이 자신의 경험을 바탕으로 집필한 소설 『조용한 미국인』 The Quiet American은 아직 프랑스가 주둔하고 있던 1950년대 베트남을 배경으로 한 반전 소설로, 현실주의자인 50대 영국인 저널리스트 토머스 파울러와 이상주의자인 미국인 젊은이 앨든 파일이 사이공의 어느 호텔에서 만나는 것으로 이야기가 시작된다.

것이라고 생각하는 것 같았다.

그때쯤 당신의 계획은 무엇이었나?

　　나는 어떻게든 공직 사회에 들어가는 데 관심이 있었는데, 그것이
어쩌면 선거 정치가 될 수도 있겠다고 생각했다. 텔레비전이 막 등장하던 때
라 언론 쪽 일도 괜찮겠다 싶었다. 월터 리프먼[9] 같은 언론인이 되는 생각도
해보았다. 그는 내 롤 모델이었는데, 운 좋게도 존 F. 케네디 취임식 때 그를
직접 만나 볼 수 있었다. 주미 인도 대사였던 B. K. 네루B. K. Nehru의 아들이 옥
스퍼드 시절 내 친구였는데, 그가 버지니아 주 콴티코Quantico 해군 기지에 있
는 나를 케네디 대통령 취임식에 초대한 것이었다. 우리는 리프먼과 조셉 앨
숍[10]과 함께 저녁 식사를 했다. 우리는 모두 케네디 현상이 어떻게 진행될 것
인지 이해하려고 노력 중이었다.

　　나는 국무부에서 일해 볼 생각도 있었지만, 해병대에 있을 때 겪었던 두
가지 일 때문에 마음을 바꿨다. 쿠바 미사일 위기 당시 내 지휘관에게 산티아
고데쿠바Santiago de Cuba[아바나Habana에 이은 쿠바 제2의 항구도시]에 견제 공격을
준비하라는 명령이 떨어졌다. 당시에는 몰랐지만, 아바나 인근 북쪽 지역이

---

9 * 월터 리프먼Walter Lippmann(1889~1974)
진보적 성향의 칼럼니스트. 1921년 『뉴욕 월드』의 논설 기자로 명성을 떨쳤고 『뉴욕 헤럴드 트리뷴』에서 칼럼 '오
늘과 내일'란을 담당해 미국 정계뿐만 아니라 세계적으로 영향을 미치는 평론을 발표했다. 1947년에는 유명한 『냉
전』을 발표, 그 후부터 이 말이 국제정치의 유행어가 되었다.

10 * 조셉 앨숍Joseph Alsop(1910~89)
미국의 유명 저널리스트. 공화당 성향의 정치색을 지녔으나 케네디의 후원자이기도 했으며, 미국의 베트남 개입을
노골적으로 지지했다.

주요 공격 목표였다. 그는 내게 "귀관은 스페인어를 읽을 수 있고 옥스퍼드 출신이니, 모든 통신과 첩보를 읽고 해석하는 여단 정보장교 임무를 맡기겠다. 침공 명령이 떨어져 우리가 선봉에 서게 되면, 귀관이 상륙 장소를 선정해 알려 주면 된다"라고 말했다. 우리는 산티아고데쿠바로부터 20마일 가량 떨어진 바다에서 48일간을 상륙함에 있었다. 모두가 전투에 돌입하리라 확신하고 있었고, 공격적인 분위기가 극에 달한 상태였다. 전면적인 전파통신 침묵 상태total radio silence[유무선 통신이 모두 금지된 상태]에 있었기 때문에, 계획이 변경될 때마다 나는 정보장교로서 함대의 각 배들 사이를 헬기로 돌며 모든 부대에 변경된 계획을 브리핑해야 했다. 헬기는 나를 요동치는 배 위에 내려놓았는데, 가끔씩 갑자기 배가 흔들려 얼굴을 무릎에 찧기도 했다. 미사일 위기 동안 쿠바에 대한 미국의 이해와 오해에 관해 많은 것들을 읽었고, 예전에는 이렇게까지 격화되지 않으리라 생각했던 전쟁에 핵무기를 동원하고 있다는 사실을 깨닫고 공포에 휩싸였다. 대학원에서 내가 쓴 첫 번째 페이퍼는 이 핵전쟁 위기를 촉발하는 데 상호 자기 충족적 예언들mutually self-fulfilling prophecies이 했던 역할에 관한 것이다.

거의 1년 뒤인 1963년 9월에 내 지휘관은 베트남에서 미국인들을 철수시키는 비상 계획 실행을 준비하라는 명령을 받았는데, 나는 이를 케네디 행정부가 베트남에 대한 개입 축소를 심각하게 고려하고 있다는 뜻으로 받아들였다. 또한 우리는 베트남에 최초로 미국 전투부대를 상륙시키는 비상 계획을 수립하라는 명령도 받았는데, 이 계획은 18개월 후 다른 정권[린든 존슨 행정부]에서 실행되었다. 쿠바에서처럼 이번에도 우리는 한 달 넘도록 연안에 주둔하고 있었다. 그 당시에도 나는 침공이 끔찍한 실수라고 확신하고 있었다. 무엇보다 오키나와에서 베트남 장교들의 훈련을 도우면서 나눴던 대화가 의미심장한 사실을 드러내 주었다. 그들은 "당신들의 전쟁은 어떻게 되어 갑니까?"라고 물었고, 나는 "그건 당신들의 전쟁이오"라고 대답했다. 그러자 그들은 "아니오, 그것은 당신들의 전쟁이오"라고 대답했다. 그 나라 군인들이 이미 자신들의 전쟁이 아니라고 말하고 있는데도 거기에 개입하려 하고 있는 미국이 내게는 너무 부조리해 보였다.

나는 미국 정부가 너무나도 현지 사정에 어두운데다 오해에 휩싸여 있기 때문에, 국무부 초급 관료로서 일하는 것은 의미가 없다고 생각했다. 내가 현실에 대해 영향력을 가지려면 좀 더 자율적인 기반이 필요했다.

그렇지만 제대 후 학계로 가지 않고 1년간 언론인으로 일했다. 왜 대학원 입학을 연기했나?

나는 너무나 거대한 폭력을 보았고 사실 거기에 일조했기 때문에, 세상에 대해 더 공부해서 궁극적으로는 사람들이 세상을 바라보는 방식에 영향을 미칠 수 있기를 바랐다. 또 결국 낸시에게 청혼해 허락을 받아 냈는데, 낸시가 풀브라이트 장학생이라서 미국에 재입국할 수 있을 때까지 비자 제한이 있었기 때문에 우리는 당분간 미국에는 갈 수 없었다. 나는 런던에 있는 『이코노미스트』에 가서 일할 기회를 달라고 했다. 『이코노미스트』는 이코노미스트 산하 경제분석기관[11]의 보고서를 가지고 돈을 벌고 있었는데, 이를 작성하는 사람들은 특정 국가에서 5년 내지 10년간 체류해 본 경험이 있는 이들이었다. 그러나 어딘가에 5~10년간 머물렀다는 것은 곧 모르는 사람이 없을 정도로 그 지역의 이해관계에 얽매이게 된다는 뜻이다. 어떤 사안에 대해서는 입을 다무는 일이 생기는 것이다. 따라서 『이코노미스트』는 임

---

11 * 경제분석기관Economist Intelligence Unit
영국의 시사경제주간지 『이코노미스트』 계열사로 국가별 경제 전반에 대한 중장기 분석에 정평이 있는 기관이다. 세계 60개국을 상대로 분기별 정치·사회 환경 변화를 감안한 경제 환경을 분석한다. 특히 10개 분야, 70개 항목을 토대로 한 기업환경지수는 국가 경쟁력 평가에서 독보적 영역을 구축하고 있다. 냉전 시대에는 구소련과 동유럽에 대한 정확한 분석을 제시해 각국 정보기관이 이를 활용하기도 했다.

시 해외 특파원이라는 비상근 통신원을 두어 그런 기사를 쓸 수 있도록 할 필요가 있다. 실제로 내가 쓴 첫 기사는 가나에서 은크루마[12]가 진행하고 있던 특별 투자 계약과 관련된 것이었다. 가나 주재 이코노미스트 연구소의 상임 통신원이라면 절대 그런 글을 쓸 수 없었을 것이다. 왜냐하면 내가 그 기사에 붙였던 "서서히 자라나고 있는 가나의 자본주의"Creeping Capitalism in Ghana라는 제목만으로도 자신을 아프리카의 사회주의적 지도자로 보이고 싶어 했던 은크루마를 언짢게 했을 것이기 때문이다. 파라과이에 대한 기사는 낸시가 인터뷰한 그곳의 여성 죄수들을 주제로 했는데, 이 역시 그런 종류의 글이었다. 『이코노미스트』는 내가 옥스퍼드 출신이기도 하고, 여러 나라에 있어 본 경험도 있으며, 내 계획이 괜찮다고 생각했기 때문에, 놀랍게도 내 제의를 승낙했고 나는 임시 해외 특파원이 되었다. 기사 작성과 관련해 『이코노미스트』의 전설적인 편집자인 바버라 스미스Barbara Smith로부터 큰 도움을 받았다. 운 좋게도 그녀는 라틴아메리카에 대한 관심도 많고 지식도 풍부했다. 내가 처음에 갔던 곳은 가나와 나이지리아였지만, 나의 주된 관심사는 라틴아메리카이고 이후 학계에 발을 들여놓기 위한 준비 차원에서도 남미에 대해 쓰고 싶다고 『이코노미스트』에 내 의사를 전달했다. 라틴아메리카에 관심을 갖게 된 것은 쿠바 미사일 위기 때의 개인적인 경험 때문이기도 했다.

당시 스페인어나 포르투갈어를 할 줄 알았나?

고등학교와 대학교에서 스페인어를 공부했었고 한때 스페인에 체

---

12 은크루마Kwame Nkrumah(1909~72)는 1957년에 가나가 영국으로부터 독립한 이후 초대 수상을 역임했다.

류한 적도 있지만, 유창하게 구사할 수는 없었다. 포르투갈어에 대한 지식은 얕았다. 고등학교 때 예수회 사람들과 함께 라틴어를 조금 배웠기 때문에 포르투갈어를 읽을 수는 있었지만, 브라질에 도착했을 당시에 회화는 전혀 할 수 없었다. 그런데 공교롭게도 리우데자네이루로 가는 비행기 안에서 브라질 경제학자 세우수 푸르타두Celso Furtado의 글을 읽고 있던 나를 본 승무원과 우연히 대화를 나누게 되었다. 내가 『이코노미스트』에서 이런저런 일을 맡고 있다고 하니 승무원은 좌파 인사들을 만날 의향이 있는지 물어 왔다. 나는 그렇다고 대답했고, 도착하자마자 낸시와 나는 그들 중 몇몇을 매우 은밀히 만날 수 있었다. 나는 사태가 급박하게 돌아가고 있으며 이 이야기를 최대한 빨리 취재해야 한다는 것을 간파했고, 느긋하게 포르투갈어를 배우려던 당초의 계획을 취소해야만 했다. 그 즉시 나는 내 언론인 생활에서 가장 큰 사건 가운데 하나가 될 일에 뛰어들었다.

브라질의 20세기 첫 군사 정부이자 오도넬이 후일 관료적 권위주의라는 말로 정식화한 네 체제 중 첫 번째 체제의 출현이기도 했던 1964년 3월 31일 쿠데타 직전, 나는 『이코노미스트』에 "브라질, 개혁인가 종말인가"Mend or End in Brazil라는 제목의 기사를 송고했다. 내 기사는 쿠데타가 일어날 것이라는 전망과 함께 그 이유를 설명하고, 만약 사태가 발생한다면 진보를 위한 동맹Alliance for Progress[13]에는 나쁜 소식이 될 것이라는 내용이었다. 『이코노미스트』 편집자들은 내 기사를 보류했는데, 의심할 바 없이 내가 아직 브라질에 대한 식견을 갖추고 있지 못하다고 생각해서였다. 엿새 후 실제로 쿠데타가 일어났다. 『이코노미스트』는 거의 한 마디도 고치지 않고 즉시 내 기사를 게재하면서, 특파원이 쿠데타 이전에 이 기사를 송고했음을 기사 앞에 첨부했다. 나

---

13 진보를 위한 동맹은 존 F. 케네디 대통령 재임 중인 1961년에 설립된 미국의 라틴아메리카 지원 프로그램이었다. 설립의 주목적은 쿠바에서 일어난 것과 같은 혁명적 정치 상황을 예방하기 위한 것이었다.

는 농담 삼아 이 덕에 출세할 수 있었지만, 자칫 독이 될 수도 있었다고 말하곤 한다. 『이코노미스트』는 이후 내가 보내는 기사는 모두 실어 주었고, 이는 경력을 쌓는 데 도움이 되긴 했지만, 당시 27세에 불과했던 내가 쓴 글을 검토 없이 바로 게재한다는 것은 사실 부적절한 일이었기 때문이다.

브라질뿐만 아니라 다른 라틴아메리카 국가들에 대해서도 『이코노미스트』에 기사를 게재했다고 했는데, 어떤 것이었나?

아르헨티나, 칠레, 파라과이, 볼리비아, 페루, 베네수엘라에 대한 기사를 썼다. 칠레의 경우 1964년 대선 준비 기간을 다뤘다. 나는 좌파 후보인 살바도르 아옌데Salvador Allende가 1964년 선거에서 질 것이라는 걸 단박에 알아차릴 수 있었다. 비록 1958년 선거에서 아옌데가 근소한 차이로 지긴 했지만,[14] 1958년과는 달리 중도와 중도 우파 성향의 정당들이 기독민주당Christian Democratic Party 후보인 에두아르도 프레이Eduardo Frei를 지지하기 위해 힘을 모았기 때문이다. 나는 『이코노미스트』에 이렇게 써보냈다. "아옌데가 당선될 것이라고 생각하지 않습니다. 이와 관련된 기사를 선거 6개월 전에 게재할 수 있도록 써낼 자신이 있습니다."[15] 기사를 작성하면서 아옌데를 취재할 기회를 갖고 싶었다. 이를 위해 나는 다른 나라들에서 하던 방식대로, 전국을 돌아다니며 선거 유세 중인 정치인들을 사나흘 이상 동행 취재하는 방식을 썼다. 정

---

[14] 1958년 선거에서 28.5%를 득표한 아옌데는 31.6%를 얻은 호르헤 알레산드리에 근소한 차이로 패했다. 하지만 다음 선거인 1964년 선거에서 39%를 득표한 아옌데는 56%를 득표한 기독민주당 프레이에게 큰 표 차로 패했다.

[15] 아옌데는 실제로 1964년 선거에서는 패배했지만 1970년 선거에서는 승리했는데, 보수당과 기독민주당이 독자 후보를 내면서 반 아옌데 표가 분산되었기 때문이다.

치 지도자들은 다음 유세 장소로 이동하는 동안 시간을 때울 방법이 필요해서, 긴 대화 상대로 기자나 학자를 불러 차 뒷좌석에 동승시킨다. 정치인들조차도 다른 정치인들과만 이야기하는 것에 싫증을 내기도 하거니와 세상 돌아가는 일에 대해 듣고 싶어 하기 때문이다. 성공적인 인터뷰는 거래와도 같아서, 양자 모두에게 흥미로워야 한다. 자신이 매 순간 뭔가 배우고 있다는 생각이 들지 않으면, 살바도르 아옌데 같은 사람이 3일 동안 몇 번씩이나 당신을 불러 세우지는 않을 것이다. 아옌데는 내게 "어디에 가본 적이 있소?"라고 물어 왔고, 나는 "얼마 전까지 아르헨티나에 있었고, 브라질에서는 쿠데타를 취재했습니다. 옥스퍼드에도 있었고, 해병대에도 있었으며, 베트남에도 갔던 적이 있습니다"라고 대답했다. 그는 당시 큰 화제였던 브라질의 군부 쿠데타에 대해 이야기하고 싶어 했고, 아르헨티나에 대해서도 이야기하고 싶어 했다. 나는 그들 나라에서 일어나고 있는 일에 대한 남다른 해석을 전해 주었고, 그래서인지 그는 나와의 대화에 흥미를 가졌다.

나는 『이코노미스트』를 위해 기사를 쓰면서 느끼는 긴장감이 좋았다. 『이코노미스트』가 내 기사를 3주 후 게재할 것임을 증명해 주는 편지를 갖고 있으면 어느 나라든 갈 수 있었다. 거의 그 나라에 가자마자 대통령이나 중요 대선 후보와의 면담을 요청할 수 있었고, 대개는 허락을 받을 수 있었다. 30분 안에 상대를 설득시킬 수 있다고 생각하는 사람들이 바로 정치인이다. 그래서 그들이 정치인인 것이다. 정치 지도자들은 내가 『이코노미스트』에 자기 나라에 관한 기사를 작성할 예정이며 라이벌 정치인들과 이미 인터뷰를 했다는 것을 알고 나면, 대개 그 기사에 자신의 입장도 들어가길 바란다. 그래서 나는 아옌데의 선거 유세를 따라다니고 난 뒤, 에두아르도 프레이도 비슷한 방식으로 취재할 수 있었고, 결국 1964년 대통령 선거에서는 프레이가 승리했다.

언론 일이 그렇게 짜릿한 일이었다면, 왜 그 일을 계속하지 않았나? 학자가 되겠다는 당초의 결심을 고수한 이유는 무엇인가?

『이코노미스트』에 기사를 기고하는 일은 정말 즐거웠지만, 원고를 송고하기까지 좀 더 많은 시간을 쓸 수 있었으면 하는 아쉬움이 있었다. 너덧 달에 걸쳐 기사를 쓸 여유가 있었으면 더 좋았겠지만, 내 비교 우위는 3주 만에 기사 하나를 써낼 수 있다는 데 있었다. 하지만 나는 좀 더 체계적이고 싶었고, 쿠바나 베트남에 대한 생각도 있었고 브라질에서 일어난 군부 쿠데타를 쌍수를 들고 환영한 미국을 바라보면서 기사 글보다 좀 더 근본적인 차원의 글을 써야겠다는 생각이 들었다. 박사과정을 시작할 준비가 되어 있었던 셈이다.

그렇지만 언론인으로서의 내 경험은 여전히 내가 학문을 하는 방식에 영향을 미치고 있다. 특히 새로운 일과 독자들을 접할 수 있는 가능성을 늘 개척하려 한다는 면에서 그렇다. 나는 지금도 새로운 장소나 다른 나라에 가보고, 새로운 사람들을 만나기 위해 일주일 정도 짬을 내서 연구와는 전혀 다른 일을 하는 경우가 많다. 나는 언론인으로서의 열정을 버린 적이 없다. 『프라하 신디케이트』Prague Syndicate(프라하에 기반을 둔 Project Syndicate) — 구공산권 출신 유럽 지식인들과 활동가들이 세계정세에 대한 대안적인 시각을 교류하기 위해 만든 — 에 간간이 칼럼을 기고하고 있기도 하다. 내가 쓴 글들은 "속세의 철학자"Worldly Philosopher 시리즈의 일부로 게재되고 있다. 가장 최근에 내가 쓴 칼럼은 레바논, 팔레스타인, 이스라엘에서의 민주주의 전망에 관한 것으로, 85개국 103개 신문에 게재되었다.

**컬럼비아 대학
시절**

1964년 가을 학기부터 컬럼비아 대학에서 정치학 박사과정을 시작했다. 컬럼비아 대학을
선택한 이유는 무엇인가?

　　컬럼비아 대학이 내게 국제연구장학금International Fellows scholarship을
제안하기도 했고, 앨버트 허시먼의 연구가 매력적으로 보였다. 그의 연구가
갖고 있는 역사적 차원이나 '가능주의'에 대한 강조뿐만 아니라 훌륭한 글솜
씨와 가까이 있는 문제에 정확히 초점을 맞추는 점이 마음에 들었다
(Hirschman 1963).[16] 정치사가 리처드 노이슈타트Richard Neustadt[1919~2003]의 몇
몇 저작들도 좋았다. 게다가 컬럼비아는 라틴아메리카, 특히 브라질에 중점을
두고 있는 것으로 유명했다. 그리고 오페라와 크고 복잡한 곳을 좋아하는 이
들이 으레 그렇듯이, 내 스스로가 소도시에 있고 싶어 하지 않는 사람이며, 그
래서 [뉴욕 시에 있는] 컬럼비아를 흥미로워 할 것이라는 점을 잘 알고 있었다.

---

16 앨버트 허시먼은 스테판이 입학한 그해 컬럼비아 대학을 떠나 하버드 대학으로 이직했다.

다른 대학원도 고려해 보았나?

버클리를 생각해 보았다. 나도 버클리가 좋았고, 버클리도 내가 하려는 연구에 관심과 지지를 보내 주었다. 스탠퍼드도 흥미로울 것이라고 생각했지만, 내가 그곳을 방문했을 땐 행태주의 전쟁이 한창이었다. 나는 전쟁이 일어나고 있는 곳에 있고 싶지 않았다. 당시 과학 저널리스트였고 나중에 박사 학위를 딴 아내 낸시도 뉴욕에서 일자리를 찾을 수 있을 것이라 생각했다.

컬럼비아에서 어떤 강의를 들었나?

어느 날 친한 친구들이 캠퍼스를 달려가는 것을 보고 어디 가냐고 물었다. 그들은 "린츠한테!"라고 대답했다. "린츠가 누군데?"라고 하니 "젊은 스페인 사람"이라고 했다. "뭘 가르치는데?" 했더니 "모두 다!"라는 거다. 그래서 나는 거기 끼게 되었다. 후안 린츠는 미헬스, 베버, 그리고 뒤르켕 등 정치 사회학의 거대 사상가들에 대해 가르쳤다. 그는 그들의 생애와 그들 나라에서의 정치적 개입 및 정치에 대한 관점에 대해 논의했다. 린츠는 그들이 누구였는지, 무엇에 대해 썼는지, 그리고 그 이유는 무엇이었는지 보여 주고 싶어 했다. 나중에 독일인 비교정치학자 오토 키르히하이머Otto Kirchheimer[1905~65]가 죽고 나서 린츠는 그의 유럽 정치 강의를 이어받아 기존의 4개국뿐만 아니라 유럽의 거의 모든 나라를 다루었다. 우리는 제1차 세계대전 이후 일어난 핀란드 내전과 스페인 내전, 그리고 더 작은 유럽 국가들에 대해 배웠다. 린츠의 강의는 모든 주요 정치철학자들과 유럽 국가들을 개괄해 주는 수업이었다.

린츠는 나름의 스타일이 있었다. 그는 10시에서 12시까지, 또는 11시에서 1시까지 수업하는 것을 좋아했는데, 점심시간까지 강의를 연장해서 실질적으로 세 시간 동안 강의를 진행할 수 있기 때문이었다. 평균 수업 시간이 세 시간이었던 셈이다. 수업이 끝난 뒤 그는 항상 점심을 먹으려고 원탁에 앉았고, 으레 학생들이 동석을 했는데, 그러면 이후 두 시간을 더 강의했다. 이야기는 항상 강의의 연장선상에서 시작했지만 보통 당시의 정치적 문제들과 그것이 제기하는 사회과학적 쟁점에 대한 토론으로 발전해 갔다. 사회학과, 역사학과, 경제학과, 정치학과 사람들 외에도 길거리에서 마주친 사람들까지 대화에 참여하곤 했다. 우리는 거의 모든 것에 대해 토론했다. 그러고 나서 거의 네 시쯤이 되면 그중에서 또 몇몇이 무리를 지어 근처 웨스트엔드The West End 술집으로 몰려가 대화를 계속했다. 우리는 그것을 '린츠 하기'Doing a Linz라고 불렀다.

곧 나는 일주일에 세 시간씩 린츠와 이야기하게 되었다. 나는 린츠에게 라틴아메리카에서 막 돌아왔고 브라질에 관심이 있다고 말했고, 그는 내게 "브라질의 군사 쿠데타가 불가피한 것이었나?"라고 물었다. 나는 "절대로 아닙니다. 최고 책임자의 통상적인 권한이 행사되었다면 일어나지 않았을 겁니다"라고 대답했다. 그렇게 해서 우리는 장차 민주주의 체제의 붕괴에 관한 공동 연구(Linz and Stepan 1978)로 발전할 문제에 대한 토론을 시작했다.

린츠 말고 컬럼비아 대학에서 다른 교수의 강의는 뭘 들었는가?

웨인 윌콕스Wayne Wilcox라는 정치학자의 인도와 파키스탄에 관한 강의를 들었다. 그는 비교적 젊은 나이에 죽었고 지금은 잘 알려져 있지 않지만, 정말 훌륭한 관찰자였다. 그의 강의는 인도와 파키스탄에 대해 더 깊이 생각할 기회를 주었다. 컬럼비아에는 좋은 역사가들이 있었다. 나는 라틴아메리카의 역사에 대해 더 배우고 싶어서 식민지 시기 라틴아메리카 역사를 전공한 루이스 핸케Lewis Hanke[1905~93]의 강의를 들었다. 또한 아르헨티나 출신 사회학자인 히노 헤르마니Gino Germani와도 시간을 보냈다. 실제로 박사 학위 종합 시험에서 부전공은 라틴아메리카 역사와 라틴아메리카 사회학이었다.

하지만 나는 되도록이면 강의를 적게 들어 생각하고 글 쓸 시간을 최대한 마련하려고 노력했다. 나는 대학원에서 글을 많이, 아마도 너무 많이 쓰고 있었다. 나는 『뉴 폴리틱스』New Politics와 사회주의 성향의 잡지인 『네이션』The Nation을 비롯해 『뉴 리퍼블릭』The New Republic의 정치 논쟁에 개입했다. 또한 군부 연구 담론에 대한 평론(Stepan 1965)을 『정치학 리뷰』The Review of Politics에, 정치발전 이론에 대한 비판(Stepan 1966)을 『국제관계학 저널』The Journal of International Affairs에 기고하기도 했다. 요청을 받아 상원의원인 프랭크 처치와 로버트 케네디를 위한 정책 브리핑 자료를 작성하기도 했다.

린츠는 사회학과였다. 지금까지 컬럼비아 대학 정치학과 교수들 가운데서는 윌콕스만을 언급했다는 게 신기하다.

린츠는 정치사회학자였고 역시 정치사회학자였던 로칸과 립셋과도 가까운 동료 사이였다. 유럽의 내 동료들 중에는 정치학자보다 정치사회학자가 더 많다. 1960년대 중반 컬럼비아 대학의 비교정치학 과정은 뛰어난 정도는 아니었다. 그러나 러스토Dankwart Rustow[1924~96]의 강의는 매우 중요했다. 러스토는 미국 대학에 있는 대부분의 비교정치학자들보다 아는 게 훨씬 많았는데, 그것은 그가 유럽인이자 터키에서 살았던 적이 있기 때문이었다. 그는 특이한 것들을 알고 있었다. 당시 러스토는 어떻게 민주주의가 출현하게 되는지에 관한 이론을 연구하고 있었고, 나는 그의 연구가 갖고 있는 동적인 요소가 마음에 들었다(Rustow 1970). 자기네들끼리 싸우는 데 지친 정당들의 디폴트 옵션default option으로 민주주의가 나타날 수 있다는 그의 생각에 끌렸다. 러스토는 자신과의 논쟁을 용인하는 성격이었다. 민주주의가 출현하기 전에 민족적 통일성 문제가 먼저 해결되어야 한다는 그의 주장에 동의하지 않았던 기억이 난다. 그때나 지금이나 민족적 통일성, 특히 민족국가 수립이 민주주의의 선결 조건이라고 생각하지는 않는다. 인도에 가본 적이 있는데, 민주주의국가이기는 했지만 민족국가는 아니었다. 러스토와 반대로 나는 그가 주요 사례로 이용한 터키가 민족적 통일성의 문제를 민주적으로 해결하지 않았다고 생각했다. 군부는 쿠르드족을 무력으로 탄압하고 있었다. 또한 터키는 군부 주도의 '위로부터의 세속화'를 통해 온건한 무슬림들에게까지 민족적 통일성을 강제로 부과했다. 불행히도 러스토는 1968년 학생 시위에 참여해 경찰에 항의하던 중 머리에 부상을 입고 컬럼비아를 떠났다. 그 후 그가 컬럼비아 대학에 관여한 일은 거의 없었다.

1960년대 중반 당신이 대학원생이던 시절에는, 게이브리얼 알몬드와 그의 사회과학연구협의회 산하 비교정치위원회 소속 동료들이 주창한 구조기능주의적 관점이 비교정치학의 주류였다. 당신이 구조기능주의적 관점에서 쓰인 논문을 접한 것은 어디서였나?

린츠도 그랬지만, 러스토조차 알몬드의 프로젝트에 불편함을 느꼈고, 나 역시 그랬다. 너무나 미국적이고, 다원주의적이며, 사회 중심적인 관점으로 보였다. 린츠와 러스토, 그리고 나를 포함한 그들의 제자들 가운데 많은 이들이 끔찍한 내전 상태, '사회적' 투입을 구조화하는 억압적 정권, 혹은 무정부 상태에 대해 생각해야만 하는 곳을 경험해 본 사람들이었다. 알몬드의 기능주의적 프로젝트에서는 이런 심각한 문제들 가운데 아무것도 중요하게 생각하지 않는 것 같았다. 그럼에도 불구하고 나는 사회과학연구협의회의 정치발전연구 총서[17]를 거의 모두 읽었다. 나는 알몬드와 버바의 『시민 문화』(1963)와

---

17 1960년대와 1970년대에 게이브리얼 알몬드와 그의 후임인 루시안 파이가 회장으로 있던 사회과학연구협의회 산하 비교정치위원회는 총 아홉 권으로 된 정치발전에 대한 연구 총서를 프린스턴 대학 출판부에서 출간했다.

이 총서 중 워드와 러스토가 쓴 일본과 터키의 근대화를 비교하는 책(Ward and Rustow 1964)에서 특히 많은 영향을 받았다.

브라질의 군부와 정치

당신의 첫 책인 『정치에서의 군부』(Stepan, 1971)로 출판된 논문 이야기로 돌아가 보자. 여기서 당신은 브라질에서 군부의 정치적 역할에 대해 썼다. 왜 이 주제를 선택하게 되었나? 다른 가능성을 탐색해 보지는 않았나?

　　다른 주제들도 생각해 보았다. 연구비 지원 기관들을 비롯해 지도교수까지 모두가 브라질 군부를 다루는 건 불가능하다고 말했는데, 내가 군부의 중요한 자료에 접근하지 못할 것이라고 보았기 때문이었다. 그래서 나는 브라질에서의 국가 통합national integration을 주제로 논문 계획서를 작성했다. 칼 도이치의 연구에서 영향을 받고 있던 나는 도시 간의 통신, 우편 같은 것들을 살펴보겠다고 했다(Deutsch 1953, 1961). 석 달이 지나자, 내가 이 주제에 전혀 매력을 느끼지 못하고 있다는 사실을 깨달았다. 국가 통합이 중요한 주제였을까? 그럴 것이다. 그러나 몇 년을 사회과학, 정치학, 거시적인 제도 같은 것만 생각하고 지냈던 나로서는 국가 통합에 대해 흥미롭게 이야기할 만한 게 없었다. 반대로 나는 군대 조직에도 있어 봤고, 언론인으로서 1964년 브라질에서 군사 쿠데타가 일어나는 광경을 직접 보기도 한 사람이었다. 또 군부에 대한 연구 현황을 논평하는 글도 쓴 적이 있었다(Stepan 1965). 이 연구 영역에서 무엇을 해야 하는지, 그리고 무엇을 할 수 있는지에 대한 나만의 관점을 갖고 있다고 자신할 수 있었다. 결국 나는 원래 쓰기로 했던 주제를 밀고 나가기로 결정했고, 학위논문 계획서도 작성하지 않았다. 그저 연구만 했고 계획서는 사후에 작성했다.

연구비 지원 기관들이 당신의 계획이 너무 위험성이 크다고 생각했다면, 브라질에 가서 연구할 재원은 어떻게 마련할 수 있었는가?

랜드연구소RAND Corporation 측에서, 루이지 에이나우디Luigi Einaudi라는 학자와 함께 작업해 보는 게 어떻겠느냐고 제안해 와서 받아들였다. 그는 내게 페루 군부에 대한 자신의 책의 초고를 보내 왔는데, 내가 그때까지 라틴아메리카 군부에 관해 읽은 책들 가운데 단연 최고였기에 루이지와 함께 잘할 수 있으리라는 생각이 들었다. 그의 할아버지는 이탈리아 대통령이었고 쉰권이나 되는 저서가 있었는데, 아마 이것이 루이지에게 부담감을 주었는지, 그는 하버드 대학 출판부에서 이미 출간 약속을 받은 책을 계속 수정하고 다시 쓰고 있었다. 라틴아메리카 군부에 대해 출판되었던 다른 어떤 책들보다 한 세대나 앞선 내용이었지만, 그는 끝내 그것을 책으로는 출간하지 못했다. 랜드연구소는 내 책을 쓸 수 있도록 3년간 연구비를 지원해 주었는데, 랜드연구소의 알렉산더 조지Alexander George가 아주 큰 도움이 되었다.

어떻게 연구를 진척시켰나? 브라질 군부에 대한 정보 획득이라는 난제는 어떻게 극복했는지 궁금하다.

일단 『이코노미스트』에서 일할 때와는 달리 인터뷰를 작업 후반부에 했다. 나는 내 연구 주제가 결국 민군 관계에 대한 것임을 알고 있었다. 1889년 제정 붕괴 이후 브라질의 정치 엘리트들은 항상 군부의 적극적인 정치 개입을 용인하는 입장을 견지해 왔기 때문이다. 우선은 1889년 이후 브라질에 존재했던 5개의 헌법을 모두 읽어 보았다. 모든 헌법이 합법적 범위 내에서 군부가 대통령에게 복종해야 한다는 점을 규정하는 조항을 갖고 있었으나, 또 다른 조항에서는 군부가 행정부, 입법부, 사법부 사이의 올바른 관계를 유지하는 데 책임이 있다고 규정되어 있었다. 두 번째 조항을 보았을 때 나는 무척 놀랐다. 민주주의 체제에서 행정부, 입법부, 사법부 간의 균형을 유지하는 일은 대개 사법부의 책임이거나 정치적인 문제이지 군부의 책임이 아니기 때문이다. 이 혼란스러운 헌법 조항들을 이해하기 위해서, 헌법 초안 작성에 관여했던 입법 소위원회들에서 있었던 모든 토론 기록들을 읽어 나갔다. 기록 보관소에서의 이 작업은 석 달 정도가 걸렸다. 나는 각 소위원회에서 만들어졌던 여러 가지 초안들의 내용뿐만 아니라 누가 해당 소위원회에 소속되어 있었는지에도 주의를 기울였다. 그리고 군부에 속한 사람이 최초의 소위원회에 있었을 때는 법안에 그런 조항이 없었음을 알게 되었다. 그런 조항은 항상 두 번째 소위원회에서 삽입되었는데, 그 소위에는 현역 장교들이 없었다. 그 조항은 민간 정치가들이 삽입한 것이었다. 심지어 의회에서 군부가 해당 조항을 반대하는 의견을 제출하기도 했는데, 그 이유는 해당 조항이 제도로서의 군부에 분열을 일으킬 수 있어서 위험하다고 생각했기 때문이었다. 결국은 60년간 군부가 아닌 민간인들이 그 위상에 걸맞지 않은 사법적 역할을 군에 부여하는 헌법을 제정하고 개정해 왔던 것이다. 이는 완전히 통념에 반하는 일이었다.

나는 정치 엘리트들이 쿠데타를 원할 때 군부에 쿠데타를 일으켜 달라고 공공연히 호소할 수 있는 근거를 마련하기 위해 민간 정치가들이 군부의 이런 역할을 헌법에 삽입하지 않았나 하는 생각이 들었다. 그래서 각각의 쿠데타가 일어나기 60일 전부터 쿠데타가 일어날 때까지 주요 브라질 신문의 사설들을 분석하는 작업에 착수했다. 막대한 시간이 드는 거대한 작업이었다. 실패한 쿠데타에 대해서는 그렇지 않았지만, 성공적인 쿠데타 이전에는 항상 신문 사설들이 군의 개입에 대해 압도적인 지지를 표명했다. 사설들은 헌법 조항에 직접적으로 호소하면서 예컨대 이렇게 쓰고 있었다. "헌법 354조에 군부는 합법적 범위 내에서 대통령에게 복종해야 한다고 규정하고 있다. 대통령이 법을 어기고 있을 때에 대통령에 복종하는 것은 위헌적이다. 게다가 헌법상 군부가 사법부, 입법부, 행정부의 균형을 유지할 의무를 갖는다고 규정되어 있다. 대통령은 입법부를 위협함으로써 이 균형을 위반하고 있다. 그러므로 현 대통령에 대해 군부가 복종한다면 위헌적인 일이다."

내가 발견한 내용은 군부 쿠데타가 군부 내에서 발생한다고 보았던, 군부와 정치에 관한 기존 연구들을 뒤집는 것이었다. 내 연구는 군의 정치 행태를 민군 관계라는 좀 더 넓은 맥락으로 옮겨 놓았다.

지금까지 언급한 자료들은 헌법과 신문에서 공개된 정보에 의존한 것이다. 군부 자체에 대한 좀 더 민감한 정보들은 어떻게 얻었나?

언론인으로서의 경험 덕분에 어떻게 하면 정보를 캐낼 수 있는지 알아내는 데 익숙했던 데다, 연구를 시작한 지 몇 주 안 되어 군의 승진 책자를 한 권 입수할 수 있었는데, 모든 장교들 명단이 수록되어 있었다. 어느 군에나 그런 책자가 있고, 장교들은 서열상 위아래에 있는 사람이 누구인지, 누가 무슨 일로 진급을 했는지 확인하기 위해 항상 그 책자를 본다. 브라질의 승진 책자는 정말로 유용했는데, 장교들의 이름 뒤에 상훈, 수석 졸업 여부, 이탈리아에 파병된 브라질 원정군Força Expedicionária Brasileira, FEB — 제2차 세계대전 당시 라틴아메리카에서는 유일하게 유럽에 파병된 병력 — 으로 복무했는지의 여부[18]를 비롯해 기타 변수로 활용할 수 있는 다양한 정보가 적혀 있었기 때문이다. 나는 누가 1964년의 쿠데타를 주도했는지 분석해 보고 싶어서 당시 현역에 있던 102명의 브라질 군 장성들의 기록을 연구했다. 또한 내게는 신뢰할 만한 비밀 정보 제공자가 셋 있었는데, 그들은 과거 쿠데타에 직접 가담한 적이 있어 이에 대한 정보를 많이 알고 있었다. 그들은 쿠데타가 브라질을 구해 냈다고 생각했기 때문에 그 과정에 참여하지 않은 사람들은 인정하려 하지 않는 사람들이었다. 이 세 명의 정보 제공자들 가운데 둘 이상이 어떤 장군을 핵심 조직자로 지목한다면, 나는 그가 쿠데타 모의자 가운데 하나라고 확신할 수 있다고 생각했다.

승진 책자에서 쿠데타에 주도적인 역할을 한 장성들을 찾아보니 거의 모두가 제2차 세계대전 시기에 군에 복무했고, 고등군사학교Escola Superior de Guerra, ESG 출신이었다. 그곳은 교직원과 학생들의 50퍼센트가 민간인들로, 사제와 언론인에서부터 정치가와 사업가까지도 참가했던 새로운 형태의 군사학교였다. 쿠데타 지도자들에 대한 자료를 분석해 보니, 10명의 핵심적인 모의자들 가운데 60퍼센트가 제2차 세계대전 기간 동안 FEB 소속으로 이탈리아에서 근무했으며, 70퍼센트가 ESG의 종신 간부였고, 1백 퍼센트가 3개의 주요 사관학교 중 하나에서 과 수석으로 졸업했으며, 1백 퍼센트가 외국 사관학교에서 교육을 이수한 이들이었다. 핵심 그룹의 50퍼센트는 위 네 가지 조건을 모두 충족했다. 쿠데타 모의자가 아니었던 장성 92명 가운데 이 네 가지 조건을 모두 충족하는 이는 단 한 사람뿐이었다. 나는 기초적인 통계학 지식을 갖추고 있었기 때문에 Z-검정[19]을 해보았는데, 그런 비율의 차이가 우연히 일어날 확률은 1천분의 1이었다. 굉장히 흥미로운 결과였다. 이런 핵심 인물들을 확인함으로써 더 이상 다른 사람과 이야기하지 않아도 강력한 결론을

18 FEB는 연합군의 일원으로 1944~45년 사이에 이탈리아에 파병되었다

19 • Z-검정Z-test
알지 못하는 두 모집단의 속성, 즉 평균을 비교하기 위해 각기 모집단을 대표하도록 추출된 두 표본을 가지고 두 모집단의 유사성을 검증하는 통계 방법.

도출해 낼 수 있었다. 강한 상관관계는 존재했지만, 사회과학에서 항상 말하 듯 상관관계가 인과관계를 의미하는 것은 아니다. 제2차 세계대전 시기 군 복무 여부와 같은 변수가 20년 후인 1964년 쿠데타에서의 역할과 무슨 관계 가 있는지에 대해서는 아무런 생각도 떠오르는 게 없었다. 그것을 알아내는 유일한 방법은 주동자들과 이야기해 보는 것뿐이었다.

어떻게 브라질 장군들과 인터뷰할 기회를 얻었으며, 무엇을 알아냈는가?

인터뷰를 시작하면서 1964년의 쿠데타에 대한 책을 쓰고 있으며 그들과 더불어 다른 한 집단이 쿠데타에 참여했다는 것을 알게 되었다는 이 야기부터 꺼냈다. 모두가 "그렇다. 나는 그 일에 참여한 사실이 매우 자랑스 럽다. 그 일에 대한 회고록을 쓸 생각이다"라고 답변했다. 그리고 나는 그들 과 쿠데타를 이끈 그들의 동료들이 제2차 세계대전 때 이탈리아에서 FEB로 참전했던 사실과 나중에 ESG에 다녔다는 사실을 지적하면서 그 둘이 어떤 연관이 있는지 궁금하다고 이야기했다. 모두가 내게 각자의 이야기를 들려주 었다. 그들은 1944년에 유럽으로 떠나면서 바르가스Vargas 대통령이 베풀어 준 환상적인 거국적 환송을 받았다. 그러나 이탈리아에 도착하자마자 그들은 체면을 구겼는데, 최전방에 투입되어 적에게 바로 측면 공격을 당했기 때문 이었다. 브라질 부대인 FEB는 퇴각 명령을 받았고, 다시 최전방에 투입되기 전에 외국군에 의해 훈련을 받아야 했다. FEB의 장교들은 이를 대단한 굴욕 으로 받아들였고, 고국으로 돌아와서는 강한 군대와 강한 브라질을 건설하겠 다고 결심했다. 그들은 브라질이 허약하게 된 주요 요인 중 하나가 민간인들 이 전쟁과 국력에 대해 진지하게 생각하지 않기 때문이라고 생각했다. 그래 서 그들은 민간 엘리트들과 유대를 강화하고 여론 주도자들이 브라질의 군사 력에 관심을 갖도록 만들기 위해 ESG라는 새로운 기관을 만들었다. 사실 군사정부의 첫 번째 대통령이 되었던 카스텔로 브랑코Castelo Branco 장군은 이탈리아에서 일어난 일로 인해 가장 굴욕감을 가졌던 인물이었다.

어떻게 당신은 이 군인들과 이야기할 수 있었나? 어쨌든 그들은 군사정권 당시 브라질 군대의 현역 장교들이었고, 당신은 외국인이었는데.

　　　　내가 예전에 해병 장교였고 『이코노미스트』 특파원이었다는 이야기를 해주었다. 나는 정중하게 그들이 일정한 역할을 담당했던 역사의 일부에 대한 책을 쓸 예정이고, 그들이 내게 이야기를 해주든 아니든 상관없이 책을 쓸 것이라는 점을 주지시키려고 노력했다. 엘리트와의 인터뷰에서는 어떤 식으로든 책이 출간될 것이라는 신뢰할 만한 메시지를 은근히 전달해야 한다. "책을 한 권 쓰고 있다. 당신이 그 책의 모든 부분을 맘에 들어 할 리는 없겠지만, 나는 전에도 책을 낸 적이 있고, 이번 책이 브라질 군부에 대한 책 가운데 가장 중요한 책이 될 것 같다"라고 말이다. 그러고 나서 모리스 재너위츠Morris Janowitz가 미국 군인들에 대해 얻었던 정보(Janowitz 1960)와 같은 수준의 정보를 얻기만 하면 된다고 말했다. 그들은 브라질 군부가 재너위츠의 책을 포르투갈어 번역본으로 냈기 때문에 그의 책을 알고 있었다. 나는 그들의 군대 도서관에서 찾아낸 재너위츠의 책을 복사해 보여 주며 이렇게 말했다. "미국 군인들에 대해서는 이런 것들이 알려져 있다. 당신들의 군이 세계적인 수준이라고 이야기하지 않나. 그러면 브라질 군인들에 대해서도 같은 정보를 얻을 수 있지 않은가? 더도 덜도 필요 없다. 그러면 누이 좋고 매부 좋은 일이 될 것이다." 그들은 좋다고 했다.
　　　나는 『이코노미스트』에서 사용했던 것과 같은 전략을 따랐다. 일단 군부의 최고위급 인물 두세 명과 이야기하고 나면 어마어마한 양의 정보에 대한 접근권을 얻게 될 거란 사실을 알고 있었다. 큰 조직에는 항상 핵심적 두뇌가 두세 명 있기 마련이다. 그들은 많이 쓰고, 많이 생각하며, 상대방의 생각과 상대방이 하고 있는 일에 대해 듣고 싶어 한다. 내 경우에 그들은 랜드연구소에 대해 알고 싶어 했다. 내 이력은 그들이 흥미를 느낄 만큼 충분히 복잡다단했다.

나는 브라질 장교들을 인터뷰할 때마다 항상 그들이 말하고자 하는 것보다 더 많은 것을 알아내려고 노력했다. 보통 다섯 개의 질문을 던졌지만, 그중 네 개는 이미 답을 알고 있는 것들이었다. 그들이 사실과 다른 이야기를 하면, "그렇군요. 그런데 장군님, 생각해 보니 1939년에 일어난 일이군요." 혹은 "그건 이탈리아에서의 전투가 아니었습니다. 다른 전투에서였지요"라고 바로잡아 주었다. 그러면 그들은 내가 자신들의 기관에 대해 알고 있다는 것에 깊은 인상을 받곤 했는데, 왜냐하면 그들의 깊은 분노 가운데 하나는 아무도 군부를 이해하지 못한다는 데 있었기 때문이었다. 나는 서열, 승진, 계급에 대해 알고 있었고, 25야드 밖에서도 중요한 훈장들을 알아볼 수 있었으며, 브라질 군부의 역사에 대해서도 어느 정도 알고 있었다. 가톨릭교회건 미국 상원이건, 기관의 핵심 인사와 이야기하면서 그 기관의 역사를 모른다면 어떻게 긴 대화를 지속할 수 있겠는가? 그래서 이탈리아에서 펼쳤던 군사작전을 비롯해 직접적인 관심 영역이 아닌 많은 것들에 대한 지식을 습득했다. 이런 노력 덕분에 브라질 장교들은 나를 함께 대화하기 좋은 아주 재미있는 사람이라고 생각했다. 어떤 사람들은 미국과 프랑스의 사관학교에서 공부한 적이 있어서, 그 기관들이 어떻게 운영되는지에 대해서도 조사했다. 브라질 장교들은 내가 다른 나라 사관학교들에 대해 알고 있는 데다가 그들의 ESG가 새로운 시도를 하고 있다는 것을 알아주니 좋아했다. 내게 ESG 창설 배경과 관련한 비망록을 보고 싶지 않냐고 물어 온 사람도 있었다. 나는 물론 보고 싶다고 했다. 누군가와 몇 번 이야기를 나누고 나면, 이렇게 이야기해 볼 수 있는 것이다. "아시겠지만, 당신이 보여 준 자료에서 제가 이해하기 어려운 점들이 서너 가지 있네요." 그들은 설명을 해줄 것이고, 그러고 나면 또 다른 사람에게 같은 자료에 대한 설명을 들으러 가는 것이다. 역사를 만드는 데 관여했던 사람들은 그 과정을 설명해 주고 싶어 한다는 점을 정말 강조하고 싶다.

당신의 연구에는 군사 도서관에서의 작업도 포함되어 있다. 그곳은 들어가고 싶을 때 들어갈 수 있는 곳은 아닐 것 같은데, 어떻게 출입할 수 있었나?

ESG에 있는 도서관은 연금 수령자들에게는 개방되어 있었기 때문에 많은 퇴역 장성들과 대령들이 거기 가서 신문을 읽으며 죽치고 있었다. 나는 아마도 아흔 번쯤 갔던 것 같다. 몰래 숨어 들어가는 식은 아니었지만 항상 의심받고 쫓겨날 각오를 하고 있었는데, 한 번도 그런 일은 없었다. 사서들에게는 엄청나게 예의 바르게 행동했고, 항상 정장을 하고 다녔다.

경험적 연구에서 이론적인 문제로 넘어가 보자. 당신이 끌어들이거나 반론한 연구들은 어떤 것들이 있었나?

군부가 제3세계 기관들 가운데 가장 근대적이고 응집력 있는 집단이어서 국가 형성에 가장 적합한 집단이라는 생각에 대해 반론을 제기하려고 했다. 랜드연구소 동료인 가이 포커Guy Pauker는 동남아시아에 대한 연구 (Pauker 1959)에서 군부의 조직적인 힘과 잠재적인 리더십을 국가 통합을 위해 활용할 수 있는 '잠정적 핵심 자원'으로 보았다. 존 J. 존슨John J. Johnson은 라틴아메리카 군부가 해당 국가에 정치적 연속성을 보장해 줄 조직력과 리더십을 갖춘 통일적인 기관이라고 단언했다(Johnson 1964). 터키에 대한 연구 (Rustow 1964)에서 러스토는 군이 다른 엘리트들에 비해 덜 향리적이고 국가적 성향을 가지고 있다고 보았다. 이와는 대조적으로 나는 전 세계 많은 국가에서 군의 일원은 그 내부의 여러 지역들 가운데서 고도로 선별된 자들이며, 지역들은 정치적 함의를 담고 있기에 군이 통합이 아닌 분열의 원천이 될 수 있다고 주장했다. 미국의 육군 내에서 남부는 과잉 대표되고 있다. 나이지리아에서 이보 부족Ibos은 기독교 신앙과 우월한 교육 상태로 인해 1961년 이래 장교단의 다수를 차지하고 있다. 80명의 나이지리아 군 장성들 가운데 거의 60명이 이보 부족 출신이다. 수단과 파키스탄도 마찬가지로 매우 비대칭적이다. 파키스탄에서는 야전 지휘관들 거의 전부가 서파키스탄 출신이었다. 이런 사실은 동파키스탄의 독립과 방글라데시의 건국에 직접적인 원인이 되었다. 군부 구성원들의 실제 출신 지역을 본다면, '군이 국가적 통일성을 상징한다'는 기존의 지배적인 명제가 나쁜 사회과학임을 알 수 있다. 그래서 내 첫 책의 연구 대상은 브라질이었지만, 그 책이 가장 먼저 참고한 문헌은 나이지리아, 수단, 파키스탄, 인도네시아에 대한 문헌들이었던 것이다.

『정치에서의 군부』가 공헌한 점이 있다면 어떤 것인가?

연구 결과 "정부로서의 군부"와 "제도로서의 군부"[20] 사이의 차이를 비롯해 새로운 개념들이 많이 나왔다. 진급 체계가 복잡하게 구성되어 있을

---

[20] * 정부로서의 군부military as government와 제도로서의 군부military as institution
'정부로서의 군부'란, 정치체의 정부를 이끌고 있는 핵심 지도자를 구성하는 군부의 인물을 가리킨다. 일반적으로 장성 출신 대통령과, 민간인을 포함한 그의 주요 참모들로 구성되어 있다.
'제도로서의 군부'는 다수의 군부 조직, 즉 군사기지를 운영하고 일상적인 훈련 계획을 수행하며 군사 학교 체제(정보 분야 제외)의 복잡한 연결망을 조정하고 군의 일상 행정 업무를 수행하며 중요한 국가적 위기가 도래했을 때 전략적 예비대로서 유용한 조직들을 포괄한다(스테판, 『군부 정치(국가와 시민사회) : 브라질과 라틴아메리카 남부 국가들』, 이수훈·김기석 옮김, 열음사, 1989, 57-58쪽).

경우, 군사정권과 군부라는 제도적 체계 사이에 긴장이 조성될 수 있다는 사실을 많은 사람들은 이해하지 못했다. 이것이 대부분의 군부 쿠데타가 군부정권에 대항해 일어나는 이유이다. 나는 **퇴장 쿠데타**[21]라는 개념을 만들었는데, 이는 양쪽 모두가 무장해 있기 때문에 자기들끼리의 분열을 두려워한 군부가 일으키는 쿠데타이다. 만약 '제도로서의 군부'쪽이 '정부로서의 군부'가 심각한 문제를 야기하고 있다고 인식한다면, 선거를 치를 '과도정부'caretaker government 설립을 목적으로 하는 쿠데타 연합을 결성하려 할 것이다.

또 군부와 같은 주제는 자료가 아예 없거나 있더라도 얻기가 불가능하기 때문에 연구가 불가능하다는 생각에 도전해 보고자 하는 의도도 있었다. 그래서 반폐쇄적semi-closed 기관을 조사하는 방법에 대해 부록을 집필한 것이다. 사회과학자들에게 연구하기 너무나 힘들어 보이는 분야에서 새로운 자료가 만들어질 수 있다는 것을 보여 주려 한 것이다. 또한 그런 자료들이 상당 부분 공개되어 있다는 것도 보여 주고 싶었다. 헌법 조항이나 신문 사설만큼 공개적인 것은 없다. 좋은 사회과학자의 기본적인 업무는, 중요함에도 불구하고 기존 연구가 매우 부족해 이론화가 미진한 정치적 현상에 대해 새로운 연구 자료를 만들고 그런 자료를 만들기 위한 전략을 고안하는 것이다.

---

21 * 퇴장 쿠데타extrication coup
제도로서의 군부에 속해 있으며 전략적으로 중요한 위치에서 권력을 가진 사람들이, 정부로서의 군부가 계속 권력을 장악하는 것이 군의 단결 및 영속적인 이익에 위협이 된다는 판단하에 군을 권좌로부터 축출하기 위해 감행하는 쿠데타[스테판, 『군부 정치(국가와 시민사회) : 브라질과 라틴아메리카 남부 국가들』, 이수훈·김기석 옮김, 열음사, 1989, 58쪽].

책에 대한 평가는 어땠나?

포르투갈어판은 브라질에서 베스트셀러였다. 삭제판과 무삭제판이 1, 2위를 다투었고 그 후 재검열을 받았는데, 이는 책을 광고하기엔 더할 나위 없는 일이었다. 학자, 언론인, 장교, 정치인을 막론하고 누구든 한 권씩 가지고 싶어 했다. 여러 나라에서 진지한 학문적 서평들이 쇄도했고, 『워싱턴 포스트』와 『이코노미스트』에까지 서평이 실렸다. 스페인어로도 번역되었고, 한국, 태국, 인도네시아에서는 해적판이 나왔다. 경력의 시작으로서는 나쁘지 않았다.

권위주의 브라질

두 번째 주요 저작으로 편저인 『권위주의 브라질』*Authoritarian Brazil*(Stepan 1973a)이 1973년에 출판되었다. 이 책이 나오게 된 배경은 무엇인가?

나는 막 예일의 라틴아메리카 연구위원회Council on Latin America Studies 회장으로 임명된 상황이었고, 브라질 권위주의 체제의 강도가 중요한 주제라는 확신이 있었다. 그 책의 기초가 되었던 회의는 1971년에 열렸는데, 브라질에서 억압이 최고조에 달했을 때였다. 사람들은 브라질이 새로운 종류의 권위주의 사례인지 아닌지, 다른 권위주의 사례들과는 어떤 관계인지, 당시 지배적이었던 종속 이론[22]의 주장과 연관성이 있는지 혹은 없는지, 모순과 저항이 발생할 가능성이 있는지 등을 알고 싶어 했다.

프로젝트를 함께할 사람들을 선정하는 데 있어서, 나는 라틴아메리카 연구자들 가운데 가장 중요한 인물로 꼽히는 각 분야의 대표들이 필요했다. 역사적 배경을 정확히 하기 위한 역사가가 필요해서 현대 브라질에 대한 권위 있는 역사서(Skidmore 1967, 1973)를 저술한 토머스 스키드모어Thomas Skidmore 를 영입했다. 좋은 경제학자가 필요해서 영입한 사람은 앨버트 피시로Albert Fishlow인데, 그를 선정한 것은 포르투갈어를 구사할 줄 알고 브라질 경제 '기적' 의 이면에 끔찍한 경제적 불평등이 존재한다는 사실을 공개적으로 지적할 수 있을 정도로 대담한 사람이기 때문이었다. 그리고 후안 린츠도 필요했는데, 권위주의에 대한 전문가로서 브라질의 정치 상황이 제도화될 가능성을 판단 하기 위해서였다. 린츠는 코포라티즘, 파시즘, 일당 국가 등 과거 권위주의 체 제가 제도화되는 다양한 방법들을 살펴보았고, 그 결과 놀랍게도 브라질 군사 정권은 자신들의 지배를 제도화할 수 없을 것이라는 결론에 도달했다.

몇 년 후, 나는 브라질 군부 최고의 정치 전략가인 홀베리 도 쿠토 에 실바 Golbery do Couto e Silva[23] 장군이 용케 [책이 나오기도 전에] 린츠가 집필한 장의 견본 판advance copy을 구했다는 이야기를 들었다. 대통령실 수석 보좌관으로서 홀베 리는 1970년대 중반부터 시작된 아베르투라(정치적 개방) 과정[24]의 이론가였 다. 내가 브라질 체제의 민주주의로의 전환 초기 단계에 대한 연구를 진행하

---

22 종속 이론은 빈국의 발전 가능성에 대해 외부적 결정 요소를 강조한다.

23 * 홀베리 도 쿠토 에 실바Golbery do Couto e Silva
군부독재 당시 군의 핵심 브레인이라 할 수 있는 인물로 1966년 『브라질의 지정학』Geopolítica do Brasil이라는 책을 통해 국가 안보를 명분으로 국가와 경제를 연결 짓는 국가 안보 독트린을 주장했다. 이 책은 브라질 군부독재 시기 동안 군에 큰 영향을 미쳤다.

24 * 아베르투라abertura
브라질 군사정권은 초기의 정통적 안정화 정책의 성공 후, 공공 부문의 확대와 수입 대체 산업화를 강조했으며, 1967년부터 1972년 오일쇼크 전까지 '브라질의 기적'을 향유했다. 남미의 군사정권이 일반적으로 그랬듯이 억압 적 구조의 정당성 문제를 경제적 실적에 의존해 해결하려 했던 것이다. 하지만 '브라질의 기적'이 끝나면서 연이은 오일쇼크와 세계경제의 침체, 외채 위기로 군사정권의 정당성은 위협받기 시작했다. 이에 가이젤E. Geisel과 피게이 레두J. Figueiredo는 감압 정책과 아베르투라를 추진할 수밖에 없었고, 이로써 서서히 민주화가 시작되어, 1985년 야당 후보 네비스T. Neves가 대통령에 당선되었다.

고 있을 때, 나와 진행한 다섯 번의 인터뷰 가운데 첫 번째 인터뷰에서 홀베리는 1974년 12월에 린츠의 글을 다 읽고 나서 혼잣말로 "린츠가 옳다. 우리는 제도화할 수 없다. 우리가 주도권을 쥐고 있을 때 개방하는 편이 낫겠구나"라고 중얼거렸다고 한다. 그는 이 말을 엘리오 하스파리Elio Gaspari ― 브라질의 전설적인 언론인으로, 꼼꼼하게 사실관계를 기록한, 브라질 군사정권에 대한 다섯 권짜리 고전적 역사서를 집필했다 ― 에게도 다시 한 번 해주었다.[25] 사회과학이 브라질 군부 퇴장의 핵심 설계자에게 명백하게 영향을 끼쳤던 것이다.

『권위주의 브라질』의 또 다른 저자인 카르도수Fernando Henrique Cardoso도 나중에 브라질 대통령이 되었다는 점에서 확실히 '현실' 세계에 영향을 미쳤다.[26]

카르도수와는 1965년 이후로 좋은 친구 관계를 유지하고 있다. 컬럼비아 대학에 있을 때 우리 둘 모두와 친구였던 언론인이 브라질 군부에 대한 아이디어를 교환하라고 그를 우리 부부와의 저녁 식사 자리에 데려왔다. 『권위주의 브라질』에서는 그에게 브라질의 사회구조를 감안할 때 어떤 정치적 저항이 가능할 것인가(Cardoso 1973)에 대해 집필해 달라고 요청했다. 그의 글은 단순한 종속 이론이 아니었는데, 이는 역동성을 도입해서 억압 기구 내에서 어떻게 균열이 발생할 수 있는지를 타진해 보았기 때문이다. 카르도수는 고전적 의미에서의 노동조합을 기반으로 한, 사회주의적 혹은 사회민

---

25 린츠의 글은 Gaspari(2003, 437)에서 언급되고 있다.
26 카르도수는 1995~2005년에 걸쳐 두 차례 브라질 대통령을 역임했다(문민 대통령으로서는 브라질 역사상 최초의 재선 대통령이다).

주주의적 연합이 브라질에서는 가능하지 않다고 아주 분명하게 기술했는데, 그 이유는 산업 노동자의 수가 이를 뒷받침할 만큼 많지 않기 때문이었다. 서유럽의 초기 산업화 국가들에서는 한때 산업 노동력이 전체 노동력의 35퍼센트에 달했다. 산업 모델이 바뀌면서, 라틴아메리카의 후발 산업국에서 산업 노동자의 비율은 기껏해야 15~18퍼센트 정도에서 정점을 찍었다. 그래서 카르도수가 자생적이며 산업에 기반한 노동조합 사회민주주의 운동은 라틴아메리카에서 나타날 수 없겠지만, 다른 형태의 진보적 연합은 가능하다고 주장했던 것이다. 그 글은 카르도수가 처음으로 내놓은 정치적 연구 가운데 하나였다.

『권위주의 브라질』에서 당신이 쓴 부분은 군의 "신직업주의"에 초점을 맞추고 있다(Stepan 1973b). 이에 대해 설명해 줄 수 있는가?

나는 군부가 국내의 안보 위협과 국가 발전에 초점을 맞출 경우 정치에 더욱 깊숙이 개입하게 된다고 주장했다. 이렇게 되는 이유는, 그런 문제에 초점을 맞추면서 군이 알고 연구해야 하는 것들의 범위가 넓어지고, 결국 그들이 모든 것을 알아야 한다고까지 생각하게 되었기 때문이다. 그 결과 군은 자신들의 정보기관을 확장하고 점점 정치에 말려들게 되는 것이다.

이는 내가 "구직업주의"라고 명명한 새뮤얼 헌팅턴의 주장과는 정면으로 배치되는 이야기다. 헌팅턴은 군부에 직업주의가 증가할수록 정치에서 멀어지게 된다고 주장했다(Huntington 1957). 사람들은 헌팅턴의 주장을 가져와 인도네시아와 브라질 같은 곳에 부적절하게 적용하고 있었는데, 사실 그곳에서 군의 직업주의는 외부와의 전쟁이 아니라 내전과 국가 발전을 내용으로 하는 것이었다. 나는 그런 환경에서 전문화[직업화]professionalization는 군의 정치 개입을 감소시키는 것이 아니라 증가시키는, 정반대의 효과를 낳을 것이라는 점에 대해 절대적 확신을 갖고 있었다.

성공적인 논문집을 구성하는 비결은 무엇인가?

핵심은 공통된 문제에 대해 관심을 공유하고 있고 서로 문제를 토론하고 싶어 하는 걸출하고 유연한 기고가들이다. 또한 좋은 글을 쓰지 못하는 몇몇을 제외시켜 버릴 만큼 냉정할 필요도 있다. 나는 항상 논문집에서 몇몇 기고가들의 글을 제외시켜 버리는데, 부분적으로는 완성도를 높여 절판이 되지 않도록 하기 위해서다. 『권위주의 브라질』은 30년째 절판되지 않고 있다. 또한 나는 애초에는 참여하지 않았던 사람들을 추가하기도 하는데, 이는 원래 글들 가운데 일부가 설득력을 잃거나 새로운 사건이 발생했을 때 그렇게 한다.

『권위주의 브라질』은 표지도 충격적이고 흥미롭다. 그런 표지가 도움이 되었는가?

나는 항상 몇 달이 걸리건, 혹은 그 이상이 걸린다 해도 맘에 드는 표지를 찾고야 만다. 심지어는 『민주주의 이행과 공고화의 문제』(Linz and Stepan 1996)의 표지를 위해서 지인인 폴란드 출신 빅토르 사도스키Wiktor Sadowski에게 포스터를 의뢰한 적도 있었다. 그는 폴란드의 자유노조Solidarity 운동기에 아주 재기 발랄한 정치 포스터를 그렸던 사람이다. 『권위주의 브라질』을 할 때는, 몇 달 동안 삽화를 찾다가 스페인 화가 후안 헤노베스Juan Genovés의 그림을 발견했다. 그 그림은 브라질의 현 상황이 갖는 갈등, 긴장, 불확정성, 역동성을 잘 포착해 내고 있었다. 정말 마음에 들었다. 국가의 강압을 상징하는 아주 강렬한 화살표 두 개가 아래를 가리키고 있고, 그 화살표를 피해 달아나는 세 명의 사람들은 환영처럼 처리되어 있는 그런 그림이었다. 내게는 희망적인 신호로 보였는데, 왜냐하면 뛰어가는 사람들이 국가에 의해 짓밟히기보다는 국가에 저항하는 모습을 상징하는 것처럼 보였기 때문이다. 이 표지는 아주 정치적인 의미를 띠고 있었는데, 왜냐하면 군부 정권의 탄압이 가장 심각할 때 책

『민주주의 이행과 공고화의 문제』(위)
『권위주의 브라질』(아래)

이 출판되었기 때문이다. 우리는 그 책에서 그 상황의 탈출구를 모색하고 있었다.

페루에서의 국가와 사회

1978년에 『국가와 사회 : 비교정치학적 관점에서 본 페루』The State and Society : Peru in Comparative Perspective를 출간했다. 브라질에서 페루로 연구 대상을 바꾼 이유는 무엇인가?

당시 브라질에서 계속 연구를 진행할 수가 없었다. 내 첫 책인 『정치에서의 군부』가 검열을 받았기 때문이다. 브라질 사람들은 내 연구를 존중했지만, 나를 자유롭게 돌아다니도록 내버려두지는 않을 것이었다. 나 때문에 브라질에 있는 친구들도 위험했다.

『국가와 사회』는 사회적인 힘과의 관계 속에서 국가의 자율성과 능력에 초점을 맞추었다는 점에서 "국가를 제자리로 돌려놓기"를 의도한 문헌들(Evans, Rueschemeyer, and Skocpol 1985; Stepan 1985) 가운데 초기 핵심 저작으로 인정받고 있다. 국가에 대한 당신의 이론적 관심은 어떻게 발전했나?

컬럼비아 대학원 시절에나 예일대 교수 시절에, 기존에 출간된 문헌들과 진행 중인 연구 프로젝트들 대부분에 국가가 빠져 있다는 점은 충격적이었다. 다원주의뿐만 아니라 마르크스주의도 분석에서 국가를 제외했다. 대학원생 시절에 읽었던 중요한 책들 가운데에는 데이비드 트루먼(Truman 1951), 알몬드와 버바(Almond and Verba 1963), 벤틀리(Bentley 1908)의 저작들이 있었는데, 읽고 나서 "저자들이 대체 무엇을 이야기하고 있는가?"라는 의문이 들었다. 그들의 저작에는 국가가 거의 없었고, 이익집단들뿐이었다. 벤틀리는 기본적으로 국가를 사회적 요구에 따라 중립적으로 현금을 입출금하는 '금전 등록기'로 보는 가장 극단적인 사례였다. 그러나 나는 국가가 중요한 요구들을 차단함으로써 사회를 적극적으로 조직하고 있음을 잘 알고 있었다. 대학원생 시절에도 나는 다원주의적 접근법이 매우 이상하다고 생각했다.

왜 다원주의적 접근법이 이상해 보였나? 어떻게 해서 사회적 힘과 요구를 형성하는 국가의 능력에 주목하게 되었나?

　　내가 대학원생으로 다원주의자들의 저작을 읽고 있을 때, 브라질에 있는 많은 친구들은 권위주의 정권의 감시에 시달리고 체포까지 당하고 있는 상황이었다. 그렇게 나는 이익집단의 활동이 국가에 의해 명백히 왜곡되고 있는 사회와 연결되어 있었다. 게다가 1930년대와 1940년대 브라질의 바르가스 체제를 돌아보면, 정부가 어떤 노동조합은 허용하고 어떤 노동조합은 불허했다는 것을 알 수 있었다. 이후 1975년에 나는 탁월한 브라질 노동조합 지도자인 룰라[27]를 처음 만났는데, 그는 공식적으로 허가받은 노동조합이 국가로

---

27 2002년에 브라질 대통령으로 당선된 루이스 이나시우 룰라 다 시우바(Luiz Inácio Lula Da Silva)를 말한다(그는 2006년, 재선에 성공했다).

부터 변호사, 의사, 치과의사, 휴양 시설 따위를 지원받는 것은 사실상 옳지 않은 것 같다고 했다. 이는 그가 이런 특권에는 대가가 따른다는 것을 알고 있었기 때문이었다. 공식 노조는 국가에 의해 합법적으로 인정받은 파업만 할 수 있었다. 그는 노조원들이 더 큰 자율성을 대가로 이런 특혜 없이 살아가는 법을 익혀야만 한다고 생각했다. 또한 마르크스주의에 영감을 받은 1970년대의 종속이론 문헌 대부분이 외국 국적의 다국적기업이 모든 것을 움직이고 있다는 인상을 주었음에도 불구하고, 나는 브라질의 25대 기업 가운데 20개 기업이 사실 국가 소유라는 것을 알고 있었다. 국가는, 자율적이지는 않더라도, 이익집단들, 사회운동들, 그리고 경제를 구조화하고 있었다.

또한 나는 영미법 전통보다 국가에 훨씬 많은 특권을 주는 로마법적 전통에 대해 알고 있었다. 『국가와 사회』에서 나는 이것을 "유기체적 국가주의"organic-statist 전통이라 불렀는데, 국가를 머리와 몸을 가진 유기체로 묘사하는 은유에 주로 의존하기 때문이었다. 나는 노터데임 학부생 시절에 가톨릭 사회사상을 접한 이후로 성 아우구스티누스, 성 토마스 아퀴나스 같은 유기체주의적 사상가들의 저작을 읽어 왔다. 이 사상가들은 갈등을 줄이기 위해 사회를 통합하고 형성하는 국가의 역할을 강조했다. 나는 이런 통찰을 선호하지는 않았으나 그 존재와 영향력은 정확하게 인식하고 있었다. 페루의 군부 정권을 포함해 1960년대와 1970년대 바르가스와 다른 남미 군부 정권들은 계속해서 유기체주의적 은유들을 사용하고 있었다.

당신이 관심을 갖고 있는 국가의 역할을 보여 줄 수 있는 사례로서 페루가 적합하다고 생각한 이유는 무엇인가?

페루를 선택한 것은, 내가 『권위주의 브라질』에서 서술한 바 있는 개념인 신직업주의를 내면화한 군부가 국가 권력을 사용해 사회를 변형시키려 하는 거대한 실험이 진행 중이었기 때문이다. 페루의 군부 정권은 당시 가장 대담한 사회적 실험들 가운데 몇 가지를 시도하고 있었다. 그래서 페루는 다음과 같은 질문들을 하기에 좋은 사례처럼 보였다. 위로부터의 개혁을 달성할 수 있는 국가의 능력은 무엇인가? 국가는 무엇을 할 수 있고, 무엇은 할 수 없는가? 나는 다양한 정책 분야에서 목표를 달성할 수 있는 국가의 능력을 나타내는 변수를 기록하고 설명하려 했다.

브라질에서 페루로 넘어가 이전에 연구해 본 적 없는 낯선 나라에서 현지 조사를 한다는 게 어렵지 않았나?

『이코노미스트』에서 일할 때 페루에 관한 기사를 쓴 적이 있었기 때문에 페루가 아주 낯선 곳은 아니었다. 몇 번 가본 적도 있었다. 그렇지만 브라질만큼 마음이 끌리지는 않았다. 아마도 내가 브라질에서 만난 훌륭한 언론인들을 비롯해 다방면에 걸쳐 활동하던 동료들을 소중히 생각했기 때문인 것 같다. 또한 브라질에서는 훌륭한 문서 보관소들이 내게 열려 있었다. 페루에서는 이런 비공식적 수단을 이용할 수 없었다. 그 결과 현지 조사가 수반된 연구들은 대개 불법 거주자들의 정주지와 설탕 플랜테이션에서 이뤄졌다. 나는 불법 거주자들의 정주지에서 많은 시간을 보내며 조직화되지 않은 사람들을 어떻게 조직할 것인가라는 질문에 답하고자 노력했다.

브라질에서 수행한 현지 조사는 엘리트들, 특히 군 장교들에 초점을 두었다. 반대로 페루에서의 현지 조사는 비엘리트들, 특히 도시 불법 거주자들과 농촌 노동자들에 초점을 두었다. 비엘리트 계층과의 인터뷰는 어떻게 했나?

노동자들과는 어렵지 않게 인터뷰할 기회를 얻을 수 있었다. 그들은 이야기하기를 좋아했지만, 집단적으로만 이야기하려고 했다. 그들은 대표자가 나와 혼자 이야기하는 것을 원하지 않았는데, 그들이 대표자를 믿지 못해서만은 아니었다. 우리는 집단 면담을 주로 했고, 그럴 때면 그들은 끝까지 남아 있었다. 나는 내가 뭘 마시고 있는지 주의해야 했는데, 항상 술이 들어간 뭔가를 주었기 때문이다.

그들은 정부뿐만 아니라 나에 대해서도 의심을 품고 있었다. 그러나 그들은 내가 이미 다른 설탕 플랜테이션도 방문해 봤다는 사실도 알고 있었기 때문에, 다른 곳의 노동자들이 어떻게 지내는지 알고 싶어 했다. 다른 나라에서 일어난 토지 갈등에 대한 이야기를 들어 본 불법 거주자들의 경우, 그 문제에 대해 내가 알고 있는 것은 없는지 궁금해 했다. 항상 주고받는 게 있었다.

나는 이런 조사, 특히 플랜테이션에 대한 조사를 좋아했다. 플랜테이션은 자체의 결정에 의존하는 완결된 하나의 공동체였다. 갈등struggle은 지역마다 약간씩 다르게 나타났다. 나는 동일한 현실을 다각도로 살펴보는 라쇼몽[28]식 기법을 활용할 수 있었다. 하루는 중앙 정부 사람들을 만나 그들이 조직화하고 싶어 하는 대상과 향후 전망에 대한 이야기를 들었고, 그러고 나서는 노동자들한테 가서 그들이 정부로부터 받고 있다고 혹은 받지 못하고 있다고 생각하는 지원과 그들이 갖고 있는 향후 전망에 대한 생각을 들어 보았다. 나는 몇 년에 걸쳐 대형 플랜테이션 대부분을 서너 번씩 되풀이해 방문했는데, 매번 방문할 때마다 변화가 보여 흥미로웠다. 노동자들은 다시 찾아온 나를 보면 이렇게 말하곤 했다. "지난번에 한 얘기 기억나요? 그때 우리가 이런 일이 일어날 거라고 그랬죠? 실은 이런저런 …… 일들이 있었어요."

---

[28] 구로사와 아키라Kurosawa Akira 감독의 영화 〈라쇼몽〉羅生門(1950)을 가리킨다. 이 영화는 중심이 되는 이야기를 서로 다른 화자의 시점에서 보여 준다.

『국가와 사회』에 대한 평은 어땠나?

많은 사회과학자들은 내가 쓴 책 중에서 그 책을 가장 좋아한다. 그렇지만, 브라질이나 칠레 대신 페루를 주제로 한 탓에, 그 책이 가진 잠재력이 충분히 발휘되지 못했을 수도 있다. 프린스턴 대학 출판부 편집자인 샌퍼드 대처Sanford Thatcher는 국가에 대한 내 이론적 의견을 개진한 전반부와 페루에 대한 경험적 분석을 담은 후반부를 각각 독립된 책으로 나눠 내자고 했었다. 나는 이를 거부했는데, 왜냐하면 나는 일반적인 이론적 주장을 경험주의적 맥락 안에 대입하는 것을 매우 중요하게 생각하는 비교정치학자이기 때문이었다. 그 말대로 했더라면 더 많은 사람들이 이론 부분을 읽었을 것이기 때문에 어떤 면에서는 그 결정을 후회하지만, 내가 그렇게 한 데는 다 이유가 있었다.

민주주의 체제의 붕괴

『국가와 사회』가 출간된 해인 1978년에, 영향력 있는 공동 연구인 『민주주의 체제의 붕괴』를 후안 린츠와 같이 편집하기도 했다.[29] 그 배경과 목표를 설명해 줄 수 있는가?

이 책은 우리가 수많은 민주주의 체제들의 붕괴 속에서 살아 왔다는 느낌에서부터 나왔다. 린츠는 1920년대에 독일에서 태어났고 1930년대

---

29 이 프로젝트에 대한 린츠의 견해를 보려면 〈인터뷰 4〉 참조.

에 스페인으로 이주했다. 따라서 민주주의 붕괴의 문제는 그의 삶에서 중요한 부분이었다. 나는 1964년에 일어난 브라질의 쿠데타 기간 동안 그곳에 있었다. 그러니까 우리 모두가 민주주의 체제의 붕괴를 목격했던 셈이다. 1960년대 중반부터 우리는 각자의 경험에 대해 이야기하기 시작했다. 나는 브라질에 대해, 린츠는 독일에 대해 이야기했다. 이 기간 동안 린츠는 바이마르 공화국의 붕괴에 대한 칼 디트리히 브라허의 책(Bracher 1955)[30]에 대해 강의했는데, 당연히 그는 이 책을 아주 중요한 문헌으로 간주했다.

『민주주의 체제의 붕괴』전반에 걸친 비교정치학적 주장에는 두 가지 요소가 중첩되어 있다. 먼저 우리가 연구한 열두 가지 사례들 가운데 어떤 경우에도 민주주의 체제의 붕괴가 불가피하지는 않았음을 보여 주는 광범위한 증거자료를 제시했다. 다음으로 이 사례들 모두에서 민주적으로 선출된 현직자들democratic incumbents, 즉 민주주의를 수호해야 할 의무가 있던 바로 그 사람들이 법 해석을 모호하게 하거나 위법을 저지름으로써, 그리고 반민주적 집단에 대해 적법한 강제력의 행사를 주저하거나 제복 차림으로 거리를 활보하는 그런 집단들에게 어떤 민주주의에서도 용납되지 못하는 일을 할 수 있도록 기꺼이 용인함으로써 민주주의의 붕괴에 기여했음을 보여 주는 광범위한 증거자료를 제시했다. 민주주의의 붕괴에 대한 기존의 연구 문헌들 가운데 상당수는 군부, 파시스트, 나치 등 반민주적 반대 세력이 갖고 있는, 민주주의를 전복할 수 있는 힘에 초점을 맞추었는데, 이는 그 결과가 필연적일 수밖에 없다고 느끼게 만들었다. 그러나 내가 『정치에서의 군부』(Stepan 1971)에서 보여 주었듯이 브라질에서 민주주의가 붕괴할 때 민군 간에 공모 관계가 상당 부분 존재했고, 그 결과는 결코 불가피한 것이 아니었다. 린츠와 나는 이

30 * 이는 『바이마르 공화국의 해체 : 민주주의에서 권력 붕괴 문제에 관한 연구』를 말한다. 브라허Karl Dietrich Bracher(1922~)는 바이마르 공화국 당시의 권력 구조에 대한 섬세한 분석으로 유명한 독일 정치학자다.

런 변별적인 요소들 ― 즉, 민주적으로 선출된 현직자들의 역할과 그 결과가 불가피한 것이 아니었다는 점 ― 을 민주주의 붕괴에 대한 분석에 도입하고 자 했다. 우리는 이 문제를을 서로 다른 각도에서 다뤄 줄 일류 기고가들을 모았는데, 여기에는 페루 출신 훌리오 코틀레르Julio Cotler, 아르헨티나 출신 기 예르모 오도넬, 핀란드 출신 에리크 알라르트Erik Allardt, 독일 출신 M. 라이너 렙시우스M. Rainer Lepsius, 이탈리아에서 온 파올로 파르네티Paolo Farneti가 포함되 어 있었고, 프로젝트 수행 중인 1973년에 칠레에서 쿠데타가 일어나자 칠레 출신 아르투로 발렌수엘라가 합류했다.

원고가 1천 2백 쪽을 넘었기 때문에 출간에는 어려움이 따랐다. 처음에는 예일 대학 출판부에 맡겼다. 출판부는 두세 가지 굉장히 좋은 평을 해주었다. 하지만 출판할 의향은 있으나 너무 길다는 의견을 보였고, 대폭 요약이 가능 한지 물어 왔다. 그래서 나는 존스홉킨스 대학 출판부의 헨리 톰Henry Tom을 만났고, 그는 네 권의 반양장본을 합해 한 권의 양장본으로 만들어 내는 창의 적인 원가절감 방안을 생각해 냈다. 사반세기 이상이 지난 지금에도, 네 권의 반양장본 모두 여전히 출간 중이다.

민주화와 민주주의에 대한 연구

1980년대와 1990년대 당신의 연구는 민주화에 초점이 맞춰져 있었다. 이 문제에 대한 초기 저작 가운데 하나가 오도넬, 슈미터, 화이트헤드가 편집한 『권위주의 체제로부터의 이행』 (1986)에 수록되어 있는 "재민주화로 가는 길"Path toward Redemocratization(Stepan 1986)이었다. 그 공동 프로젝트에서 당신이 기여한 바에 대해 이야기해 달라.[31]

원래는 그 책에 다른 글을 넣을 예정이었는데, 권위주의 체제에 대항하는 민주적 반대파가 해야 할 일들에 초점을 맞추는 글이었다. 완전한 민주주의로의 이행을 원할 경우 민주적 반대파가 고심해 봐야 하는 모든 중요한 문제들에 대한 추상적 분석을 제시했다는 점에서 다소 로버트 달을 연상시키는 글이었다. 오도넬, 슈미터, 화이트헤드의 프로젝트에 참가한 학자들 가운데 일부는 권위주의 정권이 아직 권력을 장악하고 있는 국가 출신이었는데, 그들은 감옥에 가려고 작정하지 않은 이상 내가 열거한 일들을 모두 할 수는 없을 거라면서 내 글을 몹시 싫어했다. 그 책의 편저자들이 내 글을 싣지 않겠다고 직접 이야기한 적은 없지만, 내가 다른 글을 써주길 바란다는 것은 눈치챌 수 있었다. 나는 그 글을 좋다고 생각했고, 나중에 『민주주의 저널』에 발표하기도 했지만(Stepan 1990), 이행론을 주제로 한 책에 넣기에는 충분히 동적이지 못하고 맥락상으로도 맞지 않을 수 있겠다는 생각이 들었다. 그렇게 해서 대신 쓴 글은 경로 의존성에 관한 것으로, 서로 다른 형태의 권위주의 체제가 민주화 이후의 과정을 어떻게 규정하는지에 관한 글이었다(Stepan 1986). 나는 소위 허시먼이 말하는 '가능주의'를 믿는 사람이고, 경로 의존성이 모든 것을 설명해 준다거나 영원히 역사의 짐을 짊어지고 살아야만 한다고는 생각하지 않는다. 하지만 경로 의존성은 분명히 맥락으로 작용한다. 나는 특히 구체제하에서 권력을 악용한 사람들이 재판에 회부될 수 있는 조건에 관심이 많았다. 상급 장교들을 타도한 하급 장교들에 의해 군부가 운영되다가 패전과 같은 심각한 위기에 봉착하게 된다면, 그에 대한 책임이 있는 장교들은 뒤를 이은 문민 정권에 의해 빠른 시간 안에 재판에 회부될 수 있을 것이다. 그리스와 아르헨티나에서 대령들이 장군들을 타도한 뒤 전쟁에서 패배한 사례가 바로 이런 경우였다. 반대로 군부가 사회 엘리트 및 몇몇 중요한 정파들 사이에

---

31 이 프로젝트에 대한 오도넬과 슈미터의 견해에 대해서는 2권 〈인터뷰 7〉과 〈인터뷰 8〉 참조.

서 비교적 높은 지지를 얻고 있고 권력을 이양해야 할 필요가 없다면, 장교들은 향후 자신들에 대한 재판을 열기 어려운 형태로 법을 제정할 수 있다. 1989년의 칠레가 이에 해당한다.

1988년에 『군사 정치를 다시 생각하기』(Stepan 1988a)를 출간했다. 그 책의 목적은 무엇이었나?

그 책의 핵심적인 발상 가운데 하나는 신생 민주주의 체제 내의 민간인들은 자신들의 억압 기구를 어떻게 유지·관리할지를 결정해야 한다는 것이었다. 좋든 싫든 어떤 민주주의도 억압 기구 없이는 존재할 수 없다. 억압 기구 없이 법질서를 유지하는 것은 불가능하며, 시민들의 안전이나 권리가 지속적으로 침해될 것이다. 그러므로 민주주의에 대해 진지하게 고민한다면 유용한[활용 가능한] 국가usable state를 만들어야 하며, 이를 위해서는 억압 기구가 필요하다. 그럼에도 불구하고 나는 민주주의에 관한 문헌들 가운데서 어떻게 문민정부가 억압 기구, 특히 정보기관과 경찰을 통제해야 하는지를 다룬 제법한 글을 단 한 편도 찾을 수 없었다.

내 첫 책(Stepan 1971)은 문민 통치의 붕괴 요인이 군부에만 있는 것이 아니라, 정치사회와 시민사회가 억압 기구에 대한 민주적 통치라는 과제를 진지하게 고려하지 못한 점에도 있다는 것을 보여 주었다. 『군사 정치를 다시 생각하기』에서, 나는 민간이 군사 문제와 관련된 자체의 학교와 싱크 탱크를 갖고 있어야 하며, 군 예산과 무기에 대해 많은 것들을 알고 있어야 한다고 주장했다. 민간이 군의 틀을 짜고 교전규칙을 통제해야 하는 것이다. 민간은 민주주의에 대한 자신들의 사고 안에 억압 기구에 대한 통제 개념을 깊숙이 내면화해야 한다.

후안 린츠와 공저한 1996년작 『민주주의 이행과 공고화의 문제』는 세계 세 지역의 13개 국가들을 다루고 있다.[32] 이 야심 찬 비교 프로젝트는 어떻게 시작하게 된 것인가?

린츠와 내가 1977년에 쓴 『민주주의 체제의 붕괴』 서문 말미에서 우리는 "이 연구의 연장선상에서 앞으로 연구해야 할 문제 가운데 가장 우선시되어야 할 주제는, 권위주의 체제의 붕괴를 이끄는 조건들과 권위주의에서 민주주의로의 이행 과정, 그리고 특히 권위주의 이후 민주주의 공고화의 정치적 동학에 대한 분석이다"라고 썼다(Linz and Stepan 1978, xii). 이 문장을 쓰자마자, 나는 린츠에게 "당신도 이게 무슨 뜻인지 알고 있을 것이다. 이게 바로 우리가 해결해야 할 문제다. 우리는 이에 대한 글을 써야 한다"라고 말했다. 그 첫 단계로 우리는 민주주의 이행의 문제에 대한 강좌를 만들고 함께 강의했다. 아마도 이 문제에 대한 최초의 강의가 아닐까 싶다.

그러나 『민주주의 이행과 공고화의 문제』는 그 후 18년이 지난 1996년에야 출판되었다. 왜 그렇게 오래 걸렸나?

10년이나 20년이 걸릴 만한 문제도 있기 마련이다. 지금까지도 린츠는 우리가 너무 서둘렀다고 생각한다. 게다가 우리 둘 다 다른 작업들을 병행하고 있었다. 린츠와 두 권의 책을 함께 쓰는 사이에, 나는 『군사 정치를 다시 생각하기』를 썼고, 『국가를 제자리로』Bringing the State Back in와 『권위주의 통치로부터의 이행』의 한 장을 맡아 집필했다. 또 의원내각제와 대통령제를 둘

---

[32] 이 프로젝트에 대한 린츠의 견해에 대해서는 〈인터뷰 4〉 참조.

러싼 논쟁과 관련해 신디 스카치Cindy Skach와 공저한 논문을 『세계 정치』에 게재했고, 『브라질 민주화』Democratizing Brazil도 편집했다(Stepan 1985, 1986, 1988a, 1989; Stepan and Skach 1993). 민주화 담론과 관련해 의미심장한 사건들, 예컨대 베를린 장벽의 붕괴와 같은 일들도 일어나고 있었다. 린츠와 나는 예일대 동료 교수였고, 아주 좋은 친구 사이였으며, 서로 5마일[약 8킬로미터] 거리에 살고 있었다. 그러나 두 권의 책을 공저하는 사이 나는 1983년에 컬럼비아 대학으로, 1992년에 중부 유럽 대학Central European University, CEU으로, 그리고 1996년에 옥스퍼드 대학으로 이직했다. 결과적으로 우리는 함께 낼 책에 온전히 시간을 쏟아부을 수 없었다. 우리는 전 세계 곳곳에서 만남을 가졌다. 같은 회의의 초청을 받으면 가급적 참석해서 같은 시간 같은 장소에 있을 수 있도록 노력했다. 만약 린츠가 파리에 있고 내가 헝가리에 있다면, 린츠가 헝가리로 오거나 내가 파리로 가거나 했고, 사흘 정도 공동 작업 기간을 갖곤 했다.

『민주주의 이행과 공고화의 문제』가 기여한 바는 무엇이라고 생각하는가?

민주주의가 "유용한 국가" 없이는 불가능하다는 발상이 가장 중요한 개념이었고, "정치사회"라는 발상 역시 중요했다. 나는 『군사 정치를 다시 생각하기』에서 정치적 행위, 선거제도, 정당처럼 기타 시민사회와 구별되는 것들에 대한 주의를 환기하기 위한 방법으로 정치사회 개념을 사용한 바 있었다. 교회, 여성 단체, 농민 조직 등 시민사회는 민주화 문헌에서 유명 인사 대접을 받았지만, 정치사회는 이론화가 덜 되어 있었다. 그리고 정치사회 없이 민주주의는 불가능하다. 다민족 사회가 민주주의에 대해 제기하고 있는 특별한 이론적·정치적 문제에 초점을 맞췄다는 점도 중요하고, 포스트 전체주의와 술탄주의 개념을 정교화함으로써 비민주주의 체제들을 분석하는 범주들을 세련화했다는 점 역시 중요하다.

그 책에 대한 비판들 가운데 하나는 개별 사례를 설명하기 위해 새로운 변수들이 도입되고, 사례에 따라 서로 다른 변수들이 강조되기 때문에 설명이 자의적이라는 것이다. 결국은 모든 사례에 대해 개별적인 설명을 전개하고 있어서, 분석적 역사서와 같은 작업이지 사회과학적이지는 않다는 것인데, 이 비판에 대해 어떻게 생각하는가?

사실 각각의 사례에 대해 우리가 설정한 변수들을 차근차근 하나씩 적용해 보며 논의를 전개시킨 것이지만, 포르투갈의 경우에서처럼 '국가성'의 문제가 핵심이 아니라면 그렇다고 빨리 인정해 버렸다. 구소련과 스페인처럼 국가성이 중요했던 사례들은 많은 주의를 기울였다. '술탄주의'와 '전체주의' 변수를 조합한 사례는 루마니아뿐이었는데, 따라서 이론적 관점에서 볼 때 루마니아에 대해서는 이런 독특한 조합으로 인해 민주화 과정이 어떻게 다른 특징을 갖게 되는지에 대한 특별한 분석이 필요했다. 역사적 특수성을 인식하는 일은 비과학적인 것이 아니다. 물론, 그 책은 좀 더 엄밀할 수 있었다. 나는 그 비판을 받아들이고 그 함의를 수용할 수 있다. 그러나 거기에는 기회비용이 따랐을 것이다. 우리가 지리-문화적으로 서로 다른 세 지역의 13개국을 분석해 냈다는 것은 당시만 해도 많은 이들이 불가능하다고 했던 과업을 해낸 것이었다. 사회과학은 집단적인 노력이다. 각기 다른 사람들이 각기 다른 기여를 하고, 또 다른 이들은 그것을 이용하거나 그것을 기반으로 다른 연구를 진행해 가는 것이다. 우리의 목표는 민주화가 진행 중인 국가들이 직면하고 있는 주요 딜레마와 문제에 대한 주의를 환기하고 이를 정교화하는 것이었다. 이 책은 인도네시아어, 중국어를 포함한 십여 개 언어로 번역되었으며, 이란에서는 개혁가들에 의해 해적판도 만들어졌다. 그래서 린츠와 나는 수백 명의 학자들과 활동가들이, 수없이 다양한 정치적 맥락에서, 우리 연구를 기반으로 더 나은 연구를 내놓을 것이라 기대하고 있다.

당신은 지난 25년간 린츠와 함께 쓴 『민주주의 체제의 붕괴』(Linz and Stepan 1978), 『권위주의 통치로부터의 이행』(O'Donnell, Schmitter, and Whitehead 1986), 그리고 최근 린츠와 공저한 『민주주의 이행과 공고화의 문제』(Linz and Stepan 1996) 등 체제 변화에 관한 세 가지 중요한 연구에 관여해 왔다. 이들 세 연구 사이에는 어떤 연관 관계가 있다고 생각하는가?

　　　　『민주주의 체제의 붕괴』와 『권위주의 통치로부터의 이행』은 처음 나왔을 때보다 오늘날에 더 적합할 수 있다. 『권위주의 통치로부터의 이행』의 일부 필진들은 린츠와 함께 쓴 『민주주의 체제의 붕괴』가 지나치게 주의주의적이고 구조적 힘을 경시하고 있다고 생각했다. 얄궂게도 지금은 『권위주의 통치로부터의 이행』도 그와 같은 비판을 받고 있다.

　『권위주의 통치로부터의 이행』과 두 번째 린츠와 함께 쓴 『민주주의 이행과 공고화의 문제』의 관계에 대해 이야기하자면, 린츠와 내가 글을 쓸 당시는 1990년대였고, 당연히 그때의 세상은 [『권위주의 통치로부터의 이행』을 쓸 때와는] 달랐다. 『권위주의 통치로부터의 이행』은 남부 유럽과 라틴아메리카만을 다루고 있는데, 구소련 해체 이후 유럽이 민주화되기 전이었기 때문이다. 린츠와 나의 『민주주의 이행과 공고화의 문제』는 구소련 해체 이후 유럽까지 포함하는데, 그래서 우리는 이전 단계의 비민주주의 체제들의 유형이 서로 다르다는 점에 대해서도 이야기해야 했다. 『권위주의 통치로부터의 이행』에서 분석된 남부 유럽과 라틴아메리카 사례들은 린츠와 내가 사용한 비민주주의 체제의 네 가지 범주 가운데 권위주의 하나에만 해당한다. 그중에서 전체주의나 후기-전체주의, 혹은 술탄주의 사례는 없었다. 우리 책은 다루는 지리적 범주가 넓었기 때문에, 여러 가지 유형의 비민주주의 체제들을 이야기해야만 했다. 또한 『권위주의 통치로부터의 이행』의 라틴아메리카 사례나 남부 유럽 사례에서는, 스페인에 대한 몇 쪽을 제외하고는, 국가성과 다민족주의의 문제를 이야기하지 않고 있다. 그 책에 스페인 사례가 있었음에도 불구하고, 우리는 ― 내가 그 논문집의 필자 가운데 하나였기 때문에 '우리'라고 하겠다 ―

다민족주의가 민주주의에 유리하다는, 당시로서는 아직 이론화가 덜 된 문제에 대해서는 논의하지 않았다. 그래서 『민주주의 이행과 공고화의 문제』의 2장에 "'국가성', 민족주의, 민주화"라는 제목을 붙였던 것이다.

최근 연구 : 연방제와 "쌍생적 관용"

『민주주의 이행과 공고화의 문제』가 출간된 이후, 당신과 린츠는 연방제에 대한 또 다른 대형 프로젝트를 하고 있다.[33] 언뜻 보기에 연방제라는 주제는 이전에 당신과 린츠가 함께 작업했던 주제인 민주화에 비해 다소 폭이 좁아 보인다. 연방제의 어떤 점이 흥미로웠나?

우선은, 현대 민주주의 정치체제에서 살아가는 사람들 가운데 대다수가 연방제하에서 살고 있다. 게다가 연방제에 대한 비교정치학의 이해는 대부분 미국의 경험에 기반한 모델의 헤게모니로 인해 왜곡되어 있었다. 지난 40년간 가장 많이 인용된 정치학자 가운데 하나인 윌리엄 라이커William Riker의 중심 주제가 연방제였다. 그의 주장은 모든 연방 체계는 고도의 자율성을 지닌, 심지어는 정치적으로 독립적인 집단들이 자신들의 주권을 공유pool하기로 협상한 결과 나타난다는 것이었다. 린츠와 나는 이런 유형을 "자발적"coming together 연방제라고 불렀는데, 미국, 스위스, 오스트레일리아가 이런 식으로 형성되었다. 그러나 "자발적" 연방제 모델에 딱 들어맞는 사례는 이들

---

[33] 이 프로젝트와 연관된 많은 연구들 가운데 일부는 다음과 같다. Stepan, Linz, Yadav(근간). 다음의 글도 참조. Stepan(1998, 1999, 2001a, 2004, 2005). 이 프로젝트와 관련해 린츠가 한 다른 작업들에 대해서는 이 책의 1권 〈인터뷰 4〉 참조.

뿐이며, 가장 최근 사례인 오스트레일리아조차 생긴 지가 1백 년이 넘었다. 그 이후, 스페인, 벨기에, 인도는 우리가 "체제 유지적"holding together 연방제라고 부르는 전혀 다른 경로를 취했다. 이 국가들은 영토 내에 둘 이상의 정치적으로 각성된 민족 집단이 있었기 때문에 체제 유지에 어려움을 겪고 있는 (법률상 혹은 사실상의) 단방 국가들이었다. 평화롭고 민주적으로 그들이 공존할 수 있는 유일한 방법은 체제 유지를 위해 권력을 [하부 단위에 양도하는 것이었다. 이런 "체제 유지적" 연방제 형성은 "자발적" 연방세와는 정반대의 형태인데, 고도의 정치적 자율성을 갖고 있었던 사람들이 권력을 이양하면서 연방이 된 것이 아니라 단방 국가 내의 국민[민족이 국가를 연방의 형태로 발전시킨 것이기 때문이다.[34]

이런 차이에 따른 결과는 크다. 매우 자율적인 정치 단위들이 '자발적' 결정에 따라 연방제를 채택한 경우, 그들은 필요한 만큼만의 주권을 합칠 뿐이다. 예를 들어, 이는 이런 정치 단위들이 그 안에서 포괄적인 차원의 사회복지 법안을 통과시킬 권리를 보유한다는 뜻이다. 왜냐하면 자신들이 가진 관

---

[34] * 스테판은 연방제의 종류를 세 가지로 구분하고 있다.
자발적 연방제coming together federalism란, 아래로부터의 협상과 합의에 의한 것으로, 상대적으로 자율적인 지방 행정 단위들이 자발적인 협상을 통해 좀 더 큰 정치적 단위를 구성하기 위해 연방 국가를 구성하는 경우를 말한다. 미국, 스위스, 오스트레일리아 등이 이에 해당한다.
체제 유지적 연방제holding together federalism는 다민족·다문화 사회에서 민주주의 체제를 유지하고, 국가의 기능을 효과적으로 보존하기 위해 기존의 단방제적 국가 체제하의 중앙정부가 분권적 제도 개혁을 단행함으로써 형성되는 연방제이다. 이는 심각한 정치 불안을 야기하거나 심지어 국가의 존립 자체를 위태롭게 할 수 있는 지역 간의 잠재적 갈등 요소를 해소하고 국가의 통일성과 안정을 확보하기 위해, 소수민족이나 언어 집단이 거주하는 각 지역에게 국가의 권한과 기능을 분배하는 방식으로 중앙정부의 주도로 형성되는 연방제이다. 1948년의 인도, 69년의 벨기에, 75년의 스페인 등이 이에 해당한다.
강제적 연방제putting together federalism는, 비민주적인 중앙정부가 기존의 영토하에 존재하는 지역 단위들이나 기존의 독립된 정치조직을 군사적인 정복이나 강제력을 통해 자의적으로 구성하는 형태의 연방제다(Alfred Stepan, "Federalism and Democracy : Beyond the U.S. Model," *Journal of Democracy*, 10-4(1999), pp. 19-34. 장덕준, "러시아 연방제의 성격 고찰," 『국제정치논총』 제43집 4호, 2003, 330-331에서 재인용).

할권 내에서 그렇게 하고 싶어 하기 때문이다. 또는 연방 정부의 권력을 제한하는 복수의 거부점veto points을 요구할 수 있다. 결과적으로 고전적인 "자발적" 연방제에 해당하는 세 국가 미국, 오스트레일리아, 스위스는 모두 제도상으로 서너 개의 거부점, 즉 강력한 하원뿐만 아니라 강력한 상원, 강력한 지역 관할권 등을 가지고 있으며, 이는 미국의 경우 사회정책에 대해, 스위스와 오스트레일리아의 경우에는 국민투표에 대해 많은 통제권을 행사한다. 고전적인 "자발적" 연방제 국가들이 모두 서너 개의 거부권 행사자를 갖고 있다는 사실은, 이들이 오래된 민주주의국가들 가운데서도 모든 종류의 지표에 있어 가장 불평등도가 높은 것으로 나타나는 이유이기도 하다. 스위스에서도 그렇지만 특히 미국은 불평등에 대한 수인한도가 높은데, 이는 이런 제도적 거부점들을 만들어 낸 애초의 연방 협상에 기인한 것이다. 이에 비해 오스트리아는 선거를 통해 발생하는 오직 하나의 거부권 행사자만을 갖고 있으며, 스페인, 벨기에, 독일은 둘이다(Stepan 2004).

체제 유지적 연방제에 이르는 경로는 서로 다른데, 이는 그에 따라 국가를 구성하는 정치 단위들 간의 권리가 상이한, 비대칭적 연방제가 나타나기 때문이다. 예컨대 퀘벡은 프랑스어와 가톨릭이라는 특별한 언어적·종교적 권리를 갖는다. 이에 비해, "자발적"의 경로는 모든 단위가 같은 권리와 특권을 갖는 대칭적 연방제로 귀결되는데, 미국 상원에서 주들이 동일한 대표권을 행사하는 것이 그 예이다. 캐나다, 스페인, 벨기에, 인도 등 오늘날 하나 이상의 각성된 민족을 가진 민주주의국가들은 모두 비대칭적 연방제이다.

이런 것들이 왜 중요할까? 이런 사실들이, 어떻게 하면 경쟁적 선거가 시행될 때 둘 이상의 정치적으로 각성된 민족을 가진 국가들이 내전을 피하고 민주주의를 확립할 수 있는가라는 질문에 대한 해답이 될 수 있기 때문이다. 스리랑카와 버마의 예를 들어 보자. 이 국가들이 평화로운 민주주의국가가 되려면 연방제가 되어야 한다는 사실에는 의심의 여지가 없다. 더욱이 이 국가들은 비대칭적 연방제가 되어야 한다. 스리랑카의 평화 협상을 이끌고 있는 사람이 옥스퍼드에서 1년간 특별 연구원으로 있으면서, 내가 다민족 사회가 평화로운 민주주의국가가 될 수 있는 유일한 방법은 비대칭적 연방제라고 주장한다는 사실을 듣게 되었다. 그는 내게 하루 정도 시간을 내어 스리랑카에서 평화를 달성할 수 있는 헌정적 제도 설계constitutional design에 대해 이야기해 줄 수 있는지를 물어 왔다. 그는 "스리랑카는 단방 국가입니다. 그런데 당신은 비대칭적 연방제에 대해 말하고 있습니다. 실제로 무슨 뜻인가요? 예를 들면 어떤 나라가 있나요?"라고 물었다. 나는 스페인과 벨기에를 예로 들면서 이에 대해 설명해 주었다. 그는 대칭적 연방제를 연구하기 위해 미국과 독일에 사람을 보냈다고 했는데, 나는 그에게 그 사람들을 스페인과 벨기에로 보내 비대칭적 연방제를 연구해 보라고 했다. 그러면 단방 국가가 하나의 정치체를 평화적으로 유지하기 위해 분권화되어야만 하는 이유를 이해할 수 있게 될 테니 말이다.

마찬가지로, 나는 버마 군부 정권의 반대파들 사이에서 대칭적 연방제를 가진 미국식 헌법관(상원 내에서 각각의 주에 동일한 대표권을 부여하는)이 유행하고 있다는 사실을 알게 되었다. 그 결과 그들은 내가 본 헌법들 가운데 가장 위험한 최악의 헌법 초안을 작성하게 되었다. 버마의 영관급 장교들[소령, 중령, 대령] 가운데 90퍼센트 이상은 버마족 출신인데, 인구상으로는 약 60퍼센트를 차지하고 있다. 반대파가 작성한 헌법에 의하면, 버마족은 상원에서 11퍼센트의 대표권밖에는 가질 수 없고, 미국에서와 같이, 상원은 하원과 동일하게 강력한 권한을 갖도록 되어 있다. 인구상으로 2퍼센트밖에 되지 않는 민족 집단이 60퍼센트를 차지하는 버마족과 동등한 대표성을 갖게 된다는 뜻이다. 게다가 국군national army은 존재하지 않고, 각각의 주가 자신들의 군대를 가질 수 있도록 규정하고 있었다. 대칭적 연방제는 버마에서 절대 작동할 수 없을 것이다(Reynolds et al. 2001).

다양한 형태의 연방제 모델이 정치적 행위자에게 왜 중요한지 또 다른 예를 들어 보겠다. 최근에 나는 필리핀 상원과 연방제가 실현 가능한 선택지인지에 대해 비공개 화상 회의를 했다. 회의장의 누군가가 이렇게 말했다. "우리는 단방제 국가입니다. 이것은 각 지역을 독립시키기 이전에는 연방제를 할 수 없다는 뜻입니다. 그런 후에야 우리는 그들 모두에게 주권을 공유하는 연방에 가입할 것인지를 물어볼 수 있을 것입니다. 그렇지만 각 지역을 독립시키는 것은 위험한 일 아니겠습니까?" 수하르토의 하야 이후 1998년에 린츠와 함께 인도네시아에 초청받았을 때도, 인도네시아 군부 참모본부와의 회의에서 똑같은 질문을 받았다. 그들은 미국식 "자발적" 연방제만이 연방을 구성하는 유일한 방법이라는 잘못된 가정을 하고 있었다.

우리가 직면한 중대한 질문은, 서로 다른 민족들이 평화 공존할 수 있도록 할 수 있는 정치체제와 헌정적 배치는 무엇인가 라는 것이다. 린츠와 나는, 모든 민족이 하나의 국가를 구성해야 하며 모든 국가가 하나의 민족으로 이루어져야 한다는 관념이 정치에서 가장 위험한 생각 가운데 하나라고 믿고 있다. 왜냐하면 실제로 많은 국가에는 정치적으로 자신의 민족성을 자각하고 있는 집단이 둘 이상 존재하기 때문이다. [이런 상황에서] 만약 누군가가 프랑스식 민족국가 관념을 고수한다면, 이는 근본적으로 여러 민족들 가운데 하나의 언어, 문화, 상징에 특권을 부여하는 셈이 된다. 다민족적 상황이 정치적으로 확고한 사회에서 과연 이렇게 할 수 있겠는가? 만약 대다수 국민이 하나의 문화와 언어를 공유하고 있는 나라에서 이렇게 한다면, 민족국가는 민주주의적이고 포괄적일 수 있다. 즉, 민주주의 건설과 민족 건설이 서로를 강화하는 관계가 될 수 있는 것이다. 그러나 한 국가 안에 지역적으로 집중된 두세 개의 민족 집단이 존재하는 경우라면, 민주주의 건설과 민족 건설은 서로 충돌하는 관계가 된다. 이런 문제를 어떻게 해결할 것인가? 가장 먼저 깨달아야 할 사실은 사람들은 다층적인 동시에 상호 보완적인 정체성을 가질 수 있다는 것이다. 실제로도 모든 연방 체계들은 다층적인 정체성과 이중의 충성에 기반해 움직이며, 이는 연방의 시민들이 중앙과 지방 정부라는 서로 다른 두 주권에 관여할 수밖에 없기 때문이다. 그래서 린츠와 나는 시민들이 서로 다른 민족적 정체성을 가지면서도 **동시에** 정치체 범위의 국가적 정체성과 그에 대한 충성심을 가질 수 있는 상황을 사고하는 방법으로 (민족국가와 반대되는) 국가민족 개념을 제시하는 것이다.

연방제에 관한 당신들의 프로젝트는 역사적 사례연구와 비교 방법뿐만 아니라 설문 조사 방법에 크게 의존하고 있다. 설문 조사를 활용하는 방법과 연방제 연구에 이런 도구가 유용하다고 생각하게 된 이유에 대해 이야기해 달라.

　　　　설문 조사는 상호 보완적이고 다층적인 정체성의 가능성을 탐색하는 데 특히 적합한 방법이다. 린츠와 나는 스페인, 인도, 스리랑카에서 양질의 설문 조사지를 설계할 수 있도록 돕는 일에 적극적으로 관여하게 되었다. 불행히도 많은 설문 조사에서 질문이 양자택일의 답변을 강요하고 있다. 가령 "당신은 카탈루냐 사람입니까 아니면 스페인 사람입니까?"라고 질문하는 식이다.[35] 그러나 이런 질문을 할 때 더 나은 방법은 다섯 개의 선택지를 주는 것이다. ① 당신은 카탈루냐 사람이기만 합니까? ② 스페인 사람이라기보다는 카탈루냐 사람에 가깝습니까? ③ 카탈루냐 사람이기도 하고 스페인 사람이기도 합니까? ④ 카탈루냐 사람이라기보다는 스페인 사람에 가깝습니까? ⑤ 스페인 사람이기만 합니까? 우리는 이와 같이 선택지를 제시한 스페인에서 수행된 수십 개의 설문 조사 결과를 가지고 있고, 가장 많은 대답은 "카탈루냐 사

---

[35]＊ 스페인의 17개 자치주 가운데 하나인 카탈루냐는 1936년 자치권 획득했다가 프랑코 정권 치하에서 자치권을 상실하고 혹독한 탄압을 받으며 문화적·언어적으로 뚜렷이 구분되는 정체성을 확립했다. 1980년대 민주화 과정 중에 지방자치가 실시되기 시작해 현재는 독자적인 사법권을 행사하는 등 어느 정도 폭넓은 자치권을 누리고 있다. 스페인 제2의 도시인 바르셀로나를 주도로 하는 가장 부유한 지역이기도 하다.

람이기도 하고 스페인 사람이기도 하다"는 것이었다. 이것은 매우 중요한 발견인데, 왜냐하면 대부분의 민족주의 연구자들은 사람들이 여러 정체성들 사이에서 [어느 한쪽을] 선택을 할 것이라고 생각하기 때문이다. 다층적 정체성을 일종의 [범죄인] 중혼重婚으로 취급하는 것은 다름 아닌 사회과학자들이다. 많은 사람들은 이런 선택을 하고 싶어 하지 않으며, 반드시 그렇게 할 필요도 없다. 당신이 세르비아인과 결혼한 크로아티아인이라면, 그래서 아이는 세르비아인이자 크로아티아인이라 한다면, 두 정체성 가운데 하나를 선택해야 하는 세상은 정말 원하지 않을 것이다. 사회과학은 사람들이 어떻게 다층적 정체성을 다루는지를, 특히 민주주의 정부가 어떻게 다층적인 동시에 상호 보완적인 정체성을 용인하고 육성할 수 있는지 이해하는 작업을 해야 한다.

연방제 프로젝트를 마친 뒤에는 어떤 연구를 할 계획인가?

린츠와 나는 미국의 연방제와 불평등의 문제에 대해 아직 결론을 내리지 못하고 있다. 비교정치학자들은 불평등과 관련해 매우 예외적인 사례인 미국을 좀 더 검토해 우리 연구에 좀 더 체계적으로 포함시켜야 한다. 그러나 내 다음 프로젝트는 정치에서 조직화된 종교organized religion의 역할에 대한 것이 될 것 같다. 요즘 사회과학에서 활발히 연구되고 있는 주제는 종교적 근본주의이다. 실제로 국립과학아카데미는 이미 근본주의에 대한 대형 프로젝트를 지원하기 시작했다. 그러나 근본주의만을 연구해서는 안 된다. 이슬람교를 포함한 모든 세계 종교는 다의적이다. 동일한 지배적 종교를 가진 국가들 사이에서 나타나는 다양한 정치체제에 대한 자료 조사와 분석이 이루어져야 한다. 가령 로버트슨Graeme Robertson과 조사해 보니, 비아랍권의 경우 무슬림이 다수를 차지하는 정체에 살고 있는 무슬림들의 약 50퍼센트가, 민주주의의 필요조건이긴 하지만 충분조건은 아닌, 경쟁적 선거제를 가진 국가에 사는 것으로 나타났다. 반면, 아랍권의 경우 이와는 아주 대조적으로 1973년부터 2003년까지 그 수치가 0퍼센트였다(Stepan and Robertson 2003; Stepan and Robertson 2004). 분명히, 공통 변수인 이슬람교로는 이런 차이를 설명할 수 없다. 이슬람교를 포함한 모든 주요 종교들은 비민주적 체제를 정당화하는 데 사용될 수 있는 많은 요소들을 내포하고 있지만, 대의 민주주의를 만드는 데 사용될 수 있는 요소들도 있다. 정교분리 대신, 우리에게 필요한 것은 내가 "쌍생적 관용"twin toleration이라 부르는 개념이다. 종교 지도자들은 선출된 지도자들에게 민주적 업무를 수행할 수 있는 충분한 공간을 주어야만 하고, 민주적 지도자들은 종교 집단에 사적인 예배를 위한 공간, 시민사회에 참여할 수 있는 공간, 그리고 다른 사람들의 권리를 침해하지 않는 한 정당을 구성할 수 있는 공간을 충분히 확보해 주어야만 한다(Stepan 2000, 2001b). 우리는 민주주의에 대한 종교 집단의 관용과 종교에 대한 선출된 지도자들의 관용을 필요로 한다. 이 쌍생적 관용은 정치적으로 구축되고 다듬어져야 한다.

엄격한 정교분리는 많은 사람들에게 민주주의의 필요조건으로 인식되고 있지만, 사실 프랑스 이외의 민주주의국가에서는 거의 존재한 적조차 없으며, 프랑스에서조차 1958년 이후 완화되었다. EU 국가들 가운데 6개국 — 덴마크, 핀란드, 그리스, 잉글랜드, 스코틀랜드, 그리고 최근까지 스웨덴 — 이 공식 국교를 갖고 있다. EU 국가는 아니지만 노르웨이 또한 국교를 가지고 있다. 독일은 아직도 교회세를 징수한다. 그리고 1905년에 정교분리를 엄격하게 규정한 법을 통과시킨 프랑스조차 모든 시민이 양질의 교육을 받을 권리가 있다는 발상에서 1958년 이후 가톨릭 학교들을 지원하고 있다. 1961년을 기준으로 프랑스 교육 예산의 20퍼센트가 가톨릭 사립학교에 할당되었다. 그리고 미국 지폐에는 "우리는 하느님을 믿습니다"In God We Trust라고 쓰여 있다. 그러니 비민주주의국가들에게 민주주의를 하려거든 정교분리를 하라고 해서는 안 된다. 전 세계에서 장기간 민주주의를 유지하고 있는 국가들 가운데 그 어느 곳도 실질적으로 정교분리가 실현되고 있지 않기 때문이다. 우리는 정교분리나 종교적 근본주의보다는, 내가 말하는 "쌍생적 관용"에 더 많은 관심을 기울여야 한다.

종교와 민주주의의 관계는 아마도 우리 시대에 가장 시급한 문제임에 틀림없다. 그러나 현대 사회과학이 억압 기구에 대한 민주적 통제보다 더 크게 간과해 온 것이 있다면, 그것은 민주주의 체제 내에서 종교와 관련된 양상의 다양성일 것이다.

왜 이렇게 종교와 민주주의 사이의 관계에 대해 무심한 것인가?

근대화론은 세속화가 자연적으로 이루어질 것이라고 가정했다. 이런 가정은 분명히 틀린 것으로 드러났다. 우리는 이것이 그릇된 가정임을 예전에 알아차렸어야 했다. 역사적으로 수백 년에 걸친 종교전쟁에서 빠져나올 수 있었던 것은 자발적 세속화가 아니라 국가 간의 조약이나 복잡한 정치적 합의를 통해서였기 때문이다. 예컨대 인도식의 세속주의처럼 여러 종교들을 국가가 폭넓게 지원하되 "동등한 존중"과 "동등한 거리"를 유지하는 방식을 취하는 것이다. 또한 학계에 있는 사람들이 종교와 정치에 대해 이야기하기를 두려워하고 있기 때문이기도 하다. 많은 대학에서 비교정치학 수업 가운데 민주주의에서 종교의 역할을 체계적으로 검토하는 수업은 거의, 아니 전혀 없다. 이런 상황을 방치한 결과 현재 우리에게는 이 주제를 다룰 범주들이 많지 않을 뿐더러, 그나마 있는 범주들조차 경험적으로 사실을 호도하고 있는 것이다.

과학

스스로를 과학자라고 생각하나?

　　많은 동료들이 과학을 법칙과도 같은 보편적 규칙을 제공해 주는 것이라고 생각한다. 사실 대부분의 자연과학자들이 하는 연구는 개연적이다. 과학이 보편적이며 정확하다는 사회과학자들의 일반적 생각은 사실 대부분의 자연과학자들을 아주 불편하게 한다. 게다가 사회적 세계에서는 물질적 세계에서보다 예측 가능성이 훨씬 낮다는 점을 감안해야 한다. 분자는 말도 할 수 없고 기억도 할 수 없지만, 인간은 생각할 수 있고 지난 행동의 결과들을 기억할 수 있으며, 어느 정도는 학습이 가능하다. 이는 어떤 일이 백 번쯤 연속해서 일어났다고 해서 그것이 반드시 사회과학의 법칙이 될 수는 없다는 뜻이다. 만약 인간들이 그 결과를 끔찍한 결과라고 판단하고 그것을 바꿀 방도를 생각한다면, 결과는 바뀔 수 있기 때문이다. 나는 이런 예측 불가능성을 꽤 편안하게 생각한다. 사실 『민주주의 이행과 공고화의 문제』에서 린츠와 나는 우리의 의견 가운데 많은 것이 백 년 뒤에도 맞을 거라고는 생각하지 않는다고 분명히 이야기했다. 시민, 참여, 정체성 개념은 시간에 따라 변화하기 때문이다(Linz and Stepan 1996, xvii-xviii). 1830년 프랑스에서 민족국가라는 이름으로 강요되었던 것들을 오늘날에 적용하려 한다면 많은 곳에서 폭동이 일어날 것이다. 이것은 인과 관계에 대해 설득력 높은 확률적 진술을 할 수 없다는 뜻이 아니라, 사회과학에서 지식이란 근본적으로 맥락-의존적이라는 뜻이다.

인터뷰들

당신의 연구는 보통 핵심 정치 행위자들과의 인터뷰를 통찰의 주요 원천으로 삼고 있다. 성공적인 인터뷰를 하는 비결은 무엇인가?

　　핵심 정치 행위자들과의 좋은 인터뷰는 항상 교환을 바탕으로 하며, 교환은 양쪽 모두에게 흥미롭지 않으면 지속될 수 없다. 이는 인터뷰 이전에 당신이 많이 공부를 해둬서 인터뷰 대상자가 시간이 아깝지 않다는 생각이 들게끔 해야 한다는 말이다. 최상위 계층에 있는 사람들을 인터뷰하는 것은 사실 대부분의 사회과학자들이 생각하는 것보다 훨씬 쉽다. 정치가들은 지칠 줄 모르고 자기 삶에 대한 이야기를 늘어놓는다. 내가 "당신은 역사적인 일에 관여해 왔다. 그 일과 관련해 여러 사람들을 인터뷰할 예정인데, 당신 입장에서 무슨 일이 있었는지를 말해 줄 수 있느냐?"라고 말하면, 아무리 바쁜 사람과도 보통은 두 시간 이상 대화를 나눌 수 있다. 그리고 그쪽에서 충분히 흥미롭다는 생각이 들면, 대개 자기 집에서 두 번째 대화를 하려 들 것이다. 그리고 좀 있으면 금고로 걸어가서는 이렇게 말할 것이다. "이 일에 관해 정말 알고 싶다면, 이 문서들을 읽어 보게. 실제로 무슨 일이 있었는지 잘 나와 있으니까." 1964년의 쿠데타에 참가했던 거의 모든 브라질 장군들은 자신들의 역할을 적은 문서들을 가지고 있었고, 그것을 내게 보여 주었다. 게다가 이 인터뷰들은 그들의 의견을 알 수 있는 기회뿐만 아니라 인맥을 열어 주는 역할까지 했다. 인터뷰를 마치고 나가는 길에 "누구에게 더 물어보면 좋을까요?"라고 물으면, 그들은 대개 여섯 명 쯤을 알려 주었는데, 그중 네 명은 내가 잊어버려도 괜찮은 사람들이었지만, 두 명은 정말 이야기하고 싶은 사람들이었다. 그러면 난 조금 더 과감하게 밀고 나가 "상원의원님, 장군님. 소개서를 써주시거나, 전화로 부탁해 주실 수 있을까요?"라고 말했다. 많은 사람들이 당장 전화해서는 이렇게 말해 주었다. "이봐, 내가 이런 젊은 양반이랑 같이 있는데, 아주 진지한 친구일세. 그 친구가 여기에 온 지는⋯⋯." 그러면 나는 항상 "아주 오래되었다"고 했다. 그리고 나면 그들은 "이 친구 좀 만나 주겠나?"라고 물어 주었다. 전화를 받은 사람도 거절하는 경우는 거의 없었다.

또 나는 이야기의 양 측면을 모두 보여 주는 인터뷰를 좋아한다. 그렇게 하는 건 중요한 일이기도 하거니와, 재미있는 일이기도 했다.

한 국가에 대한 지식의 축적

최고의 비교정치학자들은 한 가지 사례를 아주 잘 알고 있다고들 한다. 브라질에 대한 당신의 지식은 경력을 쌓아 나가는 과정에서 어떤 역할을 했나?

나는 종종 브라질로 되돌아간다. 솔직히 다른 나라에 대한 프로젝트가 제대로 진행되지 않을 때도 그런 적이 있다. 1980년대 중반에 쿠바 지역 주민들의 정치 참여에 대한 프로젝트를 했는데, 2년을 보내고 나서야 문득 피델 카스트로Fidel Castro가 집권하고 있는 한 주민들의 의미 있는 정치 참여는 결코 없을 것이라는 생각이 들었다. 게다가 내가 원하던 접근 수준에도 도달하지 못한 상황이었다. 그래서 "그만두자"라고 해버렸다. 내가 기분이 상해 있으니까 아내가 이렇게 말해 주었다. "앨, 브라질에 갔을 때마다 즐거웠고 뭔가 배웠잖아요. 카르도수와도 알고 지내고, 룰라와도 이야기한 적이 있고,

장군들과도 얘기했잖아요. 내려가서 전체적으로 재민주화 과정이 어떻게 되어 가고 있는지 보고 오는 건 어때요?" 나는 브라질에 갔고, 그러자 빵 터졌다! 『군사 정치를 다시 생각하기』(Stepan 1988a)를 썼고, 『권위주의 브라질』의 속편인 『브라질 민주화』(Stepan 1989)를 편집했다. 브라질로 되돌아가면서 활력을 되찾고 완전히 새로운 연구 단계로 옮겨갈 수 있게 된 것이다.

브라질의 최신 소식을 계속 접하고 있는가?

특별히 중요하다고 생각하는 일들이 일어날 때는 보통 온라인으로 브라질에서 가장 우수한 정치적 관찰자 두 명이 쓴 브라질 정치에 관한 일간·주간 뉴스레터를 읽는다. 스포츠 기사 보듯이 읽게 되는데, 브라질 정치는 너무 재미있기 때문이다. 보통 아침에 일어나서 제일 먼저 보는 것도 그것이다. 컬럼비아에 있을 때는 봄 학기 동안 두 과목만 가르쳐도 되는데도 항상 세 과목을 가르쳤고, 세 번째 과목은 브라질에 대한 1학점짜리 특별 강좌였다. 강의는 객원 강연자들이 많았기 때문에 쉬운 일이었다. 그리고 우리는 항상 나가서 세 시간 동안 저녁을 먹었다. 어느 나라건 근거지를 갖고 있으면, 어떻게든 그곳과 끈을 유지하는 방법은 있게 마련이다.

지난 6년간 인도는 내가 가장 관심을 기울인 곳이다. 부분적으로는 영어가 공용어이기 때문이기도 하고, 언론이 정말 훌륭하기 때문이기도 하다. 또 그곳에 아는 동료도 많고, 사회과학 사상 최대인 2만 7천 명의 응답자를 대상으로 한 인구센서스에 기반한 설문 조사 설계에 자문을 해준 적도 있기 때문이다. 또한 근래 종교, 특히 종교 근본주의와 다민족주의와 관련해 정말 많은 것들이 위기 상태인 곳이기 때문이기도 하다. 그리고 사원과 모스크 건축양식도 정말 좋아한다. 환상적인 곳이다.

경력이 쌓이고 나이가 들어갈수록 개인적으로나 직업적으로 꼭 해야만 하는 일들 때문에 현장에서 시간을 보내는 일은 점점 어려워지기 마련이다. 당신은 어떻게 현지 조사를 계속할 수 있었나?

나는 아직도 자주 비행기를 타고 먼 나라들까지 다닌다. 그 일을 우선시한다. 또 내 주위의 '보이지 않는 대학'의 구성원들과 주고받는 이메일도 많은 도움이 된다. 컬럼비아, 예일, 중부 유럽 대학, 옥스퍼드와 같은 곳에 있는 것도 도움이 되는데, 사람들이 많이 드나들기 때문이다. 특정 국가를 직접 가보지 않더라도 그 국가 출신의 사람이 토론해 볼 만한 중요한 문젯거리를 들고 잠깐 들렀다 가기도 한다. 가령 스리랑카의 평화 협상을 주도하고 있던 사람이 옥스퍼드에 와서 그의 브리핑 자료를 보여 주고, 다음에 내가 스리랑카에 가는 식이다. 이런 식의 상호 교류는 정말 좋은 경험이 된다.

현지 조사는 현지에서만 할 수 있는 것이 아니다. 누군가 찾아와서 네 시간 동안 이야기할 일이 생기면 우리 집에서 저녁 식사를 하곤 하는데, 내가 했던 가장 훌륭한 현지 조사 중 몇 가지는 바로 이렇게 이루어졌다는 생각이 들 때도 있다.

읽기

당신의 연구에서 읽기는 어떤 역할을 하는가?

일단 문제를 파고들기 시작하면, 대개 네다섯 개의 학문 분야에 걸쳐 그 주제와 관련해 매우 중요한 연구를 했다고 세계적으로 널리 인정되는 대여섯 명의 학자들을 찾아내고, 그들의 저서를 읽는다. 만약 해당 연구가 홀

룡하고 나와 관계가 있다고 생각된다면, 어떻게든 그 사람과 이야기하려 한다. 내가 썼던 글들을 그들에게 보내면, 순식간에 그중 하나가 관련된 이야기를 해줄 다른 사람을 끌어들인다. 나는 그저 읽기만 하지는 않는다.

친구나 동료들 중에는 철학자, 경제학자, 역사학자, 사회학자, 인류학자들이 많다. 내가 그들의 글을 읽고 나면, 우리는 서로 자료를 교환하고 논쟁을 한다. 흥미롭게 생각하는 문제들은 될 수 있는 한 끝까지 놓지 않는다. 그러기 위해서 국제법, 중세사, 인류학을 배워야 한다면, 그렇게 한다. 많은 이들이 "학제 간 연구 모임을 만들어 봅시다"라고 말하지만, 그런 게 내게는 그다지 큰 의미가 없다. 물론 한 가지 문제를 공유하는 다섯 사람이 한데 모였는데, 우연히 서로 다른 분과 학문의 사람들이 모이게 되었다면 꽤 흥미로운 일이다. 하지만 결국은, 앨버트 허시먼의 말마따나, "최고의 학제적 연구는 한 사람의 머릿속에서 이루어지는 것이다."

정치 이론이나 사회 이론을 많이 읽는가?

근래 나는 찰스 테일러Charles Taylor, 세일라 벤하비브Seyla Benhabib, 아마르티아 센, 존 롤스John Rawls, 조셉 라즈 등 정치철학자들의 저작을 꽤 많이 읽고 있다. 내 관심사가 점점 다민족주의와 민주주의 혹은 종교와 민주주의 간의 갈등에 더욱 집중되면서 개인적 권리와 집단적 인정 사이의 관계에 대해 고찰할 필요를 느끼고 있기 때문이다. 에스토니아의 러시아인이건 터키의 쿠르드인이건 스페인의 카탈루냐 사람이건 간에 어떤 민족 집단이 자신들의 언어를 사용할 권리를 박탈당할 경우, 자신들의 언어를 사용해 이해관계를 분명히 표현할 수 있도록 하기 위한 투쟁은 보통 집단적 권리의 형태로 제시된다. 집단적 권리를 표명하려는 주장에 대한 강력한 반론은 자유주의에 뿌리를 두고 있다. 그래서 나는 정치적 자유주의에 대해 읽고 생각하는 중이다.

글쓰기

학술지에는 글을 거의 싣고 있지 않다. 왜 책 출간을 더 선호하는가?

    동료 심사 논문은 아주 중요한 학술적 생산양식이다. 나도 『세계 정치』와 『비교정치학』*Comparative Politics*과 같은 학술지들을 매우 주의 깊게 읽으며, 가끔 『세계 정치』, 『민주주의 저널』, 『여당과 야당』*Government and Opposition*과 같은 학술지에 기고도 한다. 그러나 기본적으로는 당신의 말이 맞다. 내 연구를 진행할 때에는 보통 여러 국가들을 동시에 연구하고 완전히 새로운 종류의 정보들을 만들어 내기도 한다. 특히 린츠와 협동 작업을 할 때에는, 아직 책이 될 만한 정도는 아니지만 학술지에 싣기엔 너무 긴 80쪽 정도의 글이 나오게 된다. 학생들에게 이런 식으로 경력을 쌓으라고 조언하지는 않겠지만, 어쨌건 나는 좋은 연구는 그것이 어떤 식으로 생산되든 일단 사람들 사이에 알려지기 시작하면 널리 읽히게 된다는 믿음이 있다. 우리 인생에 가장 큰 영향을 미쳤던 글 열 편을 꼽아 보라 한다면 어떤 글들이 나올까? 상당수 글이 아마 출처가 이상할지도 모른다. 어떤 글들은 아직도 사람들 사이에서 읽히고 있고 정말로 중요하기는 하지만, 아주 견고하지는 않아서 책으로 나오지 못했을 수도 있다. 이런 종류의 글들이 돌고 돌면서 보이지 않는 대학들이 번창하게 되는 것이다.

    대통령제에 대한 린츠의 글을 예로 들어 보자. 그 글의 일부(Linz 1978, 71-74)는 처음에 민주주의의 붕괴와 관련한 우리의 책에 포함된 일종의 여록 excursus으로 출간되었다. 그 후 그 글은 따로 떨어져 나와 약 16년간 점차 살이 붙었고, 급기야 아르투로 발렌수엘라가 조지타운 대학에서 회의를 열어 대통령제에 대한 린츠의 이 글을 비판하고 검토하기 위해 연구자들을 초청하기까지 이르렀다. 그들은 린츠에게 "그런데, 그거 출간은 하셨습니까? 어디서 그 글을 찾아볼 수 있을까요?"라고 물었다. 그렇게 해서 결국 린츠는 그 글을 출간했다(Linz 1994).

어떤 의미에서, 린츠는 뭔가를 완전히 마무리 짓는 것과는 거리가 먼 사람이다. 그는 그저 어떤 프로젝트를 계속하고 있는 것만으로도 꽤 만족스러워 하는 사람이다. 그는 『민주주의 이행과 공고화의 문제』(Linz and Stepan 1996)도 몇 개국을 추가하고 좀 더 시간을 들이고 싶다며 끝내고 싶어 하지 않았다. 그는 내게 물었다. "우리 집에 와서 사나흘 동안 작업할 때마다 책이 점점 나아지는 것 같지 않나?" 그러면 나는 "그럼요"라고 대답했다. 그러면 그는 또 이렇게 물었다. "이 책 작업하는 게 너무 재미있지 않나?" 그러면 나는 또 "그럼요"라고 답했다. 그러면 결국 그는 이렇게 말했다. "꼭 책을 출간하지 않아도, 어떤 식으로든 우리 작업이 알려지면 유용하지 않을까?" 나는 "그렇겠죠. 어떻게든 알려질 거고 심지어는 번역까지 되겠죠." 그러면 그는 말했다. "음, 그럼 도대체 왜 끝내야 하는 건가?"

공동 연구

당신은 지난 35년간 린츠와 공동 연구를 진행해 왔다. 현대 사회과학에서 가장 오래 지속된 공동 연구이자 가장 성공적인 공동 연구가 아닐까 싶다. 어떻게 이런 공동 연구가 가능했나?

무엇보다도 우리는 아주 친한 친구 사이다. 같은 나라에 있을 때는 특별히 같은 연구를 하고 있지 않아도 일주일에 두세 번씩 통화를 한다. 넓은 범위의 문제들에 대해 관심을 공유하고 있기 때문에, 그저 "이 논문 꼭 읽어 보게"라거나 "방금 받은 글이 있는데 이메일로 보냈어"라거나 "뉴스에 나온 이 사건에 대해 어떻게 생각하나?"라며 서로에게 전화할 때도 있다.

종종 작업을 위해 린츠의 집에서 만나곤 하는데, 그럴 때면 첫날 정오쯤에 시작해 새벽 세 시까지 일을 한다. 전 세계에서 일어나고 있는 일들에 대한 이야기로 시작해 늦은 점심을 먹고 본격적으로 연구에 돌입한다. 다음날은 아침 여덟 시쯤 일어나 같이 아침을 먹고 하루 종일 작업을 한다. 만약 사흘 일정이라면 그날 새벽 두 시까지 작업을 할 것이다.

가장 훌륭한 발상이 떠오를 때는 언제인가?

자정에서 새벽 세 시 사이인 것 같다.

왜 그런가?

그 시간쯤 되면 우리는 많은 이야기를 나누고, 린츠의 서재나 예일 도서관, 혹은 내가 싸들고 온 가방에서 나온 많은 책들을 뒤져 본 상태라 할 수 있다. 역사적 맥락에 아주 관심이 많아서 어떤 사건의 정확한 참고문헌을 찾아 책 한 무더기를 뒤질 때도 있다. 인구센서스에도 관심이 많아서 1930, 40, 50년대의 인구센서스를 뒤적여야 할 때도 있다. 우리는 항상 역사지도를 찾아본다. 우리가 하고 있는 연구가 잘 진척되고 있는 것인지 알아보기 위해 다른 나라에 있는 동료에게 전화를 걸 때도 있다. 가능하다면, 공유하고 있는 문제를 연구하는 데 더 나은 방법으로 보이는 새로운 설문을 제안할 수도 있다. 참고문헌은 또 다른 참고문헌을 부르고, 지도, 인구센서스, 통계조사, 대조적인 역사적 사실들에 대해 몇 시간 동안 토론하고 난 후에 갑자기 "이 문제를 다르게 생각해야 할 것 같아"라고 말하게 될 때도 있다. 그리고 나면 우리는 매우 흥분해서 거기에 달려든다. 우리는 이 과정을 정말로 즐기지만, 결론에 이르는 데에는 오랜 시간이 걸린다. 새벽 세 시쯤이 되면 50권 가량의 책과 논문과 원고와 통계조사들을 바닥에 어질러 놓게 되는데, 나중에 다시 참조하기 위해 읽고는 바로 그 자리에 내려놓기 때문이다. 책이 너무 많아 밟고 다녀야 할 지경이 된다. 이따금 지도나 역사적 센서스들을 다 훑어보느라 자정이 훌쩍 넘은 시각에 마룻바닥에 앉아 있노라면, 린츠는 그 자료들을 내려다보면서 웃으며 이렇게 말한다. "자네도 알겠지만, 이렇게 하면 뭔가가 나올 거야."

같이 있는 동안 집필도 하는가?

같이 있는 동안에는 거의 초고조차 작성하지 않지만, 나중에 각자 기존에 써놓은 것들을 계속 고쳐 나간다. 나는 노트를 남기고, 가끔 린츠는 구술을 해두고 그의 비서나 연구 조교가 우리 둘 다 볼 수 있게 타자를 쳐두도록 한다. 최근 우리는 방법을 바꾸기 시작했다. 우리는 박사 학위논문을 마무리 중인 대학원생을 연구 조교로 두고, 흥미롭게 들리는 이야기가 나왔다 싶으면 컴퓨터에 기록해 두었다가 나중에 우리에게 보여 주도록 한다. 그것이 변화의 전부다.

과정이 더디기는 하지만 개의치 않는다. 민주주의의 붕괴와 관련한 프로젝트는 린츠가 독일과 스페인 사례를 연구하고 있었던 시기이자 내가 브라질 민주주의의 붕괴를 겨우 이해해 나가던 때인 1960년대 중반에 시작되었다. 우리는 1970년에 불가리아 바르나Varna에서 열린 국제정치학회 학술회의에서, 그리고 1975년에 예일에서 회의를 열었다. 그 프로젝트는 1965년부터 1978년까지 13년의 시간이 걸렸다고 말할 수도 있다(Linz and Stepan 1978). 그러나 그 기간 동안 우리는 고전적인 사례들을 재고해 보았고, 새로운 민주주의 붕괴 사례들이 생겨났으며, 다른 것들에 대한 연구도 하고 있었다.

당신과 린츠는 서로의 일을 분명히 구분하는가? 가령 사례를 나눠서 맡지는 않나?

　　일을 구분해서 하면 더 능률적이기는 하겠지만, 우리는 누구도 특정 사례가 한 사람의 책임만으로 남게끔 두지 않는다. 분명히 린츠가 독일, 스페인, 이탈리아의 경우에 대해 더 잘 알고, 나는 브라질, 인도, 구공산권의 경우를 더 잘 안다. 하지만 우리 둘 다 서로의 주장을 토대로 우리의 생각을 맞춰 나가고 싶어 한다. 린츠는 지금 인도에 대해 많이 알고 있고, 나는 독일 출신 대학원생의 도움을 받아 독일 연방제는 불평등을 줄이는 데 반해 미국 연방제는 불평등을 유발하는 메커니즘이 무엇인지에 대해 연구하고 있다. 반면 현재 독일에 대한 린츠의 관심은 19세기로 기울어져 왜 독일은 연방제인 반면 이탈리아는 그렇지 않은지에 초점을 맞추고 있다. 『민주주의 이행과 공고화의 문제』(Linz and Stepan 1996)를 같이 쓰고 있을 때 린츠는 스페인과 포르투갈 사례에 더 능통했지만, 나도 두 나라 모두에서 체류하며 가르쳐 본 경험이 있었다. 나는 브라질, 칠레, 아르헨티나에 대해 좀 더 잘 알았지만, 린츠도 그곳들에 모두 가본 적이 있었다. 나는 그가 우루과이에 가본 적이 없었다고 알고 있지만, 우리는 우루과이에 대한 루이스 곤잘레스(González, 1991)와 찰스 길레스피(Gillespie, 1991)의 학위논문을 함께 심사하기도 했다. 나는 우리가 분석했던 구공산권 국가들을 다녀왔고, 내가 알게 된 것에 대해 린츠와 이야기했다. 그는 이 사례들에 대해 내가 쓴 것이라면 무엇이든 재빨리 읽고서는 아주 어려운 질문들을 한다. 게다가 우리는 가령 11개국에 관심이 있다면 그 국가들을 모두 강의 과정에 포함시켜 그 사례들 가운데 몇몇을 연구하는 대학원생들이 생기도록 한다. 린츠와 나는 새로운 나라에서 온 학생들이 있는지 서로 알아보려고 학기 첫 수업 후 항상 통화를 한다. 어느 국가든 권위주의 체제로부터의 이행이 가능해지기 약 5년쯤 전부터 그 나라 학생들이 수업에 나타나기 시작하기 때문이다. 1980년대 중반에 린츠는 내게 전화해서는 흥분한 목소리로 "한국 출신이 두 명이나 있어!"라고 말했고, 나는 "제

수업에도 한 명 있어요!"라고 대답했다. 5년 전에는 미국의 캠퍼스마다 한국의 정보 요원들이 있었기 때문에 어떤 한국 학생도 우리 수업을 들으려 하지 않았다. 그러나 뭔가가 바뀌었다. 헝가리인들, 폴란드인들, 대만인들 그리고 인도네시아인들에게서도 유사한 일이 반복되었다. 이 학생들 가운데 많은 수가 이미 우리의 연구를 알고 있었고, 그것을 자기들 나라와 어떻게 연관 지을 수 있을 것인지 생각해 봤던 적이 있었다.

당신 혼자 쓴 저작들을 보니 문체가 린츠와 꽤 다른데, 어떻게 이런 차이를 받아들이는가?

우리는 문체가 전혀 다르다. 린츠는 장문을 좋아하고 나는 『이코노미스트』 시절에 쓰던 방식대로 단문을 좋아한다. 우리는 반은 린츠적이고 반은 스테판적인 문체를 가지고는 책을 낼 수 없기 때문에, 공통의 문체를 만들어 낸다. 시간이 좀 걸린다. 숨겨진 조력자는 아내 낸시이다. 결혼 기간 내내 우리는 서로가 쓴 것들을 읽고 또 읽어 왔다. 그녀는 특히 린츠-스테판 간의 글쓰기 문제를 해결하는 데 도움을 많이 주었다. 린츠와 내가 15~20쪽 정도를 쓰면 린츠가 이것을 크게 낭독하고, 만약 내가 그가 거북해 하는 뭔가를 썼다면, 그는 이렇게 묻는다. "왜 우리가 이런 말을 했지?" 우리 책에서 (지멜 Georg Simmel에게서 빌려온) 여록excursus이라는 말이 나올 경우, 이는 린츠-스테판 체제가 일시적으로 멈춰 섰다는 뜻이다. 우리 책 몇몇에는 두세 개 정도의 여록이 있는데, 그런 여록들은 대부분의 학자들이 우리의 주장과는 관계가 없다고 생각할 수도 있지만 우리는 중요하다고 보는 내용을 담고 있다.

오늘날 사회과학의 많은 공동 연구들이 주로 이메일과 전화로 원거리에서 이루어진다. 당신과 린츠는 직접 얼굴을 맞대고 의사소통하는 방식을 유지하고 있는데, 이는 얼마나 중요한 것인가?

엄청나게 중요하다. 부분적으로는 우리가 관련 자료와 참고 문헌을 함께 찾기 때문이다. 이는 전화로는 불가능한 일이다. 게다가 그는 이메일도 쓰지 않고, 전화에 자동 응답기조차 달아 두지 않는다! 2~3일간 함께 연구할 시간을 갖다 보면, 우리는 도서관으로 달려가게 된다. 가령 우리가 헌법에 대해 연구하는 중이고 헌법 전문前文에 초점을 맞추고 있다면 "우리 인민은……"으로 시작하는지 "다음의 주들로 구성된 주권 공화국은……"으로 시작하는지를 확인하기 위해 18개의 헌법을 살펴보고 싶을 수도 있다. 그러면 같이 도서관에 가서 헌법 자료들을 가져오면 되는 것이다. 혹은 국민투표의 효과에 대해 논의 중이라면, 예일 도서관에 가서 스위스와 오스트레일리아의 국민투표에 대한 자료를 모두 뒤진다. 이런 일들은 전화로는 할 수 없지만 3일간 만나서 이야기할 시간을 가질 수 있다면, 잠깐 도서관에 들러 이런 식으로 실마리를 찾아볼 수 있는 것이다. 또 남아시아 4개국에 대한 우리의 설문지에 들어 있는 최고의 질문들 역시 요겐드라 야다브Yogendra Yadav와 린츠의 집에서 나흘 동안 작업하면서 나온 것들이다. 우리는 서로 의견을 교환하고, 가다듬고, 철저히 재정식화하는 과정을 거쳤다. 요겐드라와 나 사이의 이메일 교환으로는 이런 창조성이 나올 수 없다. 물론 재미도 없었을 것이다.

당신의 연구에서 규범적 가치는 어떤 역할을 하는가?

무엇을 연구할지 결정할 때 항상 내 가치관이 개입된다. 늘 많은 사람들에게 영향을 미치는 문제를 선택한다. 사회과학이 가치중립적이어야 한다는 주장은 이해할 수 없다. 베버는 "불편한 사실"에 대해 언급한 적이 있다. 베버가 말하는 "불편한 사실"이란 [연구자가] 발견한 사실 가운데 자신의 평소 입장에서 보기에 불편한 것들을 가리킨다(Weber 1946a, 147). 당연히 사회과학자들은 그런 불편한 사실들을 기록해야 할 절대적인 의무가 있다. 그러나 다른 부분에서 베버는 연구할 가치가 있는 것만을 연구해야 하고 연구 수행에 있어 열정과 열의가 있어야 한다고 말한다(Weber 1946a, 135). 무엇이 연구할 가치가 있는지를 결정하는 데에 가치를 개입시키지 않는다면 정말로 연구하고 싶어 하는 문제를 찾기가 어렵다.

당신은 계속해서 정치 행위자들에게 자문하는 일에 관여해 왔다. 공적인 일에 개입해서 얻은 것은 무엇이며, 왜 하는가?

나는 일반적으로 워싱턴 정계에서 요구하는 것과 같은 식의 정책 분석에는 관심이 없다. 조언자로서 정치에 간여할 것을 요청받는 일이 자주 있고, 몇몇 정권에서 국가안전보장회의National Security Council에서 일할 의향이 있는지 타진해 온 적이 있었다. 그러나 나는 결국 워싱턴에 흥미를 느끼지 못했다. 그곳이 일종의 기업 도시이기도 하거니와, 정부와 가까이 있다 보면, 싱크 탱크들뿐만 아니라 대학 사회도 지나치게 정책 과제에 집중하게 된다.

나는 정권을 위해 일하는 것보다는 언제나 나 자신이 원하는 일에 더 흥미를 느꼈다. 다른 한편으로는, 대부분의 사람들이 규범적으로 올바르고 역사적으로 자연스러운 일이라고 생각하는 모델이 있는데, 그것이 세상에 문제를 일으키고 있다고 생각되면, 그것에 관해 글을 써야 할 의무감을 느낀다. 모든 민족이 각각 하나의 국가를 형성해야 하며 모든 국가는 하나의 민족만으로 구성되어야 한다는 통념에 도전하는 일에 린츠와 내가 큰 관심을 갖는 이유도 이런 의무감에서다. 나는 분석적으로 막다른 곳에 다다랐다고 느낄 때뿐만 아니라 무언가를 배울 수 있고 유용한 기여를 할 수 있다는 생각이 들 때도 일부러 내 자신을 복잡한 상황으로 몰아넣는 경우가 있다. 이런 의미에서 내게 현지 조사와 정치적 개입은 상호 의존적이다. 나는 상원의원도 아니고 국무부에서 일하는 것도 아니지만, 내가 특정한 공적 사안에 대해 아는 게 있어서 기여할 게 있다면, 인권 문제에서 그래 왔듯, 기꺼이 헌신할 의향이 있다.

가령, 1980년 칠레 헌법을 읽으면서 "피노체트가 단두대의 순간guillotine moment을 넣어 놨군" 하고 중얼거린 적이 있었다. 헌법은 피노체트의 대통령 임기를 8년으로 하고, 그 후 헌병대와 육해공군 4군의 총사령관들이 만장일치로 대통령 후보 1인을 지명하도록 규정하고 있었다. 단독 후보가 된 1인이 대통령에 당선되기 위해서는 50.1퍼센트를 득표해야 했다. 아메리카스 워치 Americas Watch와 인권 단체들은 이 선거가 정당한 것인지, 야당의 승리 가능성이 있는지 알고 싶어 했다. 나는 1964년 이후로 칠레를 자주 드나들었고, 군부 지도자나 민주적 반대파와 이야기해 볼 수 있다는 생각이 들었기 때문에, 기여할 부분이 있을 거라 생각했다. 그래서 나는 아메리카스 워치의 사절단장 신분으로 산티아고Santiago에 도착하자마자 피노체트에 대한 지지에 있어 이중적인 태도를 갖고 있다고 생각되는 공군과 헌병대 사령관들과 인터뷰를 시도했다. 나는 정부로서의 군부와 제도로서의 군부 사이가 틀어져야만 민주주의로 이행하는 데 성공할 수 있다는 것을 잘 알고 있었다. 나는 공군 총사령관에게 이런 구분을 정확히 떠올리게 하는 질문을 했다. "국가와 공군에 더 나쁜 쪽은 어느 쪽입니까? 당신이 지명한 후보가 선거에서 승리하지만 투표의 정당성과 관련해 국내외적으로 의문이 제기되는 경우와, 당신이 지명한 후보가 선거에서 지는 경우 가운데 말입니다." 헌병대 총사령관에게도 같은 질문을 던졌다. 두 사람 모두 선거에서 이기고 의심받는 경우가 더욱 위험하다는 대답이 바로 나왔다. 그러자 나는 "선거란 복잡합니다. 새 규칙을 만드시겠습니까? 아니면 전통적인 방식대로 시행하시겠습니까?"라고 질문했고, 그들은 "전통적인 방식을 사용하겠다"라고 답했다. 나는 "얼마나 많은 사람들이 유권자로 등록되어 있습니까?"라고 다시 물었고, 그들은 "인구의 75~80퍼센트 정도가 유권자"라고 답했다. 나는 그들에게 "문제가 있습니다만, 아옌데가 타도된 후 등록 명부가 모두 타버려서 실제로는 인구의 20퍼센트만이 등록되어 있습니다. 나머지를 등록하는 데 시일이 얼마나 걸리겠습니까?"라고 하자 그들은 6개월가량 걸린다고 했다. 내가 "정당성을 중시한다면, 누구나 등록할 기회를 가지기 전까지는 후보를 지명해서는 안 됩니다"라고 하자 그들은 동의했다. 그리고 어떻게 되었는가? 그들 중 누구도 칠레 시민들이 등록할 기회를 가질 때까지 6개월간 후보를 지명하지 않았다.

다음으로 중요한 일은 핵심 야당 지도자인 리카르도 라고스와 같은 사람들을 만나 이야기하는 것이었는데, 그는 선거 참여 문제를 놓고 고심하고 있었다.[36] 라고스는 "권위주의 정권이 선거에서 패배한 적이 있습니까?"라고 물었고, 핵심적으로 나는 다음과 같이 답했다. "그들은 대부분의 경우 패배하는데, 이는 그들이 실수를 하기 때문입니다. 얼마 전에 우루과이와 필리핀에서도 패배했고, 대만과 한국에서도 지고 있습니다. 중요한 것은 단두대의 순간입니다. 피노체트는 머리를 단 한 번 내밀 것이고, 그 순간은 짧습니다. 정확한 순간에 내려쳐야 합니다. 그러니 사람들을 등록시켜서 투표할 준비를 하

---

[36] 리카르도 라고스는 2000년에 대통령으로 당선되었다.

도록 하되, 부정선거라 생각된다면 투표하지 않도록 하십시오." 바로 이런 상황이 내가 기여할 수 있다고 생각하는 상황이었다(Stepan 1988a).

다른 예를 들어 보겠다. 나는 버마 소수민족 지도자들과의 대화에 참여해 달라는 요청을 수락하기로 했는데, 그들 가운데 몇몇은 소수민족 집단 출신의 분리주의 장교들도 있었다. 초청을 수락한 이유는, 앞서 언급한 것처럼, 그들이 부적절하게 미국식 헌법을 주장하고 있다는 점이 염려되었기 때문이었다. 나는 "군부 정권에서 민수 성권으로 이행한 국가들을 살펴보는 것으로 이야기를 시작합시다. 10여 개의 사례를 통해 당신들 국가와 같은 군부 정권에서 민주화의 문제를 생각해 보도록 하겠습니다"라고 말했다. 내 숨겨진 의도는, 버마와 같이 반대파가 약하고 군부가 권력을 넘겨줄 이유가 거의 없는 경우 어떤 나라도 성공적으로 민주화에 이르지 못한다는 것을 이해시키려는 것이었다. 그들이 이 점을 이해하고 나서, 나는 그들의 헌법 초안이 제안하는 것과 같이, 인구의 60퍼센트와 정치 및 군사 기관을 장악하고 있는 버마족이 상원의 11퍼센트만을 갖고 단일한 상비군이 존재하지 않는 상황으로 가는 것은 불가능하다는 것을 보여 주고자 했다. 버마족 군대가 이를 받아들일 리 없었다. 이틀 후, 반대파 지도자들은 그들에게 좀 더 적합한 비대칭적 연방제에 대해 토의하고 있었다(Reynolds et al. 2001).

헌법을 둘러싸고 큰 논쟁이 있는 경우, 자문을 해달라는 요청을 받기도 했다. 우크라이나에서는 대통령령의 효력과 다민족주의에 대한 스페인식의 비민족국가적 대응 방식에 대해 논의했다. 인도에서 BJP[37]는 헌법과 의원내각제에서 대통령제로의 전환 문제를 검토해 주기를 원했다. 이 논의에 관여하고 있던 친구들이 대통령제와 의원내각제 논쟁에 대한 글(Stepan and Skach

---

37 인도인민당Bharatiya Janata Party을 말한다[힌두 민족주의를 표방하는 우파 정당].

1993)을 쓴 적이 있는 나를 외부 인사로 초청했는데, 위의 논제들에 대해 의원내각제 추진 위원회와 논의해서 대형 공개 강의를 진행해 달라는 것이었다. 나는 20~30개 국가를 근거로 삼아 논의를 진행하는 것이 유용하겠다는 생각이 들었다. 또한 인도 이전의 어떤 민주주의국가도 8개 이상의 정당이 집권 연합을 형성한 적은 없다는 점을 상기시키고자 했다. 지금 인도는 23개의 정당이 집권 연합에 참가하고 있으며, 상당수가 인종적 혹은 지역적 지지 기반을 갖고 있었다. 나는 어떻게 23개 정당이 참여한 집권 연합을 대통령제 하에서 운영할 것인지 물었다. 의원내각제의 경우 집권 연합을 만들고 유지할 수 있는 유인이 존재하지만, 대통령제의 경우 고정된 임기 때문에 그런 유인이 상대적으로 적기 때문이었다.

또 이란의 초청을 수락한 적도 있는데, 그곳에서는 개혁파들에 의해 조직된 "문명들의 대화"Dialogue of Civilizations를 주제로 한 반半공개 토론회에 참석해 달라는 요청을 받았다. 도착해서 보니, 내무부에서 나온 정부 관료들이 나와 비밀 면담을 원하는 것이 분명해 보였다. 이는 무시무시한 이야기로 들릴 수도 있는데, 대개의 경우 권위주의 체제에서 내무부는 강경파이기 때문이다. 그러나 (비근본주의적인) 선출 엘리트들과 선출되지 않은 (근본주의적) 율법학자들로 이루어진 양두정兩頭政 체제를 가진 이란에서는 사실상 내무부가 민주주의로의 이행에 관심을 갖는 친-민주주의적 집단의 중요한 권력 거점이었다. 그들은 이란 헌법을 꼼꼼히 살펴 자신들이 대통령과 의회를 적절히 통제하며 민주적 개혁을 추진해 나갈 수 있을지 내게 신중히 검토해 달라고 했다. 나는 그들이 원하는 바를 깨닫고 나서야 이를 수락했다.

의원 선거에 출마할 뻔했다는 것이 사실인가?

그렇다. 나는 항상 선출직을 명예롭고 매우 중요한 일이라고 생각해 왔다. 좋은 대통령과 나쁜 대통령의 차이는 해당 국가의 삶의 질에 막대한 영향을 미친다. 그래서 공직 선거에 출마하는 일을 고려한 적이 있다.

나는 1979년에 예일에서 안식년을 얻어 옥스퍼드에서 스티븐 룩스와 레셰크 콜라코프스키Leszek Kolakowski와 합동으로 사회주의의 이론과 실천에 대한 세미나를 진행하고 있었다. 시카고에서 걸려 온 전화를 받은 것은 그때였다. 그들은 "이상하게 들리실 줄은 잘 알지만, 선생님께서 의원 선거에 출마하시기를 바라는 이들이 있습니다. 애브너 미크바Abner Mikva가 얼마 전에 연방 법관으로 임명되면서 제10선거구에서 의원직을 사퇴했습니다. 그는 지난 네 번의 선거에서 승리한 민주당 의원이긴 한데, 그 격차는 근소했습니다. 그를 대체하기 위한 보궐선거가 곧 있을 텐데, 우리에게는 마땅한 후보가 없습니다. 그래서 선생님께서 적격자라는 결정을 내리게 되었습니다. 저희와 논의해 보시겠습니까?" 나는 아무런 확답도 하지 않은 채 대체 문제가 뭔지 알아볼 요량으로 그들을 찾아갔다.

시카고에 가서 나는 "무슨 생각이십니까? 저는 전형적인 뜨내기 입후보자입니다. 저는 선거에서 질 것이고, 당신들도 그럴 겁니다"라고 말했다. 그들은 "선생님은 이 지역에서 고등학교를 다니지 않으셨습니까?"라고 물었고 나는 "그렇다"고 했다. 또 그들은 "이 지역에 친척들이 얼마나 있으십니까?"라고 물었다. 나는 "적어도 30명쯤 된다"고 대답했다. 그러자 그들은 "그중에서 선생님을 위해 선거 모금 파티를 열어 줄 사람은 얼마나 됩니까?"라고 물었다. 나는 "가족들이 있습니다. 제가 요청하면 모두가 할 겁니다. 공화당원인 사람들까지도요"라고 답했다. "음" 그들이 말했다. "공화당 사람들은 선생님이 뜨내기 입후보자이기를 바랐겠지만, 일주일 내에 30개의 선거 모금 파티를 열 수 있는 사람은 전혀 뜨내기 입후보자가 아닙니다." 그래서 나는 말했다. "저는 이곳에서 살지 않은 지 오래되었습니다." 바로 이런 대답이 돌아왔다. "대학에 있는 사람은 이주한 것으로 생각하지 않습니다. 대학에 계셨잖습니까." 결국 나는 "도대체 뭐가 어떻게 된다는 겁니까?"라고 묻고 말았다. 그들은 이렇게 대답했다. "음, 우리 지역은 미국에서 가장 완벽한 '1/3, 1/3, 1/3' 선거구입니다."
"그게 무슨 뜻이죠?"라고 물으니 "우리 지역은 3분의 1이 가톨릭입니다"라고
답했다. 나는 말했다. "저는 정통 가톨릭 신자도 아니고 성당에 나가는 사람도
아닙니다." 그들은 말했다. "상관없습니다. 로욜라 아카데미와 노터데임을 나
오셨잖습니까. 그건 가톨릭 표를 얻을 수 있다는 뜻입니다." 나는 다시 물었다.
"다른 3분의 1은 무엇입니까?" 그들은 말했다. "와스프WASP(White, Anglo-Saxon,
Protestant)[미국 사회의 주류를 이루는 앵글로색슨계 백인 신교도]입니다." "저는 와스
프가 아닙니다!" 내가 말했다. 그들은 답하길, "예일대 교수이시잖습니까." "나
머지 3분의 1은 무엇입니까?"라고 물으니, 그들은 대답했다. "유대계입니다."
나는 "뭐라구요? 저는 유대계가 아닙니다!"라고 대답했고, 그들은 내게 말했
다. "맞습니다. 그렇지만 선생님은 지식인이시잖습니까."

당장 선거운동에 들어가야 할 판이었고, 매력적으로 보이기도 했는데, 왜
냐하면 내가 1979년에 첫 선거를 이기고, 1980년에 두 번째 선거도 이긴다
면, 1982년에는 상원 의석이 가시권에 들어올 수 있기 때문이었다. 당시 일
리노이 주 상원의원[공화당]이었던 찰스 퍼시Charles Percy가 내게 말했다. "저는
당신이 선거에서 이기지 않기를 바랍니다. 그렇지만 무슨 일이 일어나건, 저
는 이 자리에서 물러날 것 같군요."

왜 출마하지 않기로 결정했나?

상원의원이 될 수도 있다는 전망은 정말 매력적이었다. 하지만 이
윽고 짧은 시간 안에 많은 돈을 모아야 한다는 문제에 생각이 미치기 시작했
다. 도와줄 만한 저명한 후원자들이 몇 명 있었지만, 그러고도 몇 주 안에 내
가 직접 많은 돈을 모아야만 했다. 가장 쉬운 길 가운데 하나는 시카고의 민
족 공동체에서 특히 관심사가 되던 '핵심 쟁점'인 외교정책 문제에 호소하는

것이었다. 그러나 사실상 이런 모든 외교정책 문제에 대해 기존의 입장과는 차별화된 입장을 개발하기 위해 내 생애의 대부분을 바쳤는데, 나 자신이 이런 입장을 가지고 아주 짧은 선거운동 기간 동안 성공적인 유세전을 펼칠 수 있을지 의심스러웠다. 게다가 아내는 개인인 나 앨프리드 스테판과 결혼했지만, 시카고로 가게 된다면 시카고 정치와 결혼하게 되는 것이었다. 너무나도 커다란 변화였다. 하지만 가끔씩 나는 이런 도전과 기회에 응전하지 않았던 것에 대해 떳떳하지 못할 때가 있다. 아리스토텔레스는 폴리스에서 살 필요가 없는 자는 신이나 짐승뿐이라고 했다. 그런데 우리는 제대로 운영되는 폴리스에서 살고 있지 못하다.

예일

당신은 첫 교수 생활을 1970년 예일대 정치학과에서 시작했다. 당시 예일에는 로버트 달과 찰스 린드블롬 같은 교수들이 있었고, 아마도 미국에서 가장 우수한 정치학 과정을 운영하던 곳이었을 것 같다. 예일에서 조교수 생활은 어땠나?

환상적인 분위기였다. 예일에서 13년을 있었으나 한 번도 다툼이 일어난 적이 없었고, 뒤에서 험담하는 일도 거의 없었다. 로버트 달은 이런 우호적인 분위기와 관련해 찬사를 받아 마땅하다. 달은 다원주의에 대해 쓰기만 한 것이 아니라, 실제로도 다원주의적으로 행동했고, 너무나 신사적이고 매력적인 동료였다. 사실 모두가 그와 린드블롬이 어떻게 그렇게 좋은 동료 관계를 유지할 수 있는지 궁금해 했다. 린드블롬은 놀라울 정도로 과묵해서 사람들을 안절부절못하게 만들곤 했다. 그는 정말 어려운 질문을 던지고는 그저 조용히 있었다. 달은 세상에서 가장 선량하고 편안한 사람이었고, 린드블롬은 우리 모두가 존경해 마지않았지만 그 주위에는 무시무시한 침묵이 감돌고 있었다.

예일에는 훌륭한 라틴아메리카 연구자 집단도 있었다. 카리브 해 연안 지역을 연구한 훌륭한 인류학자인 시드니 민츠Sidney Mintz, 역사학과의 믿을 수 없을 만큼 재미있고 재기 넘치는 브라질 전공자 리처드 모스Richard Morse, 아마도 라틴아메리카를 전공한 미국 경제학자들 가운데 가장 훌륭한 두 명이라 할 수 있는, 쿠바 출신의 경제사가이자 아르헨티나에 관해 훌륭한 연구를 수행한 카를로스 디아스-알레한드로Carlos Díaz-Alejandro와 동료 브라질 연구자였던 앨버트 피시로 등을 들 수 있다. 예일에서 6개월을 지낸 후 나는 예일대 라틴 아메리카 연구위원회Council on Latin America Studies 회장직을 맡아 달라는 제의를 받아들였는데, 내가 아직 종신 재직권을 얻지 못한 상태였고 행정적 업무가 연구에 방해가 될 것이라는 이유로 정치학과의 모든 이들이 만류했다. 제안을 받아들인 부분적인 이유는, 다른 대학들의 라틴아메리카 연구 기관들에 대해 간략히 조사해 본 결과 예일이 보유한 지성적 자원과 도서관에 비해 가장 효율이 낮은 연구 기관을 갖고 있었기 때문이었다. 내가 회장이 되었을 때 연구위원회의 예산은 1만 6천 달러에 불과했으나, 내가 떠날 때는 60만 달러가 되어 있었다. 이 자원 덕분에 나는 대학, 나, 예일의 학생들을 비롯해 라틴아메리카 출신 동료들을 위해 흥미진진한 연구 프로젝트들을 추진할 수 있었다. 당시는 극단적으로 강압적인 군부 정권이 우루과이, 아르헨티나, 칠레에서 정권을 장악하고 있었을 때였고, 예일은 그 국가에서 망명한 많은 학자들에게 임시 거점과도 같은 역할을 했다. 게다가 예일의 정치학과 동료들 가운데 많은 이들이 라틴아메리카에 대한 관심을 갖고 있었고, 새롭게 관심을 갖게 된 이들도 많았다. 어느 시점에서는 학과 내 교수들 가운데 다섯이 스페인어나 포르투갈어를 읽거나 말할 수 있게 되었다. 로버트 달은 칠레에 체류한 적이 있었다. 데이비드 앱터는 아옌데에게 매료되어 스페인어를 배웠고 칠레와 아르헨티나에도 방문한 적이 있었다. 조지프 라팔롬바라는 피터 에반스Peter Evans식의 다국적기업, 국영기업, 국내 부르주아 사이의 "삼각 동맹"(Evans, 1979)을 연구하는 데 흥미를 느껴 내가 예일에 있을 때 포르투갈어를 배웠다. 후안 린츠는 당연히 스페인어를 할 줄 알았다. 기예르모 오도넬은 공식적으로는 학생이었지만, 지적으로나 정치적으로 강력한 영향력을 가진 존재였다. 라틴아메리카에서 손님이 오면, 낮에는 강좌가 열리고, 밤에는 그 손님과 앱터, 린츠, 리처드 모스, 대학원생들까지 거의 모두가 우리 집에 모여 술을 마시며 격의 없는 대화를 나누곤 했다.

컬럼비아

1983년에 당신은 예일을 떠나 컬럼비아의 국제행정대학원School of International and Public Affairs, SIPA 학장이 되었다. 예일을 떠나게 된 이유는 무엇인가? 또 학장으로 재직할 당시 가장 기억에 남는 일은 무엇인가?

예일을 떠나게 된 가장 큰 이유는 내 아내가 과학 및 의학사에 대한 두 번째 책을 발표했고 굉장히 평판이 좋았는데, 뉴 헤이븐New Haven에는 기회가 많지 않았기 때문이다. 우리는 대도시 동료들에게 꼭 같은 대학에 있지는 못하더라도 같은 도시에 있는 한 다른 곳으로 옮길 수도 있음을 알리기로 결정했다. 몇몇 대학들이 관심을 보였고, 우리는 컬럼비아를 선택했다.

컬럼비아에는 학장직을 수행하면서도 강의는 계속할 수 있도록 해달라고 제안했다. 학생들을 가르치지 않는다면 어떻게 학과를 운영할 수 있겠는가? 또한 나는 일주일에 20시간을 연구 지원 일을 할 수 있도록 해달라고 요청했는데, 이는 연구 기금을 모으고, 커리큘럼을 개선하며, 정계의 유명 인사들을 컬럼비아에 데려와 큰 회의들을 주최하기 위해서였다. 나름 잘해 냈다고 생각한다. 국제행정대학원은 조지 소로스를 컬럼비아와 더 가까운 사이로 만드는 데 기반을 제공해 주었고, 그는 중부 유럽의 중요한 반체제 학자들을 컬럼비아에 데려오는 데 도움을 주었다.[38] 나는 인권에 관한 로스쿨과의 합동 과정과 언론학과와의 합동 과정을 만드는 일에도 관여했다. 명민하고 신사적인

---

[38] * 소로스George Soros(1930~)는 헝가리 출신 유대인으로 국제 환투기의 일인자로 잘 알려져 있지만 여러 자선 사업에도 관여했다. 1979년에 그는 소로스 재단과 열린사회연구소를 설립했으며, 1993년에는 모국인 헝가리에 중부 유럽 대학을 설립하는 데도 관여했다. 물론 이에 대해서는 중동부 유럽 국가들이 시장체제로 전환하는 것을 돕기 위한 것이라는 비판도 있다.

시카고 출신의 내 친구 제이 프리츠커Jay Prizker[39]는 내가 그를 1년에 한 번 재미있는 여행에 데려가는 조건으로 우리 대학원 이사회 의장이 되는 데 동의했고, 그와 함께한 여행에서 우리는 피델 카스트로와 일대일로 6시간 동안 이야기를 나누기도 했고, 하노이에서 잡 장군General Giap[40]과도 일대일로 만났으며, 그단스크Gdansk에서 레흐 바웬사Lech Walesa와도 재미있는 만남을 가졌다.

중부 유럽 대학

1993년에 당신은 프라하, 부다페스트, 나중에는 바르샤바에도 생긴 중부 유럽 대학의 초대 총장이자 학장이 되었다. 이런 기회가 어떻게 생겼으며 왜 거기에 응했는가?

나는 컬럼비아 대학의 학장 자리에서 막 물러난 상태였고, 총장감을 찾는 미국 주요 대학의 이사들로부터 취임 제의가 들어왔다. 미국예술과학아카데미 회원이면서 학장을 해본 인사는 별로 없었기에, 나를 총장 후보로 삼았던 것이다. 나는 이 제의들 가운데 어느 것도 받아들이지 않았는데, 이런 제의를 수락하게 된다면 현장에 기반을 둔 비교정치학자로서의 내 삶은 끝이라는 것을 잘 알고 있었기 때문이었다. 나는 헝가리 정치철학자이자 주요 정당(자유민주동맹) 총재이기도 했던 야노시 키시János Kis로부터 전화를 받았는데, 그는 드디어 1991년부터 함께 설립 가능성을 모색해 온 중부 유럽 대학을 설립할 준비

---

39 프리츠커는 하얏트 호텔을 창립한 억만장자이자 자선가이다.

40 베트남의 보응우옌잡武元甲[1911~] 장군은 호찌민胡志明[1890~1969] 치하에서 베트민越盟 게릴라 집단의 군사 지도자였다. 그는 나중에 베트남전쟁 동안 미국에 대항하는 북베트남군을 지휘했다.

가 되었으며 그 대학의 초대 총장이 되어 달라고 했다. 나는 베를린 장벽의 붕괴 이후 중부 유럽 대학의 설립에 일조할 기회를 갖는다는 게 중요한 도전이라고 생각했다. 내 경력이 그 일에 부합하고, 민주화에 큰 관심을 갖고 있는 현장 중심적인 비교정치학자로 남고자 하는 내 소망과도 부합될 수 있는 특별한 총장직이라고 느껴졌다. 그래서 그 일에 자금을 지원하고 있던 조지 소로스를 만나 이야기했다. 우리는 햄프턴스Hamptons에 있는 그의 집에서 잠깐 눈 붙인 것을 제외하고는 아무런 방해도 받지 않고 거의 18시간 동안 일대일로 이야기를 나눴다. 매력적이지만, 쉬운 얘기는 아니었다. 조지는 우리 시대 가장 창조적인 자선가 가운데 하나로 똑똑한 사람이지만, 기관을 혐오하고 장기적으로 어딘가 묶여 있는 것은 질색하며, 너무나 정태적이라는 이유로 지식이란 말을 좋아하지 않는 사람이다. 나는 "조지, 당신이 좋아하지 않더라도, 우리가 새 대학을 설립하는 일에 대해 이야기한다면 그건 기관, 장기간의 책무, 그리고 지식에 대해 이야기하는 것이네. 이 일이 피노체트에 대항하며 함께했던 일[41]만큼 재미있지는 않을 거야"라고 했다. 결국 우리는 대학을 새로 만들기 위해 내가 짧은 기간 동안 총장으로 일하는 형식으로 합의에 이를 수 있었다.

분명히 구소련 붕괴 이후 중부 유럽은 그런 형태의 기관을 설립하기에는 복잡한 환경이었다. 주로 어떤 점이 힘들었나?

구소련 해체 이후 유럽의 기존 대학들이 처해 있던 주요 딜레마는 정치경제학과 정치철학 같은 분야에 누구를 교수로 임용할 것인가와 관련되

---

[41] 스테판은 소로스에게 인권 단체인 아메리카스 워치에 가입할 것을 권고했다. 이에 가입한 소로스는 1988년 피노체트를 패배시킨 대통령 국민투표의 주요 지원자였다.

어 있었다. 공산주의 체제하에서 정치학은 신뢰받지 못했기 때문에 아예 가르치지 않거나, 가르치더라도 그 분야에서 대학 수준의 교육을 받은 노멘클라투라nomenklatura⁴²가 가르쳤다. 그래서 중부 유럽의 기존 대학들은 내가 "숙청이냐 화석화냐"라고 부른 딜레마에 처해 있었다. 기존 대학에서 민주화를 위해 필요한 핵심 분야의 교수들을 숙청하려 한다는 것은 프라하에서 공산주의가 시작되었던 1948년으로 돌아가는 것을 의미했다. 그러나 그들을 그대로 두는 것은 "화석화"를 의미했다. 유일한 창조적 대안은 새로운 사립대학을 설립하는 것이었다. 그러나 사립대학은 프라하와 부다페스트에서 여전히 준-불법이었고 그래서 우리가 수여한 학위가 국내적으로 인정받지 못했기 때문에, 먼저 국제적 인정을 받을 수 있게 하는 전략을 취하기로 했다. 결국 우리는 영국과 네덜란드에서 학위 인정을 받아 냈다. 또 뉴욕 주의 교육위원회는 7개 학과에서의 석사 학위를 인정했으며, [체코 서뷔 보헤미아 출신의 어네스트 겔너Ernest Gellner가 지도했던 민족주의 과정의 경우에는 박사과정으로 인정했다. 학위를 인가받기 위한 준비 과정은 정말 힘들었다. 중부 유럽 대학의 몇몇 교수들은 반체제 대학들에만 있어 봐서 강의계획서를 사용해 본 적이 없었다. 그러나 강의계획서도 없이 학위를 인가받는 일은 불가능했다. 동료들에게 강의계획서 작성을 요청하자, 어떤 교수는 스탈린주의가 극성일 때도 내가 총장으로 있을 때만큼 그의 지적 자유를 침해한 적은 없었다고 화를 내는 편지를 보내오기도 했다.

---

42 노멘클라투라란 공산당원이거나 공산당이 승인한 엘리트 계층을 뜻한다.

일반적으로는 행정 업무와 학자로서의 연구 활동은 제로섬 관계에 있는 것으로 인식되고 있다. 중부 유럽 대학 설립에 관여해서 얻은 지적 보상은 무엇이었나?

　　행정 업무가 연구에 미치는 영향은 당신이 얼마만큼 행정 업무에 매여 있는가와 어떤 행정 업무를 수행하고 있느냐에 따라 다르다. 나는 6년 만에 박사 졸업생에서 예일의 전임 교수가 되었고 첫 6개월과 안식년을 제외하고는 항상 기관을 운영하는 일을 하고 있었다. 이런 조건은 내가 학자로서 하고 싶었던 일의 대부분을 할 수 있게 한 기반이 되었다. 그중에서도 중부 유럽 대학은 최고의 기반이었다. 지적인 보상은 정말 컸다. 부다페스트와 프라하의 동료들 가운데 많은 이들이 예전 공산주의 체제에 대항하는 저항운동에 관여했던 사람들이었고, 나는 그들과 긴 시간 동안 이야기를 나눌 수 있었다. 다른 나라에서 중부 유럽 대학의 새 분교를 열 수 있는 가능성을 모색하기 위해, 러시아와 같은 구공산권 유럽을 지속적으로 둘러보고 다녔기 때문에, 다양한 방식으로 민주화 과정에 관여하고 있던 온갖 종류의 사람들을 만날 수 있었다. 나는 민주화 담론이 접근하는 데 실패한 문제들, 특히 민족주의 문제에 집중하게 되었다. 일전에 말한 것처럼 권위주의 체제의 이행에 대해 오도넬, 슈미터, 화이트헤드가 편집한 3권 분량의 논문집(O'Donnell, Schmitter, and Whitehead 1986)에는 민족주의 문제에 대해 서술한 장이 하나도 없는데, 그런 태만에 대해 그 프로젝트에 참여했던 나 역시 다른 기고가들만큼 책임이 있다. 구소련 해체 이후 유럽의 민주주의의 팽창에 대해 말하고자 할 때 민족주의를 고려하지 않고 생각하는 것이 과연 가능하겠는가?

　　중부 유럽 대학에 재직할 당시 지적으로 가장 중요했던 것 가운데 하나는 어네스트 겔너와의 교류였는데, 그는 현대 민족주의에 대한 가장 위대한 연구자(Gellner 1983)였다.[43] 나는 겔너가 민족주의에 관한 소규모의 박사과정과 박사후 과정을 개설하는 일을 도와주었다. 얼마 되지 않아 우리는 베네딕트 앤더슨, 로저스 브루베이커Rogers Brubaker 같은 선도적인 민족주의 연구가들을 객원 교수로 둔 활력 있는 민족주의연구센터Center for Study of Nationalism를 가질 수 있게 되었다. 내가 겔너에게 "당신의 모든 연구, 아니 당신이 워낙 다작이라 다는 아닌 것 같은데, 어쨌든 민족주의와 관련된 당신의 연구는 모두 읽어 보았다. 하지만 내가 아는 한, 당신은 민주주의에 대해서는 연구한 적이 없는 것 같다. 그리고 당신도 알다시피, 나는 민주화에 대해 연구해 왔지만, 민족주의에 대해서는 연구해 본 적이 없다. 중부 유럽 대학의 지도자들로서 당신과 내가 어떤 종류의 민족주의와 어떤 종류의 민주주의가 서로 상응하는지에 대해 연구할 필요가 있다고 생각한다"라고 하자, 그는 즉시 동의했고 민족주의와 민주주의에 대해 부다페스트와 프라하에서 합동 공개강좌를 열자고 제안했다. 내가 먼저 민족주의에 대해 강의하고 그가 민주주의에 대해 나중에 강의할 예정이었다. 이상적으로는 우리의 강의록을 한데 묶고 공통의 결론을 곁들여 조그마한 책을 낼 예정이었다. 나는 그 계획에 푹 빠져들었다. 겔너는 내 강의에 반드시 참석해 맨 앞에 앉아 내가 하는 말이 마음에 들지 않을 때는 지팡이로 바닥을 두드리곤 했다. 학생들은 겁에 질렸고 겔너와 내가 심각한 적대 관계에 있다고 생각했다. 그러나 우리는 강의가 끝나면 항상 식당에서 만나 몇 시간씩 이야기를 나누곤 했다. 안타깝게도 겔너는 강의를 하기 전에 죽고 말았다.

중부 유럽 대학은 매우 고무적인 환경이었다. 사실 『민주주의 이행과 공고화의 문제』(Linz and Stepan 1996)에서 가장 큰 부분은 구소련 해체 이후 유럽을 다룬 것으로 총장으로 있는 동안 쓴 것이다. 지금 하고 있는 다민족 사회와 민주주의의 문제에 대한 연구도 대체로 구소련 해체 이후 국가들이 직면한 문제에 대한 당시의 생각에서 나온 것이다.

---

43 겔너의 민족주의 이론에 대한 스테판의 견해와 관련해서는 Stepan(1998) 참조.

데이비드 스타크David Stark와 함께 동유럽 자본주의를 설명하는 "재조합형 재산"[44] 이론에 대한 훌륭한 연구서(Stark and Bruzst 1998)를 쓰고 있었던 저명한 헝가리 출신 사회학자 라스즐로 브루스트László Bruszt는 내 밑에서 부총장이 되었는데, 지적으로도 가깝게 지냈고 개인적으로도 친한 친구가 되었다. 야노시 키시와의 교류도 중요했다. 그는 새로운 형태의 정치체제가 개인과 집단의 권리에 어떻게 영향을 미치는지에 대해 연구하고 있었고, 정당의 지도자이기도 했다. 명민한 폴란드 출신 헌법학자인 빅토르 오시아틴스키Wiktor Osiatynski는 스티븐 홈스Stephen Holmes, 욘 엘스터Jon Elster와 함께 중부 유럽 대학과 시카고 대학 로스쿨과의 협약하에 『동유럽 헌법 리뷰』East European Constitutional Review를 창간하는 데 도움을 주었는데, 뉴욕을 거쳐 갈 때마다 낸시와 내가 즐겨 담소를 나누는 아주 재미있는 사람이다. 나는 나중에 중부 유럽 대학의 과정이 될 실험적 과정 가운데 하나를 시앙스포[파리정치대학]Sciences Po의 피에르 하스너Pierre Hassner와 함께 진행했다. 자크 루프닉Jacques Rupnik과는 체코 시민사회의 특징에 관한 논의를 함께했고, 현재『민주주의 저널』편집위원회 동료인 알렉산데르 스몰라르Aleksander Smolar와는 폴란드 정치사회에 대한 논의를 나눴다. 스티븐 룩스, 앤 필립스Anne Philips, 진 코언Jean Cohen, 앤드류 아레이토Andrew Arato, 윌 킴리카Will Kymlicka, 존 홀John Hall, 베네딕트 앤더슨, 로저스 브루베이커 등 많은 흥미로운 사람들이 세계 각지에서 몇 주 혹은 몇 달간 와서 우리 일을 도왔다. 폴란드 출신 세계적인 중세사가이자 자유노조 운동

---

44 * 재조합형 재산recombinant property
동유럽 공산권이 해체된 이후 국가가 사유화 과정을 서두르면서 나타난 국가와 사유재산의 특성이 융합된 소유 형태를 말한다.

의 지도자들 가운데 한 사람인 브로니스와프 게레멕Bronisław Geremek은 놀랍도록 훌륭한 사람으로, 항상 다양한 범위의 지적이고 정치적인 이슈에 대한 대화를 자극했다. 조지 소로스를 설득해 나를 비롯한 우리 모두에게 이사회가 필요하다는 것을 납득시킨 뒤 게레멕과 랄프 다렌도르프Ralf Dahrendorf는 중부 유럽 대학의 초대 이사가 되었다. 바츨라프 하벨Václav Havel과 프라하의 대통령 궁에서 민주주의와 중부 유럽 대학의 미래에 대해 토론했던 순간은 분명 최고의 순간이었다. 그리고 물론 조지 소로스도 수많은 우리 모임에 참석해 큰 역할을 했다.

중부 유럽 대학의 학생들은 어땠나?

그들은 대부분 굉장히 훌륭했고, 내가 배울 것도 많았다. 놀랍게도 가장 훌륭한 학생들 가운데 몇몇은 불가리아 출신이었고 최악은 체코슬로바키아 출신들이었다. 아이러니하게도 불가리아인들은 매우 모범적인 공산주의자였기 때문에 러시아인들의 간섭이 적었고, 그 결과 동유럽에서 가장 국제적으로 다양하고 접근이 쉬운 중앙 도서관 가운데 하나를 만들 수 있었다. 그리고 불가리아인들은 의무적으로 자신들의 학술지를 러시아의 모든 학술 단체에 보냈고, 그 답례로 모든 러시아의 학술지들을 받아 볼 수 있었다. 그래서 불가리아 출신 학생들 가운데 몇몇은 훌륭한 러시아어 자료에 대해 러시아 출신 학생들보다 더 잘 알았다. 사실 러시아 학자들에게도 불가리아에서 러시아어 학술지를 접하는 일이 러시아에서보다 더 쉬운 것이었다. 반대로 체코슬로바키아는 훌륭한 대학 전통을 갖고 있었지만 1968년의 일로 인해 도서관이 파괴되고 대학 시스템은 노멘클라투라의 통제하에 놓이게 되었다.

무슬림, 가톨릭 신자, 그리스정교회 신자 등 유고슬라비아 출신 학생들 사이의 문제는 심각했다. 한번은 학생들 사이의 친목 도모를 위해 새로 지은 기숙사에서 세르비아 출신 학생이 군복을 입고 칼을 찬 채 복도를 행진한 적도 있었고, 시시때때로 싸움이 났다. 이슬람교나 그리스정교가 다수를 차지하는 국가 출신의 학생들이 찾아와서는 자신이 민주주의에 대한 세미나에 참석하는 것이 적절할지 묻는 일도 여러 번 있었다. 나는 말했다. "당연히 적절합니다. 왜 안 된다고 생각하지요?" 그들은 답했다. "저는 사람들이 민주적 전통이 부족하다고 이야기하는 이슬람교나 그리스정교 국가 출신입니다." 민주주의를 위해서는 문화적 전제 조건이 필요하다는 믿음 때문에 내 수업을 들어서는 안 된다고 생각했다는 사실에 나는 가슴이 아팠다.

옥스퍼드

1996년에 당신은 중부 유럽 대학을 떠나 옥스퍼드로 이직했다. 미국으로 돌아가는 대신 옥스퍼드를 선택한 이유는 무엇인가? 그리고 옥스퍼드에 왜 3년만 있었나?

애초에는 미국 대학으로 돌아가야겠다는 생각을 하고 있었다. 그러나 옥스퍼드의 올 소울즈 칼리지All Souls College에서 글래드스톤 정치학 교수직Gladstone Professorship of Government 자리가 났다는 소식을 들었고, 여기 지원해 선발되었다. 글래드스톤 교수직은 예전에 새뮤얼 파이너Samuel Finer — 위대한 학자이자 훌륭한 이야기꾼으로, 군부에 관한 고전인 『말 등에 탄 사람』The Man on Horseback(Finer 1962)을 썼다 — 가 역임한 바 있는 자리였다. 파이너는 세인트 앤터니 대학St. Antony College의 포드 객원연구원Ford Visiting Fellow이었을 때 가장 친한 저녁 식사 친구가 되었다. 게다가 나는 이사야 벌린Isaiah Berlin이 한때 사용하던 사무실을 물려받았는데, 크리스토퍼 렌Christopher Wren 안뜰과 올드 보들린Old Bodlean을 굽어보는 곳이었다. 낸시는 웰컴 의학사 학교Wellcome Unit for the History of Medicine의 고등연구원이 되었고 나중에 근대사 교수가 되었다. 그래서 우리는 영국에서 사는 것도 좋겠다 싶었고, 옥스퍼드에 가는 것이 훌륭한 경험이 될 것이라고 생각했다.

여러 가지 일들이 일어나 생각했던 것보다 빨리 미국으로 돌아가게 되었다. 먼저는 손자 손녀가 생겼고 그들은 맨해튼에 살고 있었다. 우리는 손자 손녀인 애덤Adam과 타냐Tanya 보는 일을 정말 좋아했고 그들과 가까이 지내고 싶었다. 게다가 웰컴 학교는 어려운 시기를 겪고 있었고, 이로 인해 낸시가 기대했던 것보다 덜 매력적인 곳이 되었다. 또한 내 중요한 의무 가운데 하나는 "수업" 석사[45] 과정생들에게 비교정치학의 핵심 과정을 가르치는 것이었는데, 여기에 문제가 있었다. 나는 핵심 과정을 맡고 있었지만, 2년 뒤에 학생들이 보아야 할 종합시험의 출제와 채점은 다른 교수들이 하도록 되어 있었다. 이런 시스템은 내가 정치학의 최근 문제들에 대한 내용으로 전체 강의를 구성하는 것을 곤란하게 만들었다. 이런 문제들에 대한 '보이지 않는 대학'의 문헌들은 아직 출간되지 않았거나 최근에야 출간된 경우가 대부분이라 종합시험의 도서 목록에는 포함되지 않았기 때문이다. 그리고 정부의 자금 지원 규정이 석사 학위 취득 후 4년 이내에 박사 학위를 받지 못할 경우 옥스퍼드에 불이익을 주도록 되어 있었다. 훌륭한 현지 조사 경험을 뒤로하고 바로 학교로 돌아오게 만드는 것은 말도 안 된다. 미국정치학회의 비교정치학 분과 회장이었던 에벌린 후버Evelyn Huber나, 국제정치학회 전 회장인 기예르모 오도넬, 학술상을 수상한 마거릿 켁과 캐슬린 시킹크Kathryn Sikkink, 지금 막 프린스턴을 떠나 옥스퍼드로 간 낸시 버미어Nancy Bermeo, 지금 하버드에 있는 신디

---

45 • 수업taught 석사 과정
수업을 중심으로 하는 1년짜리 석사 과정을 의미한다. 영국의 석사 과정에는 이와 같은 '수업 석사 과정'과 2년짜리 연구research 석사 과정이 있다.

스카치, 노터데임 대학의 켈로그 연구소 소장인 스콧 메인워링Scott Mainwaring, 노스웨스턴에 있는 에드워드 깁슨Edward Gibson 등 내 학생들 중 많은 경우가 박사 학위를 받기까지 6년 이상이 걸렸다.

하지만 옥스퍼드에는 훌륭한 학자들이 많았고, 그곳에서 많은 친구들을 사귀었다. 정치철학을 공부하기에 세계에서 가장 좋은 곳 가운데 하나이고, 내게는 로널드 드워킨Ronald Dworkin이나 조셉 라즈 같은 동료들이 있었다. 러시아 정치 분야의 선도자 가운데 하나인 아치 브라운Archie Brown과는 구소련 해체 이후 유럽의 민주주의가 가진 문제들에 대한 세미나를 열었다. 로런스 화이트헤드Lawrence Whitehead와는 민주주의의 새로운 접근에 대한 워크숍을 운영했고 티모시 가튼 애시Timothy Garton Ash와도 자주 만났다. 랄프 다렌도르프가 세인트 앤터니 대학 학장일 때 그가 초대한 동료들과 손님들과 함께한 식사 모임은 정치적이고 지적인 모험의 자리였다. 게다가 옥스퍼드는 중동뿐만 아니라 이슬람에 대해 연구하는 사람들이 아주 다양했다. 가령 제임스 피스카토리James Piscatori와 나는 세미나를 열어 이슬람 세계에서 과연 "쌍생적 관용"이 작동되는지를 두고 토론을 벌인 적도 있다.

다시 컬럼비아로

1999년에 당신은 옥스퍼드를 떠나 컬럼비아 대학으로 돌아왔다. 당신이 유럽에 가있는 동안 컬럼비아는 어떻게 변모해 있었나?

내가 컬럼비아를 떠날 당시 정치학과에는 세계 각지별로 그 분야의 훌륭한 전문가들이 있었지만 체계적인 비교분석을 할 줄 아는 학자는 거의 없었다. 하지만 내가 유럽에 나가 있는 동안 그 분야에서 많은 노력이 있었던 것 같다. 또 비교정치학과 국제관계학 사이의 관련성도 더 깊어졌다. 내전과 무정부 상태를 연구했기 때문에 비교정치학과 국제관계학 사이의 애매한 지점에 있었던 잭 스나이더Jack Snyder가 이제는 종신 재직권을 받은 고참 동료 교수가 되어 있었다. 앤드류 아레이토와 함께 내놓은 시민사회에 대해 선구적인 연구(Cohen and Arato 1992)를 통해 내 학생들의 관심을 끌었던 진 코언은 종신 재직권을 획득해 비교정치학과 정치 이론의 새로운 연결 고리를 강화시켰다. 스나이더와 코언은 나와 많은 학생들을 공유하고 있다. 내 연구와 미국 정치학과의 연관성 또한 이제는 좀 더 탄탄해졌는데, 이는 아이라 카츠넬슨이 우리 과에 들어온 덕분이다. 그는 달과 같은 존재로 미국 정치발전을 전공한 ― 이는 비교정치학자들이 좀 더 큰 역할을 해야 하는 미국 정치학의 한 분야다 ― 가장 훌륭한 학자 가운데 하나다. 또한 내가 돌아오고 나서, 입헌주의에 관심을 갖고 있으며 중부 유럽 대학을 자주 방문하기도 했던 엘스터와, 집단적 권리와 같은 문제에 대해 함께 논쟁한 바 있던 브라이언 배리 Brian Barry도 학과 동료가 되었다. 내 다음으로 학장직을 맡아 했던 친한 친구이자, 국제관계학에서 비교정치학자들에게도 매우 흥미로운 이론인 "구성주의"를 주창했던 존 러기John Ruggie가 다른 곳으로 갔다는 것을 제외하면, 내가 컬럼비아에서 1960년대에 학생으로, 1980년대에 학장으로 있을 때보다 지적으로 모든 게 더 나아졌다.

당신의 경력에서 학생들을 가르치는 일은 어떤 역할을 하는가? 좀 더 폭넓게 말하자면 당신의 교수법에 대해 이야기해 달라.

학생들을 가르치는 일은 굉장한 보람을 느끼게 해주는, 내 일과 내 삶의 일부이다. 6개월 혹은 1년마다 문을 열면 새로운 생각을 가진 다양한 사람들이 들어오는 직종에 있으니 끊임없이 활력을 되찾는 것 같다. 학생들과의 만남은 흥미진진한 일이다.

나는 학위논문에 대해서는 공동 심사 방식을 좋아하는데, 학생에게 지금 가고 있는 방향이 막다른 길이라는 것을 알려 주어야 할 때가 있기 때문이다. 결국 그 학생과의 관계가 사오 개월 동안 거의 파탄에 이르게 될 수도 있지만, 그 기간 동안 그 학생이 이야기할 수 있는 다른 누군가가 있다면 매우 큰 도움이 될 것이다. 나는 학생들에게 매우 직접적으로 평가를 전달하는 편이다. "이건 말도 안 된다", "이건 아주 훌륭하다" 혹은 "이건 계속 밀고 나가고 저건 그만둬라"와 같은 식이다. 충분히 친하고 사회과학이 어떻게 돌아가는지에 관해 어느 정도 입장을 공유하는 관계가 되면, 학생들은 내 말을 에누리해서 받아들인다. 하지만 가끔은 내가 누군가를 오판하거나 학생들이 나를 이해하지 못하는 경우도 있게 마련이다. 또 공동 심사는 논문 심사 위원회에 방법론적으로나 내용적으로 그 주제에 대해 잘 알고 있는 한 사람과 관련 사례를 알고 있는 제2의 인물을 함께 심사에 참여하게 할 수 있다는 이점도 있다. 그리고 솔직하게 얘기하자면, 최고 수준의 비교정치학자들 중 대다수가 최대한의 휴가를 얻기 위해 싸우고, 일단 휴가를 얻은 경우 거의 학교에, 심지어는 그 나라에도 없는 경우가 많기 때문에, 비교정치학을 하는 학생들에게는 정말로 공동 심사가 필요하다. 예일에서건, 컬럼비아에서건, 중부 유럽 대학에서건, 옥스퍼드에서건, 공동 심사를 가능하게 할 뿐만 아니라 규범으로 만들어야 한다는 것이 내 지론이었다.

우리 교수들은 학생들이 어떤 사람인지, 어떤 독특한 능력의 조합을 갖고 있는지 이해하려는 노력을 충분히 하지 않는다. 우리가 관심을 기울여야 할 능력들 가운데는 육체적이면서도 정신적인 것들도 있다. 예컨대, 난처한 심지어는 적대적인 분위기에서도 넉살좋게 편하게 지낼 수 있는 사람인지가 바로 그런 능력의 예다. 기질적인 다른 능력들도 있다. 아주 오랜 기간 동안 조용한 분위기를 견뎌 낼 수 있는지 같은 것들 말이다. 가령 케네스 샤프Kenneth Sharpe는 아주 오랜 기간 동안 조용히 지낼 수 있었기 때문에, 도미니카공화국의 작은 마을에서 18개월간 머물며 훌륭한 인류학적 연구서(Sharpe 1977)를 발표할 수 있었다. 학생들이 이미 정치에 대해 강한 직감을 가지고 있는지, 과거에 직업은 무엇이었고, 그것이 향후 연구에서 어떻게 나타날 것인지 등도 중요하다. 기예르모 오도넬은 내가 예일에서 처음 만난 대학원생인데, 아르헨티나에서 학생운동 지도자였고, 정부에서 일한 적이 있으며, 민주주의의 붕괴를 직접 목도했고, 비교정치학의 급소와도 같은 문제들과 대결하는 것을 좋아했다. 그는 국가가 부유할수록 민주주의를 달성하기 쉽다는 립셋의 주장(Lipset 1959)이 아르헨티나에서는 틀렸으며 다른 여러 곳에서도 그럴 수 있다는 강한 직감을 갖고 있었다(O'Donnell 1973). 브라이언 스미스Brian Smith는 칠레에서 예수회 수사였고 가톨릭교회의 진보파가 진보의 대의를 돕기 위해 무엇을 할 수 있고 할 수 없는지에 대한 풍부한 조직적·신학적 감각을 가지고 있었다(Smith 1982). 브라질의 민주주의 붕괴와 관련한 내 논문의 경우, 나는 브라질 민주주의의 붕괴를 직접 보았고, 해병대에서의 군복무 경험 덕분에 군부 사람들과 대화할 수 있으리라는 것을 알고 있었다. 나는 복싱을 배웠고 언론인이었으며 조사 기회를 가능하게 만들 만큼 충분히 적극적인 사람이라고 확신하고 있었다. 우리는 모두 각기 다른 자질을 갖고 있고, 이를 가지고 이 판에 들어오는 것이다.

자신의 학위논문을 책으로 출판한 대학원생들의 학위논문을 30여 편 정도 심사해 봤는데, 그 학생들이 다른 29권 가운데 하나를 썼다면 더 잘된 책을 쓰지 못했을 것이다. 이들은 각자 나름대로 독특한 무언가를 자신들의 연구에 가져왔다. 교수로서 우리가 해야 할 일 가운데 하나는 학생들에게 조심스레 귀를 기울여 그들의 성정을 이해하고, 그들이 스스로의 잠재력을 믿고 자기 자신의 목소리를 발전시켜 나갈 수 있도록 도와주는 것이다. 그 후 4~6년은 언제쯤 그들이 박사 학위를 받을 준비가 될지 학수고대하며 지켜보면 되는 것이다.

내가 요즘 추세 가운데 못마땅해 하는 것 중 하나가 바로 학위논문을 빨리 완성하는 추세다. 나는 꼭 그런 것은 아니지만, 현장에서 많은 시간을 보내는 비교정치학자들을 대부분 좋아한다. 인터넷이나 책을 통해 배울 수 있는 것에는 한계가 있다. 중국어를 제대로 배우려면 6년은 걸리는데, 만약 중국어를 겨우 2년 배운 스물세 살짜리 학생이 사무실에 들어와 중국 전공자로서 박사과정을 시작하겠다고 말한다면, 무엇이 올바른 대응이겠는가? 나는 미소 지으며 이렇게 말할 것이다. "지금 당장 내 사무실에서 나가서 5년 뒤에 돌아오게. 3년은 중국에서 보내야 하네. 언론 일을 하건, 번역 일을 하건, 자기 삶을 건사하고 배우기 위해 할 수 있는 건 뭐든 하게나. 중국에서 돌아와서는 지역학 석사 공부를 하게. 중국에 대한 역사적·언어적·경제학적·인류학적 지식을 쌓아야 하지만, 일단 정치학 박사과정에 들어오면 자네에게 요구될 과정을 감안할 때 그 지식을 박사과정 중에 쌓기는 어렵네. 지금 자네는 중국어를 철저하게 배우고, 중국에서 평생 갈 친구들과 동료들과의 인맥을 쌓을 수 있고, 나머지 경력 기간 동안에 유용할 문화 자본을 쌓을 수 있는 특별한 기회를 잡은 것이네. 5년간 즐거운 시간을 보내고 나서 정치학 박사과정을 밟을 준비가 되었을 때 보게 되기를 고대하고 있겠네."

다른 걱정스러운 것은 근래 정치학에서는 이제 막 경력을 시작하는 학자들에게 4개국, 혹은 6개국이나 되는 사례들을 연구하도록 기대하는 경향이 강해지고 있다는 사실이다. 젊은 학자들 중 그렇게 많은 사례를 모두 완벽하게 다룰 수 있는 사람은 거의 없고, 특히 외국에 나가 본 경험조차 없다면 더욱 어렵다. 나는 요즘 오로지 2차 자료에만 근거해 6~8개국을 연구하고, 그 국가들에 대해 정말로 중요한 문헌들을 참고문헌 목록에서 빠뜨린 학위논문들을 보곤 한다. 우리는 어떤 사람이 경력과 삶의 각 단계마다 할 수 있는 일들에 대한 현실주의적 감각을 가질 필요가 있다. 첫 번째 책은 한 국가를 대상으로 실제 조사를 수행하고, 이것을 몇몇 다른 국가들에 대한 2차 문헌을 읽음으로써 풍부하게 하는 것이 이치에 맞을 수 있다. 그러나 애석하게도 요즘은 젊은 비교정치학자가 1년 이상 현지 조사에 시간을 투자하고 한 나라를 대상으로 학위논문을 쓰는 것을 말리는 분위기다. 두 번째 책에서는 4개나 6개쯤 되는 국가들에 대해 연구할 수 있다. 그 후 더 잘 알게 되고, 두세 개의 보이지 않는 대학의 회원이 되고 나면, 그 이후에야 가령 12개가량의 국가나 모든 연방제 국가나 모든 선진 복지국가를 다루는 식의 연구가 가능해진다. 이는 고참 학자들이 신진 학자들보다 더 낫다는 말이 아니라, 단지 우리 대부분이 각자 경력의 단계별로 할 수 있는 바가 다 다르다는 뜻이다.

최고의 학생을 판별하는 기준은 무엇인가?

학생들에게는 고민거리들이 있다. 그들은 중요한 문제에 대한 깊은 관심과 현실적인 식견을 갖고 있다. 최고의 학생들은 거의 항상 자신의 국가나 많이 방문해 본 국가에서 관찰한 커다란 문제들을 내면화한 상태로 대학원에 온다. 그들은 무언가를 지향하고 있고, 직감을 가지고 있으며, 기꺼이 그리고 극단적으로 넓게 읽으려고 한다. 그들이 폭넓은 경험을 해보았고 많은 것들을 해보았다면 도움이 될 것이다. 거의 예외 없이 내가 함께 연구했던 학생들은 나이가 많은 편이거나 다른 나라에서 살았던 적이 있었고, 대학원에 오기 전 4년, 5년, 혹은 6년간 다양한 경험을 통해 자신들의 관점과 문제를 정의하고, 조사를 설계해 본 경험을 갖고 있었다. 가령 캐슬린 시킹크와 마거릿 켁은 모두 대학원에 오기 전 라틴아메리카의 인권 단체에서 일해 본 경험이 있었다. 그들은 정치 갈등에 대한 깊이 있는 감각을 습득했고, 학위논문의 주제로 삼은 문제에 대해 심각하게 고심했다(Sikkink 1991; Keck 1992). 스코틀랜드 출신으로 이슬람교와 민주주의의 관계에 대한 논문(Stepan with Robertson 2003)을 나와 공동으로 집필한 그램 로버트슨을 예로 들어 보자. 옥스퍼드를 졸업하고 나서 그는 경제 발전과 관련해 스코틀랜드 정부에서 일했다. 그 후 그는 4년간 EU 소속으로 유고슬라비아에서 일했고 정기적으로 보스니아, 크로아티아, 마케도니아, 세르비아에 진상 조사단의 일원으로 파견되었다. 그는 유고슬라비아에 대한 학위논문을 쓰고 있지는 않지만, 정치에 대한 그의 감각은 그곳에서 겪은 경험에서 비롯되었는데, 그 경험은 글을 간결하게 쓰는 방법이나 요약하는 방법과 같은 중요한 기술들을 익히게도 해주었다. 러시아에서 일어난 노동자들의 파업을 주제로 학위논문을 작성하기로 결정했을 때, 이전의 경험들로 인해 그는 그곳에 대한 조사를 매우 빠르게 끝마칠 수 있었다. 러시아에 대해 연구하고 있던 도중에 그는 비교 가능한 불가리아와 폴란드의 자료를 얻을 수 있다는 사실을 알게 되었고, 그는 곧 『비교정치학』에 발표하게 될 논문(Robertson 2004)을 써냈다. 그가 10년 전 대학을 졸업했을 당시라면 그렇게 신속하게 움직일 수 있었을까? 절대 그랬으리라 생각하지 않는다.

학생들이 학위를 끝마친 후에도 그들과 계속 연락하고 지내는가?

조언을 한다는 것은 평생 지속되는 책무이자 서로 배워 나가는 경험이다. 학생들이 학위논문을 마치고 일자리를 잡은 뒤에도 그들과의 대화를 멈춰서는 안 된다. 그들의 다음 프로젝트를 진전시키는 일, 종신 재직권을 얻고, 심지어 미국예술과학아카데미에 가입하는 일에 대해서도 의논을 해줘야 한다. 나는 내 연구에 대한 그들의 반응을 살피기 위해서도 이야기를 나누고, 순전히 즐거워서 이야기를 나누기도 한다. 완전히 끝날 때까지는 끝난 것이 아니며, 끝난다는 것은 당신들 가운데 하나가 죽을 때를 말한다. 연락의 밀도는 옅어질 수 있지만, 깊은 관계로 남는다. 학생들은 개인적으로나 직업적으로나 내 삶에서 큰 부분을 차지한다. 우리는 끊임없이 배우는데다 인간적 보상까지 큰 매우 독특한 직업에 종사하고 있다.

대학원생 시절인 40년 전부터 지금까지 비교정치학의 성과와 실패에 대해서 어떻게 평가하나? 이 분야의 미래에 대해서는 어떻게 생각하는가?

40년 전에는 한국이나 인도네시아와 같은 매우 중요한 나라들에 훌륭한 역사가들은 있었지만, 현대적인 정치학자들은 거의 없었다. 이제 이런 나라들 가운데 상당수가 커다란 정치학 공동체를 가지고 있고, 모든 것이 인터넷을 통해 연결되는데, 이는 초고 작성, 자료 수집, 공동의 문제에 대한 논평을 아주 빠르고 쉽게 해준다.

이는 너무나 좋은 일이지만, 우리가 주의하지 않는다면 의도하지 않은 불운한 결과를 초래할 수도 있다. 비교정치학 학위논문들에서 기존의 자료들을 가져와 대규모 비교 연구를 진행하는 경향은 점점 증가하면서도, 1년 이상의 장기적 현지 조사에 기초한 일국적 사례연구들은 저평가되고 있다. 비교정치학 분야에서 이런 경향이 지속된다면, 젊은 학자들은 외국어 공부도 하지 않고, 현지에서 처음 만나 평생 지속되는 외국 친구들과의 인적 관계망을 만들지도 않게 될 것이다. 현지 조사를 통해 자기 고유의 자료를 개발해 보면서 젊은 학자들은 자신이 연구를 시작하지 않았다면 만들어지지 않았을 그런 종류의 자료를 만들어 내는 방법을 배울 수 있다. 중요한 문제에 대한 좋은 자료가 없으면 대규모 분석의 기초를 튼튼히 할 수 없다. 좋은 자료를 만들기 위해서는 누군가가 가설을 검증하고자 하는 욕심에서 자료를 만들어 내는 방법을 터득해야 하는데, 이를 위해서는 보통 몇 년간 다양한 국가 출신의 동료들과의 협동 작업이 필요하다. 또한 다른 국가에 살아 보기 전에는 모국을 비교적인 의미에서 이해할 수 없다.

사례연구를 포함해 외국을 심도 있게 접하는 일은 사실 대부분의 중요한 비교정치학자들의 지적 발전에 결정적인 요소였다. 비교정치학에서 가장 흥미롭고 가장 많은 후속 연구들을 낳았던 개념들은 대부분 특정한 맥락적 배경에 완전히 빠져들어 그 맥락이 가지는 설명력에 기초해 개념을 발전시키고, "이 개념이 어디까지 적용될 수 있는가?"라고 물었던 학자들로부터 나왔다. 이후 그 학자들과 지지자들과 비판자들에 의해 개념이 정교화되면서 연구는 점점 축적되는 것이다. 린츠가 스페인의 역사와 정치에 완전히 빠져들지 않았다면 그의 정교한 "권위주의" 개념(Linz 1964)이 나올 수 있었을까? 레이프하르트와 네덜란드의 "협의제 민주주의" 개념(Lijphart 1968a), 사르토리와 이탈리아의 "다극화된 다원주의"(Sartori 1966), 슈미터와 브라질의 "사회 코포라티즘"(Schmitter 1971, 1974), 퍼트넘과 그의 이탈리아 연구를 통한 "사회적 자본"(Putnam with Leonardi and Nanetti 1993), 오도넬과 아르헨티나의 "관료적 권위주의"(O'Donnell 1973), 에번스와 브라질의 "삼각 동맹"과 "내재성"embeddedness(Evans 1979, 1995) 역시 마찬가지다. 이런 사례는 수없이 많다. 데이비드 레이틴의 첫 연구는 아프리카 국가들에 대한 심층 연구였고, 나중에 스페인에 대한 연구에서도 일관되게 언어와 정체성이라는 하나의 문제를 파고들었다(Laitin 1977, 1986, 1989). 로버트 베이츠가 처음 쓴 두 권의 책(Bates 1971, 1976)은 잠비아에 대한 것이었다. 물론 이 학자들 거의 모두가 이후 공통의 문제를 설정하고 이와의 관련 속에서 선별된 여러 국가들에 대한 후속 연구를 이어나갔다. 그러나 이 학자들이 비교정치 연구를 계속해 나가면서도 새로운 생각의 원천을 그들이 처음 연구를 시작했던 바로 그 국가에서 찾는다는 점은 인상적이다. 이런 사례들이 비교정치학에 제기하는 질문은 당연하게도 이 학자들이 자신이 원래 연구한 사례들에 대해 풍부한 경험, 지식, 정착이 없었어도 이런 성과를 이뤄 낼 수 있었을지, 그리고 그들이 대규모 연구로 시작해 스스로를 그 방법으로 제한했다면 그들 자신과 이 학문 영역이 더 발전했을지 여부에 대한 것이 될 것이다.

지금 막 정치학의 길에 들어선 학생들에게 해줄 조언이 있다면?

　　　　학생들의 사기와 자유, 그리고 이 분야의 발전을 위해서는 큰 포부를 가지는 게 좋다. 나는 학위논문을 쓸 때 책을 쓴다고 생각하며 썼고, 학위논문이 통과되는 그날 바로 프린스턴 대학 출판부에 보내겠다고 생각했는데, 이 모든 생각이 실제로 이루어졌다. 나는 심지어 내 각주들이 어떻게 보일지까지 상상했다. 나는 학생들에게 이렇게 말한다. "논문 심사 교수 다섯 명한테 간히지 말고, 기존 문헌에 대해 상투적으로나마 논평을 달아야 한다고도 생각하지도 말게나. 그런 내용이라면 어떤 출판부도 출판하려 들지 않을 것이고 좋은 연구자들도 읽으려 하지 않을 것이니 말일세. 참고문헌을 몇 쪽 달지 못하더라도, 기존 문헌들 가운데 자네의 문제의식에 유용했던 것과 그렇지 않았던 것만을 밝히고, 앞으로 자네가 기여할 것이 무엇인지 쓰도록 하게. 거기서 출발해 계속 밀고 나가게."

　　만약 강력한 양적 방법론들과 접근법들이 새롭게 등장한다면 당연히 비교정치학자들은 그것을 배워야 한다. 그러나 데이비드 콜리어와 그의 공저자들이 수행한 질적 방법론에 대한 연구(Brady and Collier 2004)도 매우 중요하다. 그러나 학생들은 그들의 연구 주제를 방법론과 기술에 기초해 선택해서는 안 된다. 연구는 문제에 의해 추동되어야 하지, 기술에 의해 추동되어서는 안 된다. 당신이 그 문제를 정말로 좋아한다면 진지한 연구에 대한 열정과 열의를 유지할 가능성이 높다. 막스 베버는 『직업으로서의 학문』에서 이 문제에 대한 아름다운 표현을 남겼다. "어떤 학문적 연구도 '알 가치가 있는' 것이 아니라면 추구할 가치가 없으며, 모든 학문적 연구는 '열정적인 헌신'으로 이루어진다."(Weber 1946a, 135)고 말이다. 훌륭한 말이다. 오늘날 우리는 열정적 헌신과 연구를 향한 열의에 대해 충분히 듣고 있지 못하다.

참고문헌

Almond, Gabriel A. 1983. "Corporatism, Pluralism, and Professional Memory." *World Politics* 35, no. 2 (January): 245-60.

_____. 1990. *A Discipline Divided : Schools and Sects in Political Science.* Newbury Park, CA: Sage Publications.

Almond, Gabriel A., and James S. Coleman, eds. 1960. *The Politics of the Developing Areas.* Princeton, NJ: Princeton University Press.

Almond, Gabriel A., and Sidney Verba. 1963. *The Civic Culture : Political Attitudes and Democracy in Five Nations.* Princeton, NJ: Princeton University Press.

Anderson, Benedict O'G. 1991. *Imagined Communities : Reflections on the Origins and Spread of Nationalism.* New York: Verso.[윤형숙 옮김, 『상상의 공동체 : 민족주의의 기원과 전파에 대한 성찰』, 나남, 2002]

Apter, David E. 1961. *The Political Kingdom in Uganda : A Study in Bureaucratic Nationalism.* Princeton, NJ: Princeton University Press.

_____. 1965. *The Politics of Modernization.* Chicago: University of Chicago Press.

Barry, Brian. 1975a. "Political Accommodation and Consociational Democracy." *British Journal of Political Science* 5, no. 4 (October): 477-505.

_____. 1975b. "The Consociational Model and Its Dangers." *European Journal of Political Research* 3, no. 4 (December): 393-415.

Bates, Robert H. 1971. *Unions, Parties, and Political Development : A Study of Mineworkers in Zambia.* New Haven, CT: Yale University Press.

_____. 1976. *Rural Responses to Industrialization : A Study of Village Zambia.* New Haven, W. Yale University Press.

_____. 2003. [Review of Scott, *Seeing Like a State.*] *APSA-CP : Newsletter of the APSA Organized Section in Comparative Politics* 14, no. 2 (Summer): 25-26.

Bentley, Arthur. 1908. *Process of Government.* Chicago: University of Chicago Press.

Bloch, Marc. 1961. *Feudal Society.* Chicago: University of Chicago Press.[한정숙 옮김, 『봉건사회』, 한길사, 1986]

Bogaards, Matthijs. 2000. "The Uneasy Relationship Between Empirical and Normative Types in Consociational Theory." *Journal of Theoretical Politics* 12, no. 4: 395-423.

Bracher, Karl Dietrich. 1955. *Die Aufösung der Weimarer Republik : eine Studie zum Probelm des Machtverfalls in der Demokratie.* Villingen/Schwarzwald: Ring-Verlag.

Brady, Henry E., and David Collier, eds. 2004. *Rethinking Social Inquiry : Diverse Tools, Shared Standards.* Lanham, MD: Rowman & Littlefield and the Berkeley Public Policy Press.

Cardoso, Fernando H. 1973. "Associated-Dependent Development : Theoretical and Practical Implications." In *Authoritarian Brazil : Origins, Policies, and Future*, ed. Alfred Stepan, 142-78. New Haven, CT: Yale University Press.

Cardoso, Fernando H., and Enzo Faletto. 1979. *Dependency and Development in Latin America*. Berkeley: University of California Press.

Chayanov, A. V. 1966. *The Theory of Peasant Economy*, ed. Daniel Thorner et al. Homewood, IL: R. D. Irwin.

Cohen, Jean L., and Andrew Arato. 1992. *Civil Society and Political Theory*. Cambridge: MIT Press.

Coser, Lewis A. 1956. *The Functions of Social Conflict*. Glencoe, IL: The Free Press.[박재환 옮김, 『갈등의 사회적 기능』, 한길사, 1980]

Crepaz, Markus M. L., and Arend Lijphart. 1995. "Linking and Integrating Corporatism and Consensus Democracy: Theory, Concepts and Evidence." *British Journal of Political Science* 25, no. 2 (April): 281-88.

Dahl, Robert A. 1956. *A Preface to Democratic Theory*. Chicago: University of Chicago Press. [김용호 옮김, 『민주주의 이론 서설 : 미국민주주의의 원리』, 법문사, 1990]

_____. 1963. *Modern Political Analysis*. Englewood Cliffs, NJ: Prentice-Hall.[진덕규 옮김, 『현대 정치의 분석』, 학문과사상사, 1983]

_____. 1966b. "Some Explanations." In *Political Oppositions in Western Democracies*, ed. Robert A. Dahl. 348-86. New Haven. CT: Yale University Press.

_____. 1971. *Polyarchy*. New Haven, CT: Yale University Press.[최호준·박신영 옮김, 『포리아키』, 거목, 1987]

_____. 1989. *Democracy and Its Critics*. New Haven, CT: Yale University Press.[조기제 옮김, 『민주주의와 그 비판자들』, 문학과지성사, 1999]

Deutsch, Karl W. 1953. *Nationalism and Social Communication : An Inquiry into the Foundations of Nationality*. Cambridge: MIT Press.

_____. 1961. "Social Mobilization and Political Development." *American Political Science Review* 51, no. 3 (September): 494-514.

_____. 1968. *The Analysis of International Relations*. Englewood Cliffs, NJ: Prentice-Hall.[구영록 옮김, 『국제정치의 분석』, 법문사, 1973]

Diamond, Larry. 1999. *Developing Democracy : Toward Consolidation*. Baltimore: Johns Hopkins University Press.

Di Tella, Torcuato. 1971-72. "La búsqueda de la fórmula política argentina." *Desarrollo Económico* (Buenos Aires) 11, nos. 42-44: 317-25.

Dos Santos, Theotônio. 1968. *Socialismo o fascismo : el dilema Latinoamericano*. Santiago, Chile: Editorial Prensa Latinoamericana.

_____. 1977. "Socialismo y fascismo en América Latina hoy." *Revista Mexicana de Sociología* 39, no. I: 173-90.

Downs, Anthony. 1957. *An Economic Theory of Democracy*. New York: Harper & Row.[전인권·안도경 옮김, 『민주주의 경제학 이론』, 나남, 1997]

Dunn, John. 1979. "Practicing History and Social Science on 'Realist' Assumptions." In *Action and Interpretation : Studies in the Philosophy of the Social Sciences*. ed. Christopher Hookway and Philip Pettit, 145-75. Cambridge: Cambridge University Press.

Eakin, Emily. 2000. "Political Scientists are in a Revolution Instead of Watching." *New York Times*, November 4.

Eckstein, Harry. 1966. *Division and Cohesion in Democracy : A Study of Norway*. Princeton, NJ: Princeton University Press.

Eckstein, Harry, and David Apter, eds. 1963. *Comparative Politics : A Reader*. New York: The Free Press.

Evans, Peter. 1979. *Dependent Development : The Alliance of Multinational, State, and Local Capital in Brazil*. Princeton, NJ: Princeton University Press.

_____. 1995. *Embedded Autonomy : States and Industrial Transformation*. Princeton, NJ: Princeton University Press.

Evans, Peter, Dietrich Rueschemeyer, and Theda Skocpol, eds. 1985. *Bringing the State Back In*. New York: Cambridge University Press.

Finer, Samuel E. 1962. *The Man on Horseback : The Role of the Military in Politics*. New York: Praeger.

Fishlow, Albert. 1973. "Some Reflections on Post-1964 Brazilian Economic Policy." In *Authoritarian Brazil : Origins, Policies, and Future*, ed. Alfred Stepan, 69-118. New Haven, CT: Yale University Press.

Frenkel, Roberto, and Guillermo O'Donnell. 1979. "The 'Stabilization Programs' of the IMF and Their Internal Impacts." In *Capitalism and the State in U.S.-Latin American Relations*, ed. Richard Fagen, 171-216. Stanford, CA: Stanford University Press.

Furtado, Celso. 1970. *Economic Development of Latin America*. Cambridge: Cambridge University Press.[윤성옥 옮김, 『라틴아메리카 경제발전사 : 식민지 경제구조와 그 유산』, 한길사, 1983]

King, Gary. 1995a. "Replication, Replication." *PS : Political Science & Politics* 28, no. 3 (September): 444-52.

_____. 1995b. "A Revised Proposal, Proposal." *PS : Political Science & Politics* 28, no. 3 (September): 494-99.

King, Gary, Christopher J. L. Murray, Joshua A. Salomon, and Ajay Tandon. 2004. "Enhancing the Validity and Cross-Cultural Comparability of Measurement in Survey Research." *American Political Science Review* 98, no. 1 (February): 191-207.

Gaspari, Elio. 2003. *O Sacerdote e o Feiticeiro : A Ditadura Dmotada*. São Paulo: Companhia das Letras.

Gay, Peter. 1998. *My German Question : Growing Up in Nazi Berlin*. New Haven, CT: Yale University Press.

Geertz, Clifford. 1973. *The Interpretation of Cultures : Selected Essays*. New York: Basic Books. [문옥표 옮김, 『문화의 해석』, 까치, 1998]

Gellner, Ernest. 1983. *Nations and Nationalism*. Oxford: Blackwell.[최한우 옮김, 『민족과 민주주의 : 역사를 보는 새로운 관점』, KUIS Press, 2009]

Gerber, Alan S., and Donald P. Green. 2000. "The Effects of Canvassing, Telephone Calls, and Direct Mail on Voter Turnout: A Field Experiment." *American Political Science Review* 94, no. 3 (September): 653-63.

Gillespie, Charles Guy. 1991. *Negotiating Democracy : Politicians and Generals in Uruguay*. New York: Cambridge University Press.

González. Luis E. 1991. *Political Structures and Democracy in Uruguay*. Notre Dame, IN: University of Notre Dame Press.

Gramsci, Antonio. 1991. *Prison Notebooks*. New York: Columbia University Press.[이상훈 옮김, 『그람시의 옥중수고』 1·2, 거름, 1999]

Grofman, Bernard, and Arend Lijphart, eds. 1986. *Electoral Laws and Their Political Consequences*. New York: Agathon.

_____. 2002. *The Evolution of Electoral and Party Systems in the Nordic Countries*. New York: Agathon.

Grofman, Bernard, Arend Lijphart, Robert McKay, and Howard Scarrow, eds. 1982. *Representation and Redistricting Issues*. Lexington, MA: Lexington Books.

Haas, Ernst B. 1958. *The Uniting of Europe : Political, Social, and Economic Forces, 1950~1957*. Stanford, CA: Stanford University Press.

Hall, Peter A., and Rosemary Taylor. 1996. "Political Science and the Three New Institutionalisms." *Political Studies* 44, no. 5: 936-57.

Hempel, Carl G. 1965. *Aspects of Scientific Explanation, and Other Essays in the Philosophy of Science*. New York: The Free Press.[전영삼 외 옮김, 『과학적 설명의 여러 측면 : 그리고 과학철학에 관한 다른 논문들』 1·2, 나남, 2011]

_____. 1966. *Philosophy of Natural Science*. Englewood Cliffs, NJ: Prentice-Hall.[곽강제 옮김, 『자연 과학 철학』, 서광사, 2010]

Hirschman, Albert O. 1963. *Journeys Toward Progress : Studies of Economic Policy-Making in Latin America*. New York: Twentieth Century Fund.

_____. 1970 "The Search for Paradigms as a Hindrance to Understanding." *World Politics* 22, no. 3 (Apnl): 329-43.

_____. 1971. "The Political Economy of Import-Substituting Industrialization In Latin America." In *A Bias For Hope : Essays a Development,* Albert O. Hirschman, 85-123. New Haven, CT: Yale University Press.

_____. 1992. "In Defense of Possibilism." In *Rival Views of Market Society, and Other Recent Essays*, Albert O. Hirschman, 171-75. Cambridge, MA: Harvard University Press.

Hollingsworth, J. Rogers, Philippe C. Schmitter, and Wolfgang Streeck, eds. 1994. *Governing Capitalist Economies : Performance and Control of Economic Sectors*. New York: Oxford University Press.

Homans, George Caspar. 1964. "Bringing Men Back In." *American Sociological Review* 29, no.

5 (December): 809-18.

_____. 1984. *Coming to My Senses : The Autobiography of a Sociologist.* New Brunswick: Transaction Books.

Hudson, Helen. 1966. *Tell the Time to None.* New York: Dutton.

Huntington, Samuel P. 1957. *The Soldier and the State : The Theory and Politics of Civil-Military Relations.* Cambridge, MA: Belknap Press of Harvard University Press.[허남성·김국헌·이춘근 옮김, 『군인과 국가』, 한국해양전략연구소, 2011]

_____. 1981a. "Reform and Stability in a Modernizing Multi-Ethnic Society." *Politikon* 8 (December): 8-26.

Jameson, Frederic. 1981. *The Political Unconscious : Narrative as a Socially Symbolic Act.* Ithaca, NY: Cornell University Press.

Janowitz, Morris. 1960. *The Professional Soldier : A Social and Political Portrait.* Glencoe, IL: The Free Press.

Johnson, John J. 1964. *The Military and Society in Latin America.* Stanford, CA: Stanford University Press.

Kaplan, Robert D. 2001. "Looking the World in the Eye." *The Atlantic Monthly* 288, no. 5 (December): 68-82.

Karl, Terry Lynn. 1986. "Petroleum and Political Pacts: The Transition to Democracy in Venezuela." In *Transitions from Authoritarian Rule : Latin America*, ed. Guillermo O'Donnell, Philippe C. Schmitter, and Laurence Whitehead, 196-219. Baltimore: Johns Hopkins University Press.[염홍철 옮김, "베네주엘라의 민주화", 『라틴아메리카와 민주화』, 한울, 1988]

Karl, Terry Lynn, and Philippe C. Schmitter. 1991. "Modes of Transition in Latin America, Southern and Eastern Europe." *International Social Science Journal* 128(May): 269-84.

_____. 1992. "The Types of Democracy Emerging in Southern and Eastern Europe and South and Central America." In *Bound to Change*, ed. Peter M. E. Volten, 55-68. New York: Institute for East-West Studies.

_____. 1995. "From an Iron Curtain to a Paper Curtain: Grounding Transitologists or Students of Postcommunism?" *Slavic Review* 54, no. 4 (Winter): 965-78.

Keck, Margaret E. 1992. *The Workers' Party and Democratization in Brazil.* New Haven, CT: Yale University Press.

Kuhn, Thomas S. 1962. *The Structure of Scientific Revolutions.* Chicago: University of Chicago Press.[김명자 옮김, 『과학혁명의 구조』, 까치, 1999]

Laitin, David D. 1977. *Politics, Language, and Thought : The Somali Experience.* Chicago: University of Chicago Press.

_____. 1986. *Hegemony and Culture : Politics and Religious Change among the Yoruba.* Chicago: University of Chicago Press.

_____. 1989. "Linguistic Revival: Politics and Culture in Catalonia." *Comparative Studies in Society and History* 31, no. 2 (April): 297-317.

_____. 1999a. [Review of Scott, *Seeing Like a State.*] *Journal of Interdisciplinary History* 30 no. 1

(Summer): 177-79.

Lasswell, Harold Dwight. 1936. *Politics : Who Gets What, When, How*. New York: McGraw-Hill. [이극찬 옮김, 『누가 무엇을 언제 어떻게 얻는가?』, 전망사, 1979]

Lasswell, Harold Dwight, and Abraham Kaplan. 1950. *Power and Society : A Framework for Political Inquiry*. New Haven, CT: Yale University Press.[김하룡 옮김, 『권력과 사회 : 정치학의 기본원리』, 법문사, 1980]

Lane, Robert E. 1962. *Political Ideology : Why the American Common Man Believes What He Does*. New York: The Free Press.

Lanzalaco, Luca, and Philippe Schmitter. 1989. "Regions and the Organization of Business Interests." In *Regionalism, Business Interests and Public Policy*, ed. William D. Coleman and Henry J. Jacek, 201-30. London: Sage.

LaPalombara, Joseph. 1964. *Interest Groups in Italian Politics*. Princeton, NJ: Princeton University Press.

Lehmbruch, Gerhard. 1967. *Proporzdemokratie : Politisches System und politische Kultur in der Schweiz und in Österreich*. Tübingen: J. C. B. Mohr.

Lehmbruch, Gerhard, and Philippe C. Schmitter, eds. 1982. *Patterns of Corporatist Policy-Making*. Beverly Hills, CA: Sage Publishers.

Lévi-Strauss, Claude. 1986. "The Structural Study of Myth." In *Critical Theory Since 1965*, ed. Hazard Adams and Leroy Searle, 809-22. Tallahassee: University Presses of Florida.

Lijphart, Arend. 1966. *The Trauma of Decolonization : The Dutch and West New Guinea*. New Haven, CT: Yale University Press.

_____. 1968a. *The Politics of Accommodation : Pluralism and Democracy in the Netherlands*. Berkeley: University of California Press.

_____. 1968b. "Typologies of Democratic Systems." *Comparative Political Studies* 1, no. 1 (April): 3-44.

_____. 1969. "Consociational Democracy." *World Politics* 21, no. 2 (January): 207-25.

_____. 1971. "Comparative Politics and the Comparative Method." *American Political Science Review* 65, no. 3 (September): 682-93.["비교정치연구와 비교분석방법," 『비교정치론 강의 1』, 김웅진·박찬욱·신윤환 편역, 한울 1992]

_____. 1974a. "The Structure of the Theoretical Revolution in International Relations." *International Studies Quarterly* 18, no. 1 (March): 41-74.

_____. 1974b. "International Relations Theory: Great Debates and Lesser Debates." *International Social Science Journal* 26, no. 1: 11-21.

_____. 1975. "The Comparable-Cases Strategy in Comparative Research." *Comparative Political Studies* 8, no. 2: 158-77.

_____. 1977. *Democracy in Plural Societies*. New Haven, CT: Yale University Press.

_____. 1980. "The Structure of Inference." In *The Civic Culture Revisited*, ed. Gabriel Almond and Sidney Verba, 37-56. Boston: Little, Brown.

_____. 1981. "Karl W. Deutsch and the New Paradigm in International Relations." In *From*

National Development to Global Community : Essays in Honor of Karl W. Deutsch, ed. Richard L. Merritt and Bruce M. Russett, 233-51. London: Allen and Unwin.

_____. 1984. Democracies : Patterns of Majoritarian and Consensus Government in Twenty-One Countries. New Haven, CT: Yale University Press.

_____. 1985. Power-Sharing in South Africa. Berkeley: Institute of International Studies, University of California.

_____. 1992. "Democratization and Constitutional Choices in Czechoslovakia, Hungary and Poland, 1989~91." Journal of Theoretical Politics 4, no. 2: 207-23.

_____. 1994. Electoral Systems and Party Systems : A Study of Twenty-Seven Democracies. New York: Oxford University Press.[서주실 옮김, 『선거제도와 정당제 · 27개 민주주의 국가를 대산으로 한 연구』, 삼지원, 1997]

_____. 1996a. "The Framework Document on Northern Ireland and the Theory of Power Sharing." Government and Opposition 31, no. 3 (Summer): 267-74.

_____. 1996b. "The Puzzle of Indian Democracy: A Consociational Interpretation." American Political Scientific Review 90, no. 2 (June): 258-68.

_____. 1997. "About Peripheries, Centres and Other Autobiographical Reflections." In Comparative European Politics : The Story of a Profession, ed. Hans Daalder, 241-52. New York: Pinter.

_____. 1998. "South African Democracy: Majoritarian or Consociational?" Democratization 5, no. 4 (Winter): 144-50.

_____. 1999a. Patterns of Democracy : Government Forms and Performance in Thirty-Six Countries. New Haven, CT: Yale University Press.

_____. 1999b. "Australian Democracy: Modifying Majoritarianism." Australian Journal of Political Science 34, no. 3 (November): 313-26.

_____. 2000. "Turnout." In International Encyclopedia of Elections, ed. Richard Rose 314-22. Washington, DC: CQPress.

_____. 2003. "Majoritarianism and Democratic Performance in the Fifth Republic." French Politics 1, no. 2: 225-32.

_____. 2004. "Constitutional Design for Divided Societies." Journal of Democracy 15, no. 2 (April): 96-109.

Lijphart, Arend, and Markus M. L. Crepaz. 1991. "Corporatism and Consensus Democracy in Eighteen Countries: Conceptual and Empirical Linkages." British Journal of Political Science 21, no. 2 (April): 235-46.

Lijphart, Arend, and Bernard Grofman, eds. 1984. Choosing an Electoral System. New York: Praeger.

Linz, Juan J. 1964. "An Authoritarian Regime: Spain." In Cleavages, Ideologies and Party System : Contributions to Comparative Political Sociology, ed. Erik Allardt and Yrjö Littunen, 291-341. Helsinki: Westermarck Society.

_____. 1978. The Breakdown of Democratic Regimes : Crisis, Breakdown, and Reequilibration.

Baltimore: Johns Hopkins University Press.

_____. 1981. "Some Comparative Thoughts on the Transition to Democracy in Portugal and Spain." In *Portugal Since the Revolution : Economic and Political Perspectives*, ed. Jorge Braga de Macedo and Simon Serfaty, 25-45. Boulder, CO: Westview Press.

_____. 1994. "Presidential or Parliamentary Democracy: Does It Make a Difference?" In *The Failure of Presidential Democracy*, vol. 1, ed. Juan J. Linz and Arturo Valenzuela, 3-87. Baltimore: Johns Hopkins University Press.["대통령제와 내각제 : 과연 다른 것인가?"『내각제와 대통령제』, 신명순·조정관 옮김, 나남, 1995]

Linz, Juan J., and Alfred Stepan, eds. 1978. *The Breakdown of Democratic Regimes*. 4 vols. Baltimore: Johns Hopkins University Press.

Linz, Juan J., and Alfred Stepan. 1996. *Problems of Democratic Transition and Consolidation : Southern Europe, South America, and Post-Communist Europe*. Baltimore: Johns Hopkins University Press.[김유남 외 옮김, 『민주화의 이론과 사례 : 이상과 현실의 갈등』, 삼영사, 1999]

Lipset, Seymour Martin. 1959. "Some Social Requisites of Democracy: Economic Development and Political Legitimacy." *American Political Science Review* 53, no. 1 (March): 69-105.

_____. 1960a. *Political Man : The Social Bases of Politics*. New York: Doubleday/Anchor Books.

_____. 1960b. "Party Systems and the Representation of Social Groups." *European Journal of Sociology* 1, no. 1: 50-85.

Lustick, Ian S. 1997. "Lijphart, Lakatos, and Consociationalism." *World politics* 50, no. 1 (October): 88-117.

Mainwaring, Scott, Guillermo O'Donnell, and J. Samuel Valenzuela, eds. 1992. *Issues in Democratic Consolidation : The New South American Democracies in Comparative Perspective*. South Bend, IN: University of Notre Dame Press.

McCloskey, Donald N. 1983. "The Rhetoric of Economics." *Journal of Economic Literature* 21, no. 2 (June): 481-517.

_____. 1990. *If You're So Smart : The Narrative of Economic Expertise*. Chicago: University of Chicago Press.

Merelman. Richard M. 2003. *Pluralism at Yale : The Culture of Political Science in America*. Madison: University of Wisconsin Press.

Michels, Robert. 1962. *Political Parties : A Sociological Study of the Oligarchical Tendencies of Modern Democracy*. New York: The Free Press.

Monroe, Kristen Renwick, ed. 2005. *Perestroika! The Raucous Rebellion in Political Science*. New Haven, CT: Yale University Press.

Moore, Barrington, Jr. 1966. *Social Origins of Dictatorship and Democracy : Lord and Peasant in the Making of the Modern World*. Boston: Beacon Press.[진덕규 옮김, 『독재와 민주주의 사회적 기원』, 까치, 1985]

Murray, Charles A. 1984. *Losing Ground : American Social Policy, 1950~1980*. New York: Basic Books.

Newton, Ronald. 1974. "Natural Corporatism and the Passing of Populism in Spanish America." *Review of Politics* 36, no. 1: 34-51.

O'Donnell, Guillermo. 1973. *Modernization and Bureaucratic Authoritarianism : Studies in South American Politics.* Berkeley: Institute of International Studies, University of California.

_____. 1978a. "Permanent Crisis and the Failure to Create a Democratic Regime: Argentina, 1955~66." In *The Breakdown of Democratic Regimes : Latin America*, ed. Juan J. Linz and Alfred Stepan, 138-77. Baltimore: Johns Hopkins University Press.

_____. 1978b. "Reflections on the Patterns of Change in the Bureaucratic Authoritarian State." *Latin American Research Review* 12, no. 1 (Winter): 3-38.

_____. 1978c. "State and Alliances in Argentina, 1956~1976." *Journal of Development Studies* 15, no. 1 (October): 3-33.

_____. 1979a. "Tensions in the Bureaucratic-Authoritarian State and the Question of Democracy." In *The New Authoritarianism in Latin America*, ed. David Collier, 285-318. Princeton, NJ: Princeton University Press.

_____. 1979b. "Notas para el estudio de procesos de democratización a partir del estado burocrático-autoritario." *Estudios CEDES* 2, no. 5 (Buenos Aires).

_____. 1982. "Notas para el estudio de procesos de democratización política a partir del Estado Burocrático-Autoritario." *Desarrollo Económico* (Buenos Aires) 22, no. 86(July~ September): 231-47.

_____. 1988. *Bureaucratic Authoritarianism : Argentina, 1966~1973, in Comparative Perspective.* Berkeley: University of California Press.

_____. 1993. "On the State, Democratization and Some Conceptual Problems (ALatin American View with Glances at Some Post-Communist Countries)." *World Development* 21, no. 8 (August): 1355-70.

_____. 1996. "Illusions about Consolidation." *Journal of Democracy* 7, no. 2 (April): 34-51.

_____. 1999a. "Notes for the Study of Processes of Political Democratization in the Wake of the Bureaucratic-Authoritarian State." In *Counterpoints : Selected Essays on Authoritarianism and Democratization*, Guillermo O'Donnell, 109-29. Notre Dame, IN: University of Notre Dame Press.

_____. 1999b. *Counterpoints : Selected Essays on Authoritarianism and Democratization*, Notre Dame, IN: University of Notre Dame Press.

_____. 2001. "Democracy, Law, and Comparative Politics." *Studies in Comparative International Development* 36, no. 1 (Spring): 7-36.

_____. 2004. "Human Development, Human Rights, and Democracy." In *The Quality of Democracy : Theory and Practice*, ed. Guillermo O'Donnell, Jorge Vargas Cullell, and Osvaldo Iazzetta, 9-92. Notre Dame, IN: University of Notre Dame Press.

O'Donnell, Guillermo, and Philippe C. Schmitter. 1986. *Transitions from Authoritarian Rule : Tentative Conclusions about Uncertain Democracies.* Baltimore: Johns Hopkins University Press.[염홍철 옮김, 『라틴아메리카와 민주화』, 한울, 1988 / 『남부 유럽과 민주화』, 한울, 1989]

O'Donnell, Guillermo, Philippe C. Schmitter, and Laurence Whitehead, eds. 1986. *Transitions from Authoritarian Rule : Prospects for Democracy.* 4 vols. Baltimore: Johns Hopkins University Press.[염홍철 옮김,『권위주의 정권의 해체와 민주화 : 제3세계 민주화의 조건과 전망』, 한울, 1987]

Offe, Claus, and Philippe C. Schmitter. 1998. *Democracy Promotion and Protection in Central and Eastern Europe and the Middle East and North Africa : A Comparative Study of International Actors and Factors of Democratization,* unpublished manuscript.

Orwell, George. 1950. *Shooting an Elephant and Other Essays.* New York: Harcourt, Brace.["정치와 영어,"『나는 왜 쓰는가』, 이한중 옮김, 한겨레출판, 2010]

Pauker, Guy. 1959. "Southeast Asia as a Problem Area in the Next Decade." *World Politics* 11, no. 3 (April): 325-45.

Pitkin, Hannah Fenichel. 1967. *The Concept of Representation.* Berkeley: University of California Press.

Polanyi, Karl. 1957. *The Great Transformation.* Boston: Beacon Press.[홍기빈 옮김,『거대한 전환 : 우리 시대의 정치·경제적 기원』, 길, 2009]

Popkin, Samuel L. 1979. *The Rational Peasant : The Political Economy of Rural Society in Vietnam.* Berkeley: University of California Press.

Popper, Karl. 1959. *The Logic of Scientific Discovery.* New York: Basic Books.[박우석 옮김,『과학적 발견의 논리』, 고려원, 1994]

Prebisch, Raúl. 1963. *Hacia una dinámica del desarrollo latinoamericano.* México: Fondo de Cultura Económica.

Przeworski, Adam. 1966. "Party System and Economic Development." Ph.D. dissertation, Northwestern University.

_____. 1986. "Some Problems in the Study of the Transition to Democracy." In *Transitions from Authoritarian Rule : Comparative Perspectives*, ed. Guillermo O'Donnell, Philippe Schmitter, and Laurence Whitehead, 47-63. Baltimore: Johns Hopkins University Press.["민주주의 이행에 관한 연구의 몇가지 문제점,"『권위주의 정권의 해체와 민주화』, 염홍철 옮김, 한울, 1987]

_____. 1991. *Democracy and the Market : Political and Economic Reforms in Eastern Europe and Latin America.* New York: Cambridge University Press.[임혁백·윤성학 옮김,『민주주의와 시장』, 한울, 1997]

Przeworski, Adam, Michael E. Alvarez. José Antonio Cheibub, and Fernando Limongi. 2000. *Democracy and Development : Political Institutions and Well-Being in the World, 1950~1990.* New York: Cambridge University Press.

Przeworski, Adam, and Henry Teune. 1970. *The Logic of Comparative Social Inquiry.* New York: Wiley.

Putnam, Robert D. 1976. *The Comparative Study of Political Elites.* Englewood Cliffs, NJ: Prentice-Hall.

_____. 1988. "Diplomacy and Domestic Politics: The Logic of Two-level Games." *International Organization* 42, no. 3: 427-60.

_____. 2000. *Bowling Alone : The Collapse and Revival of American Community*. New York: Simon and Schuster.[정승현 옮김, 『나 홀로 볼링 : 사회적 커뮤니티의 붕괴와 소생』, 페이퍼로드, 2009]

Putnam, Robert D., with Robert Leonardi and Raffaella Y. Nanetti. 1993. *Making Democracy Work : Civic Traditions in Modern Italy*. Princeton, NJ: Princeton University Press.[안청시 외 옮김, 『사회적 자본과 민주주의 : 이탈리아의 지방자치와 시민적 전통』, 박영사, 2000]

Pye, Lucian W. 1958. "The Non-Western Political Process." *Journal of Politics* 20, no. 3: 468-86.

Reynolds, Andrew, Alfred Stepan, Zaw Oo, and Stephen Levine. 2001. "How Burma Could Democratize." *Journal of Democracy* 12, no. 4 (October): 95-108.

Robertson, Graeme B. 2004. "Leading Labor: Union, Politics and Protest in New Democracies." *Comparative Politics* 36, no. 3 (April): 253-72.

Rogowski, Ronald. 1995. "The Role of Theory and Anomaly in Social-Scientific Inference." *American Political Science Review* 89, no. 2 (June): 467-70.

Rustow, Dankwart A. 1964. "The Military: Turkey." In *Political Modernization in Japan and Turkey*, ed. Robert E. Ward and Dankwart A. Rustow, 352-88. Princeton, NJ: Princeton University Press.

_____. 1970. "Transitions to Democracy: Toward a Dynamic Model." *Comparative Politics* 2, no. 3 (April): 337-63.

Sartori, Giovanni. 1966. "European Political Parties: The Case of Polarized Pluralism." In *Political Parties and Political Development*, ed. Joseph LaPalombara and Myron Weiner, 137-76. Princeton, NJ: Princeton University Press.

_____. 1969. "From the Sociology of Politics to Political Sociology." In *Politics and the Social Sciences*, ed. Seymour M. Lipset, 65-100. New York: Oxford University Press.

_____. 1970. "Concept Misformation in Comparative Politics." *American Political Science Review* 64, no. 4: 1033-53.

_____. 1976. *Parties and Party Systems : A Framework for Analysis*. New York: Cambridge University Press.[어수영 옮김, 『현대정당론』, 동녘, 1986]

_____. 1987a. *The Theory of Democracy Revisited*, Part 1 : The Contemporary Debate. Chatham, NJ: Chatham House Publishers.

_____. 1987b. *The Theory of Democracy Revisited*, Part 2 : The Classical Issues. Chatham, NJ: Chatham House Publishers.

_____. 1997. *Comparative Constitutional Engineering : An Inquiry into Structures, Incentives, and Outcomes*. 2nd ed. New York: New York University Press.

Schmidt, Steffen W., Laura Guasti, Carl H. Lande, and James C. Scott, eds. 1977. *Friends, Followers, and Factions : A Reader in Political Clientelism*. Berkeley: University of California Press.

Schmitter, Philippe C. 1968. "Development and Interest Politics in Brazil: 1930~1965." Ph.D. dissertation, Department of Political Science, University of California, Berkeley.

_____. 1969. "New Strategies for the Comparative Analysis of Latin American Politics." *Latin American Research Review* 4, no. 2: 83-110.

_____. 1971. *Interest Conflict and Political Change in Brazil*. Stanford, CA: Stanford University Press.

_____. 1974. "Still the Century of Corporatism?" *Review of Politics* 36, no. 1: 85-131.

_____. 1975. *Corporatism and Public Policy in Authoritarian Portugal*. Beverly Hills, CA: Sage Publications.

_____. 1977. "Modes of Interest Intermediation and Models of Societal Change in Western Europe." *Comparative Political Studies* 10, no. 1 (April): 7-38.

_____. 1978. "The Impact and Meaning of 'Non-Competitive, Non-Free and Insignificant' Elections in Authoritarian Portugal, 1933-1974." In *Elections without Choice*, ed. Guy Hermet, Richard Rose, and Alain Rouquié, 145-68. London: Macmillan.

_____. 1979a. "The 'Regime d'Exception' That Became the Rule: Forty-eight Years of Authoritarian Domination in Portugal." In *Contemporary Portugal : The Revolution and its Antecedents*, ed. Lawrence S. Graham and Harry M. Makler, 3-46. Austin, TX: University of Austin Press.

_____. 1979b. "Speculations About the Prospective Demise of Authoritarian Regimes and its Possible Consequences." *Working Papers* no. 60. Washington, DC: The Wilson Center, Latin American Program.

_____. 1980. "The Social Origins, Economic Bases and Political Imperatives of Authoritarian Rule in Portugal." In *Who Were the Fascists?* ed. Stein Ugelvik Larsen, Bernt Hagtvet, and Jan P. Myklebust, 435-66. Bergen, Oslo, and Tromsø: Universitetsforlaget.

_____. 1981. "Interest Intermediation and Regime Governability in Contemporary Western Europe and North America." In *Organizing Interests in Western Europe : Pluralism, Corporatism and the Transformation of Politics*, ed. Suzanne Berger, 287-327. New York: Cambridge University Press.

_____. 1983. "Democratic Theory and Neo-Corporatist Practice." *Social Research* 50, no. 4 (Winter): 885-928.

_____. 1985. "Neo-Corporatism and the State." In *The Political Economy of Corporatism*, ed. Wyn P. Grant, 32-62. London: Macmillan.

_____. 1989. "Corporatism is Dead! Long Live Corporatism! Reflections on Andrew Shonfield's Modern Capitalism." *Government and Opposition* 24, no. 1: 54-73.

_____. 1990. "Sectors in Modern Capitalism: Modes of Governance and Variations in Performance." In *Labour Relations and Economic Performance*, ed. Renato Brunetta and Carlo Dell'aringa, 3-39. London: Macmillan.

_____. 1993. "Comparative Politics." In *The Oxford Companion to the Politics of the World*, ed. Joel Krieger, 171-77. New York: Oxford University Press.

_____. 1995. "Transitology: The Sciences or the Art of Democratization?" In *The Consolidation of Democracy in Latin America*, ed. Joseph Tulchin with Bernice Romero, 11-41. Boulder, CO: Lynne Rienner.

_____. 1997a. "The Emerging Europolity and its Impact upon National Systems of Production." In *Contemporary Capitalism : The Embeddedness of Institutions*, ed. J.

Rogers Hollingsworth and Robert Boyer, 395-430. New York: Cambridge University Press.

_____. 1997b. "Autobiographical Reflections: Or How to Live With A Conceptual Albatross Around One's Neck." In *Comparative European Politics : The Story of a Profession*, ed. Hans Daalder, 287-97. New York: Pinter.

_____. 1999. *Portugal : do autoritarismo à democracia.* Lisbon: Institute de Ciências Socials da Universidade de Lisboa.

_____. 2000a. *How to Democratize the EU…and Why Bother?* Lanham, MD: Rowman & Littlefield Publishers.

_____. 2000b. "Designing a Democracy for the Euro-Polity and Revising Democratic Theory in the Process." In *Designing Democratic Institutions*, ed. Ian Shapiro and Stephen Macedo, 224-50. New York: New York University Press.

_____. 2002. "Seven (Disputable) Theses Concerning the Future of 'Transatlanticised' or 'Globalised' Political Science." *European Political Science* 1, no. 2 (Spring): 23-40.

_____. 2003. "Democracy in Europe and Europe's Democratization." *Journal of Democracy* 14, no. 4 (October): 71-85.

Schmitter, Philippe C., and Imco Brouwer. 2000. "Analysis of Macro DPP Impact." Florence and Berlin: European University Institute and Humboldt-Universitat zu Berlin.

Schmitter, Philippe C., and Nicolas Guilhot. 2000. "From Transition to Consolidation: Extending the Concept of Democratization and the Practice of Democracy." In *Democratic and Capitalist Transitions in Eastern Europe : Lessons for the Social Sciences*, ed. Michel Dobry, 131-46. Dordrecht: Kluwer Academic Publishers.

Schmitter, Philippe C., and Ernst B. Haas. 1964. *Mexico and Latin American Economic Integration.* Berkeley: University of California, Berkeley, Institute of International Studies.

Schmitter, Philippe C., and Patrick Hutchinson. 1999. "Se déplaçant au Moyen-Orient et en Afrique du Nord, <transitologues> et <consolidologues> sont-ils toujours assurés de voyager en toute sécurité?" *Annuaire de L'Afrique du Nord* (Paris) 38: 11-35.

Schmitter, Philippe C., and Terry Lynn Karl. 1991. "What Democracy is…and What it is Not." *Journal of Democracy* 2, no. 3 (Summer): 75-88.

_____. 1994. "The Conceptual Travels of Transitologists and Consolidologists: How Far to the East Should They Attempt to Go?" *Slavic Review* 53, no. 1 (Spring): 173-85.

Schmitter, Philippe C., and Gerhard Lehmburch, eds. 1979. *Trends Toward Corporatist Intermediation.* Beverly Hills, CA: Sage Publishers.

Scott, James C. 1968. *Political Ideology in Malaysia : Reality, and the Beliefs of an Elite.* New Haven, CT: Yale University Press.

_____. 1969a. "The Analysis of Corruption in Developing Nations." *Comparative Studies in Society and History* 11, no. 3 (June): 315-41.

_____. 1969b. "Corruption, Machine Politics, and Political Change." *American Political Science*

Review 63, no. 4 (December): 1142-58.

_____. 1972a. *Comparative Political Corruption*. Englewood Cliffs, NJ: Prentice-Hall.

_____. 1972b. "Patron-Client Politics and Political Change in Southeast Asia." *American Political Science Review* 66, no. 1: 91-113.

_____. 1976. *The Moral Economy of the Peasant : Rebellion and Subsistence in Southeast Asia*. New Haven, CT: Yale University Press.[김춘동 옮김, 『농민의 도덕 경제』, 아카넷, 2004]

_____. 1977a. "Protest and Profanation: Agrarian Revolt and the Little Tradition, Part I." *Theory and Society* 4, no. 1 (Spring): 1-38.

_____. 1977b. "Protest and Profanation: Agrarian Revolt and the Little Tradition, Part II." *Theory and Society* 4, no. 2 (Summer): 211-46.

_____. 1985. *Weapons of the Weak : Everyday Forms of Peasant Resistance*. New Haven, CT: Yale University Press.

_____. 1990. *Domination and the Arts of Resistance : Hidden Transcripts*. New Haven, CT: Yale University Press.[김홍수영 옮김, 『지배와 저항의 기술』, 후마니타스, 근간]

_____. 1998. *Seeing Like a State : How Certain Schemes to Improve the Human Condition Have Failed*. New Haven, CT: Yale University Press.[전상인 옮김, 『국가처럼 보기』, 에코리브르, 2010]

Scott, James C., and Benedict J. Tria Kerkvliet, eds. 1986. *Everyday Forms of Peasant Resistance in South-East Asia*. London: Frank Cass.

Skocpol, Theda. 1985a. "Bringing the State Back In : Strategies of Analysis in Current Research." In *Bringing the State Back In*, ed. Peter Evans, Dietrich Rueschemeyer, and Theda Skocpol, 3-37. New York: Cambridge University Press.

Sen, Amartya. 1977. "Rational Fools: A Critique of the Behavioral Foundations of Economic Theory." *Philosophy and Public Affairs* 6, no. 4: 317-44.

Sharpe, Kenneth E. 1977. *Peasant Politics : Struggle in a Dominican Village*. Baltimore: Johns Hopkins University Press.

Sikkink, Kathryn. 1991. *Ideas and Institutions : Developmentalism in Brazil and Argentina*. Ithaca, NY: Cornell University Press.

Skidmore, Thomas E. 1967. *Politics in Brazil, 1930~1964 : An Experiment in Democracy*. New York: Oxford University Press.

_____. 1973. "Politics and Economic Policy Making in Authoritarian Brazil, 1937~71." In *Authoritarian Brazil : Origins, Policies, and Future*, ed. Alfred Stepan, 3-46. New Haven, CT: Yale University Press.

Smelser, Neil J. 1968. "The Methodology of Comparative Analysis of Economic Activity." In *Essays in Sociological Explanation*, ed. Neil J. Smelser, 62-75. Englewood Cliffs, NJ: Prentice-Hall.

Smith, Brian. 1982. *The Church and Politics in Chile : Challenges to Modern Catholicism*. Princeton, NJ: Princeton University Press.

Stark, David, and László Bruzst. 1998. *Postsocialist Pathways : Transforming Politics and Property in East Central Europe*. New York: Cambridge University Press.

Stepan, Alfred. 1965. "The Military's Role in Latin American Political Systems." *Review of Politics* 27, no. 4 (October): 564-68.

_____. 1966. "Political Development Theory: The Latin American Experience." *Journal of International Affairs* 20, no. 2: 223-53.

_____. 1971. *The Military in Politics : Changing Patterns in Brazil*. Princeton, NJ: Princeton University Press.

_____, ed. 1973a. *Authoritarian Brazil : Origins, Policies, and Future*. New Haven, CT: Yale University Press.

_____. 1973b. "The New Professionalism of Internal Warfare and Military Role Expansion." In *Authoritarian Brazil : Origins, Policies, and Future*, ed. Alfred Stepan, 47-68. New Haven, CT: Yale University Press.

_____. 1978. *The State and Society : Peru in Comparative Perspective*. Princeton, NJ: Princeton University Press.

_____. 1985. "State Power and the Strength of Civil Society in the Southern Cone of Latin America." In *Bringing the State Back In*, ed. Peter Evans, Dietrich Rueschemeyer, and Theda Skocpol, 317-43. New York: Cambridge University Press.

_____. 1986. "Paths toward Redemocratization: Theoretical and Comparative Considerations." In *Transitions from Authoritarian Rule : Comparative Perspectives*, ed. Guillermo O'Donnell, Philippe Schmitter, and Laurence Whitehead, 64-84. Baltimore: Johns Hopkins University Press.["재민주화로의 경로," 『권위주의 정권의 해체와 민주화』, 염홍철 옮김, 한울, 1987]

_____. 1988a. *Rethinking Military Politics : Brazil and the Southern Cone*. Princeton, NJ: Princeton University Press.[이수훈·김기석 옮김, 『군부정치: 국가와 시민사회 : 브라질과 라틴아메리카 남부 국가들』, 열음사, 1989]

_____. 1988b. "The Last Days of Pinochet?" *New York Review of Books* 35, no. 9 (June 2).

_____, ed. 1989. *Democratizing Brazil : Problems of Transition and Consolidation*. New York: Oxford University Press.

_____. 1990. "On The Tasks of a Democratic Opposition." *Journal of Democracy* 1, no. 2 (Spring): 41-49.

_____. 1998. "Modern Multinational Democracies: Transcending a Gellnerian Oxymoron." In *The State of the Nation : Ernest Gellner and the Theory of Nationalism*, ed. John A. Hall, 219-39. New York: Cambridge University Press.

_____. 1999. "Federalism and Democracy: Beyond the U.S. Model." *Journal of Democracy* 10, no. 4 (October): 19-34.

_____. 2000. "Religion, Democracy, and the 'Twin Tolerations.'" *Journal of Democracy* 11, no. 4 (October): 37-57.

_____. 2001a. "Toward a New Comparative Politics of Federalism, (Multi)Nationalism. and Democracy: Beyond Rikerian Federalism." In *Arguing Comparative Politics*, Alfred Stepan, 315-61. New York: Oxford University Press.

_____. 2001b. "The World's Religious Systems and Democracy: Crafting the 'Twin Tolerations.'" In *Arguing Comparative Politics*, Alfred Stepan, 213-53. New York: Oxford University Press.

_____. 2004. "Electorally-Generated Veto Players in Unitary and Federal Systems." In Federalism and Democracy in Latin America, ed. Edward L. Gibson, 323-61. Baltimore: Johns Hopkins University Press.

_____. 2005. "Ukraine: Improbable Democratic 'Nation State' but Possible Democratic 'State Nation'?" *Post-Soviet Affairs* 21, no. 4 (October-December): 279-308.

Stepan, Alfred, Juan J. Linz, and Yogendra Yadav. Forthcoming. *Non Nation State Democracies*. Baltimore: Johns Hopkins University Press.

Stepan, Alfred, with Graeme B. Robertson. 2003. "An 'Arab' More than 'Muslim' Electoral Gap." *Journal of Democracy* 14, no. 3 (July): 30-44.

Stepan, Alfred, and Graeme B. Robertson. 2004. "Arab, Not Muslim Exceptionalism." *Journal of Democracy* 15, no. 4 (October): 140-46.

Stepan, Alfred and Cindy Skach. 1993. "Constitutional Frameworks and Democratic Consolidation: Parliamentarism versus Presidentialism." *World Politics* 46.no. 1 (October): 1-22.

Streeck, Wolfgang, and Philippe C. Schmitter, eds. 1985. *Private Interest Government : Beyond Market and State*. Beverly Hills, CA: Sage Publishers.

Thompson, E. P. 1964. *The Making of the English Working Class*. New York: Pantheon.[나홍일 외 옮김, 『영국 노동계급의 형성』 상·하, 창작과비평사, 2000]

_____. 1971. "The Moral Economy of the English Crowd in the Eighteenth Century." *Past and Present* 50 (February): 76-136.

Tolstoy, Leo. 1967. *War and Peace*. New York: Modern Library.[류필하 옮김, 『전쟁과 평화』 1·2·3 권, 자음과모음, 2001]

Truman, David. 1951. *The Governmental Process*. New York: Alfred A. Knopf.

UNDP(United Nations Development Programme). 2004. *Democracy in Latin America : Toward a Citizens' Democracy*. New York: UNDP.

Van Den Berghe, Pierre L. 1981. *The Ethnic Phenomenon*. New York: Elsevier.

Van Schendelen, M. P. C. M. 1984. "The Views of Arend Lijphart and Collected Criticisms." *Acta Politica* 19, no. 1 (January): 19-55.

Verba, Sidney, and Lucian W. Pye, eds. 1978. *The Citizen and Politics : A Comparative Perspective*. Stamford, CT: Greylock Press.

Ward, Robert E., and Dankwart A. Rustow, eds. 1964. *Political Modernization in Japan and Turkey*. Princeton, NJ: Princeton University Press.

Weber, Max. 1946a. "Science as a Vocation." In *From Max Weber : Essays in Sociology*, ed. Hans H. Gerth and C. Wright Mills, 129-56. New York: Oxford University Press.

_____. 1949. *The Methodology of the Social Sciences*, ed. Edward A. Shils and Henry A. Finch. New York: The Free Press.

420

_____. 1958c. *The Protestant Ethic and the Spirit of Capitalism*. New York: Scribner.[김덕영 옮김, 『프로테스탄티즘의 윤리와 자본주의 정신』, 길, 2010]

Whitehead, Lawrence. 1986. "International Aspects of Democratization." In *Transitions from Authoritarian Rule : Comparative Perspectives*, ed. Guillermo O'Donnell, Philippe Schmitter, and Laurence Whitehead, 3-46. Baltimore: Johns Hopkins University Press.["민주화의 국제적 측면," 『권위주의 정권의 해체와 민주화』, 염홍철 옮김, 한울, 1987]

Wiarda, Howard J. 1974. "Corporatism and Development in the Iberic-Latin World: Persistent Strains and New Variations." *Review of Politics* 36, no. 1: 3-33.

Wolf, Eric R. 1969. *Peasant Wars of the Twentieth Century*. New York: Harper & Row.

Xiaotong, Fei. 1953. *China's Gentry : Essays in Rural-Urban Relations*. Chicago: University of Chicago Press.

ㄱ

ㄴ

ㄷ

ㄹ

라팔롬바라, 조지프 LaPalombara, Joseph 165, 232, 382

랜드 연구소 RAND Corporation 322, 328, 329

러기, 존 Ruggie, John G. 394

러스토, 댕크워트 A. Rustow, Dankwart A. 34, 318~320, 329

러스틱, 이언 S. Lustick, Ian S. 43

레비-스트로스, 클로드 Lévi-Strauss, Claude 270

레이던 대학 11, 33, 34, 64~66

레이틴, 데이비드 Laitin, David 67, 246, 402

레이프하르트, 아렌트 Lijphart, Arend 148, 402

레인, 로버트 E. Lane, Robert E. 23, 24, 228, 230~233

레크너, 노르베르트 Lechner, Norbert 93

렘브루흐, 게르하르트 Lehmbruch, Gerhard 31, 56, 165~167, 189, 198

렙시우스, M. 라이너 Lepsius, M. Rainer 344

로버트슨, 그램 Robertson, Graeme 357, 399

로웬탈, 에이브러햄 Lowenthal, Abraham 108, 109, 189

로윈, 밸 R. Lorwin, Val R. 63

로즈, 리처드 Rose, Richard 75

로체스터 대학 281

로칸, 스테인 Rokkan, Stein 63, 65, 318

로크, 존 Locke, John 59, 126

록펠러재단 155

롤스, 존 Rawls, John B. 365

루소, 장-자크 Rousseau, Jean-Jacques 59

루프닉, 자크 Rupnik, Jacques 389

룩스, 스티븐 Lukes, Steven 303, 377, 389

리들, R. 윌리엄 Liddle, R. William 25

리프먼, 월터 Lippmann, Walter 306

린드블롬, 찰스 E. Lindblom, Charles E. 86, 230, 231, 245, 277, 381

린츠, 후안 Linz, Juan 86, 104, 105, 110, 112, 125, 169~171, 294, 316~319, 333, 334, 342, 343, 347~351, 355~357, 360, 366~373, 382, 402

립셋, 시모어 마틴 Lipset, Seymour Martin 30, 42, 51, 62, 80, 145, 147, 150, 153, 154, 318, 396

ㅅ

ㅇ

ㅎ